1883 – 1983   Hundert Jahre Otto Maier Verlag Ravensburg

D1726533

1883–1983
HUNDERT JAHRE
OTTO MAIER VERLAG
RAVENSBURG

*Teils erkundet, teils erlebt
und danach dargestellt
von
Andreas Pollitz*

Otto Maier Verlag Ravensburg

© 1983 by Otto Maier Verlag Ravensburg
Abbildungen nach Archivunterlagen des Verlags
Ausstattung: Rudolf Göggerle
Satz: acomp Lichtsatz Appl KG, Wemding,
nach Texterfassung durch: Abteilung Zentraler Schreibdienst Otto Maier Verlag
Druck: Buchdruckerei Holzer, Weiler/Allgäu
Einband: Großbuchbinderei Moser, Weingarten
Printed in Germany

ISBN 3-473-91941-1

Inhalt

Fr. Carl August Maier,
geb. 1819 in Oßweil (Tübingen),
gest. 1867 in Ravensburg.
Buchhändler, Verleger, Drucker.

Otto Robert Maier, 71 Jahre alt,
geb. 1852 in Ravensburg,
gest. 1925 in Ulm.
Buchhändler, Gründer des Verlages.
Aufnahme von 1923.

Grabdenkmäler

Schlosser – Zinck Verlagscontrakt

Behufs Herausgabe eines Werkes „Vorlagen f. Grabdenkmäler" schließen Unterzeichnete nachstehenden Vertrag:

§ 1. Dieses Werk soll erscheinen in 10 ~~vierteljährlichen~~ Heften, jedes Heft zu 6 Blatt.

§ 2. Herr Schlosser liefert das Material dazu in Zeichnungen und erhält für jedes Heft in der Auflage von 2000 Ex ein Honorar von M 60.– Da Heft 1 als Probematerial in grösserer Auflage hergestellt wird, so wird bei einer Mehrauflage als 2000 Ex bei diesem Heft keine weitere Vergütung geleistet. Bei Erscheinen von weiteren Auflagen wird ein Honorar von M 25.– pro Heft festgesetzt u. zwar für eine Auflage von 2000 Ex. Werden mehr oder weniger gedruckt, so regulirt sich das Honorar nach obigem Ansatz. Auf Heft 1 hat bezüglich der Auflage diese Bestimmung keine Einwirkung.

§ 3 Herr Schlosser verpflichtet sich die Zeichnungen so abzuliefern, daß der Lithograph sie ohne Weiteres benutzen ~~kann~~ und auf den Stein übertragen kann.

§ 4. Ferner verpflichtet sich Herr Schlosser regelmässig jeden Monat das Material zu einem Heft zu liefern und zwar zum ersten Heft bis spätestens am 29 Oktober 1880, vom 2ten Heft an bis zum 6ten Tage eines Monats, vom 6 Dezember an beginnend.

§ 5. Da die Verlagshandlung ihren Abnehmern gegenüber den Erscheinungsterminen strikte einzuhalten hat und Störungen und Unterbrechungen deshalb

nicht vorkommen dürfen, so verpflichtet sich Herr
Schlosser hiermit noch ausdrücklich zu pünktlicher
Ablieferung zu gewünschten Terminen u erklärt
sich damit einverstanden eine Conventionalstrafe
von Einhundert Mark (ℳ 100.—) zu zahlen
wenn er die Termine nicht einhält.

§ 6. Sollte aus irgend einem Grunde das
Werk nicht können weiter erscheinen, so muß es
der Verlagshandlung überlassen bleiben, sich zu bestimmen.
Selbstverständlich wird nur Honorar vergütet für die
jenigen Hefte, welche im Druck erscheinen.

§ 7. Das Honorar wird baar ausbezahlt sofort
nach Erscheinen der betr. Hefte.

§ 8. Die Zeichnungen werden damit Verlagseigenthum der Verlagshandlung, (Otto Maier)

§ 9. Herr Schlosser übernimmt die Verpflichtung ohne
Zustimmung der Verlagshandlung kein anderes ähnliches
Werk zu veranstalten, noch zu demselben auch solch
irgend einer Weise mitzuwirken.

Hiermit allenfallsen einverstanden, verpflichten
sich beide Theile zur Einhaltung oben genannter Bestimmung
durch Ihre Unterschrift.

Der Verfasser   Der Verleger
M. Schlosser   Otto Maier
                                               Dom[...]

Ravensburg 24. Oktober 1883.

Der erste Verlagsvertrag von 1883
zwischen M. Schlosser und Otto Maier
Verlag über das Vorlagenwerk
„Grabdenkmäler".

Hafner : Otto Maier

Vertrag.

Zwischen Herrn Lehrer F. Hafner und Buchhändler Otto Maier wird nachstehender Vertrag abgeschlossen:

§ 1. Der Lehrer Hafner fertigt für Otto Maier im Laufe des Jahres 1884 6 Spielzeitspiele an für Erwachsene u. für die Jugend.

§ 2. Als Honorar für die erste Auflage zahlt Herr Maier für jedes Spiel den Betrag von M 15.— (fünfzehn Mark) und erwirbt damit je Maier das vollständige Verlagseigenthum dazu. Für die späteren Auflagen zahlt Herr Maier Herrn Hafner für jedes verkaufte Spiel 10 pf. und stellt darüber Herrn Hafner auf Verlangen jederzeit Nachweis aus.

§ 3. Der Hafner verpflichtet sich weder für andere Verleger oder Fabrikanten ähnliche Spiele und andere auszufertigen u. zwar nach Ablauf von 1 Jahr nach zuletzt empfangenem Honorar, gegen eine Conventionalstrafe von M 1000.— (Eintausend Mark:)

§ 4. Von jedem fertigen neuen Spiel erhält Herr Hafner ein beendetes gratis.

Gegen Vertrag in allen seinen Punkten genau zu halten, verpflichten sich die Contrahenten durch eigenhändige Unterschrift

Ravensburg, den 24. März 1884.

Otto Maier   F. Hafner
Buchhändler

12

Vertrag mit Herrn Oberlehrer T. Hafner
über sechs Gesellschaftsspiele
für die Jugend, 1884.

1893.

Aus dem Oberamtsbezirk.

✝ **Ravensburg**, 13. März. · Wie bereits aus dem Inseratenteil der Sonntagsnummer ersichtlich, zieht die Verlags-, Sortiments- und Antiquariats-Buchhandlung von Hermann Kitz, Saulgau, in den nächsten Tagen hierher. Die Firma wurde im Jahre 1878 von Rud. Roth in Leutkirch gegründet und ging vor 5 Jahren an Herrn Hermann Kitz käuflich über. In dieser kurzen Zeit hat sie sich in Oberschwaben sehr gut eingeführt und einen ausgebreiteten Kundenkreis hauptsächlich unter dem hochwürdigen Klerus erworben. Sie besitzt auch in den übrigen württembergischen Landesteilen, sowie überhaupt in allen Ländern deutscher Zunge einen guten Ruf. Ihre bedeutende Verlags-Thätigkeit erregte sogar die Aufmerksamkeit Seiner Heiligkeit Papst Leo XIII., welcher dem Inhaber des Geschäftes, Herrn Kitz, wiederholt mit hohem Lobe ausgezeichnete und demselben den apostolischen Segen spendete. In neuester Zeit ist die Firma besonders durch Uebernahme der Vertretung der berühmten Beuroner Kunstschule bekannt. Auch auf der Weltausstellung in Chicago ist das Haus Hermann Kitz vertreten. Der Umzug des Herrn Kitz von Saulgau nach Ravensburg geschieht auf ausdrücklichen Wunsch maßgebender katholischer Kreise.

△ **Ravensburg**, 12. März. Das Sortiment der Dorn'schen Buchhandlung, Eigentümer Herr Otto Maier, ging gestern durch Kauf an die Herren Alber und Hänle über. Herr Alber war langjähriger erster Gehilfe des Herrn Maier. Die ausgedehnte und stets umfangreicher werdende Verlagsabteilung des Dorn'schen Geschäftes wird von Herrn Maier hier weiter geführt.

Weingarten, 12. März. Vom ...
... dürfen Dreijährig-Freiwillige ...
... kommen sind solche ...

Notiz aus dem Oberschwäbischen
Anzeiger vom 14. März 1893 über die
Gründung einer katholischen
Buchhandlung in Ravensburg,
verbunden mit der Meldung über den
Verkauf der Dorn'schen Buchhandlung
von Otto Robert Maier an
Friedrich Alber.

Otto Robert Maier und seine Frau
Helene, geb. Kiderlen, im Jahre 1902
in Kreßbronn/Bodensee.

Rechte Seite oben:
Die Mitarbeiter des Verlages Otto Maier
besuchen im Jahre 1905 die
Familie Maier in ihrem Ferienort
Kreßbronn/Bodensee.
V. l. n. r. Paul Winter, Otto Robert
Maier, Jacob Dietler, Elise Rundel,
Anna Greiner, verdeckt Karl Maier,
unbekannt, unbekannt, unbekannt,
Eugen Maier, Frau Helene Maier.

Rechte Seite unten:
Die Familie Maier auf der Altane des
Hauses Gartenstraße 10. V. l. n. r.
Otto Maier jun., Helene Maier
geb. Kiderlen, Otto Robert Maier,
Eugen Maier, Karl Maier.
Aufnahme von 1906.

Otto Robert Maier im Jahre 1906.

Die Bachstraße in Ravensburg.
Das Haus mit der Markise Dorn'sche
Buchhandlung. Das Haus wurde von
Otto Robert Maier 1897 verkauft.

Aktendeckel, beschriftet von
Otto Robert Maier, für seine
Umsatzaufschriebe, die er ab 1883
mit seinen Verlagsumsätzen vornimmt.

	1883.	1884.	1885.	1886.	1887.	1888.	1889.	1890.	1891.	1892.
Januar	9915.	11617.	9002.	9007.	6346.	9055.	8898.	8144.	11,813.	16,071.
Februar	6779	6028.	8384.	7443.	7705	9716	9743	9209	12,208.	10,431.
März	4511	5889.	5902.	5862.	5376.	6347	4800	5927	6519.	9552.
April	4842	4361	4756	5494.	4800	5943	5679	5854.	7963	7553
Mai	9814.	5453.	5287.	5510	7288.	5600	4148.	6966	6440.	7688
Juni	4254.	4506.	4088	4128	4270.	5447	4294	5449	6803	7041
Juli	3325	5449	4123.	4984.	4635	6792	6378	7940	8461.	7861.
August	2820	2558	8703.	3808.	4353	3167	5563.	5589	5766.	4933.
September	2570	2763	2228.	8014.	4755	4063	4636	4901	5360	5231
Oktober	4507	4914	3769	4026.	4962	4457	6052.	6611	7416	8151
November	4934	4392	4830	4390	5783.	3982	5637	6164.	8319	7016
Dezember	5608	7261	6703	5928	7162	6937	6550	8058.	8489	10369.
Total	57.879.	63.998.	62.695.	64.591	67.454	71.526.	72.318.	80.612	95.557	101.817

15.Dezember 1909.

R e i s e p r o 1910.

Besprechung mit Herrn Dietler.

Vortour: Alle grossen Städte,beginnend mit der Schweiz.Dann Süddeutschland
und zwar in

Bayern: München,Nürnberg,Würzburg,

Württemberg: Stuttgart,

Baden: Karlsruhe,

Elsass: Strassburg,

Hessen: Darmstadt.

Andere süddeutsche Städte nicht.Diese süddeutschen Städte werden von
Herrn Dietler nur einmal auf der Vortour besucht.

Von Frankfurt aus setzt sich die Vortour dann fort durch Norddeutschland,also was nördlich in der Linie Frankfurt liegt.Dies wird,nachdem die
Vortour und die besonderen Reisen ins Ausland abgeschlossen sind,von Herrn
Dietler dann nochmals "genau" bereist.Es ist Herrn Dietler dabei unbe-
nommen,auf der Vortour auch einige kleinere Plätze mitzunehmen,wenn es sich
gerade schickt.Dies wird namentlich in solchen Gegenden wünschenswert
sein,wo die "genaue" Tour vielleicht nicht mehr gemacht werden kann.Zum Bei
spiel Westpreussen,Posen.

Die thüringischen Staaten und Sachsen sind für den 2.Reisenden vorgesehen für den Fall,dass für Herrn Dietler die Zeit im Herbst knapp werden
sollte.Diese Gegenden könnte Herr Kaspar bereisen,wenn er mit seiner
böhmischen und nordbayrischen Tour fertig ist.

Ferner ist vorgesehen,dass Herr Kaspar unter Umständen auch
andere "genaue" Touren in Norddeutschland ausführt,sofern es Herrn Dietler
nicht möglich sein sollte.Hierüber wird später bestimmt.

Oesterreich: Hier nimmt Herr Dietler nur Wien,unter Umständen auch Graz.

Böhmen,Mähren,Oesterreichisch Schlesien: macht Herr Kaspar.

Galizien,Ungarn würde Herr Dietler bereisen,ebenso

Russisch Polen.

Welche im Osten gelegenen Länder sonst noch in Betracht kommen,
wird sich später zeigen.

Holland,Belgien: schliesst sich an die Rheintour im Frühjahr an.

Dänemark ? Unter Umständen bei der Vortour im Norden.

Anweisungen von Otto Robert Maier an
seinen Reisenden Jacob Dietler, 1910.

Verkaufs - Conditionen für die Reise etc.

1. **Alleinverkauf am Platze** darf nicht vereinbart werden, höchstens im speziellen
Einverständnis mit mir, dass bei besonders
hoher Bestellung eventl. erteilt wird.

2. **Spielprospekt mit Firma:** Die Prospektlieferungen sollen möglichst eingeschränkt werden. Will jemand absolut Prospekte
haben und macht Auftrag davon abhängig, so geschieht Lieferung unter folgenden Bedingungen:

   a. Pro 1000 Prospekte müssen mindestens für
   M 30.- netto fest bestellt werden oder

   b. 1000 Prospekte kosten M 2.- incl. Firmenaufdruck.

   c. Allgemeine Weihnachtsprospekte, 4 Seiten Folio
   incl. Firmenaufdruck pro 1000 M 4.--

   Kataloge werden nicht mehr geliefert.

3. **Commissionslager:** Werden nicht mehr gemacht. Sie werden überall zurückgezogen.
   Sollte es sich zur Einleitung von Geschäftsbe-
ziehungen ausnahmsweise nicht umgehen lassen,
commissionsweise zu liefern, so muss ein Mindes-
umsatz von 50 % vom Commissionslager schriftlich
zur Bedingung gemacht werden.

4. **Klischees:** Werden gerne leihweise abgegeben und zwar mit
vorläufiger Berechnung (berufs Aufnahme in
Kataloge, Preisverzeichnisse etc.)

5. **Credit-Erkundigung:** Kann bei Geschäftsrat-Agenten geschehen. Bei allen
Bestellern ist über Creditwürdigkeit im Allgemein-
en sich zu erkundigen. Wo Besteller nicht als
gut erkannt wurde, oder wo Erkundigung nicht geschehen konnte, ist dies auf der Ordre zu ver-
merken.

6. **Zu besuchen sind:**
   1. Spielwarenhandlung en detail - en gros,

   2. Papier-& Schreibwarengeschäfte en detail -

   3. Malutensiliengeschäfte,

   4. Kurzwarenhandlungen, die diese Artikel führen,

   5. Buchbinderläden,

   6. Warenhäuser, Bazare,

   7. Sortimentsbuchhandlungen.

7. **R a b a t t :** Die in der Preisliste verzeichneten Preise
Ladenpreise, soweit nichts anderes bemerkt.

18

Detailfirmen	erhalten 33 1/3 % Rabatt, <u>Ziel 3 Monat</u> bei Zahlung inner- halb 30 Tagen 2 % Sconto.
<u>Ausnahmen:</u>	(möglichst nur da, wo schon höherer Rabatt früher gege- ben). 40 % Ziel 3 Monate und 2 % Sconto bei Zahlung innerhalb 30 Tagen, oder 33 1/3 % mit 10 % Extrarabatt, Ziel 3 Mo-
<u>Bei Firmen,</u>	nate und 2 % Sconto bei Barzahlung innerhalb 30 Tagen. die früher schon Ausnahmerabatt hatten, diesen belassen sofern sie gleich grosse Bezüge machen.
<u>Bei neuen Firmen</u>	die grössere Bestellungen machen, kann Ausnahmerabatt eintreten. <u>Ganz ausnahmsweise</u> auch 50 % (aber nur in ganz besonderen Ausnahmefällen.)
<u>Grossisten:</u>	erhalten 50 %, 3 bis 4 Monate Ziel, Sconto 2 % bei Zahlung innerhalb 30 Tagen. Bei einem Jahresumsatz von M 1000.-- evtl. noch 4 % Extrarabatt.
<u>Exporteure:</u>	Nur <u>Nettopreise</u> offerieren, für Auslandsausgaben netto 50 % vom Ladenpreis.
<u>Fracht:</u>	Fracht zu Lasten des Bestellers. Unter Umständen, wo die Erlangung eines Auftrags davon abhängt kann 1/2 Fracht vereinbart werden. Dieses aber nur ausnahmsweise und ist auf Bestellzettel zu vermerken.
<u>Emballage:</u>	wird zum Selbstkostenpreis berechnet. Eventl. Retoursend- ung franco.

Notiz von Otto Robert Maier,
Vertriebs- und Konditionenplan 1911.

Jacob Dietler (1901-1928 im Verlag,
ab 1908 als Prokurist), erster
Vertriebsleiter und Reisender
des Verlages.

Otto Robert Maier 1920.

Aus Württemberg.

Ravensburg, 17. Dez.

Verlagsbuchhändler Otto Maier †. Gestern mittag verstarb nach längerem schwerem Leiden im Krankenhaus in Ulm unser Mitbürger Herr Verlagsbuchhändler Otto Maier im Alter von 73 Jahren. Am 4. November 1852 in Ravensburg als Sohn des Buchhändlers und Buchdruckereibesitzers Karl Maier geboren, besuchte er das damalige Lyzeum. Nach dessen Absolvierung erlernte er den Buchhandel in der Dornschen Buchhandlung. Nachdem er sich in verschiedenen Städten des In- und Auslandes in seinem Beruf ausbildete, kam er wieder nach Ravensburg zurück und erwarb im Jahre 1877 gemeinsam mit Buchhändler Hetsch die Dorn'schen Buchhandlungen in Ravensburg und Biberach. Seit 1881 war Herr Maier Alleininhaber des hiesigen Geschäfts, dem er einen Verlag kunstgewerblicher Vorlagenwerke und später auch einen Spielverlag angliederte. Der Verlag, der durchweg auf eigenen Ideen basierte, dehnte sich rasch aus, so daß Herr Maier im Jahre 1893 die Sortimentsbuchhandlung an Friedr. Alber abgab, um sich lediglich der Verlagstätigkeit zu widmen. Seine reichen Sortimenter-Erfahrungen gaben ihm die Anregungen zu seinen vielen wertvollen Verlagswerken. Insbesondere auf dem Gebiete der Jugendbeschäftigung wuchsen seine nach allen Richtungen die Jugend anregenden u. belehrenden Spiele, Beschäftigungsbücher u. Vorlagen heraus. Durch eiserne Energie, rastlose und unermüdliche Tätigkeit verstand es der Verstorbene aus kleinen Anfängen das heute in vollster Blüte stehende Verlagsunternehmen auszubauen und es zu dem hohen Ansehen zu bringen, das es in weiten Kreisen des Inund Auslandes genießen darf. In selten geistiger Frische und Rüstigkeit stellte er bis zuletzt seine reichen Erfahrungen in den Dienst seines Lebenswerkes. Die Familie verliert in dem lieben Verstorbenen den immer treubesorgten Gatten und Vater, seine Mitarbeiterschaft einen stets hilfsbereiten väterlich sorgenden Vorgesetzten und die Stadt einen hochachtbaren Mitbürger. Er ruhe in Frieden!

Oberrealschule. Herr Oberreallehrer K. Bertsch an der hiesigen Oberrealschule wurde zum Oberreallehrer in besonders wichtiger Stellung auf Gruppe X befördert. Es darf dies als Anerkennung und besondere Ehrung seiner wissenschaftlichen Leistungen auf naturwissenschaftlichem Gebiet angesehen werden.

Kath. Akademikerverein Ravensburg. Am Dienstag abend sah der Musiksaal der höheren Lehranstalten wiederum eine stattliche Anzahl von Vereinsmitgliedern versammelt. Der Vorsitzende des Vereins, Herr Oberstudiendirektor Dr. Haug, hatte nach seinen herzlichen Begrüßungsworten zunächst einige geschäftliche Bemerkungen betreffs noch in Aussicht stehender Vorträge zu machen und erteilte dann dem Redner des Abends, dem H. H. Stadtpfarrer Burkert

Nachruf auf Otto Robert Maier,
Oberschwäbischer Anzeiger,
17. Dezember 1925.

Das Haus Marktstraße 26,
im Jahre 1886 von Otto Robert Maier
erworben. 1896 bezog der Verlag
das Gebäude, Kontor-, Arbeits- und
Lagerräume waren im 1. und 2. Stock.
Der Laden im Parterre beherbergte bis
1911 die Lehrmittelanstalt Hartlieb.

	1924	1925	1926	1927	1928	1929	1930	1931	1932
323 Ornamentlegen u. Kleben	–	–	–	52	656	825	1031	864	407
324 Rammin-Arbeiten	–	–	67	416	194	37	–		
325a Lustiges Photorennen			283	207	200	100	57	53	16
325 b. dto.	–	–	326	354	408	223	105		
325 a. dto.	–	–	189	327	709	242	171	70	57
326a Lustig voran	–	–	72	329	322	180	60	47	34
326 b. dto.	–	–	52	786	790	543	353	267	158
327a Oberbayern	–	–	273	212	109	35	25	7	3
327 b. dto.	–	–	23	286	166	50	27	15	7
328a Reise um die Erde				527	326	180	100	30	28
329 „ — „				505	164	78	31	7	4
330 Stempeldruck				422	151	111	92	22	4
331 Schablonenmalen				551	768	668	497	242	258
332 Ich kann's				786	378	189	137	91	118
333 Kinderreime-Quartett				1949	1470	1380	1605	1185	861
334a Fang den Hut				5704	6999	7586	7334	5892	2871
334 b „ — „				6776	8601	11156	13095	12593	6636
334 c „ — „					13295	16336	21226	23160	10536
334 d „ — „									11501
335a Pilze sammeln					418	222	120	82	26
335 b „ — „					424	342	425	253	172
336 Pilzquartett					1208	457	302	306	211
337 Legespiel					709	656	521	192	93
338 Knöpfelegen					364	249	162	99	71
339 Holzperlarbeiten					450	533	387	263	156
340 Glasperlarbeiten					108	438	373	181	106
341 Modellieren					342	499	584	329	116
342 Webearbeiten					505	938	642	188	165
343 Stäbchenlegen					805	642	738	274	107
344 Faltschnitt					430	549	434	106	71
345 Buntpapierblättchen Kleben					248	907	1254	1243	788
346 Erstes Ausschneiden					499	733	578	311	73
347 Kleine Maler					786	829	815	464	228
348 ...					1151	742	686	233	145

Absatzzahlen von Ravensburger
Spielen aus den Jahren 1926 bis 1932.
„Fang den Hut" in verschiedenen
Ausgaben mit deutlichem Vorsprung.

Buchbindermeister Knoblauch mit
seiner Tochter Paula, vor seinem Haus
am Gespinstmarkt. Mit seinem Karren
brachte er verpackte Spiele für den
Verlag direkt zur Post. Um 1912.

Spieleschachtelfertigung um 1912
bei der Buchbinderei Knoblauch.
Die vierte von rechts ist die spätere
Mitarbeiterin im Otto Maier Verlag,
Berta Gölz.

Exzenter-Stanze für Klebeblättchen
im VB (Verlagsbuchbinderei), 1931.

Die obere Marktstraße um 1925.
Das Verlagsgebäude Marktstraße 26
wurde 1913 renoviert und mit dem 1910
erworbenen Gebäude Marktstraße 24
verbunden.

Fanny Mack, langjährige Buchhalterin
des Otto Maier Verlages,
von 1917 bis 1958 tätig.

Valentin Noll (von 1908 bis 1947 im
Verlag als Prokurist tätig).

Die Verlagsgebäude Marktstraße 22
(erworben 1938) bis Marktstraße 26 –
Ecke Burgstraße, etwa 1938.

Das Haus Marktstraße 24 (erworben
1910) nach der Renovierung 1938.
Karl Maier blickt aus einem Fenster
im 1. Stock.

Die Gebäude Marktstraße 22-26,
1966 renoviert, Aufnahme von 1970.

Bauabschnitt I und II in der
Robert-Bosch-Straße am Südrand
der Stadt, bezogen 1962 und 1965.

Die Haustüre Marktstraße 26
mit dem Löwenkopf.
Heute Eingang zum historischen
Archiv des Verlages.

Spielefertigung im Bauabschnitt I.
Die Kolbus-Deckenmachmaschine,
mit der Spielpläne bezogen werden.

Bauabschnitte I und II 1965.
(Franz-Thorbecke-Luftbild,
freigegeben Luftamt Südbayern
G 5/6692.)

Erstes Spieleeinlegeband im
Bauabschnitt I, im Vordergrund
Schachtelüberziehmaschine.

Bauabschnitt III in der Robert-Bosch-Straße, bezogen 1969/70.

Auslieferung Spiele im Bauabschnitt III, Gehängebahn im Großversand.

Aufnahme von 1970. Bauabschnitte I und II mit III und Deuter-Halle I in der Robert-Bosch-Straße. (Bertram-Luftbild, München-Riem, Freigabe Reg. v. Obb. G 4/17.576.)

Bauabschnitt V in der Robert-Bosch-Straße, bezogen 1973.

Gesamtaufnahme der Betriebsgebäude in der Robert-Bosch-Straße, Bauabschnitte I-VII.
(Bavaria Luftbild GmbH, Oberschleißheim, Luftbildfreigabe-Nr.: Reg. v. Obb. G 16/576.)

Buchmesse Frankfurt,
Stand des Verlages 1957.

Der Stand auf der Spielwarenmesse
in Nürnberg, neugestaltet 1973.

50jähriges Firmenjubiläum in Kreßbronn/Bodensee. V. l. n. r. Anna Greiner, Emil Steinmetz (der langjährige Reisende des Verlages – bis 1958) mit Otto Julius Maier auf dem Arm, Valentin Noll, Paul Winter, Elise Rundel.

Fahrt mit dem Omnibus nach Kreßbronn/Bodensee am 1. September 1933 aus Anlaß des 50jährigen Firmenjubiläums.

Das 50jährige Firmenjubiläum am 1. September 1933. Betriebsausflug mit den Familien Maier. Aufnahme aller Mitarbeiter in Kreßbronn/Bodensee.

Die Familien Maier in Kreßbronn/
Bodensee anläßlich des 50jährigen
Firmenjubiläums, September 1933.
V. l. n. r. Otto Maier, Luise Maier
geb. Dieterlen, Otto Julius Maier,
Helene Maier geb. Kiderlen,
Marie-Luise Maier, Albertine Maier
geb. Dependorf, Eugen Maier,
Peter Maier, Karl Maier.

Maifeier 1937 am Flappachweiher.
V. l. n. r. Anna Greiner, Kontoristin,
Otto Maier, Elise Rundel, Kontoristin,
Hans Mezler sen., Buchbindermeister

Otto Maier (1891-1952),
Aufnahme von 1941.

Karl Maier (1894-1979),
Aufnahme von 1953.

Eugen Maier (1899-1945),
Aufnahme von 1944.

35

Karl Redolf (bis 1968) und Anton Scham (bis 1972) beim Ausflug September 1938 in die Rappenlochschlucht.

Maiausflug 1936, Eugen Maier mit Carola Miller, Kontoristin (bis 1966).

Sofie Scheck, Mitarbeiterin der Verlagsbuchbinderei (bis 1957), bei ihrem 40jährigen Dienstjubiläum 1942.

Andreas Pollitz (von 1934 bis 1978 im Otto Maier Verlag tätig, ab 1953 als Prokurist). Aufnahme von 1951.

Otto Maier (1891-1952), Aufnahme von 1951.

Heinz Weiß (mit Unterbrechung seit 1946), heute Außendienst Spieleverlag. Aufnahme von 1951.

Emil Kalbfell, Hausmeister (bis 1959) in Bodman/Bodensee. Aufnahme von 1952.

Anton Scham, Buchbinder (bis 1972), Eugen Hildebrand (seit 1947), heute Qualitätswesen, Karl Redolf, Buchbinder (bis 1968), Hans Mezler jun. (seit 1934), heute Produktentwicklung, an der Schneidmaschine in der Verlagsbuchbinderei 1950, anläßlich des 25jährigen Dienstjubiläums von Karl Redolf.

Erwin Glonnegger (seit 1949 im Otto Maier Verlag, seit 1963 als Prokurist) in Bodman/Bodensee. Aufnahme von 1952.

Eugen Zahn (1935-1971 für den Otto Maier Verlag als Reisender tätig), 1952 beim Betriebsausflug nach Bodman.

Pia Jacob, Buchhalterin (bis 1976) und Kamilla Beuter, Herstellungsabteilung (bis 1979). Aufnahme von 1952.

Adolf Schädler (von 1958 bis 1970 im Otto Maier Verlag, ab 1964 als Prokurist).

Josef Hirscher (bis 1976), Berta Gölz (bis 1957), Karl Schaab, Expedient (bis 1970), und Hans Mezler beim Betriebsausflug 1954 auf dem Bödele.

Wilhelm Baumann (1955-1976 im Otto Maier Verlag, ab 1964 als Prokurist) beim Ausflug nach Heiden/ Schweiz. Aufnahme von 1963.

Karl Maier, am Bodensee 1956.

Maria Ermler bei ihrem 25jährigen
Dienstjubiläum 1956, mit Berta Gölz,
Anna Dorner und Hans Mezler sen.

Peter Maier und Otto Julius Maier.
Aufnahme von 1959.

Vertreterkonferenz in Innerberg/
Vorarlberg, 1963.
V. l. n. r. Günter Koch (seit 1959),
heute Außendienst Buchverlag,
Horst Matejek, Wilhelm Baumann,
Werner Schnebelt (seit 1956),
Otto Julius Maier, Joachim Zahn
(seit 1956), heute Außendienst
Spieleverlag, Joachim Sörup (bis 1972),
Dorothee Maier, Andreas Pollitz,
Peter Maier, Frau Dost, Georg Eberhard
von Loeper (bis 1982), Eugen Zahn,
vorne rechts Erwin Glonnegger.

Eugen Hildebrand (seit 1947), heute
Qualitätswesen, und Christian Stottele
(mit Unterbrechung seit 1952),
heute Jugendbuchverlag.
Aufnahme von 1963.

Manfred Burggraf (seit 1956),
Graphisches Atelier.
Aufnahme von 1963.

Hubert Pfund (seit 1958),
heute Auftragsbearbeitung, und
Kurt Pfänder (seit 1956), heute
Auslieferung. Aufnahme von 1968.

Karl-Friedrich Maier (seit 1957),
heute Leiter Produktentwicklung.
Aufnahme von 1968.

Josef Auffinger (1952-1975 im
Otto Maier Verlag, ab 1970 als
Prokurist) in Immenstaad/Bodensee.
Aufnahme von 1969.

Hedwig Allmendinger (bis 1975),
langjährige Sekretärin von Karl Maier,
anläßlich ihres 25jährigen
Dienstjubiläums 1974.

Hans Mezler (seit 1934), heute Produkt-
entwicklung. Aufnahme von 1975.

Andreas Pollitz (von 1934 bis 1978 im Otto Maier Verlag) bei seinem 40jährigen Dienstjubiläum 1974.

Erwin Glonnegger (seit 1949 im Otto Maier Verlag).

Wilhelm Baumann (von 1955 bis 1976 im Otto Maier Verlag). Aufnahme von 1973.

Josef Auffinger bei seiner Verabschiedung 1975.

Karl Maier 1972.

Otto Julius Maier, Aufnahme von 1982.

Dorothee Hess-Maier,
Aufnahme von 1975.

Das Führungsteam 1982. V. l. n. r.
Otto Julius Maier, Bruno Müller
(Technik), Dr. Armin Boeckeler
(Personal und Ausland), Dieter Breede
(Spieleverlag), Claus Runge
(Buchverlag), Erwin Glonnegger
(Marketing International), Dorothee
Hess-Maier, Dr. Anton Dressendörfer
(Kaufmännische Verwaltung).

Treffen mit den Leitern der auslän-
dischen Tochter- und Beteiligungs-
firmen 1980. V.l.n.r., hinten: Joseph
Bubendorf (Frankreich), Herbert
Pinthus (Schweiz), Jan van Heusden
(Holland), Enrico Attias (Italien),
Jürgen Bahr (Österreich), Ulrich Urban
(Vertrieb Inland), Klaus Gröger
(Werbung). Vorne: Otto Julius Maier,
Erwin Glonnegger, Dr. Armin
Boeckeler, Dieter Breede, Rainer
Schulz (Vertrieb Ausland).

T. Hafner. Der erste Verfasser von
Ravensburger Spielen, 1884 – zu Seite 62.

Fritz Kress (1884-1962). Zimmermeister
und Autor der großen Fachbücher für
Zimmerer, ab 1908 – zu Seite 77f., 125 f.,
160, 275, 281.

Christoph von Schmid, 1768-1854.
Seine Werke erschienen ab 1885 im
Otto Maier Verlag – zu Seite 70.

William Schneebeli. Autor und
Gestalter populärer Vorlagen und
Anleitungen zum Zeichnen sowie der
Bilderbuch-Reihe „Geschichten aus der
Natur", ab 1913 – zu Seite 81, 85, 117,
150.

Fritz Spannagel. Autor von großen Fachbüchern, ab 1932 – Seite 120, 125 und ff.

Johanna Huber. Kindergarten-Pädagogin und Fachschriftstellerin. Autorin von Bilder- und Beschäftigungsbüchern, ab 1913. Erfinderin der Buntpapier-Klebeblättchen und Anregerin aller Beschäftigungsausgaben damit (1926) – zu Seite 97, 108 ff., 120, 243.

Karl Nothhelfer. Autor von großen Fachbüchern, ab 1932 – zu Seite 129 und ff.

Kurt Wehlte. Autor neuer kunst-
technischer Handbücher, ab 1929,
und des größten Verlagswerkes
überhaupt, der „Werkstoffe und
Techniken der Malerei", 1968
– zu Seite 118 ff. und 269.

Ruth Zechlin. Autorin von Hand-
arbeits- und Werkbüchern, ab 1930, vor
allem des „Werkbuch für Mädchen",
ab 1932 – zu Seite 119 ff., 153 und 266.

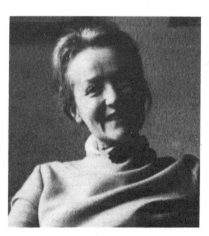

Marigard Bantzer. Autorin und
Gestalterin einiger Bilderbücher und
Gedulds-Spiele, ab 1930 – zu Seite
111 f., 121, 135, 154, 169, 203.

Rudolf Wollman. Autor von Bastel- und
Werkbüchern, ab 1934, vor allem des
„Werkbuch für Jungen", ab 1935
– zu Seite 123 ff. und 182.

Albertine Maier-Dependorf. Malerin und Gestalterin vieler Spiele, Beschäftigungen, Malbücher, Bilder- und Naturbücher, ab 1928 – zu Seite 109 ff., 168, 179, 203, 239.

Susanne Ehmcke. Autorin und Gestalterin von Bilderbüchern, zahlreicher Kinder-Beschäftigungen in Kästen, Mappen und Heften sowie von Malbüchern, ab 1927 – zu Seite 111, 119, 153, 235.

Karl Hils. Autor von Werkbüchern und hoch geschätzter Berater von Karl Maier, ab 1950 – zu Seite 191.

Gerhard Gollwitzer. Autor der neuen „Zeichenschulen", ab 1952 – zu Seite 168 und ff.

Ernst Röttger. Begründer, Herausgeber und Hauptautor der Reihen „Das Spiel mit den bildnerischen Mitteln" und „Das Spiel mit den Bildelementen", ab 1959 – zu Seite 196 und ff.

Johannes Itten. Maler und Kunst-pädagoge. Meister des Bauhauses Weimar und Begründer des „Vorkurses"; Itten-Schule, Berlin; Kunstschulleiter in Krefeld, dann in Zürich. Autor ab 1958, vor allem „Kunst der Farbe" – zu Seite 196, 199 f., 272, 277 f.

Alice und Martin Provensen. Gestalter von Bilderbüchern, Illustratoren von Jugendsachbüchern, ab 1955 – zu Seite 193 ff., 277.

Heinrich Hurter, der Erfinder des „Memory"-Spiels, ab 1958 – zu Seite 206 ff.

Werner Schöppner. Erfinder von „Malefizspiel" (= „Barrikade"), ab 1960 – zu Seite 206.

Hans Gaensslen. Autor und vor allem Initiator der Dreieck-Warenzeichen des Verlages, ab 1956 – zu Seite 197 u. 204 f.

Martin Michalski. Ravensburger Mitbürger und Ingenieur, Amateur-Zaubermeister, Entwickler der ersten und wichtigsten Ravensburger Zauber-Spielkästen und Autor mehrerer Zauberbücher, ab 1958 – zu Seite 198, 205, 230, 267, 294.

Jan Tschichold. Meister der Schriftkunst und der Typographie, Autor ab 1950, vor allem „Meisterbuch der Schrift" – zu Seite 164, 177, 198, 271.

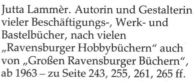

Jutta Lammèr. Autorin und Gestalterin vieler Beschäftigungs-, Werk- und Bastelbücher, nach vielen „Ravensburger Hobbybüchern" auch von „Großen Ravensburger Büchern", ab 1963 – zu Seite 243, 255, 261, 265 ff.

Hilde Heyduck-Huth. Malerin und Gestalterin von Bilderbüchern, ab 1961 – zu Seite 234 und 239.

Hans-Jürgen Press. Autor und Gestalter der besonders erfolgreichen Jugend-Sachbücher „Bausteine des Wissens" und Hefte „Spiel und Spaß mit 1000 Punkten" u. a., ab 1963 – zu Seite 230, 233, 240 f.

Dick Bruna. Holländischer Graphiker und Designer, durch seinen auf Einfachstformen konzentrierten Zeichenstil international bekannt. Autor und Gestalter von vielen Bilderbüchern und Spielen, ab 1966 – zu Seite 235, 239, 296.

Alex Randolph. Professioneller Erfinder
neuer Spiele, davon 14 Ravensburger.
Beteiligt auch an „Sagaland". Ab 1974
– zu Seite 299.

Ali Mitgutsch. Maler und Gestalter von
Bilderbüchern, ab 1966 – zu Seite 235 ff.

Wolfgang Ecke. Autor von vielen
Ravensburger Taschenbüchern mit
Detektivgeschichten für Kinder und
Jugendliche, ab 1966. Erhielt dreimal
– 1975 als erster, dann 1977 und 1981 –
ein „Goldenes Taschenbuch"
– zu Seite 230 ff.

Eberhard Weismann. Biologe,
Begründer, Mit-Herausgeber und
-Autor des 10-bändigen Werkes
„Dynamische Biologie", ab 1969
– zu Seite 247 ff.

Hermann Wernhard. Autor und
Gestalter von Pappbilderbüchern und
zahlreicher Kinder-Puzzles, Illustrator
von Sachbüchern sowie von Lese-
spielen, Mappen und Heften für die
Vorschule, ab 1966 – zu Seite 239 ff.,
266, 294 und 302.

Rolf und Margret Rettich. Graphiker-
Ehepaar, selbst Autoren und Gestalter
von Bilderbüchern wie auch
Illustratoren von Ravensburger
Taschenbüchern u. a., ab 1970 – zu Seite
238 und 241.

Antoinette Becker. Autorin der Sach-
bilderbuch-Reihe „Ich und die Welt",
ab 1971 – zu Seite 238.

Judith Kerr. Autorin der Trilogie über
das Emigranten-Schicksal ihrer Familie,
übersetzt von Annemarie Böll.
„Ravensburger Junge Reihe", ab 1973
– zu Seite 251.

Eva Scherbarth. Gestalterin von Bilderbüchern, ab 1974 – zu Seite 239 und 242.

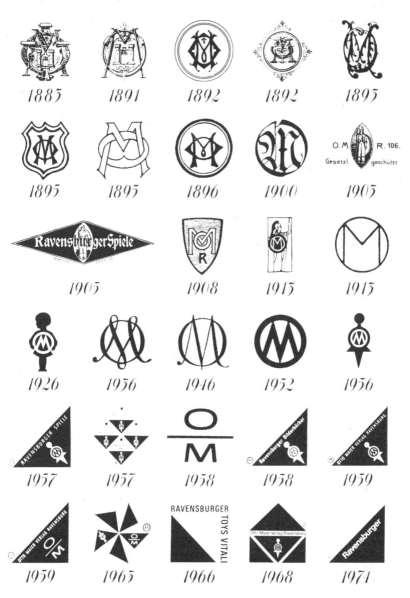

1883   1891   1892   1892   1893

1895   1895   1896   1900   1903

1905   1908   1913   1913

1926   1936   1946   1952   1956

1957   1957   1958   1958   1959

1959   1965   1966   1968   1971

Benützte Signets und eingetragene
Warenzeichen des Verlages seit 1883.

1 Vorgeschichte und Anfang des Verlages 1845–1883

Es war nicht einfach so, daß der Buchhändler Otto Robert Maier im Sommer 1883 den Entschluß faßte, sich nach Ravensburg zu begeben und dort unter seinem Namen einen Verlag zu begründen. Wir müssen versuchen, die Vorgänge dazu ein wenig aufzuhellen.

50 Jahre zuvor, also im Jahre 1833, hatte der Bankier und Kohlenhändler Johann Jakob Dorn im vormals österreichischen und damals erst kaum 25 Jahre zum Königreich Württemberg gehörenden schwäbischen Oberland zwischen Donau und Bodensee gleichzeitig zwei Buchhandlungen gegründet, eine in Biberach an der Riß, die andere in Ravensburg, beide unter dem Namen Dorn'sche Buchhandlung. 1845 trat der Buchhändler Carl Maier, 1819 in Tübingen geboren, in die Dorn'sche Buchhandlung Ravensburg ein und wurde Teilhaber beider Buchhandlungen. Er heiratete im Jahre 1847 Julie Ulmer, die mit ihren Eltern und Geschwistern, aus Nürtingen stammend, seit 8 Jahren in Ravensburg lebte und gerade 19 Jahre alt war.

Im Jahre 1848 gründete in Ravensburg ein Kaplan Lutz eine Zeitung unter dem Titel „Neue Zeit". Sie „war ein im Sinne der 1848er Bewegung redigiertes Blatt"[4]. Nach dem Scheitern dieser Bewegung schied der genannte geistliche Zeitungsgründer aus. Die Zeitung mit ihrer Druckerei kümmerte als „gewöhnliches Nachrichtenblatt"[4] dahin, bis Carl Maier Anfang der 1850er Jahre beides erwarb und die Zeitung unter seiner Redaktion und unter dem neuen Titel „Oberschwäbischer Anzeiger" weiter erschien. So war der Buchhändler Carl Maier zugleich auch Druckereibesitzer, Zeitungsverleger und Redakteur geworden. Carl Maier muß diese Aufgaben sehr gut wahrgenommen haben. Denn, wie sein Sohn Otto Robert später einmal schrieb, „nachdem der „Oberschwäbische Anzeiger" eine große Verbreitung gefunden hatte, wurde er als Amtsblatt bestimmt"[4]. Im Zusammenhang dieser Entwicklung ist auch das Interesse Carl Maiers für die damals noch neuen Drucktechniken zu sehen: In den 1850er Jahren erwarb er für seine Druckerei eine Schnellpresse, wie es diese erst seit etwa drei Jahrzehnten gab.

Doch Carl Maiers Absichten waren weiter in die Zukunft gerichtet. Er gründete anfangs der 1860er Jahre einen pomologischen und landwirtschaftlichen Verlag durch Kauf entsprechender Werke aus dem Ebner & Seubert'schen Verlag in Stuttgart, wie es so sein Sohn Otto Robert auch überlieferte. Und dieser fügte lapidar hinzu: „Er starb im Alter von 48 Jahren, am 30. November 1867, an Gelenkrheumatismus.[4]"

Carl Maier hinterließ seine damals erst 39 Jahre alte Frau Julie mit dem 15jährigen Sohn Otto Robert und den beiden Töchtern Anna (geb. 1855) und Sofie (geb. 1865), und er hinterließ seinen Anteil an den Dorn'schen Buchhandlungen, seine Druckerei mit dem „Oberschwäbischen Anzeiger" und seinen noch in den Anfängen stehenden Buchverlag. Hilfesuchend für diese Aufgaben wandte sich Julie Maier an ihren Bruder Eugen Ulmer in Stuttgart. Eugen Ulmer – wahrscheinlich auf Empfehlung seines Schwagers Carl Maier auch in den Buchhandel gegangen – war 1862 durch Christian Belser mit der Geschäftsführung der verselbständigten Belser'schen Sortiments-, Buch- und Landkartenhandlung betraut worden und heiratete noch im gleichen Jahr Belsers Tochter Pauline. 1866 übertrug Christian Belser die Buchhandlung auf seinen Schwiegersohn Eugen Ulmer. Als dessen Schwester Julie ihn nach dem Tode ihres Mannes um seine Hilfe bat, verkaufte er 1868 die Belser'sche Buchhandlung und zog mit seiner Familie in das heimatliche Ravensburg.

Während die Familie Maier die Anteile bei den Dorn'schen Buchhandlungen behielt, übernahm Eugen Ulmer, wie er „P.P." in einem Zirkular[3] vom Februar 1868 anzeigte, durch Kauf die fachlichen – pomologischen und landwirtschaftlichen – Veröffentlichungen aus dem Eigentum seines Schwagers wie auch die Druckerei und den Verlag des „Oberschwäbischen Anzeigers" (mit einer dort genannten Auflage von 4000 Exemplaren). Für den Buch- und Zeitschriftenverlag firmierte er „Eugen Ulmer in Ravensburg Verlagsbuchhandlung", während in der Druckerei und der Zeitung der Zusatz „(Carl Maier)" zunächst noch beibehalten wurde.

Otto Robert Maier besuchte bis zur Absolvierung des – wie es früher hieß – „Einjährigen", der heutigen Mittleren Reife, das Ravensburger Lyzeum (das etwa einer heutigen Realschule entsprach und erst 1880 zu einem Vollgymnasium erhoben und erweitert wurde), um zunächst, sicher gelenkt durch seinen Onkel, Eugen Ulmer, eine Buchhändlerlehre in der Dorn'schen Buchhandlung in Ravensburg zu machen. Dann aber folgten für Otto Robert Maier Wanderjahre: fast erstaunlich, aber zweifellos von großer Bedeutung für ihn, der zeitlebens Bismarck verehrte, daß er im noch jungen Kaiserreich – etwa 1872 – in der Buchhandlung Späth in Berlin war, danach in Österreich bei der Buchhandlung Leuschner & Lubensky in Graz und schließlich auch in der Buchhandlung Rascher in Zürich. Eugen Ulmer hatte seinen Verlag derweilen erfolgreich durch neue Ausgaben, wie auch durch Übernahmen aus anderen Verlagen und mit Neuauflagen, weiter ausgebaut.

Für ihn selbst wie für seinen Neffen Otto Robert Maier war das Jahr 1874 bedeutungsvoll. Otto Robert Maier war im November 1873 volljährig geworden und stand im letzten Abschnitt seiner Wanderjahre. Und Eugen Ulmer konnte erwarten, seinen aufstrebenden Fachverlag in der Landeshauptstadt, nahe den zentralen Bildungs- und Wirtschaftseinrichtungen für Land- und Forstwirtschaft, erfolgreicher fortzuführen als in der abgelegenen oberschwäbischen und immer noch neuwürttembergischen Provinz.[3] Eugen Ulmer entschloß sich also zur Übersiedlung mit seinem Verlag nach Stuttgart. Er verkaufte die Druckerei und die Zeitung „Oberschwäbischer Anzeiger" in Ravensburg an einen Herrn Eugen Metzger. Otto Robert Maier wurde 1876 nach dem plötzlichen Tode des damaligen Geschäftsführers der Dorn'schen Buchhandlungen nach Ravensburg zurückgerufen und übernahm die Anteile des elterlichen Erbes. Seit dem September 1876 ist Otto Rober Maier als Teilhaber der Dorn'schen Buchhandlungen nachgewiesen[12]. Nicht nachgewiesen ist es, wann er seine Militär-Dienstpflicht beim Königlich Württembergischen Infanterie-Regiment Nr. 124 im benachbarten Weingarten erfüllte, wo er aber im Verlauf späterer Jahre bis zum Oberleutnant der Reserve avancierte.

Es hatte auch nach der Übernahme der – zunächst durch Carl Maier erworbenen – pomologischen und landwirtschaftlichen Werke in den Eugen Ulmer Verlag, 1868, weiterhin einen kleinen Verlag der Dorn'schen Buchhandlung in Ravensburg gegeben, wie es dort auch einen Nachkommen des Firmengründers, einen Dr. Joh. Dorn, als Mitinhaber seit 1871 gab. Doch sind nur wenige und speziell für den Schulgebrauch bestimmte Titel von lokaler Bedeutung, aber auch schon einzelne Spiele – ein deutsch-französisches „Frage- und Antwortspiel" von etwa 1871 und ein Lottospiel „Hans im Glück" – aus den Jahren vor und bis 1883 bekannt[12]. Der 1. September 1883 gilt als Gründungsdatum des Otto Maier Verlages in Ravensburg.

Otto Maier, der älteste Sohn von Otto Robert Maier, schrieb und sagte am 1. September 1933[1]:

„Wenn wir heute, gerade am 1. September, das 50jährige Geschäftsjubiläum feierlich begehen, so ist damit nicht gesagt, daß gerade heute vor 50 Jahren die Firma gegründet wurde; denn gegründet im eigentlichen Sinne wurde sie nicht. Der Verlag ist herausgewachsen aus der Dorn'schen Buchhandlung."
Dennoch ist die Festlegung des 1. September 1883 als Anfang und Ursprung des Otto Maier Verlages nicht willkürlich, sondern abgestimmt auf den ersten „Verlags-Contract", den Otto Robert Maier selbständig wenige Wochen danach, wie wir gleich erfahren werden, unterzeichnet hat.

Es ist nicht belegbar, aber anzunehmen, daß der junge Otto Robert Maier im Bewußtsein der dann von seinem Onkel Eugen Ulmer übernommenen und erfolgreich fortgeführten Pläne des Vaters Carl Maier schon frühzeitig auch daran dachte, seine eigenen Aktivitäten nicht auf die Entwicklung der Dorn'schen Buchhandlung zu beschränken, sondern auch als Verleger tätig zu werden. Dieses um so mehr, wie sich im Gefolge der Reichsgründung und trotz mancher Fehlschläge anderer in den sogenannten Gründerjahren die Wirtschaft, Industrie und Handel, blühend entfalteten. Dabei konnte er in seiner Buchhandlung ständig beobachten und erfahren, was von den Interessenten gesucht, aber nicht gefunden wurde. Man darf aus der verlegerischen Aktivität Otto Robert Maiers ab 1883 rückwirkend schließen, daß er sich selbst dafür schon ganz bestimmte Ziele gesetzt hatte. Und aus den Unterlagen, den Verlagscontracten, ist zu entnehmen, daß er sich selbst alleine – also ohne den Associé Dr. Dorn – als Verleger und Partner der Verfasser erklärte, auch wenn gelegentlich seiner Unterschrift noch handschriftlich oder mit Stempel der Zusatz „Dorn'sche Buchhandlung" hinzugefügt war.

Wenn dieses auch (noch) nicht eindeutig belegt werden kann, so ist doch anzunehmen, daß Otto Robert Maier wesentliche Anregungen und Vorstellungen für seine ersten verlegerischen Pläne und Ziele bereits in seinen Wanderjahren gewonnen und mit nach Ravensburg gebracht hatte. Als er 1876 Teilhaber der Dorn'schen Buchhandlung geworden und nun 24 Jahre alt war, mußte er sich dieser Aufgabe zunächst vordringlich widmen, auch aus wirtschaftlichen Gründen der Familie.

In der schon zitierten Ansprache vom 1.9. 1933[1] hieß es: „Er versuchte die Sortimentstätigkeit weitmöglichst auszubauen und kaufte unter anderem im Jahre 1886 zur Errichtung einer Filiale das Haus Marktstraße 26 und richtete dort den späteren Hartlieb'schen Laden als Lehrmittelanstalt ein, die lange eine Filiale der Dorn'schen Buchhandlung blieb und das Schulbuchgeschäft in erster Linie vertrat. Denn der Vater unseres jetzigen Nachbars Ullrich hatte neben seiner Druckerei auch ein Papiergeschäft aufgemacht und bemühte sich um das Schulgeschäft – und dieser Konkurrenz mußte vorgebaut werden. So kam das Haus Marktstraße 26 in unseren Besitz."

Während seiner Jahre in der Dorn'schen Buchhandlung vor 1883 konnte Otto Robert Maier zugleich die Entwicklungen im Kaiserreich – die wirtschaftlichen, technischen und kulturellen – wie auch die ähnlichen in den ihm hier so nahen Nachbarländern Österreich und Schweiz, denen er sich für immer verbunden fühlte, verfolgen. Und er erlebte in diesen Jahren mit, wie sowohl die neuen, großen Gesetzeswerke des Deutschen Reiches, wie auch die vielfach damit verbundenen neuen Ordnungen im Verlagswesen und Buchhandel, z. B. der Urheberrechtsschutz oder die Einführung fester Ladenpreise, für seine Überlegungen bessere, sicherere Voraussetzungen schufen. Nicht weniger trugen die technischen Entwicklungen – im Verkehrswesen der weitere Ausbau der Eisenbahnverbindungen, ebenso der Ausbau des Postwesens, dazu die Errichtung des Telegrafennetzes und erster Telefonverbindungen (sein Verlag erhielt die Ravensburger Nr. 25), aber auch im Reproduktionswesen, in der Galvanoplastik, in der Satz- und Druckherstellung – dazu bei, den immer noch jungen Buchhändler Otto Robert Maier zur Inangriffnahme seiner verlegerischen Pläne zu ermutigen. Die beiden ältesten „Verlags-Contracte", die uns vorliegen und die, wie schon erwähnt, rückschließend als programmatisch bezeichnet werden können, sind:

Ein *„Contract mit Herrn M. Schloßer über ein handwerkliches Vorlagenwerk"* „in 10 Heften, jedes Heft zu 6 Blatt", unterschrieben in Ravensburg am 24. Oktober 1883: „Der Verleger – Otto Maier Dorn'sche Buchhandlung".

Ein Vertrag mit Herrn Lehrer T. Hafner in Ravensburg, demnach dieser für Otto Maier „im Laufe des Frühjahrs 1884 *6 Gesellschaftsspiele für Erwachsene und für die Jugend"* anfertigen werde. Gegen ein Fixhonorar „erwirbt damit Herr Maier das vollständige Verlagseigenthum darauf". Unterschrieben in Ravensburg am 24. März 1884 mit „Otto Maier Buchhändler".

In einem ersten Nachsatz dazu bestätigt Otto Maier den Erhalt von 2 weiteren Spielen im Mai 1885 zu den gleichen Bedingungen.

In einem zweiten, von beiden Vertragspartnern unterzeichneten, Nachsatz vom 2. September 1886 werden vereinbarte Nachhonorare für spätere Auflagen durch „eine Abfindungssumme von M 150.–" aufgehoben „für die bis heute verfaßten Spiele".

Der weitere, dritte programmatische Vorgang ist nicht durch Contracte, wohl aber durch vorhandene Exemplare der Ausgaben und durch bibliographische Nachweise belegt: Die Veröffentlichung der christlichen Jugenderzählungen des Christoph von Schmid in wenigstens 18 verschiedenen Ausgaben aus den Jahren 1888–1890.

2 Grundlagen 1883–1892

2.0 Es handelte sich also bei den ersten Plänen von Otto Robert Maier:

1. um die Veröffentlichung von Vorlagen-Werken in Mappen, jeweils in Teillieferungen erscheinend, oder fallweise auch in Kästen;
2. um die Veröffentlichung von Gesellschaftsspielen;
3. um die Veröffentlichung populärer Schriften für Kinder und Jugendliche.

2.1 Vorlagenwerke

Otto Robert Maier wußte davon, daß schon frühe Stilelemente und -formen der Künste durch Veröffentlichungen von Vorlagen über alle zivilisierten Länder Europas und darüber hinaus Verbreitung und Nachbildung erfuhren, schon diejenigen der Renaissance, vor allem dann des Barock und Rokoko, des Empire und Klassizismus und auch des bürgerlich-gemütvollen Biedermeier. Er wußte, daß es solche Vorlagenwerke nicht nur für die Baukunst selbst, sondern noch mehr für die angewandten Künste der Möbeltischlerei, der Textilienweberei, der Dekorationen aller Art, der Bildhauer- und Steinmetzkunst usw., oft von großem künstlerischen Eigenwert, gegeben hatte und noch in vielen Bibliotheken und Sammlungen gab. Otto Robert Maier beobachtete und erfuhr aber auch, trotz der noch weithin schlichten und sparsamen Lebensart, Bauweise und Wohnkultur seines heimatlichen Württemberg, wie nicht zuletzt das wohlhabende Bürgertum mit seinen vielfachen Verbindungen zur aufblühenden Industrie, aber auch die repräsentativen Neubauten des Reiches, seiner Länder, Fürsten und Städte, von Architekten und Baumeistern Entwürfe bekamen und Ausführungen erwarteten, die dem wachsenden Ansehen des Kaiserreiches und dem zunehmenden Wohlstand der bürgerlichen Kreise entsprachen, sei es in der Nachfolge der einstigen Gotik, sei es in der Übernahme von Formlösungen der Renaissance. Der bis an die Jahrhundertwende derart gepflegte Eklektizismus konnte jedoch durch das Handwerk nicht ohne Hilfe aufgenommen und angewendet werden. Diese Hilfe wollte Otto Robert Maier mit seinen Vorlagenwerken bieten. Seine Leistung dabei, aber auch der Erfolg des jungen Verlegers, waren außerordentlich, wie wir gleich sehen werden.

Zuvor sei jedoch noch die Ausführung angesprochen. Die Veröffentlichung umfangreicherer Werke in Teillieferungen war zu jener Zeit oft gebräuchlich und Otto Robert Maier, wenn nicht schon durch seine Tätigkeit in Berlin, dann durch seine Sortimentsarbeit in der Dorn'schen Buchhandlung bekannt geworden. Solche Veröffentlichung erlaubte z. B. bei dem als ersten erschienenen Werk von Schloßer je Heft „à 6 Steintafeln" einen Verkaufspreis von 90 Pfennigen, den sich Bildhauer und Steinmetzen, für die es bestimmt war, jeden Monat einmal wohl leisten konnten. Der Verfasser mußte seinerseits jeden Monat die Zeichnungen für ein Heft so ausgeführt abliefern, „daß der Lithograph sie ohne weiteres benutzen und auf den Stein übertragen kann", wie es in dem „Verlags-Contract" dafür heißt. Und auch: „Das Honorar (von 60,– M pro Heft) wird baar ausbezahlt sofort nach Erscheinen der betr. Hefte". So kamen die ersten Hefte schon zum Verkauf (und auch zur Honorierung), als die Herstellung der späteren noch gar nicht begonnen worden war. Die Investition blieb begrenzt, die späteren Hefte wurden bereits aus dem Erlös der ersten Hefte finanziert.

Gewiß blieb es ein Risiko, daß der Verleger die Qualität des Inhalts und der Ausführung des ganzen Werkes bei Beginn der Veröffentlichung noch nicht kannte und beurteilen konnte. Aber es gibt aus diesen Jahren kein Beispiel, daß ein solches Werk vorzeitig abgebrochen und unvollendet geblieben wäre. Es ist vielmehr erstaunlich, wie zumindest schon wenige Monate nach Abschluß des „Verlags-Contractes" die Publizierung der ersten Lieferungen tatsächlich erfolgte.

Wie aber wurden Werke dieser Art verkauft?

In § 2 des erwähnten Verlags-Contractes heißt es: „Da Heft 1 als Vertriebsmittel in größerer Auflage hergestellt wird, so wird bei einer Mehrauflage als 2 000 Exemplaren bei diesem Heft keine weitere Vergütung geleistet". Hierauf (und auf vergleichbare Vorgänge in der Verlagsgeschichte gut 50 Jahre später) sowie auch auf die Veröffentlichungsform in Teillieferungen stützt sich die Annahme, daß Otto Robert Maier für den Vertrieb eines solchen Werkes von vornherein auf das Interesse des Reisebuchhandels zählte. Davon gab es „in den 80er Jahren des vorigen Jahrhunderts in Deutschland nur etwa vierzig Firmen[6]".

Obgleich es sich bei dem ersten, 1883 begonnenen Werk dieser Art um das etwas traurige Thema von „Grabdenkmälern" handelte, für das Otto Robert Maier – naheliegend – Ravensburger Meister gewonnen hatte, hat ihm, seinen Überlegungen und seinen weiteren Plänen der Erfolg recht gegeben. Der ersten Auflage von 2 000 Exemplaren, die 1884 vollständig erschienen war, folgte 1889–1890 eine zweite. Inzwischen und danach, also allein in den neun Jahren von 1883 bis 1892, erschienenen 19 Werke und waren zwei weitere dieser Art in Angriff genommen mit insgesamt 179 Lieferungen. Bei der Annahme einer Auflage von jeweils nur 2 000 Stück (nachweislich waren die Auflagen mehrfach höher) erschienen also in neun Jahren 358 000 Stück Einzellieferungen dieser 21 Vorlagenwerke. Von den Werken waren bestimmt:

1 für Baumeister,	1 für Drechsler,	4 für Schlosser,
3 für Bautischler,	1 für Kunstglaser,	1 für Steinmetzen,
1 für Bildhauer,	1 für Kunstschmiede,	3 für Tapezierer,
3 für Dekorationsmaler,	6 für Möbeltischler,	1 für Wagenbauer.

Das eine oder andere Werk wandte sich also auch an zwei oder drei Berufe. Oft war darüber hinaus auch der Gebrauch an verschiedenen Schulen empfohlen.

Die Lithographien und Steindrucke, teilweise mehrfarbig, wurden auswärts ausgeführt. Die Bezeichnung „Photolith"(ographie) taucht zum ersten Mal 1891 auf. Die gesondert lieferbaren und berechneten Mappen, vereinzelt auch Kartons, zum Einlegen der Einzellieferungen wurden von Buchbindern in Ravensburg hergestellt.

Die Auslieferung erfolgte durch die Dorn'sche Buchhandlung in Ravensburg. Sonst aber lag die ganze verlegerische Arbeit allein in den Händen von Otto Robert Maier.

Die Begrenzung dieser Darstellung, vorerst auf die Jahre 1883–1892 ergab sich aus dafür verfügbaren bibliographischen Nachweisen[13]. Doch werden wir später hier anzuknüpfen und für viele weitere Jahre fortzufahren haben.

Es sei dazu aber schon auf das vorerst letzte der Vorlagenwerke dieser frühen Jahre noch besonders hingewiesen: auf die „Vorlagen für weibliche Handarbeiten zum Gebrauche beim Zeichen- und Malunterricht an Frauenarbeitsschulen, Mädchenschulen, Industrieschulen etc." von G. Gnant aus dem Jahre 1892. Hier handelt es sich nicht mehr nur um Vorlagen für handwerkliche oder kunsthandwerkliche Berufe, sondern um die neuen Themen „weiblicher Handarbeiten" und vor allem auch zum „Zeichnen und Malen", die in der künftigen Entwicklung des Verlages von großer Bedeutung werden sollten.

Technische Vorlagenwerke 1883–1892[13]

1884
(Vertrag vom 24. 10. 1883)   Schloßer und Zink/Glocker „Grabdenkmäler", 10 Hefte à 6 Steintafeln (49,5 × 30 cm) (2. Auflage 1889–1890)

1886–90
(Vertrag vom 4. 9. 1885)   Trunk, „Der praktische Dekorationsmaler" 10 Lieferungen à 1 Chromolith mit 5 Bogen Details

1886/87
(Vertrag vom 3. 10. 1885)   Kick u. Seubert, „Mustersammlung für Möbeltischler" 10 Lieferungen (à 4 Steintafeln mit 2 Bogen Details, 30 × 40 cm)

1887–89
(Vertrag vom 16. 7. 1886)   Kick und Seubert, „Der Tapezier" 10 Lieferungen (à 4 Tafeln in Chromolith und Lichtdruck) 1888 1. Suppl.-Heft enth. Detailzeichnungen, Preisberechnungen sowie Größen- und Maßangaben. (6 Detailbogen mit 14 S. Text in 8°)

1887–89
(Vertrag vom 9. 3. 1887)   Kick und Seubert, „Der Möbel- und Bautischler" 10 Lieferungen (à 4 Chromolith mit 2 Bogen Details)

1887–90	
(Vertrag vom 29.3.1887)	Kick und Seubert, „Mustersammlung für Schlosser" 15 Lieferungen (à 5 Tafeln, 31 × 40 cm)
1888	
(kein Vertrag)	(Kein Autor) „Muster-Alphabete der gebräuchlichsten Schriftarten. Für Bildhauer und Steinmetzen" (7 Blatt)
1888–90	
(Vertrag vom 15.12.1887)	Kick und Seubert, „Der Bautischler" 10 Lieferungen (à 4 Steintafeln und 2 Bg. Details, 31 × 41,5 cm)
1889	
(Vertrag vom 28.7.1888)	Schaffert, „Der Wagenbauer" (14 Tafeln)
1889/90	
(Vertrag vom 1.11.1888)	Kick und Seubert, „Einfache Möbel" 12 Lieferungen (à 4 colorierte Steintafeln mit 2 Blatt Details)
1889/90	
(Vertrag vom 19.3.1889)	Lieb, „Bürgerliche Wohnzimmer-Einrichtungen" 10 Lieferungen (à 2 Tafeln und Detailbogen)
1889–92	
(Vertrag vom 2.3.1889)	Trunk „Musterblätter für Kunstglaser-Arbeiten" 10 Hefte (à 5 farbige Tafeln)
1890	
(kein Vertrag)	Lieb, „Möbelskizzen" 5 Lieferungen (à 4 lithographierte Tafeln)
1891/92	
(Vertrag vom 4.2.1890)	Trunk und Lieb, „Bau- und Kunstschlosser" I. Serie, 7 Lieferungen (à 5 Photolith mit 1 Blatt Text)
1891/92	
(Vertrag vom 18.3.1891)	Bethke, „Einfache Wohnhäuser" 5 Lieferungen (à 4 farbige Tafeln)
1891/92	
(Vertrag vom 26.10.1890)	Krauth + Mayer, „Der Schlosser der Neuzeit" 1. 100 Geländergitter (24 Tafeln) 2. 100 Füllungsgitter (25 Tafeln mit 2 Blatt Text) 3. 100 Brüstungs- und Balkongitter (24 Tafeln mit 1 Blatt Text)
1891/92	
(Vertrag vom 11.7.1891)	Müller, „Die moderne Möbel- und Bautischlerei" 10 Lieferungen (à 4 Tafeln mit Detailblättern)
1891/92	
(Vertrag vom 11.9.1891)	Schwinghammer, „Moderne Dekorationen" 10 Lieferungen (à 8 Tafeln, 30 × 40 cm, 1 Blatt Text)
1891	
(Vertrag vom 2.3.1889)	Trunk, „Skizzen für Plafond- und Wanddekorationen" 10 Lieferungen (à 8 Tafeln, 20 × 27 cm)

1892
(Vertrag vom 7.3. 1892) Dörr und Müller, „Der Drechsler" 10 Lieferungen (à 8 Tafeln mit 2 Detailbogen und 1 Blatt
Text)
1892
(Vertrag vom 18.6. 1891) Gnant, Gustav, „Vorlagen für weibliche Handarbeiten"
10 Lieferungen (à 4 farbige Tafeln, 36 × 49 cm,
mit 1 Blatt Text)

2.2 Gesellschaftsspiele

Es konnte bisher noch nicht eindeutig erkannt und belegt werden, was den
jungen Verleger Otto Robert Maier wohl auf den Gedanken brachte, schon
gleich neben der dargestellten Publizierung großer Vorlagen-Werke auch die
Vorbereitung, Herstellung und Verbreitung von Spielen zu beginnen. Jedenfalls wußte Otto Robert Maier, daß Spiele schon seit Anfang des 19. Jahrhunderts zum „Sortiment" des Buchhandels gehörten. Er wußte vermutlich auch,
daß es Verlagsunternehmen und Firmen des graphischen Gewerbes – beispielsweise in der Gegend von Nürnberg und Frankfurt – gab, die Spiele her-
stellten und verbreiteten. Vielleicht hatte Otto Robert Maier diese Verlagsidee
schon aus seinen Wanderjahren, möglicherweise aus Zürich, mitgebracht.
Vielleicht war es auch der Großvater Karl Christian Friedrich Ulmer, von dem
es heißt: „Er war ein begabter Bastler und freudiger Experimentator",[3] der ihn
auf die Idee brachte. Vielleicht war es auch der schon zitierte Lehrer T. Hafner
in Ravensburg, von dem Otto Robert Maier die ersten sechs bzw. dann acht
Spiele mit dem Vertrag vom 24.3. 1884 übernahm, die Hafner „gefertigt" und,
wie es im 2. Nachsatz des Vertrages heißt, „verfaßt" hatte.
   Erst nach diesen Vermutungen, die zweifellos auch alle mitgespielt haben,
stießen wir auf die Erklärung, die der älteste Sohn Otto 50 Jahre später gab[1]:
„Mein Vater war dann damals von einem Reisevertreter in Stuttgart darauf
aufmerksam gemacht worden, daß Gesellschaftsspiele eine Sache wären, die
zweifellos gut verkauft würden, da nichts besonderes Gutes und Originelles
bestünde. Aus dieser Anregung entstand dann der zweite Verlagszweig: die
Spiele."
   Sicherlich hat zur Inangriffnahme der Herstellung und Veröffentlichung
von Spielen aber die schnell zunehmende Kenntnis der Bedingungen und
Möglichkeiten der Lithographie und des Steindrucks, die Otto Robert Maier
bei der Herstellung der Vorlagenwerke gewann, beigetragen.
   Es war noch im Jahre 1884, als das erste Ravensburger Spiel erschien, „Die
Reise um die Erde. Ein humor.-geogr. Spiel", wie es hieß, angeregt durch den
schon damals berühmten, aber zu jener Zeit noch futuristischen Roman des
gerade 56jährigen Jules Verne. Auf dem Titel ist mit Fraktur-Buchstaben litho-
graphiert „O. M. R. 1".
   Sicher ist es dem fleißigen Lehrer Hafner, vermutlich aber auch dem Erfolg

des allerersten Spieles von 1884 zu verdanken, daß im folgenden Jahre, also 1885, bereits weitere acht Spiele mit den Nummern 2–9 erschienen. Davon waren vier Lottos – „Sprichwörter", „Europa", „Deutschland", „Rotkäppchen" –, es gab aber auch eine „Seeschlacht", eine „Tombola" und – als Würfelspiel – ein „Christbaumspiel".

Aus erhaltenen Unterlagen, wie auch bibliographisch[13], sind für die folgenden Jahre bis 1892 weitere 17 Spiele, also pro Jahr zwei oder drei neue, nachgewiesen. Darunter befanden sich schon „Halma" und „Go", ein „Schwarzer Peter", erste Quartettspiele, weitere Reisespiele, ein „Velociped-Wettrennspiel" (1888!), „Zauberkarten" und anderes – „für Erwachsene und für die Jugend", wie es schon im Vertrag mit dem Lehrer Hafner stand. Es wurden weitere Verfasser oder Erfinder benannt, z. B. ein Herr Sophus Tromholt (aus Möckern bei Leipzig).

Aber auch Lothar Meggendorfer, damals der bekannteste Künstler der Kinderstube, gestaltete im Laufe der Jahre 1890–1906 9 verschiedene Spiele für Otto Robert Maier.

Otto Robert Maier hat sich selbst der graphischen Gestaltung von Spielplänen und -karten sowie von Titeln für die Schachteln derart gewidmet, daß er den ausführenden Künstlern und Lithographen eigene Skizzen seiner Vorstellung einer geeigneten Lösung an die Hand gab und die Andrucke sehr kritisch prüfte und beurteilte. Lithographien und Steindrucke wurden wie bei den Vorlagen-Werken vorerst in Stuttgarter Anstalten und Druckereien ausgeführt. Die Verarbeitung erfolgte bei verschiedenen Buchbindern in Ravensburg. Diese fertigten in Handarbeit die Schachteln, deren Einsätze und die Pläne und überzogen diese mit farbigen Rücken und mit den Farbdrucken. Was an Figuren, Würfeln und anderen Zutaten benötigt wurde, bezog der Verleger selbst von geeigneten Lieferanten. Der Verleger ließ auch von Anfang an das „Einlegen" aller Teile, zu denen auch die Spielregel gehörte, durch eigene Helferinnen in seinen Räumen vornehmen, von wo auch der Versand erfolgte. Da Otto Robert Maier im Obergeschoß des Hauses der Dorn'schen Buchhandlung wohnte, mietete er für die Bedürfnisse seines rasch aufwachsenden Verlages Räume im Haus Kirchstraße 12.

Wie der Vertrieb der ersten Spiele erfolgte und wie weit diese Verbreitung fanden, läßt sich nur teilweise belegen.

Mit Sicherheit wurde der Sortimentsbuchhandel auf diese Verlagsgruppe hingewiesen, und darunter waren diejenigen Firmen besonders interessiert, die mit einer Buchbinderei verbunden waren und auch Papier- und Schreibwaren sowie Schulbedarf führten. Doch mit der zunehmenden industriellen Herstellung von Spielwaren begann auch die Zahl der Fachgeschäfte für Spielwaren und Spiele zu wachsen.

2.3 Populäre Schriften für Kinder und Jugendliche

Nur einige Jahre später als die Vorlagen-Werke und Spiele, befindet sich im Programm des Verlages von Otto Maier eine stattliche Gruppe von Büchern und Einzelbändchen mit den Erzählungen von Christoph von Schmid. Dieses erklärt sich damit, daß Otto Maier die Ausgaben zuerst im Verlag der Dorn'schen Buchhandlung und mit dessen Impressum veröffentlicht hatte, um sie ab 1888 in seinen heranwachsenden eigenen Verlag mit seinem Impressum geschlossen zu übernehmen und weiterzuführen. Christoph von Schmid (1768–1854), katholischer Theologe, Pädagoge und Jugendschriftsteller, war über seine Lebenszeit hinaus ein in allen christlichen Familien, auch in den protestantischen, hoch geschätzter und heiß geliebter Erzähler geworden, als Schüler von Johann Michael Sailer war Schmid frühen ökumenischen Gedanken offen, obgleich schließlich und jahrelang Domkapitular in Augsburg, vom bayerischen König für seine Verdienste um die Jugend geadelt.

Otto Robert Maier, Protestant in der Diaspora, konnte überhaupt keine Bedenken haben, diesen berühmten Erzähler zu verlegen, nachdem 1885 die Rechte an seinen Werken frei geworden waren. Allerdings wurde erzählt, daß Otto Robert Maier sich bei den ersten Ausgaben im Verlag der Dorn'schen Buchhandlung verrechnet und diese schon für 1884 vorbereitet habe, als tatsächlich erst 29 und noch nicht 30 Jahre nach dem Todesjahr vergangen waren.

Es gab gebundene Ausgaben mit Goldprägung, im Stil der Zeit, auf dem Rücken und Einband. Aber auch kartonierte Einzelbändchen, alle liebevoll illustriert, und es gab auch bald ein Bändchen „Kleine Schauspiele für die Jugend. Frei nach Christoph v. Schmid, für die Bühne bearbeitet von E. Henle". Die Christoph-von-Schmid-Ausgaben wurden berühmt und weit verbreitet. Noch nach dem letzten Krieg gab es 1953 eine neue Ausgabe mit einer Auswahl Schmid'scher Erzählungen im Otto Maier Verlag.

Es wäre nicht richtig, neben den dargestellten, alsbald bedeutenden und großen Verlagsgruppen der Vorlagen-Werke, der Spiele und der populären Schriften für Kinder und Jugendliche, die den Verlag durch Jahrzehnte, ja bis heute auszeichnen sollten, einige andere Veröffentlichungen der frühen Jahre ganz zu übersehen, denn gerade sie entsprangen sehr persönlichen Interessen des jungen Verlegers: Es wurden verschiedene Anleitungen und Schriften über Schulherbarien herausgebracht, ferner „Atlanten mit geographischen Merksätzen für deutsche Volksschulen", auch schon 1890 eine „drehbare Sternkarte" mit einer Anleitung „Der gestirnte Himmel" (bis nach 1945 weiter im Programm), ja, bereits 1889, „Die Invaliditäts- und Altersversicherung der Arbeiter, Gesellen, Dienstboten, Lehrlinge, Gehilfen aller Art. Volks-Ausgabe in gemeinverständlicher Darstellung mit systematischer Übersicht und praktischem Sachregister" im Umfang von IV + 50 Seiten, Oktavformat, zum Preis von 30 Pfennigen. Es wurden auch Schulwandtafeln und Landschaftspanoramen – darunter 1892 das von Otto Robert Maier selbst gezeichnete und aquarellierte „Alpenpanorama von Kreßbronn am Bodensee" – veröffentlicht. 1892 erschien erstmals das Buch des Lehrers Joseph Frick aus Allmendingen „Dreihundert Räthsel und 100 Scherzfragen", aus dem sich das ganze Gebiet der Spielbücher des Verlages in den Jahrzehnten bis heute entwickeln sollte.

Damit ist durchaus zu erkennen, wie beweglich Otto Robert Maier seine schon gewonnenen Erfahrungen aus der Herstellung von Tafelwerken, Spielen und Büchern zur Anwendung brachte.

2.4 Generelle und persönliche Entwicklung 1883–1892

Doch darf man nicht glauben, daß Otto Robert Maier in diesen Jahren nur Gedanken für sein Wirken in der Dorn'schen Buchhandlung und zunehmend für den Ausbau seines Verlages hatte. Otto Robert Maier gründete in diesen Jahren auch seine Familie. Er heiratete 1887 seine Frau Helene (geb. 9.8. 1863), aus der wohlsituierten alten Ravensburger Familie Kiderlen. Das schon erwähnte und sehr schöne Barockhaus in der Kirchstraße 12, in dem Otto Robert Maier Räume für seinen wachsenden Verlag mietete, war ihr Elternhaus. Otto Robert und Helene Maier wohnten aber im Obergeschoß über der Dorn'schen Buchhandlung in der Bachstraße. Dort wurde 1891 ihr erstes Kind, der Sohn Otto, geboren und 1894 auch das zweite, der Sohn Karl.

Das Jahr 1891 war für Otto Robert Maier aber auch noch in anderer Hinsicht von Bedeutung. Der Nachkomme des einstigen Firmengründers, Dr. Joh. Dorn, schied aus den bis dahin noch zusammengehörenden Buchhandlungen in Ravensburg und Biberach aus.

Otto Robert Maier übernahm das Ravensburger Haus, Rudolf Hetsch die Biberacher Firma[13]. Doch dauerte es nicht mehr lange, bis sich auch Otto Robert Maier von seiner Dorn'schen Buchhandlung in Ravensburg trennte und sie 1893, wie es hieß, „über Nacht" an seinen ersten Gehilfen Friedrich Alber verkaufte. Es hatte Querelen gegeben, weil es im Gefolge des „Kulturkampfes" aus Bismarcks Zeiten bekanntgeworden war, daß Otto Robert Maier eine Petition mitunterschrieben hatte, mit der evangelische Kreise überall ein Verbot von Niederlassungen der Jesuiten im Deutschen Reich anstrebten (und auch erreichten). Der katholische Dekan in Ravensburg, ein guter persönlicher Freund von Otto Robert Maier, empfahl diesem, einem nun vorbereiteten Boykott der Dorn'schen Buchhandlung durch die überwiegend katholische Bevölkerung zuvorzukommen und seine Buchhandlung sofort zu verkaufen. „Als Sortiment war sie eben, wie die Dinge dort lagen, konfessionell empfindlich", schrieb Dr. Oskar Alber,[5] ein Neffe von Friedrich Alber und Sohn des jüngeren Bruders Karl Alber, und „Ihm – Friedrich Alber, Katholik, – hat Otto Maier sofort die Dorn'sche Buchhandlung angetragen. Der Verkauf kam sofort zustande".[5]

Allerdings ist es auch klar, daß Otto Robert Maier, dank seinem erfolgreichen Verlag, auf den Besitz der Dorn'schen Buchhandlung nicht mehr angewiesen war.

Drei Jahre später mußte der Verlag aus dem Haus in der Kirchstraße ausziehen, weil dieses verkauft werden sollte. Das wurde für Otto Robert Maier zum Anlaß, nun, 1896, den Verlag in sein Haus in der Marktstraße umzusiedeln. Es war das stattliche, fünfstöckige Haus Marktstraße 26, Ecke Burgstraße, gegenüber dem Alten Gymnasium. Das Haus selbst stammt mit seinen mächtigen Mauern, seinen von Eichenstämmen getragenen Böden und Decken in sehr schönen Teilen aus spätgotischer Zeit.

Im 18. Jahrhundert, als Ravensburg noch zu Vorderösterreich gehörte, Besitz eines Ravensburger Bürgermeisters, ließ dieser aus dem großen Eckraum mit seinen fünf Fenstern und den tiefen Fensterleibungen einen Festsaal mit reizvoll stuckierter Decke machen, der jedoch zur Zeit des Erwerbs durch Otto Robert Maier und noch bis 1937 durch eine Zwischenwand schwäbisch sparsam in zwei Räume aufgeteilt war.

Im Erdgeschoß, neben der prächtigen Eingangstür, die mit Messingbeschlägen, darunter dem Löwenkopf mit der Schlange im Maul als Türklopfer, geschmückt war und bis heute blieb, befand sich der Laden, in dem die Lehrmittelhandlung von Herrn Hartlieb den Lehrern und Schülern von gegenüber und auch von anderen Schulen zu Diensten war. In drei oberen Stockwerken waren Wohnungen.

Otto Robert Maier nahm für seinen Verlag zunächst nur die Räume im 1. und 2. Obergeschoß in Anspruch, während sich im 3. Obergeschoß weiter die Wohnung des Rektors und Gymnasial-Professors Dr. J. E. Schermann befand, der bereits 1886 bei Otto Robert Maier sein Büchlein „Das Verbum und der lateinische Elementarunterricht" veröffentlicht hatte und an die 20 Jahre später noch dem Sohn Karl Maier beim Erlernen der griechischen Sprache behilflich war.

In diesem Zusammenhang sei aber vorausgreifend erwähnt, daß Otto Robert Maier erst etwa ab 1910 das ganze Haus für seinen Verlag benötigte und benutzte.

Um den persönlichen Rahmen für die weitere Entwicklung des Verlages ganz darzustellen, gehört hierher der Hinweis, daß Otto Robert Maier gegen Ende der 90er Jahre des ausgehenden 19. Jahrhunderts in der Gartenstraße 10 auf einem sehr schönen Grundstück mit Gartenpavillons aus der Biedermeierzeit, das seine Frau geerbt hatte, ein großes Wohnhaus für seine Familie erbauen ließ, außen wie innen gewissermaßen die Quintessenz alles dessen, was durch die Vorlagen-Werke seines Verlages weithin verbreitet worden war.

Und in diesem Hause kam dann der dritte Sohn – Eugen – des Ehepaares Otto Robert und Helene Maier im Jahre 1899 auf die Welt.

Wenn wir nun anknüpfen an die Darstellung der frühen Entwicklung des Verlages in seinem ersten Jahrzehnt von 1883 bis 1892, dann stehen uns dafür vorerst keine genauen bibliographischen Daten zur Verfügung. Statt dessen können wir uns auf die lückenlose Sammlung aller von Otto Robert Maier abgeschlossenen Verlagsverträge und auf die umfangreichen Archiv-Sammlungen des Verlages stützen, bis wir im weiteren Verlauf der Entwicklung auf sehr genau geführte Herstellungsbücher treffen, die die Produktion umfassend belegen, d. h. auch Nachdrucke und Neuauflagen sowie „freie Werke" ausweisen, für die ein Abschluß von Verlagsverträgen nicht erforderlich war. Das genannte Vorgehen, also an Hand der Verlagsverträge, ist aber auch deshalb gerechtfertigt, weil sich schon bald die Aktivität von Otto Robert Maier auf eine Fülle von Ausgaben in Bogen, Mappen, Heften usw. ausdehnte, die wie auch alle Spiele bibliographisch gar nicht erfaßt wurden und auf diesem Wege nicht feststellbar sind. Der „Verlags-Contract", wie dessen Überschrift zuerst gelautet hatte, hatte sich inzwischen in den „Verlags-Kontrakt" geändert und noch in den 90er Jahren vereinfacht in „Vertrag". Es waren Vordrucke, die im gesamten deutschsprachigen Verlagswesen verwendet und nach einem Druckvermerk „Schulz", wohl aus dem gleichen Leipziger Verlag Schulz kamen, der 1839 das Buchhandels-Adreßbuch begründet hatte.

Schon ab den frühen 90er Jahren waren fast alle Verlagsverträge von Otto Robert Maier durch einen „Organisationsplan" mit allen Details des vorgesehenen Inhalts, des Umfangs und der technischen Herstellung, begleitet. Auf diesen „Organisationsplan" wurde im Vertrag als Bestandteil des Vertrages ausdrücklich hingewiesen. Der „Organisationsplan" wurde deshalb auch zumeist, wie der Vertrag selbst, vom Autor und Verleger unterzeichnet.

Diese Handhabung verdient es, so hervorgehoben zu werden, weil über die mehr als vier Jahrzehnte des Wirkens von Otto Robert Maier fast alle Publikationen aus Plänen des Verlegers hervorgingen und in seinem Auftrag erst ausgearbeitet wurden. Die Übernahme eingesandter Manuskripte blieb damals für den Buchverlag immer eine Ausnahme. Anders war es bei den Spielen, für die Ideen, Anregungen, Entwürfe oder Modelle zumeist von ihren Erfindern zur Prüfung unverlangt eingesandt wurden.

Als Marginalie sei hier angefügt, daß die Vertrags-Vordrucke durch viele Jahre sehr sauber, manchmal geradezu kalligraphisch, handschriftlich von Mitarbeiterinnen oder Mitarbeitern ausgefüllt, aber bis in die Zeit nach 1918 fast immer durch den Verleger Otto Robert Maier persönlich unterzeichnet wurden. Der erste mit einer Schreibmaschine ausgefüllte Verlagsvertrag aber ist mit dem Datum 10. 12. 1898 ausgefertigt. Ab der Jahrhundertwende wurden auch die „Organisationspläne" mit einer Schreibmaschine erstellt.

Über die Autoren wird in anderen Zusammenhängen noch einiges festzustellen sein. Doch darf hier schon vorausgeschickt werden, daß Otto Robert Maier mit vielen seiner Autoren auch über viele Jahre verbunden blieb und ihnen, wann immer möglich, weitere, neue Aufträge erteilte. Dabei ergab es sich mehrfach, daß Buch-Autoren auch Vorschläge oder Entwürfe für neue Spiele lieferten oder für andere, neue Pläne des Verlegers. Zugleich kann man aus der fortdauernden Zusammenarbeit durchaus auch schließen, daß Otto Robert Maier seinen Honorar-Verpflichtungen stets sehr pünktlich nachzukommen pflegte. Die Honorare bei Lieferungswerken je einzelne Lieferung waren für jene Jahre offensichtlich derart, daß einzelne Autoren damit ihre Ateliers oder Werkstätten (auch Zeichner und andere Mitarbeiter) und sich selbst über Ausarbeitungszeiten von anderthalb oder mehr Jahren erhalten konnten.

Zunächst brachte das Jahr 1893 mit seinem so wichtigen Ereignis eine deutliche Zäsur für die Inangriffnahme neuer Verlagspläne, – der Verkauf der Dorn'schen Buchhandlung. Otto Robert Maier gab in diesem Jahr nur 2 neue Lieferungswerke in Auftrag, aber es erschienen 15 neue Spiele, die teils im Vorjahre angenommen worden waren, teils auch altes Spielgut darstellten. Es ist glaubhaft, daß der Verleger erst weitere von den zuvor begonnenen etlichen Lieferungswerken zum Abschluß bringen wollte. Nicht zuletzt, um die erforderliche Liquidität für die Veränderungen in seinem Verlag und für weitere Pläne aus dem Rückfluß der investierten Gelder zu gewinnen, sicher aber auch, um diese weiteren Pläne gründlich zu bedenken und vorzubereiten. Otto Robert Maier hielt zwar noch etwa zwei Jahrzehnte an der von ihm sorgfältig entwickelten und geübten Form der Veröffentlichung neuer Werke in Lieferungen fest. Er begann aber auch mit der Konzipierung von Reihen und Sammlungen, in denen er zahlreiche kleinere und kleinste Veröffentlichungen herausbringen konnte, ohne die ständigen Terminzwänge der Lieferungs-werke – Ablieferung durch die Autoren, sofortige Herstellung, pünktliche Auslieferung an die Bezieher – auch dafür erdulden zu müssen.

Die Inhalte für seine weiteren Konzeptionen hat er wesentlich als Vater sei-ner beiden älteren Söhne in Beschäftigungen für Kinder und Jugendliche ge-sucht und gefunden und mit deren Heranwachsen, aber auch aus seiner per-sönlichen Neigung zu künstlerischer Betätigung, auf die verschiedenen Gebie-te des Zeichnens und Malens weit ausgedehnt und entwickelt.

Otto Robert Maier glaubte nicht nur fest an die Entwicklung seines Verlages von Anfang an. Er fand es ebenso für sich selbst und seine eigene Übersicht über die zunehmende Vielfalt seiner Aktivitäten notwendig wie auch für seine Kunden und die Erfaßbarkeit seines Angebotes bei diesen, schon frühzeitig so viele Ausgaben wie möglich in ein Numerierungssystem einzuordnen, also jede Ausgabe mit einer für sie allein verwendeten Nummer aus einer bestimm-ten Serie zu versehen. Dieses Verfahren wurde damals in der schnell aufstre-benden Industrie zunehmend angewendet. Otto Robert Maier folgte ihm auch in der frühzeitigen Erkenntnis, daß viele seiner geplanten Artikel und Ausga-ben bibliographisch nicht erfaßt werden konnten, z. B. weil sie anonym er-schienen, und sicher auch, weil die meisten Kunden, die daran interessiert sein sollten, sowieso nicht über Bibliographien verfügten.

Die „Artikel-Nummer" war also bereits ein wichtiges Element zur Identifi-zierung bestimmter Artikel. Sie sollte sich aber bald auch als wesentliche Er-leichterung für Angebote und Aufträge erweisen. Heute würde man das Num-mern-System als ein Mittel der „Rationalisierung" verstehen (ohne das auch eine moderne Elektronische Daten-Verarbeitung nicht denkbar wäre). Diese Bezeichnung allerdings hat man damals sicher noch nicht in solchem Zusam-menhang verwendet, obgleich man aus der Lateinschule wußte, daß die latei-nische „ratio" dasselbe bedeutete wie die deutsche „Vernunft".

Es wurde schon früher bemerkt, daß Otto Robert Maier das erste von ihm publizierte Spiel, „Reise um die Erde", mit „O.M.R.1" beziffert hatte. Auf je-dem folgenden Spiel setzte er diese Bezifferung fort, so daß z. B. das Ravens-burger Spiel Nr. 300, „Mal- und Zeichenspiele" der langjährigen Autorin Ma-rie Coppius aus Heidelberg, nach dem Ende des Ersten Weltkrieges 1918 er-schien. Dabei wurde kein Unterschied gemacht, ob es sich um Gesellschafts-oder Beschäftigungsspiele, um Brett- oder Quartettspiele oder anderes handel-te. In dem gewählten Nummern-System war die Folge der Nummern 1–499 den Ravensburger Spielen von Anfang an vorbehalten. Die weitere Nummern-folge ist aus der nachstehenden Übersicht zu ersehen.

Übersicht über das Nummern-System bis etwa 1930
Artikel-Nr.

500– 599	=	*Mal- und Zeichenhefte*
600– 699	=	*Malbücher (und -hefte)*
701– 799	=	*Künstlermalbücher*
801– 899	=	*Bilderbücher*
900	=	*freigeblieben*
1000	=	*freigeblieben*
1100	=	*freigeblieben*
1200	=	*freigeblieben*
1300	=	*freigeblieben*
1400–*	=	*Beschäftigungsspiele in Schuber*
1500–*	=	*Neue Kinderbeschäftigungs-Vorlagen und Materialhefte*
1600	=	*freigeblieben*
1700–*	=	*große Modellierbogen*
1800–*	=	*Baubogen*
1900–*	=	*Holzarbeiten (Laubsägevorlagen)*
2000–2999	=	*freigeblieben*
3000–3099	=	*Reform-Modellierbogen*
3500–3599	=	*Papier- und Kartonarbeiten*
4000–	=	*Otto Robert's Flachmodelle*
5000–	=	*Holzarbeiten*
6000–	=	*Froebel'sche Kinderarbeiten*
7000–	=	*Bogenartikel*

Anmerkung: Abgesehen von den ganz als freigeblieben bezeichneten Nummerngruppen wurden andere nur teilweise beansprucht, speziell ab Art.-Nr. 1700.

In das Nummern-System waren die eigentlichen Ausgaben des Buchverlages, abgesehen von den Bilderbüchern, nicht einbezogen. Um eine Übersicht auch dafür zu geben, hier die Reihen, Sammlungen oder Gruppen, auch nach dem Stande von 1930:

Übersicht über den Buchverlag außerhalb des Nummern-Ssystems

Sammlung „Spiel und Arbeit" mit 116 Bänden
Sammlung „Zeichenkunst" mit 100 Mappen
andere Reihen von Zeichenvorlagen mit zusammen 30 Mappen
„Otto Robert's Spielbücher" mit 25 Bänden
verschiedene Gruppen von Experimentierbüchern mit zusammen 12 Bänden
Reihe „Jugendbühne" mit 7 Bänden
Christoph von Schmid, „Erzählungen" in 45 Ausgaben
Reihe „Kunsttechnische Handbücher" mit 25 Bänden
„Liebhaberkünste" in 10 Bändchen
Reihe „Musteralphabete" mit 20 Mappen*
Reihe „Arbeitsbücher für Mutter und Kind" mit 15 Bänden*
Reihe „Werkbücher für Schule und Haus" mit 14 Bänden*

Anmerkung: In beiden vorangehenden Übersichten des Nummern-Systems wie des Buchverlages, sind diejenigen Gruppen mit * bezeichnet, die nicht mehr durch den Verlagsgründer Otto Robert Maier begonnen und ganz oder weitgehend aufgebaut wurden, sondern vor oder nach seinem Tode durch seine Söhne aufgenommen wurden.

3 Ausbau und Entfaltung 1893–1918

3.0 Die Entwicklung des Verlages von 1893 bis 1918

Wenn wir zunächst noch an die Darstellungen für das erste Jahrzehnt des Verlages nun für die Entwicklung im folgenden Vierteljahrhundert anschließen, so doch schon in dem Bewußtsein, daß wir mehr als die drei Hauptlinien der Anfangsjahre zu erfassen versuchen müssen.

3.1 Vorlagen-Werke

Den vorangegangenen 21 Lieferungswerken sind in den 18 darauf folgenden Jahren bis 1911 weitere 45 gefolgt. Diese erschienen in zusammen 478 Lieferungen und stellten sicher über geraume Zeit noch ein wichtiges Potential in der Arbeit und im Umsatz des Verlages dar. Es ist jedoch auch deutlich zu erkennen, daß Otto Robert Maier wenige Jahre nach der Jahrhundertwende die Erfolgsaussichten der bis dahin von ihm verlegten Vorlagen-Werke skeptischer zu beurteilen begann und nur noch einige neue Aufträge erteilte. Einem seiner Autoren schrieb er dazu: „... alles will nur noch Jugendstil".

Hierher gehört jedoch der Anfang von der Geschichte der Zusammenarbeit mit dem Zimmermeister Fritz Kress in Lustnau bei Tübingen. Um 1880 ebendort in Lustnau geboren, begab sich dieser nach einer Zimmermannslehre auf die Wanderschaft in der zünftigen Kluft mit dem breitrandigen Hut, wie sie gelegentlich noch heute zu sehen ist. Er hat dabei wißbegierig und gescheit sehr viel von seinem Handwerk gesehen, in sich aufgenommen und auch in technischen Zeichnungen und Skizzen festgehalten. Als er gegen Ende seiner Wanderschaftszeit einen Unfall gehabt hatte, dessentwegen er dann ein ganzes Jahr nicht am Bau arbeiten konnte, schrieb er ein Fachbuch „Der Zimmerpolier", fertigte selbst die Zeichnungen dazu, ließ es setzen, drucken und binden und brachte es im Selbstverlag heraus. Dabei hatte er von ihm selbst entwickelte ganz neuartige Berechnungen und Zuschnittmethoden für das „Schiften" der Balken angewendet, Methoden, die von Baumeistern und Ingenieuren später als bahnbrechend für den neuzeitlichen Holzbau mit sparsamem Holzverbrauch gewürdigt wurden. Erst einmal zog er als sein eigener Apostel mit dem Fahrrad landauf, landab, warb für seine Methoden und verkaufte sein eigenes Fachbuch. Im Jahre 1905 hielt er in seinem Elternhaus einen ersten Fachkursus für Zimmerleute ab, woraus sich nach einigen Jahren die private, ihm gehörende „Zimmerei-Fachschule Fritz Kress" in Lustnau entwickeln sollte, die bis 1978 bestand, und an der Tausende von Zimmerleuten, nicht nur aus Deutschland, sondern auch aus Österreich und der Schweiz, Fach- und Meisterkurse besucht haben. Von diesem Phänomen Fritz Kress hatte Otto Robert Maier im Jahre 1908 erfahren, und er schrieb an Fritz Kress eine Postkarte, daß er interessiert daran sei, das Buch „Der Zimmerpolier" in seinen Verlag zu übernehmen. Und tatsächlich hat er für dessen 2. Auflage am 3. August 1908 in Ravensburg den Verlagsvertrag mit Fritz Kress unterschrieben, und ab dann erschien „Der Zimmerpolier" im Otto Maier Verlag. Der gescheite Autor sah sich dadurch nicht gehindert, in den folgenden Jahren noch weitere Fachbücher zu verfassen und zunächst wieder selbst zu verlegen: einen „Treppenbauer", einen „Geländerbauer", eine „Kalkulation" und einen „Jungzimmerer", die erst später auch in den Otto Maier Verlag übergingen. Erst einmal war und blieb nur „Der Zimmerpolier" wie eine Brücke von den frühen fachlichen Veröffentlichungen des Verlages in eine dafür noch nicht zu erkennende Zukunft.

1911 vereinbarte Otto Robert Maier noch einmal ein Vorlagen-Werk „Bautischler der Neuzeit" mit zwei Stuttgarter Architekten. Dann aber kamen keine weiteren, neuen mehr dazu. Aber das Programm der Vorlagen-Werke war damit natürlich noch lange nicht „vom Tisch", sondern weiter im Angebot des Verlages enthalten, allerdings sorgfältig separiert von allen anderen Gebieten des Verlages und nur speziellen Interessenten auf Anforderung angeboten. Es gibt noch eine Preisliste aus dem Jahre 1920, die 81 Werke aufführt. Davon waren 56 Lieferungswerke mit insgesamt 422 Einzel-Lieferungen und 25, die nur noch komplett in Mappe oder gebunden lieferbar waren. Doch erfolgten keine Nachdrucke mehr, mit Ausnahme des eben vorgestellten „Zimmerpolier" von Kress. Es gibt sichere Anzeichen dafür, daß die Restbestände der Vorlagen-Werke, deren große Formate viel Lagerraum belegten, sukzessive makuliert wurden. In den 30er Jahren waren nur noch Einzelstücke weniger Titel greifbar. Und es wirkte wie ein Märchen aus „Tausend und eine Nacht", als 1937 darauf eine Bestellung aus Afghanistan – aus Kabul – eintraf.

Den Entschluß von Otto Robert Maier, keine weiteren „Technischen Vorlagen-Werke" mehr herauszubringen, hat der Sohn Otto Maier noch bei seiner ersten Mitarbeit im Verlag des Vaters erlebt, und er hat sich viele Gedanken über andersartige Konzeptionen gemacht. Für seine neuen Vorstellungen hat er mehr als 20 Jahre später auch die Realisierung erfolgreich begonnen, worüber dann zu berichten sein wird. Zunächst mußte der junge Otto Maier aber erleben, daß das Thema „Ästhetik des Städtebaues", das ihm Zeit seines Lebens weiter am Herzen lag, und für das er im November 1913 mit dem Stuttgarter Autor Dr. Julius Baum einen Verlagsvertrag abschloß, wegen Ausbruch des großen Krieges 1914 nicht zur Ausführung kam, wie er selbst auf dem Vertrag vermerkte.

Otto Robert Maier hatte aus seiner Arbeit für die vielen Vorlagen-Werke schon lange andere Konsequenzen gezogen. Es gab kaum noch Veröffentlichungen in seinem Verlag ohne Vorlagen, ja selbst viele Spiele, die wachsende Gruppe der Beschäftigungsspiele, waren ohne Vorlagen nicht denkbar. Doch wird dieses an anderer Stelle noch ausführlicher zu behandeln sein.

Jedenfalls war aber auch die Arbeit Otto Robert Maiers für seinen Verlag anderweitig so vielfältig und umfangreich geworden, daß er wohl schließlich ganz gerne auf den vorstellbaren „Stress" der Lieferungswerke verzichtete.

3.2 Gesellschafts- und andere Spiele (vgl. S. 68)

An anderer Stelle wurde schon erwähnt, daß die Zahl der veröffentlichten Spiele – ihrer Artikel-Nummer nach – bis Ende 1918 auf 300 gestiegen war. Ab 1893 waren 271 zu dem Grundstock des ersten Jahrzehnts hinzugekommen. Dabei gab es in 22 Fällen unter einer Nummer zwei Ausgaben, meist eine größere und eine kleinere. Für 56 der 271 Spiele gab es Verlagsverträge, weil sie entweder wirklich eigene Erfindung eines Urhebers waren, oder gelegentlich auch, weil sie, wie etwa verschiedene Quartette, durch einen Bearbeiter mühevoll ausgewählt und in knappster Form betextet waren. Für das überlieferte Spielgut jedoch, wie immer wieder einmal neu illustrierte Lottos oder Dominos oder auch die historischen Brett-, Würfel- und Kartenspiele, wurde die grafische Neugestaltung fallweise in Auftrag gegeben.

Otto Robert Maier muß sich, wohl beraten durch frühe Autoren wie durch frühe Freunde seiner Ravensburger Spiele angeregt, gerade auch mit diesem überlieferten Spielgut über den deutschsprachigen Kulturbereich hinaus intensiv befaßt haben. So überraschte er schon 1892 sein Publikum durch eine allererste Ausgabe des aus China stammenden und ab dem 8. Jahrhundert n. Chr. in Japan weitverbreiteten und von dort nach Europa gekommenen „Go"-Spieles, die zusammen mit „Halma" 1892 als Ravensburger Spiel Nr. 26 erschien. Und bereits 1893 ließ Otto Robert Maier das 1888 zum ersten Mal durch einen Engländer veröffentlichte, aber in den deutschsprachigen Ländern noch unbekannte „Reversi" (zusammen mit „Rocco") als Ravensburger Spiel Nr. 32 folgen. Es ist verständlich, daß diese von dem Verlagsgründer entdeckten und erstmals den deutschsprachigen Interessenten mit deutschsprachigen Regeln angebotenen Spiele auch heute noch soviel wie Perlen im Programm des Verlages sind.

Etwas absolut Andersartiges in dem frühen Spieleprogramm war „Puppenmütterchens Nähschule" von Fräulein Agnes Lucas in Reutlingen, eine Kastenausgabe mit Porzellan-Puppe, Schnittmustern, Anleitungsbuch und Nähutensilien, die erstmalig 1894 erschien. Es ist anzunehmen, daß Agnes Lucas über den Onkel Eugen Ulmer[3] den Weg zu Otto Robert Maier fand, der sich mit Rat und Hilfe seiner Frau um die Verwirklichung in einer so reizenden Ausführung bemühte, daß die heute nur noch ganz seltenen Stücke davon die Herzen von Sammlern aufs höchste entzücken und dieses, obgleich die verschiedenen Ausgaben der „Nähschule" an die 40 Jahre im Programm waren. Aber die vielen einmal damit beglückten kleinen Mädchen haben wohl so eifrigen Gebrauch davon gemacht, daß schließlich nichts davon mehr erhalten blieb. Dieser Kasten war für Otto Robert Maier so etwas wie der Einstieg in das so vielfältige besondere Gebiet der Beschäftigungsspiele, das in vielen Jahren und bis heute durch unzählige Ausgaben die Programme von Spielen und Büchern verklammert, untermauert und ergänzt. Dadurch, daß es von „Puppenmütterchens Nähschule" schon vor dem Ersten Weltkrieg auch englische, französische und holländische Ausgaben im Otto Maier Verlag selbst gab, wurde dieses Spiel auch zu einem frühen Vorläufer der heutigen internationalen Produktion des Verlages.

Die „Nähschule" hatte bald noch eine andere Auswirkung: Schon im Jahre danach, 1895, übergab „Frau Stabsarzt Dr. Anna Jäger – sie selbst war beileibe nicht Stabsarzt oder Doktor, sondern eines solchen Frau, aber in dem Vertrag mit ihr vom 17.9. 1895 mußte es noch so heißen – ihre „Haustöchterchens-Kochschule", die zunächst kurze Zeit von der Firma Gebr. Märklin & Co. in Göppingen hergestellt und vertrieben worden war, Otto Robert Maier in seinen Verlag. Märklin fertigte jedoch weiter dafür die sehr reizvollen kleinen Puppenküchen-Utensilien an. Auch dieses Spiel war lange im Programm.

Doch erst mit der weiteren Entwicklung der zahlreichen Bogen, Mappen und Hefte zum Zeichnen, Malen und zu anderen Arbeiten für die Kinder und durch deren Verfasser kam es zu Beginn des neuen Jahrhunderts zu einfacheren Beschäftigungsspielen, wie „Ausnähen" (1902), „Figurenlegen" (1903), „Spielendes Zeichnen" und „Zeichnen auf der Schiefertafel" (1904). Danach verging kein Jahr, in dem nicht zwei oder mehr Beschäftigungsspiele zum Neuheiten-Programm gehörten.

Unter den ganz frühen Spielen war als Nr. 16 ein „Literaturspiel" (1888), in dem jeweils 4 Zitate aus einem großen Werk der Weltliteratur ein „Quartett" bildeten, zwar auf einen besonderen Karton gedruckt, aber noch ohne irgendeine Illustration dazu. Mit Recht trug dieses Spiel schon ab den nächsten Nachdrucken den abgeänderten Titel „Zitaten-Quartett" und nannte als Verfasser „C. Hoffmann", um unter seiner frühen Nummer 16 noch für Jahrzehnte im Programm zu bleiben. Doch schon als Nr. 18 folgte 1889 das erste richtige „Bilderquartett" mit reizenden Illustrationen in mehrfarbigem Steindruck. Aber diese beiden Quartette sowie ein „Württemberg-Quartett" (Nr. 31) aus dem Jahre 1893 blieben noch Vorläufer jener vielen Bildungs-Quartette, die ab 1903 in schneller Folge bis 1914 mit insgesamt 26 verschiedenen Ausgaben und Inhalten erschienen. Es waren typische Spiele der Bildungsvermittlung, die den Namen des Verlages und seiner „Ravensburger Spiele" in weitere, breite Kreise des bildungsbeflissenen Bürgertums trugen und dort für Generationen verankerten. Gefördert wurde diese Art von Spielen auch durch die technische Entwicklung, die es nun erlaubte, klare und aufschlußreiche Darstellungen mit Autotypien nebst den Texten in großen Buchdruckformen auf einem einzigen Spielkartonbogen für alle 48 oder sogar 60 Karten eines Quartettspiels zusammen zu drucken. – Unter den Gesellschaftsspielen, die ja 1884 mit der „Reise um die Erde" begonnen worden waren, blieben die geographischen und Reise-Spiele eine sorgfältig gepflegte und immer weiter ausgebaute Gruppe mit 16 verschiedenen Themen, nicht gerechnet die verschiedenen geographischen Quartette. Hier ist die Nr. 89 als „Im Luftballon um die Erde" aus dem Jahre 1900 zu finden und – durch die Erfindung des Grafen Zeppelin im benachbarten Friedrichshafen bewirkt – umgearbeitet zu „Im lenkbaren Luftschiff um die Erde" als Nr. 182 aus dem Jahre 1908.

1888 gab es schon ein „Velocipedspiel", 1898 ein „Radfahrspiel", 1907 ein erstes „Automobilrennen" und 1911 ein frühzeitiges „Wintersportspiel".

Kurioser, ja fast unwahrscheinlich wirkt es, daß das erste „Jagdspiel" von Malwine Weiß, möglicherweise einer mannhaften bayerischen Försters-Gattin, 1898 übernommen wurde und dann 1899 als „Fröhliche Jagd" erschien, sich aber offenbar nicht sehr lange im Angebot halten konnte und einige Jahre später herausgenommen wurde.

Wir hatten eben schon bei „Puppenmütterchens Nähschule" von verschiedenen fremdsprachigen Ausgaben erfahren. Hier nun fügen wir hinzu, daß, wenig später und sicher im Gedanken an die Söhne, Otto Robert Maier verstärkt an den Export von Ravensburger Spielen in verschiedene Länder gedacht und diesen planmäßig vorbereitet hat. Es existieren nicht nur noch Konten für Vertreter, z. B. in Holland, Frankreich, Italien, Ungarn, Warschau und Riga (beides damals noch in Rußland), sondern es fand sich auch in einem Katalog des Jahres 1912 von „Otto Robert Maier in Ravensburg. Verlagsanstalt künstlerisch ausgestatteter Spiele" folgende Anzeige:

Exportausgaben

„Von den „Ravensburger Gesellschafts- und Beschäftigungsspielen" sind auch größere Kollektionen in folgenden Sprachen vorrätig:
französisch, englisch, italienisch, holländisch, spanisch, russisch, böhmisch, polnisch und ungarisch.

Bei Bedarf bitte ich Separatverzeichnis zu verlangen."

Und dazu wurden erst im Jahre 1980 in einer Mappe auch Muster von Spiele-Titeldrucken in diesen Sprachen wiederentdeckt.

Ein halbes Jahrhundert sollte aber nach jenem Jahre 1912 noch vergehen, bevor diese alten Pläne neue Wirklichkeiten des Verlages wurden.

Der Ausbruch des Ersten Weltkrieges im Sommer 1914 bedeutete wie für die gesamte Wirtschaft der daran beteiligten Staaten auch für die Verlagsarbeit von Otto Robert Maier einen tiefen Einschnitt. Nachdem 1912 und 1913 jeweils 10 neue Spiele herausgebracht worden waren, umfaßte das noch im Frieden vorbereitete Neuheiten-Programm 1914 zwar 11 Spiele, zu denen als 12. Spiel noch ein „Viktoria-Kriegsspiel" dazu kam. Aber schon 1915 sank die Zahl der neuen Spiele auf 8, 1916 und 1917 sogar auf nur noch jeweils 6. Dabei bedeuteten die „Ravensburger Spiele" an den Fronten, wie in Lazaretten usw., sicher sonst nur noch seltene Lichtblicke. 1915 erschienen noch „Brettspiele für den Tornister" und 1916 ein „Schwarzer Peter im Weltkrieg". Aber ab 1917 schon war der Krieg kein Thema des Spieleverlages mehr. Erstaunlich genug bleibt es, daß 1916, als frühes Beispiel einer dann mehr als drei Jahrzehnte währenden fruchtbaren Zusammenarbeit, das Beschäftigungsspiel „Figuren bemalen" des Seminarlehrers und späteren Professors William Schneebeli aus Rorschach in der neutralen Schweiz erscheinen konnte.

Leider gibt es kaum Zeugnisse dafür, unter welchen Schwierigkeiten die Herstellung der Spiele litt, die weiter auf die Zulieferung, z. B. der Schachteln, von zumeist kleinen, handwerklichen Buchbindereien angewiesen war. Wieviele davon waren geschlossen, weil Meister und Gesellen zum Kriegsdienst hatten einrücken müssen? Diese Erfahrungen waren Ausgangspunkt für die Vorbereitungen der ersten Nachkriegsjahre zum Aufbau eines eigenen technischen Betriebes.

3.3 Jugend- und Populärer Buchverlag

Auch in dem Vierteljahrhundert 1893–1918 (und noch weit darüber hinaus) blieb der frühe Grundstock der Jugend-Erzählungen von Christoph von Schmid ein beachtlicher Posten im nun allmählich heranwachsenden und getrennt von dem speziellen Bereich der vielen handwerklichen Vorlagen-Werke zu erkennenden Populären Buchverlag.

Doch diese Gruppe erzählender Jugendbücher selbst erhielt in den genannten Jahren kaum nennenswerten Zuwachs. 1914 erschien, für die Jugend erzählt von Gustav Schalk, „Parzival", dem weitere Neuerzählungen von Sagen usw. folgen sollten, ein Plan, der in Kriegs- und Nachkriegsjahren unausgeführt bleiben mußte. Dagegen entwickelte sich eine allerdings noch bescheidene Gruppe von Kinderbilderbüchern. Diese eröffnete „Otto Robert" wieder selbst im Jahre 1900 mit einem „Jahrhundert-Bilderbuch" und einem „Germania-Bilderbuch", nach seinen Ideen und Skizzen getextet und illustriert. (Zu dem zweiten gab es, in etwa parallel, auch ein „Germania-Spiel".) Im Jahre 1902 folgte „Der Strampelpeter" von „Karl Waldmann" mit den Illustrationen von Henry Albrecht, München. („Karl Waldmann", ein Pseudonym, hinter dem sich der Pfarrer Karl Schlenker aus Waldmannshofen verbarg.) Immerhin ein Buch, das in mehreren Auflagen von insgesamt etwa 20 000 Exemplaren Verbreitung fand und über 20 Jahre im Programm war. Weitere liebenswürdige Bilderbücher, sowohl solche mit Texten wie etwa die „Fünfzig Fabeln" von W. Hey, wie auch erste kleine und große „unzerreißbare" Bilderbücher schuf Dora Baum.

Doch nun zu ganz anderen Gruppen des Populären Buchverlages.

1894 begann der „Schriftenschatz" von Professor Albert Schiller, Stuttgart, umfangreich zu erscheinen, eine erste Sammlung von Schriftvorlagen, der sich (nicht nur bis 1918) etliche kleine Anleitungsbücher und verschiedene Reihen von Einzelmappen mit Vorlagentafeln bestimmter Thematik für Schriften verschiedenster Art anschlossen. Die Schriftvorlagen gehörten damit über Jahrzehnte zu den „Brotartikeln" des Verlages und von für ihn wichtigen Gruppen seiner Kunden, blieben aber doch ein Randgebiet.

Denn schon 1896 kündigte sich das Heranwachsen des umfassenderen und vielfältigen Verlagsgebietes „Zeichnen und Malen" mit vielen Ästen und Zweigen an durch die Veröffentlichung des Buches „Stil und Stilvergleichung" von Karl Kimmich, das ein Grundlagenwerk, „besonders geeignet zum Selbstunterricht", werden und mit vielen Auflagen über Jahrzehnte bleiben sollte (11. und letzte Auflage 1928).

Bereits im nächsten Jahr 1897 vereinbarte Otto Robert Maier mit Professor Gustav Conz, Stuttgart, die Veröffentlichung der „Zeichenschule zum Selbstunterricht", die ihre letzte Auflage 1924 erfuhr und erst nach dem 2. Weltkrieg,

1952, durch die „Zeichenschule für begabte Leute" von Professor Gerhard Gollwitzer ihre Ablösung erhalten sollte. In diesem Jahr 1897 jedoch wagte es Otto Robert Maier, auch noch ein weit größeres Unternehmen zu beginnen: Eine „Geschichte der Deutschen Kunst von den ersten historischen Zeiten bis zur Gegenwart" von Dr. Hermann Schweitzer (zunächst Heidelberg, dann Freiburg/Br., schließlich als Direktor des Suermondt-Museums in Aachen). Diese sollte mit einem Umfang von 40 Bogen = 640 Seiten bzw. Tafeln in 12 Lieferungen erscheinen. Sie ist auch tatsächlich erschienen mit Angabe des Erscheinungsjahres 1905 und in einem Umfang von 740 Seiten „mit 472 Textabbildungen und zahlreichen (etwa 50) Einschalttafeln", vom Verfasser: „Seiner Königlichen Hoheit, dem Großherzog Friedrich von Baden in tiefster Ehrfurcht gewidmet." Es war das umfangreichste Werk und auch das stattlichste in der gesamten Verlagsproduktion von Otto Robert Maier geworden, das ihn aber jahrelang beanspruchte und trotz einer sicher zu breiten Behandlung der Kunst des 19. Jahrhunderts auch heute noch interessant wirkt. Es ist aber erschütternd, dann in seinem Brief vom 9. 10. 1911 an den Autor lesen zu müssen: „Die Kunstgeschichte hat einen totalen Mißerfolg gehabt." Die Restbestände mußten verramscht werden.

Bis dahin – 1911 – erfuhr jedoch das Verlagsgebiet „Zeichnen und Malen" längst die schon erwähnte glückliche Entwicklung. Teils diese anregend und fördernd, teils von ihr gefordert, war es zwar auch die Kunstbeflissenheit des im weiter wachsenden Wohlstand lebenden Bürgertums, die dieses Gebiet der Verlagsarbeit so erfolgreich werden ließ. Nicht weniger aber waren es das persönliche Interesse und die eigene Begabung des Verlegers Otto Robert Maier, daß er alles, was ihm selbst dienlich und brauchbar erschien, auch allen anderen Interessierten zugänglich machen und – ob sie nun auch begabt waren oder nicht – ihnen auf den verschiedensten Wegen behilflich und ermutigend sein wollte.

Otto Robert Maier hatte dabei viel Spürsinn und auch Glück. Schon bald, nachdem Adolf Richter in Stuttgart die neue Technik der Holzdekoration durch Tiefbrand erfunden hatte, vereinbarte Otto Robert Maier 1899 mit ihm die Abfassung und Veröffentlichung der Anleitung „Tiefbrandarbeiten". In der Ernüchterung nach dem Ersten Weltkrieg und durch die Dekorationsfeindlichkeit der „Neuen Sachlichkeit" verpönt, mußten 5 Jahrzehnte vergehen, bis in unseren Tagen erst die Tiefbrandtechnik wiederentdeckt wurde.

Damals, um die Jahrhundertwende, war es jedenfalls so, daß die besten Künstlerfarben der Welt aus England kamen. Maltechniken und die Anleitungen dazu beruhten dort auf einer breiten Tradition. Herr Otto Marpurg in Köthen/Anhalt, wußte das, bemühte sich und bekam umsonst von der berühmten Farbenfabrik Winsor & Newton Ltd., London, das Recht, verschiedene der von dieser noch heute hoch qualifizierten Firma herausgegebenen Anleitungsbücher ins Deutsche zu übersetzen. Man wußte dort, daß solches, den deutschen Markt noch mehr für die englischen Farben zu erschließen, ein vorzüglicher Weg sein würde. Herr Marpurg als Inhaber der deutschen Übersetzungsrechte trug seine Übersetzungen Otto Robert Maier an, und dieser griff sofort zu. Er wußte, daß es nichts Besseres gab. So erschienen denn im Jahre 1903 die „Ölmalerei für Anfänger" von S.J.Cartlidge (bis 1927 in 14 Auflagen mit insgesamt 78 350 Exemplaren) und die „Aquarellmalerei nach der Natur" von Thomas Hatton (bis 1927 in 11 Auflagen mit insgesamt 71 400 Exemplaren). Aus der gleichen englischen Quelle, von anderen Autoren, aber dem gleichen Übersetzer, folgten noch 2 weitere Titel. Davon sei noch die „Landschaftsmalerei in Öl" von O.Williams (bis nach 1950 in 9 Auflagen mit insgesamt 36 500 Exemplaren) erwähnt, weil deren Veröffentlichung zwar 1914 vereinbart worden war, wegen Ausbruch des 1.Weltkrieges aber für Jahre verschoben und danach erst im Sommer 1920 verwirklicht wurde. Dieses Buch wurde im 2.Weltkrieg dagegen – Herbst 1940 – sogar und auch in den 50er Jahren noch nachgedruckt, befand sich also mehr als 30 Jahre im Programm. Schon bald nach den Anfängen im Jahre 1903 erhielten die Ausgaben dieser Art die Verlags-Reihenbezeichnung „Kunsttechnische Handbücher", jedoch ohne diese Bezeichnung auch als Reihentitel selbst zu tragen. Ihr Format, ihre Ausstattung und die Gestaltung der Umschläge standen aber bei fast allen Titeln im Einklang.

Der Erfolg schon der ersten Ausgaben veranlaßte bald auch deutschsprachige Künstler weitere, von ihnen gepflegte Techniken und Themen zur Veröffentlichung vorzuschlagen, wie aber auch der Handel den Verleger auf Lücken und weitere Möglichkeiten hinwies. So wurden z.B. die liebenswürdige Zeichnerin Anna Rinneberg in Ludwigslust/Meckl. ab 1907 und ab dem gleichen Jahr auch der Architekt und Dipl.-Ingenieur Arthur Gruber, erst in Berlin, dann in Weimar, für Jahrzehnte getreue Autoren dieser Reihe, die bis 1918 schon mehr als 20 Titel umfaßte.

In das Generalthema „Zeichnen und Malen" gehören freilich genauso und in ihrer Vielfalt beinahe dominierend, ja kaum noch überschaubar und zu unterscheiden, die großen Reihen und Gruppen von Zeichen-Vorlagen, – für Kinder und Jugendliche, für Erwachsene, Liebhaber und Kunstbeflissene.

Die größte Reihe war bald die „Zeichenkunst. Eine Serie von Vorlagen fürs Bleistiftzeichnen", herausgegeben von C.Hoffmann. Hier tauchte dieser Name wieder auf, dem wir schon bei dem frühen „Zitaten-Quartett" begegnet waren. Seine Anführung auf den Umschlägen der einzelnen „Zeichenkunst"-Mappen wurde später fallengelassen. Aber in der genannten Verwendung spricht alles dafür, daß es ein erstes Pseudonym von Otto Robert Maier selbst war. Seine Reihe „Zeichenkunst", im Jahre 1903 begonnen, erreichte in den folgenden Jahrzehnten die stattliche Anzahl von über 100 Mappen.

Wir wissen von den vielen, großen handwerklichen Vorlagen-Werken, mit denen Otto Robert Maier angefangen hatte, und die nun, im ersten Jahrzehnt des 20.Jahrhunderts, nach und nach auslaufen sollten. Die vielen Erfahrungen, die Otto Robert Maier damit, z.B. in der Auswahl und Anordnung, in der Reproduktion und im Druck, in der Ausstattung und im Angebot, gesammelt hatte, verlegte er nun auf das weite und erstmal ganz populär gehaltene Gebiet von Zeichenvorlagen, zu denen erst ab 1913 auch anspruchsvollere wie die „Zeichen- und Malvorlagen nach Künstleroriginalen" kamen. Doch Otto Robert Maier machte sich dabei nichts leicht. Er glitt nicht ab in Süßlichkeit und Niedlichkeit, aber es steckte viel Liebe des Verlegers und seiner Künstler-

Autoren darin. Nicht zuletzt waren es auch Lehrer, die Otto Robert Maier mit neuen Ideen und Vorschlägen gerade auch bei den Ausgaben für Kinder und Jugendliche, für Kindergärten und Schulen zur Seite standen. Ab 1904 kamen der Lehrer *Ambros Kollros*, erst Kisslegg, dann Ebingen, ab 1906 die Lehrerin Marie *Coppius* in Heidelberg, ab 1911 der Lehrer und spätere Schulrat Hans Denzer in Worms und ab 1913 jener schon erwähnte spätere Professor W.Schneebeli von Rorschach/Schweiz und viele andere mit immer wieder neuen Anregungen und Ausgaben für dieses Gebiet „Zeichnen und Malen" zur Veröffentlichung und weiten Auswirkung, Autoren, die zumeist auch das Programm des Spiele-Verlages, besonders bei den Beschäftigungsspielen, aber auch noch andere Verlagsgebiete bereicherten.

Wenn wir sehen, daß den „Kunsttechnischen Handbüchern" auch Bücher wie „Radierung und Kupferstich", „Wie lerne ich modellieren?" oder „Die Kunst des Holzschnitzens" und eine Untergruppe mit „Anleitungen für allerlei Liebhaberkünste" – darunter die früher erwähnte „Tiefbrand"-Anleitung – zuzuzählen sind, dann war dieses schon ein reiches Angebot zur Erweckung von Kreativität, zur Betätigung von Vorstellungskraft und Phantasie.

Doch erschöpfte sich damit noch keineswegs die verlegerische Vorstellungskraft und Phantasie von Otto Robert Maier. Er war ein Mensch, ganz offen für die Entwicklungen seiner Zeit, zu denen auch die Entwicklung der Naturwissenschaften und die auf ihnen beruhenden Entwicklungen der Technik gehörten.

Ein Architekten-Autor aus dem Bereich der großen Vorlagen-Werke erstellte 1899 im Auftrage von Otto Robert Maier einen „Organisationsplan" für „Beschäftigungsspiele". Als Beispiel dazu entwarf dieser Autor die Bauanleitung für eine „Camera obscura", die als „Arbeitsspiel" von ihm bezeichnet wurde. Tatsächlich aber erschienen 1903 die ersten acht Nummern von „Spiel und Arbeit. Eine Sammlung von Beschäftigungen von Otto Robert". Bd. 1 war die Bauanleitung „Segeljacht. Ein Modell zur Selbstherstellung" von Professor Dr. Heinrich Cranz, Stuttgart, und als Bd. 2 die „Camera obscura" unter der Autorschaft von Otto Robert, auch Bd. 3 „Schattentheater" von Otto Robert. Otto Robert Maier benutzte hier wie noch anderweitig seine beiden Vornamen als eigenes Pseudonym. In den vier Jahren von 1899 bis 1903 reifte also bei Otto Robert Maier neben so vielen anderen Plänen dieser Jahre die Konzeption und auch die für ihn so charakteristische Wahl des Titels für diese „Sammlung von Beschäftigungen: Spiel und Arbeit." Ja, auch das köstliche Motto auf jedem Umschlag ist charakteristisch für ihn und seine Zeit: „Wackere Knaben fertigen ihr Spielzeug selber an." und dabei hatte er sicher seine eigenen damals drei-, neun- und zwölfjährigen Buben ins Auge gefaßt.

Festgehalten seien noch einige weitere Charakteristika. Im Kopftitel stand über Jahre auch noch die Kennzeichnung „Selbstherstellung von allerlei Spielwerk und Apparaten". Anderweitig hieß es: „Eine Kollektion von Modellbogen und Anleitungen zur Selbstherstellung von allerlei Spielzeug und Apparaten."

Auf dem Innentitel stand jeweils:
„Der Sammlung „Spiel und Arbeit" x. Bändchen" und es fehlte nie der Hin-

weis: „Gesetzlich geschützt. Nachahmung verboten." Nur selten wurden Neu-auflagen bei unverändertem Nachdruck als solche bezeichnet und numeriert. Bei wesentlich um- oder neubearbeiteten Auflagen dagegen gab es einen ent-sprechenden Vermerk. Man darf beachten, daß „Spiel und Arbeit" von Anfang an als „Sammlung" bezeichnet wurde, nicht etwa nur als Serie oder Reihe. Otto Robert Maier muß schon in den Jahren der Vorbereitung erkannt haben, daß hier ein weiter Rahmen für die unterschiedlichsten Themen aus Naturwissen-schaft und Technik geschaffen werden sollte. Und tatsächlich kann man fest-stellen, daß diese Sammlung, die schließlich auf über 250 Bände angewachsen und über sechs Jahrzehnte im Verlagsprogramm war, in Modellen und Vor-schlägen die Technik-Geschichte der ersten Hälfte des 20. Jahrhunderts beglei-tete und dokumentierte. Wir werden der Sammlung „Spiel und Arbeit" des-halb auch noch in späteren Abschnitten wiederbegegnen.

Es handelte sich im einzelnen um ganz leicht verständliche Bauanleitungen mit technischen Detailzeichnungen, bald auch schon Detailfotos und vor allem stets mit großen Modellbogen (also keinesfalls „Modellier-" oder Ausschnei-debogen). Diese großformatigen Modellbogen boten Werkzeichnungen, zu-meist 1:1, mit allen erforderlichen Maßangaben. Die Modellbogen waren auf das Buchformat zusammengefaltet und in einer Schlaufe auf der Innenseite des rückwärtigen Umschlagkartons angeklebt.

In Prospekten, Katalogen, Anzeigen usw. war der Schwierigkeitsgrad in drei Gruppen, I–III, gekennzeichnet. Dabei bedeutete:

„Nr. I ist für Knaben im Alter von 8 bis 12 Jahren und enthält meist Papp-arbeiten."

„Nr. II für Geübtere im Alter von 10 bis 14 Jahren, enthält Holz-, zum Teil auch Eisenarbeiten."

„Nr. III setzt eine gewisse Praxis im Basteln voraus, meist für 12- bis 16-jährige Knaben."

In der hier dargestellten Verlagsarbeit bis 1918 wuchs die Sammlung „Spiel und Arbeit" bis auf 75 Bände (tatsächlich waren es broschierte Ausgaben, etwa im Format des späteren DIN A 5), die auch, wie wir gesehen haben, vom Verle-ger selbst als „Bändchen" bezeichnet wurden.

Schon als Bd. 7 (1903) gab es die Bauanleitung für einen „kleinen Electromo-tor" (für Schwachstrom), als Bd. 12 (1904) einen „Photographie-Apparat" (für Moment- und Zeitaufnahmen), als Bd. 16 (1905) einen „Projektionsapparat", als Bd. 18 (1905) ein „Telephon" (als Haustelephon), als Bd. 39 (1909!) einen „Aeroplan-Zweidecker nach Farman" (als flugfähiges Modell), als Bd. 46 (1910) einen „Eindecker-Aeroplan" (flugfähiges Modell), als Bd. 62 (1912) ei-nen „Leinenkajak" für 2 Personen. Auf dem kleinen Titelfoto für den Bd. 42 (1909) „Bobsleighschlitten" sind die drei Söhne von Otto Robert Maier in ei-nem wohl schon etwas früheren Foto zu sehen. Nach vier Kriegsjahren muß der Bd. 79 „Sonnenuhren" von P. D. Marian Sallaberger O. S. B. aus dem be-rühmten Benediktinerstift St. Florian/Österreich wie eine Friedensbotschaft ge-wesen sein.

Einen besonderen Hinweis verdienen einzelne Autoren dieser Sammlung. Zu den allerersten, getreuesten und fruchtbarsten Autoren gehörte Otto Mayser aus Stuttgart. Dieser Name war nicht etwa auch ein Pseudonym des Verlegers, sondern derjenige eines Zinngießermeisters, der nicht nur eine „Große Burg" als Bd. 4 (1903) und ähnliches entwarf und darstellte – vermutlich, damit diese mit den von ihm hergestellten Zinn-Soldaten und -Figuren besetzt werden möchten –, sondern auch schon die frühesten bereits erwähnten Anleitungen für einen „Electromotor" und den „Photographie-Apparat". Bis zu seinem Tode 1930 erschienen 17 verschiedene Bändchen von ihm in der Sammlung „Spiel und Arbeit". Ein anderer treuer Autor war der Lehrer Eugen Honold in Esslingen. Von ihm erschienen innerhalb von 10 Jahren insgesamt 12 verschiedene Bände. Seine Stärke war Physik. Interessant war jener Professor Dr. Egid von Filek, aus Wien, der in den vier Jahren 1904–1907 6 vornehmlich naturkundliche Anleitungen veröffentlichte, vom Elektrophor bis zur Schmetterlingszucht. Auch der (Elektro-Ingenieur?) F. J. Gemmert, zuerst in Freiburg Br., dann in Ratingen, der als erstes schon 1909 die Bauanleitung für einen „Kinematographen" veröffentlichte, blieb mit 6 Bänden der Sammlung „Spiel und Arbeit" bis in die 20er Jahre verbunden.

Auf der einen Seite gab es die geschickten und phantasiereichen, typischen Bastler, denen immer wieder ein neues Thema einfiel. Auf der anderen Seite versäumte Otto Robert Maier es auch hier nicht, Autoren anderer Gebiete zur Mitarbeit zu gewinnen, wie die früher genannten H. Denzer, A. Gruber oder A. Kollros.

In engem Zusammenhang mit der Sammlung „Spiel und Arbeit" ist die Gruppe der „Jugendbücher zur Einführung in die Naturwissenschaften" zu sehen. Darüber oder dahinter stand der schon genannte Professor Dr. Egid von Filek in Wien, der sich hierbei unter den Pseudonymen „E. Witting" und „E. Ernst" verbarg und die Beiträge von verschiedenen anderen Wiener Akademikern redigierte, selbst ergänzte und herausgab. Es gab vier Untergruppen:
„Physikalische Experimente" mit 4 Bänden,
„Chemische Experimente" mit 2 Bänden,
„Naturwissenschaftliche Unterhaltungen" mit 5 Bänden,
„Mathematische Unterhaltungen" mit 2 Bänden.

Die Bände waren kartoniert und hatten einen Umfang von 80–100 Seiten mit vielen Illustrationen im Text. Ein Werbetext für diese Bücher erklärte:

„Diese Jugendbücher sind in leicht verständlicher, unterhaltender Art abgefaßt im Gegensatz zu den oft in trockener Diktion gehaltenen Schulbüchern. Die zu den Experimenten nötigen Apparate können vielfach nach den Beschreibungen selbst hergestellt werden, wo nicht, ist immer auf die einfachste Bezugsquelle hingewiesen. Der Hauptzweck der Sammlung ist der, in unserer Jugend Freude und Lust zur Betätigung auf dem großen Gebiet der Naturwissenschaften zu erwecken."

Diese interessante Gruppe von Jugendbüchern ist zwar nach 1918 noch mit Stereoplatten einmal nachgedruckt worden, dann aber aus dem Programm verschwunden. Vermutlich waren Anlage und Aufmachung aus der Vorkriegszeit durch die Entwicklung überholt. Doch werden wir zwei Jahrzehnte später einem Werkbuch begegnen, das ohne diese früheren Ausgaben kaum vorstellbar gewesen wäre. –

In den gleichen Jahren, in denen Otto Robert Maier sich mit der Konzeption der Sammlung „Spiel und Arbeit" beschäftigte, lag ihm ein anderer Plan am Herzen: Pflanzen- und Blumen-Bestimmungsbücher. Otto Robert Maier, selbst begeisterter Wanderer, der, nach und nach auch mit seinen Söhnen, sowohl die heimische Bodensee-Landschaft erwanderte wie auch die schönsten Gebiete, Päße und Berge der Alpenländer, also der Schweiz, Österreichs und Italiens, hatte selbst das Bedürfnis, überall die Flora kennenzulernen und zu bestimmen – er hatte schon als eines seiner frühesten Verlagswerke ein Herbarium herausgebracht. Nun fand er in dem Professor Hermann Schuster, Direktor der Bibliothek des Landesgewerbeamtes in Stuttgart, einen Gleichgesinnten, der ein wahrer Freund von ihm wurde. 1903 wurde die Veröffentlichung eines Werkes „Deutsche Flora oder ähnlich" vereinbart, für das die Malerin Fräulein Maria Mülberger es übernahm, die farbigen Pflanzen- und Blütendarstellungen zu zeichnen und zu aquarellieren. Es gibt nur wenige Details aus der weiteren Entstehungsgeschichte. Ziemlich sicher stammt die Idee, die Folge der Farbtafeln nach den Blütenfarben anzuordnen – alle weißen nacheinander, alle roten nacheinander usw. – von Otto Robert Maier selbst. Wären sie nicht Freunde gewesen, dann hätte der Herr Professor Schuster sicher damit aufgehört. Er hielt, wie Ohrenzeugen übermittelten, diese zwar total laienhafte, aber auch so praktische Ordnung nicht für vereinbar mit seinem wissenschaftlichen Ruf unter seinem Namen. Flugs hatte Otto Robert Maier wieder sein Zauber-Rezept eines Pseudonyms: der Autor der Bücher wurde nicht H. Schuster genannt, sondern nun für Jahrzehnte „H. Schuhmacher" und war es zufrieden.

Es zeigte sich allerdings, daß der Plan in mehrere Bände aufgeteilt werden mußte, nicht zuletzt der überaus sorgfältigen Zeichnerin wegen. Also erschien zuerst – 1906 – der „Frühlingsblumen-Bilderatlas", dem erst 1912 der „Sommer- und Herbstblumen-Bilderatlas" folgte: Der Bildteil war ganz als Leporello von 40 Farbtafeln mit etwa 170 Pflanzen und Blütendarstellungen gefalzt, der Textteil als Einzelheft in dem festen Einband lose dazugelegt. Die Farbtafeln wurden 12farbig in Steindruck hergestellt, eine immense und kostspielige Ausführung.

Diesen ersten Pflanzen- und Blumen-Bestimmungsbüchern in der Form von Bilderatlanten sollten, wenn auch mit großen zeitlichen Abständen, noch einige weitere folgen, die jedoch in der frühesten Konzeption schon ins Auge gefaßt waren.

In dem gleichen Jahre 1903 wandte Otto Robert Maier sich einer weiteren neuen Sammlung zu, an die er schon lange – jedenfalls seit jenem 1892 erschienenen „Rätsel- und Scherzfragen-Buch" von Joseph Frick – gedacht haben muß, er, der Verleger von Büchern und Spielen: die „Spielbücher". In diesem Jahr vereinbarte er mit Heinrich Schwalke in Freiburg/Br. die Veröffentlichung eines „Leitfaden zur Erlernung des Schachspiels (oder ähnlichen Titels)". Hier war es der Autor selbst, der das Buch nicht unter seinem richtigen Namen bringen wollte, sondern ein Pseudonym wählte: Cäsar Mitis. Dieses Buch erschien 1904 als Band 1 der „Spielbücher. Herausgegeben von Otto Robert" mit dem endgültigen Titel: „Schach. Leichtfaßliche Anleitung zur Erlernung des Schachspiels." Es sollte dasjenige Buch aus der Verlegerschaft von Otto Robert Maier werden, das am längsten „gelebt" hat. 1975 erschien die vorerst letzte, die 21. Auflage (!) dieses Buches, zwar inzwischen mehrfach neu abgesetzt und ausgestattet, aber im gleichen Wortlaut wie seine erste Auflage, zeitlos und gültig über mehr als 70 Jahre.

Von dem gleichen Autor erschienen in den beiden nächsten Jahren zwei weitere Titel in dieser Sammlung. Er ist im Ersten Weltkrieg gefallen. Sein Schachbuch hat ihn also mehr als ein halbes Jahrhundert überlebt.

Erst 1908 fand – durch Vermittlung seines früher genannten Autors, Professor Dr. E. von Filek, Wien, – Otto Robert Maier in dem Professor Alois Czepa, ebenfalls in Wien, einen Autor, der dann und über etliche Jahre ebenso in der Sammlung „Spielbücher" sechs weitere Bände veröffentlichte, wie auch einige Titel von ihm in der Sammlung „Spiel und Arbeit" erschienen. Am fruchtbarsten jedoch wirkte Dr. Max Weiß, Rechtsanwalt in Bamberg, für die „Spielbücher". Von 1912 bis 1922 erschienen neun Bände von ihm in dieser Sammlung. Auch ein Spiel stammte von ihm und erschien noch während des Krieges, „Gnosis" Nr. 285 (1917). Er muß ein grundgescheiter, aber im praktischen Leben gescheiterter Mensch gewesen sein, der über Jahre schwerkrank vom Armenarzt und durch die Honorare von Otto Robert Maier am Leben erhalten wurde.

Der Sammlung „Spielbücher" werden wir auch noch in späteren Zeitabschnitten begegnen. –

Hier aber muß noch ein kleiner anderer Zweig, durch eigene Interessen und Erfahrungen von Otto Robert Maier begründet, angeführt werden. Wir wissen schon, daß Otto Robert Maier oft in den Alpenländern und in Italien unterwegs war. Andere Reisen, etwa nach Frankreich, England oder Spanien, sind nicht verbürgt. Er muß aber schon in den 90er Jahren, also vor der Jahrhundertwende, in der italienischen Schweiz und in Italien selbst einen handlichen Sprachführer vermißt haben. So beauftragte er 1899 den Professor Giuseppe Brombin in München mit der Ausarbeitung eines „Reise-dictionnaire und Sprachführer für Deutsche in Italien", ganz nach seinen – Otto Robert Maiers – Intentionen, Vorstellungen und Richtlinien, und danach auch eines solchen für „Deutsche in Frankreich". Von anderen Bearbeitern folgte noch Entsprechendes für Englisch und Spanisch. Alles stand unter dem Serientitel „Otto Robert's Taschenwörterbücher und Sprachführer" (gelegentlich auch „Konversations Wörterbücher"). Niemals fehlte der Vermerk „Textanordnung gesetzlich geschützt."

Es gab drei verschiedene Ausgaben, die so charakterisiert wurden:
A. Federleichte Brieftaschenausgabe.
   je in Französisch, Englisch, Italienisch und Spanisch erschienen.
   Umfang etwa 64 Seiten – Gewicht etwa 35 Gramm.
   Inhalt: Gespräche nebst einschlägiger Wörterzusammenstellung und kurzer Sprachlehre.
   Preis pro Bändchen Mk. –,50
B. Kleiner Sprachführer mit Wörterverzeichnis
   je in Französisch, Englisch, Italienisch und Spanisch erschienen.

Umfang etwa 100 Seiten – Gewicht etwa 85 Gramm.
Inhalt: Gespräche nebst einschlägiger Wörterzusammenstellung, Sprachlehre und Notwörterbuch.
Preis je Mk. -,80
C. Taschenwörterbuch und Sprachführer
je in Französisch, Englisch und Italienisch erschienen.
Umfang etwa 236 Seiten – Gewicht etwa 140 Gramm.
Inhalt: Gespräche nebst einschlägiger Wörterzusammenstellung, Sprachlehre und großes Wörterbuch.
Preis je Mk. 1,40.

Es waren praktische Bändchen, wenn auch nicht sehr strapazierfähig geheftet. Aber es fehlte darin noch jeglicher phonetischer Hinweis auf die Aussprache, so daß die Bändchen eigentlich nur für diejenigen brauchbar waren, die schon über einige Kenntnis der jeweiligen Sprache bzw. Aussprache verfügten. Die Ausgaben verschwanden deshalb auch bald nach dem Ersten Weltkrieg aus dem Programm. Als weitere Facette der vielseitigen Interessen des Verlegers Otto Robert Maier und als Zeichen seiner über die Sprachgrenzen hinausgehenden Sicht mußten sie genannt sein. –

In dem Bericht über das erste Jahrzehnt der Verlagsarbeit von Otto Robert Maier bis 1893 waren nach den großen Gruppen noch einige „Varia" genannt. Ähnlich nun hier: 1895 vereinbart, erschien 1898 die 1. Auflage des „Neuer Sekretär für Geschäftsleute. Praktischer Ratgeber bei Geschäftsvorfällen aller Art, zugleich ein sicherer Führer in allen schriftlichen Arbeiten sowie in Rechtsangelegenheiten. Für den praktischen Gebrauch und zum Selbstunterricht herausgegeben von H. Gruner und K. Klaiber", 8°, 604 Seiten, nach 3 Auflagen 1909 für die 4. Auflage neubearbeitet von Prof. Dr. Heinrich Zwiesele.

In dieser Nachbarschaft sind auch die arbeitserleichternden Tabellenwerke des Inspektors Gustav Ströhmfeld, Stuttgart, zu sehen, die 1899 erschienen, und von denen der „Zinsrechner" immerhin bis 1921 mehrfach nachgedruckt wurde.

Am 18.8. 1896 hatte die Legislative des damaligen Kaiserreiches das große Gesetzeswerk des Bürgerlichen Gesetzbuches verabschiedet, das jedoch erst ab 1. 1. 1900 in Kraft trat. Bereits am 2. 11. 1896 vereinbarte Otto Robert Maier mit dem Landgerichtsrat a. D. G. Pfizer in Ulm die Veröffentlichung einer Ausgabe des BGB., die dann auch in einer ansehnlichen Ausstattung schon im Jahre 1897 erschien, enthaltend „I. Teil. Gemeinfaßliche Darstellung" – auf 348 Seiten – sowie „II. Teil. Der Text des Gesetzes" – auf weiteren 504 Seiten –, mit dem Zusatz „Gemeinverständlich dargestellt", und in den nächsten Jahren insgesamt vier Auflagen erlebte. Ihm folgte 1899 „Das Ausführungsgesetz zum BGB. für Württemberg."

Mit dem erwähnten Inspektor Ströhmfeld hatte Otto Robert Maier 1898 einen „Tantieme-Vertrag" abgeschlossen, nach dem Ströhmfeld bei erfolgreicher Zuführung geeigneter Autoren bzw. Werke durch die Zahlung von Tantiemen am Erfolg beteiligt werden sollte. Tatsächlich ist nachgewiesen, daß Otto Robert Maier aufgrund der Empfehlungen Ströhmfelds im Jahre 1902 ei-

nen Verlagsvertrag mit dem damaligen Ministerialrat Dr. Th. Pistorius, Stuttgart, vereinbaren konnte über die Veröffentlichung des vorbereiteten neuen „Einkommensteuergesetz für Württemberg". Diese erschien auch in 1. Auflage Ende 1903 unter dem genauen Titel:
„Gesetz betreffend die Einkommensteuer
für das Königreich Württemberg
vom 8. August 1903
nebst Ausführungsbestimmungen, Fassionsbeispielen und einem Anhang enthaltend die Gesetze über die Kapitalsteuer, die Grund-, Gebäude-, Gewerbesteuer und die Gemeindesteuern. Herausgegeben und gemeinverständlich erläutert von Ministerialrat Dr. Th. Pistorius Vortragender Rat im Königlich Württ. Finanzministerium" und erfuhr noch mehrere Nachdrucke.

Für Otto Robert Maier erfreulicherweise wurde Herr Dr. Pistorius nach der Veröffentlichung Kgl. Württ. Finanzminister und blieb in guter persönlicher Verbindung zu Otto Robert Maier, der ganz gewiß für seine eigene Einkommensteuer viel daraus gelernt hat.

Doch auch diese Gruppe von Ratgebern und juristischer Literatur wurde nach dem erfolgreichen An- und Auslaufen nicht durch neue ähnliche Werke fortgesetzt, um stattdessen die anderweitig dargestellte Entwicklung noch kräftiger und konzentrierter betreiben zu können.

3.4 Nummern-Artikel

Schon früher (S. 74) haben wir auf das von Otto Robert Maier aufgestellte Nummernsystem und seine Gründe dafür hingewiesen und eine Übersicht über alle Gruppen darin gegeben. Wie sich nun in den hier behandelten Jahren 1893–1918 die besonders zahlreichen neuen Ausgaben solcher Art in dieser Ordnung ein- und aneinanderreihten, das kann zwar nicht je Ausgabe detailliert dargestellt, aber doch mit Gruppentiteln und Anzahl der Ausgaben näher bezeichnet werden.

500		: Mal- und Zeichenhefte
501		: Methodische Malhefte, 12 Hefte
503		: Der junge Zeichenkünstler, 12 Kuverts
505–	10	: Werner, „Malhefte", 22 Hefte
511–	17	: Die „Zeichenhefte", 19 Hefte
540		: Federzeichnen, 9 Hefte
541		: Pinselzeichnen, 3 Hefte
542		: Kreide und Kohle, 2 Hefte
570–	81	: Postkartenmalhefte, 12 Hefte
600		: Malbücher (und -hefte)
601–	606	: Div. Titel, 6 Hefte
651–	658	: Div. Titel, 8 Hefte
680–	692	: Div. Titel, 13 Hefte
701		: Künstlermalbücher
701–	706	: Div. Titel, 6 Hefte

800	: Bilderbücher. Mit Buchverlag dargestellt
3000	: Reform-Modellierbogen
3000–3013	: Modellierbogen, 13 Bogen
3500	: Papier- und Kartonarbeiten
3501–3509	: Scherenarbeiten, 9 Bogen
3512–3516	: Schattenfiguren, 5 Bogen
3517–3519	: Puppenmöbel, 3 Bogen
3521–3522	: Schwedenschachtelarbeiten, 2 Bogen
3523–3539	: Div. Themen, 17 Bogen
4000	: Otto Robert's Flachmodelle
4000	: Dampfmaschine (Numerierungsfehler!)
4001	: Dampfturbine
4002	: Dynamomaschine
4003	: Gasmotor
5000	: Holzarbeiten
5001–5012	: Div. Vorlagen, 12 Bogen
6000	: Fröbel'sche Kinderarbeiten
6001–6012	: Div. Titel, 12 Hefte
7000	: Bogenartikel
7001–7028	: Div. Ausschneidebogen, 28 Bogen
7501–7540	: Laubsägebogen, 40 Bogen.

Wir können also über 250 Einzelartikel zählen, die vielleicht in dem großen Nummernkleid etwas verloren erscheinen, aber insgesamt und für sich genommen das schon beträchtliche Programm von Spielen und Büchern doch noch erheblich vergrößerten und vor allem in den vielen armen Jahren des Ersten Weltkrieges und danach im Verlag selbst und bei seinen Kunden einiges zum täglichen Brot beitrugen.

Schon früh haben wir sowohl bei den großen Vorlagen-Werken wie auch bei den Spielen von besonderen Beziehungen Otto Robert Maiers zum Steindruckverfahren gehört. Alle großformatigen Drucke, z.B. auch alle Modellbogen zu den Bändchen der Sammlung „Spiel und Arbeit" oder die Modellier- und Ausschneidebogen, aber auch alle Tafeln in den Zeichen-Vorlagen wie in den Schrift-Vorlagen wurden (und dieses noch bis in die 30er Jahre) im Steindruck hergestellt. Noch größer war die Bedeutung dieses Verfahrens für alle Farbdrucke, also vor allem zu den Spielen – Pläne, Titel, Deckkärtchen usw. –, aber auch zu Bilderbüchern, Malbüchern, Pflanzen-Atlanten. Dabei erfolgte der Druck von Spieleteilen schon frühzeitig in sog. „Sammelbogen", deren Zusammenstellung aus Druckvorlagen unterschiedlichster Formate vor allem so erfolgen mußte, daß nach dem Druck ein Auseinanderschneiden auf der Schneidmaschine ohne zu große Schwierigkeiten möglich war.

Für die Bücher, also für Texte, wenn auch mit Schwarzweiß-Illustrationen, wurde dagegen immer das Buchdruckverfahren gewählt. Aber der fertige, umbrochene Satz mit eingebauten Klischees wurde fast immer gematert. Die Matern wurden bei der jeweiligen Druckerei für den Verlag aufbewahrt, um im Falle eines benötigten Neudruckes damit Stereoplatten herzustellen und mit diesen sog. „Plattendrucke". Die Drucker waren davon gar nicht begeistert, weil die Stereoplatten besonders viel und mühsame Druckzurichtungen benötigten. Die Druckereien, die ausreichend Satzmetall zur Verfügung hatten, zogen es deshalb doch häufig vor, den Erstsatz als „Stehsatz" aufzubewahren und ihn für Nachdrucke wiederzuverwenden. Das wurde allerdings in den Kriegsjahren mehr und mehr unmöglich gemacht, weil die Druckereien jegliches nicht unbedingt laufend benötigte Metall, also gerade auch Stehsatz, für Kriegszwecke abliefern mußten. So kam nach dem Kriege die Zeit, in der man über jedes Werk froh war, für das Matern von der ersten Auflage noch zur Verfügung standen.

3.5 Generelle und persönliche Entwicklung 1893–1918

Als im November 1918 der Erste Weltkrieg durch die Kapitulation endlich zum Stillstand kam, zerbrach damit auch das Kaiserreich, dankten die deutschen Fürsten ab und führte eine Revolution zur Weimarer Republik. Das Vermögen des Deutschen Reiches und seiner wohlhabenden Bevölkerung, soweit es nicht bereits durch den Krieg verschlungen worden war, begann in der schon beängstigenden Geldentwertung vollends zu zerrinnen.

Otto Robert Maier wurde in diesem November 1918 66 Jahre alt. Im Rückblick auf sein Leben war er als gläubiger Mann sicher dankbar dafür, wie weit ihm bis dahin das Werk seiner Verlagsarbeit gelungen war. Mehr als 850 Spiele, Bücher und andere Ausgaben hatte er als Verleger selbst und allein in 35 Jahren herausbringen und in allen deutschsprachigen Ländern und Gebieten weit und in großer Zahl verbreiten können. Allen Ausgaben war er persönlich verbunden; die allermeisten davon gingen aus seinen eigenen Ideen, Plänen und Anregungen hervor und wurden von ihm selbst nicht nur veröffentlichungsreif gemacht, sondern auch noch durch seine Lenkung des Angebots und Vertriebs bis zu seinen Kunden und in die Hände der Käufer und Benutzer begleitet.

Freilich, es gab auch, aber nur gelegentlich beanspruchte „Vertrauensleute", die Manuskripte lasen, manchmal auch überarbeiteten, teils waren es schon bewährte und vertraute Autoren, teils Lehrer oder andere Sachkundige. Aber immer legte er auch selbst die Hand an, nicht zuletzt in der Bestimmung der so gut wie immer erforderlichen Illustrierung und der Ausstattung seiner Verlagsausgaben. In der Herstellung jedoch, bei der Vergabe der Aufträge, bei deren Abwicklung, bei der Lagerhaltung, hatte er schon früh einige Mitarbeiterinnen und Mitarbeiter, ebenso für die „Expedition" und die Buchhaltung.

Doch im Jahre 1901 gewann Otto Robert Maier Herrn Jacob Dietler, bis dahin Buchhändler in Göppingen, für die Mitarbeit im Vertrieb seines Verlages. Otto Robert Maier hatte beobachtet, wie sich im Verlagswesen überhaupt die Spezialisierung auf bestimmte Wissensgebiete und Bedarfsgruppen entwickelte. Ebenso wurde es für ihn immer deutlicher, daß es notwendig war, einen sich so erfolgreich entwickelnden Verlagszweig wie die „Ravensburger Spiele" viel intensiver bekanntzumachen und anzubieten, als es auf den buchhändlerischen Vertriebswegen allein der Fall war. Otto Robert Maier hatte deshalb die Absicht, Herrn Dietler für seinen Verlag reisen zu lassen, um „außer den Buchhandlungen, mit denen man schon immer in Verbindung stand, vor allem auch die Spielwaren- und Papierwarengeschäfte über den Kreis der damaligen Kunden hinaus"[1] zu erfassen. Herr Dietler „ist im Jahre 1902 – offenbar erstmals im Sinne einer Vertretung unseres Hauses – in größere Städte, z. B. Frankfurt, München, Berlin, Nürnberg entsandt worden. 1903 München, Nürnberg, Augsburg und Darmstadt. 1904 wurde die Schweiz von ihm bereist, 1905 Sachsen, Breslau, Nürnberg, Berlin, Hamburg, 1906 Stuttgart, Leipzig, Berlin, München. In den folgenden Jahren, besonders ab 1911, scheint die Reisetätigkeit ganzjährig erfolgt zu sein."[7] Es ist einigermaßen verbürgt, daß nach dem Berliner Ullstein-Verlag der Otto Maier Verlag der „erste war, der einen reisenden Herrn unterwegs hatte".[1] „Dieser Aufgabe hat sich Herr Dietler in überaus tatkräftiger Weise hingegeben."[1] „Auch die Leipziger Messe wurde besucht."[7] Und damit erklärt sich noch deutlicher die schon dargestellte Entwicklung in den verschiedenen Gruppen des Verlages: „Durch die Erfahrungen auf der Reise und die Notwendigkeit, für den Verkauf auf der Reise möglichst viele Ausgaben gleicher Richtung zu führen, entstand dann rasch eine große Anzahl von Kinderausgaben neben den Spielen, so die Malbücher, die verschiedenen Bilderbücher, alle möglichen Bastelhefte, Modellier- und Laubsägebogen etc."[1]

Es waren also der Vertrieb, die unmittelbar am Markt gewonnenen Erfahrungen, die Wünsche und Vorschläge des Handels, die die Veränderungen im Programm ab 1903 bewirkten. „Es zeigte sich, daß es nötig war, um einen durchschlagenden Erfolg zu erreichen, die Jugendausgaben, Spiele, Erzählungen, Bilderbücher etc. weiter auszubauen".[1] Herr Dietler muß seine Aufgabe sowohl gegenüber dem Handel wie gegenüber seinem Verleger hervorragend erfüllt haben. Er war allseitig hochgeschätzt und wurde von Otto Robert Maier schon 1908 durch die Erteilung der Prokura ausgezeichnet. Sein Name wurde noch lange über seinen Tod – 1928 – hinaus in Ehren gehalten.

Freilich stützte Otto Robert Maier sich keineswegs allein auf das Angebot durch diesen vorerst ja auch nur einzigen Vertreter. Eines hatte Otto Robert Maier schon sehr früh erkannt und dann immer und über alle Jahre systematisch gehandhabt: Jedes einzelne Stück der Ausgaben aus seinem Verlag war der einfachste Übermittler von Hinweisen auf andere Ausgaben aus diesem Verlag an den Käufer und Benutzer, aber auch an den verkaufenden Handel. Es gab kein Buch, kein Spiel, kein Heft, keine Mappe, in denen nicht am Schluß einzelne, etliche oder gar viele Seiten Titel und Wiedergaben oder Illustrationsproben anderer Ausgaben enthalten waren, zumindest auf der Rückseite des Umschlages oder Einbandes oder einer Spiele-Schachtel oder einer Spielregel. In Büchern wurde auch für Spiele, in Spielen auch für Bücher geworben. Bei keiner Ausgabe in einer Reihe oder Sammlung durfte eine vollständige Übersicht über alle anderen Titel dieser Reihe oder Sammlung fehlen. Es gab einen ganzen Ordner voll mit Andrucken der sehr unterschiedlich zusammengestellten Inseratseiten (dazu entsprechende Matern und Stereoplatten), aus denen unter Maßgabe der verfügbaren Leerseiten nach Textende im

Schlußbogen und unter Berücksichtigung der geschätzten Käuferinteressen die Auswahl und Zusammenstellung des „Inseratenanhanges" für eine neue Ausgabe oder Auflage getroffen wurde. Dabei schien es weder die Käufer noch den Handel gestört zu haben, wenn beispielsweise bei frühen Bändchen der Sammlung „Spiel und Arbeit" der eigentliche Anleitungstext nur 16 Seiten umfaßte, daß noch ein Inseratenanhang von ebenfalls 16 Seiten folgte. (In dem vorliegenden Beispiel sind auf diesen 16 Seiten 93 andere Ausgaben mit Illustrationen und Texten, auch mit Preisen ausführlich angezeigt.) Otto Robert Maier ließ es aber nicht daran fehlen, schon frühzeitig Ausgaben aus dem Buchverlag wie aus dem Spieleverlag regionalen wie überregionalen Zeitungen und Zeitschriften zur Recension zu übersenden und Zitate aus diesen Recensionen in seinen eigenen Prospekten und Inseratenanhängen als Empfehlungen zu verwenden. Erst 1979 übersandte ein aufmerksamer Freund des Verlages einen großen Beilageprospekt, den er in einem zusammengebundenen Jahrgang 1909 der berühmten Familienzeitschrift „Gartenlaube" jetzt gefunden hatte. Dieser Prospekt stammt also wohl auch aus dem Jahre 1909. Er hat großes Zeitungsformat, umfaßt 4 Seiten und war aus Gründen der Beilage einmal quer gefalzt.

Auf *Seite 1* der große Kopftitel „Neue Lieblingsspiele", dazu auf dieser Seite und *auf Seite 2* in 10 Gruppen die reich illustrierten und einzeln getexteten Anzeigen mit Titelzeilen in größeren Schrifttypen, die von Anzeige zu Anzeige wechselten – ähnlich wie in einer Zeitung – aller damals lieferbaren Spiele, abgerundet durch Kleinanzeigen von „Spiel und Arbeit", „Otto Robert's Spielbücher" und „Fröbel'sche Kinderbeschäftigungen".

Auf Seite 3 unter der großen Schlagzeile „Neue Werke für häusliche Kunst" alles, was der Verlag dafür zu bieten hatte, abgerundet durch „Experimentierbücher", (nochmals) „Otto Robert's Spielbücher" und „Christoph v. Schmid".

Auf Seite 4 unter der großen Schlagzeile „Spiel und Arbeit" deren neuere Bändchen einzeln und alle bis damals erschienenen 38 Bändchen in Liste, abgerundet durch „Papier- und Kartonarbeiten für Kinder", „Leichte Holzarbeiten" sowie „Liebhaberkünste". –

Innerhalb des Kopftitels dieses Beilagenprospektes in der „Gartenlaube" war die Empfehlung der Ravensburger Spiele aus einer Recension von „Westermanns Monatsheften" zitiert und an anderen Stellen weitere Zitate aus Zeitschriften.

Ein solcher Prospekt gibt ein abwechslungsreiches, aber stilistisch doch recht einheitliches Bild von der Ausstattung der Produktion im Stil der wilhelminischen Zeit mit Einschlägen aus dem Jugendstil. Wir haben heute wieder eine viel freundlichere Einstellung dazu als die Jahrzehnte zuvor. Doch wurden die figürlichen Darstellungen, die Otto Robert Maier, um gleich die jeweils gesuchten Interessenten – Kinder, Jugendliche, Erwachsene – direkt anzusprechen, auf so vielen Spielen und Büchern für unerläßlich gehalten zu haben scheint, so sehr mit der bürgerlichen Kleidung und Mode jener Jahre ausstaffiert dargestellt, daß solches eben sehr, zu sehr zeitgebunden war. (Nur die bärtigen Künstler auf Umschlägen der „Kunsttechnischen Handbücher" begegnen uns heute wieder auf Schritt und Tritt.)

Doch gibt es genügend Zeugnisse dafür, daß Otto Robert Maier durchaus immer einen klaren Blick für den Wandel in seiner Zeit hatte, und auch daß er, wenn er solchen gut und richtig fand, ihm zu folgen bereit war. Es ging ihm, wie wir sehen konnten, um das ganze Gefüge seines Verlages. Er war fähig und beweglich genug, auch lange Betriebenes zugunsten wichtiger gewordener Pläne aufzugeben. Er wünschte unbedingt, daß seine Söhne den Verlag in der Richtung fortführen sollten, in die er ihn und sie, die Söhne, während ihrer ganzen Jugend stets zu führen bemüht war. Es war sicher in jener Zeit vor dem Ersten Weltkrieg allgemein ein anderes Vater-Sohn-Verhältnis als in folgenden Jahrzehnten. Oder wer wanderte wie Otto Robert Maier schon damals mit den Söhnen über Land und Berge, wer hatte stets ein Skizzenbuch dabei und gab den Söhnen ebensolche, um zu sehen und das Gesehene festzuhalten?[2] Er selbst als Persönlichkeit und sein verlegerisches Werk waren für die Söhne seit frühester Jugend Vorbild. Er war sicher ein Patriarch im besten Sinne, ein bedachter, sehr bescheidener, sehr sparsamer und stets auf das Nützliche bedachter und auch frommer Mann. „Über seinem Bett hing bis zum Tode der alte Segensspruch: ‚Ich und mein Haus wollen dem Herren dienen'. Und wo immer es ging, wurde morgens zu Hause ein gemeinsames Gebet gelesen oder gesprochen bzw. von meinem Vater vorgelesen", so hat es sein Sohn Karl 1975 als Erinnerung festgehalten.[2]

Wenn man so von einem Mann jener Zeit hört, dann muß dieser ein echter Schwabe gewesen sein. Dieser war sich dessen, was er entwickelt und aufgebaut hatte, gerade weil er selbst ganz und gar in jeder Einzelheit damit verbunden war, sehr bewußt, aber weniger im Sinne eines Stolzes als in dem unbedingten Verlangen, daß es einmal so erhalten, fortgeführt und weiterentwikkelt werden würde, wie er, Otto Robert Maier, es seinen drei Söhnen übergeben wollte.

Es war deshalb für ihn selbst und jedenfalls auch für die beiden älteren Söhne, Otto und Karl, – der jüngste, Eugen, besuchte ja noch bis in den Ersten Weltkrieg hinein das Gymnasium –, überhaupt keine Frage, daß sie nach einer entsprechenden Ausbildung in den väterlichen Verlag eintreten und dort mitarbeiten würden.

Bevor wir darauf kommen, schauen wir noch einmal etwas früher in den Verlag. 1892 schon hatte Otto Robert Maier das Fräulein Anna Greiner, vorher in der Dorn'schen Buchhandlung tätig, in seinen Verlag übernommen. Später folgten Fräulein Elise Rundel und der Buchhändler Paul Winter für die Expedition, und wohl etwas später als Herr Dietler, kam auch Herr Valentin Noll, 1874 in Darmstadt geboren, der sich vor allem der immer umfangreicher werdenden Herstellung und in dieser der besonders diffizilen der Spiele annehmen mußte. Auch ihm hat Otto Robert Maier schon 1908 die Prokura erteilt. Wir werden später noch mehr von ihm und seinem bis etwa 1947 dauernden Wirken hören.

Otto Maier, der als ältester Sohn 1891 im Hause der Dorn'schen Buchhandlung in der Bachstraße 2 auf die Welt kam, hatte das Alte Gymnasium in Ravensburg besucht und mit dem „Einjährigen" (der heutigen „Mittleren Reife") wohl 1906 oder 1907 abgeschlossen. In dieser Schulzeit schon hat er sich selbst durch italienische Zeitschriften Kenntnisse der italienischen Sprache angeeignet. Unmittelbar nach der Schulzeit hat ihm ein Aufenthalt am Genfer See eine Vertiefung seiner französischen Sprachkenntnisse ermöglicht. Dann begann er einen ersten Ausbildungsabschnitt in der Buchhandlung Stettner in Lindau, dem ein zweiter in der Lindemann'schen Buchhandlung in Stuttgart folgte, während er mit dem Abschluß in der Lehrmittelhandlung Plessmann in München nicht nur Einblicke in den Spielwarenhandel gewann, sondern auch eine lebenslange besondere Wertschätzung für diese schöne Stadt München. Noch mehr war und blieb Italien mit seinen Städten und Landschaften, seiner Geschichte und seiner Kunst der Traum seines ganzen Lebens, zu dem es ihn immer wieder hinzog. Geschichte und Kunstgeschichte seien seine besonderen Interessengebiete gewesen, meinte viel später sein jüngerer Bruder Karl. Es muß jedoch hinzugefügt werden, daß er seinem Vater Otto Robert Maier insofern genau folgte, als er dabei stets die mögliche Auswirkung und Nutzung für praktische Aufgaben und Ausgaben des Verlages ins Auge faßte. Es war ein Schritt weiter von Otto Maier, daß er sich schon in den ersten Jahren nach dessen Gründung (1907 in München) dem Deutschen Werkbund als Mitglied anschloß.

„Als ich etwa im Jahre 1909 oder 10 ins Geschäft trat", schrieb und sagte er selbst im September 1933[1]: Warum so unbestimmt? Wahrscheinlich ließ der Vater Otto Robert Maier seinem Ältesten zunächst noch eine gewisse Freiheit, sich nach den Ausbildungsjahren in die Arbeit der Verlages und eines Verlegers hineinzufinden. Die Handschrift von Otto Maier finden wir in verschiedenen erhaltenen Unterlagen der Buchhaltung, ebenso der Herstellung aus jenen Jahren um und nach 1910. Die „Handschrift" des Verlegers Otto Maier taucht 1913 erstmals auf in der Reihe „Welt der Künstler" von Konservator Dr. E. W. Bredt, München, mit der Vereinbarung von zunächst vier Bändchen: 1. „Die Madonna", 2. „Albrecht Dürer", 3. „Herkules", 4. „Amoretten und Putti", denen nach weiterer Vereinbarung von 1914 noch zwei mehr folgen sollten. Aber auch die erste Verbindung mit dem schon erwähnten späteren Professor (damals noch Seminarlehrer) W. Schneebeli in Rorschach für „Einfache naive Kinderbilder", eine Mappe der Sammlung „Zeichenkunst", von 1913, wie später noch vieles andere von diesem Autor, geht auf Otto Maier zurück. Nicht weniger bedeutungsvoll für die kommende Entwicklung wurde die erste Zusammenarbeit von Otto Maier mit Johanna Huber in München, damals für ihre Texte zu dem Bilderbuch „Lustige Geschichten für die ganz Kleinen", dessen früheste Illustrierung durch Jo Franziss erfolgte, und das über fünf Jahrzehnte im Programm blieb und noch zweimal ganz neu illustriert wurde. Auch die erste Verbindung zu Emil Pirchan, damals in München, geht auf Otto Maier zurück und begründete eine Reihe „Künstler-Malbücher" (für Kinder).

Dagegen haben wir schon früher erfahren, daß sein 1913 vereinbarter Plan einer „Ästhetik des Städtebaues" wegen des Krieges von 1914–18 nicht zur Ausführung kam. Zitieren wir aber Otto Maier selbst[1]: „Außer den erwähnten Geschäftsräumen (im 1. und 2. Stock des Hauses Marktstraße 26) hatten wir damals noch Magazine in der Altstadt, so in der Burgstraße, gemietet und in der Klosterstraße einige Räume, in der Hauptsache für Rohvorräte. Bald dar-

auf ergab sich dann aber eine Veränderung: Herr Hartlieb kündigte seinen Laden (im Erdgeschoß Marktstraße 26), weil er eine günstigere Geschäftslage
wünschte, und so entschloß sich mein Vater, das ganze Haus fürs Geschäft zu
nutzen, und kündigte bei der Gelegenheit auch den Mietern des 3. Stocks, so
daß nun das ganze Haus dem Geschäft zur Verfügung stand. Da sich dies als
sehr praktisch erwies, suchte man die Magazinräume möglichst zusammenzu-
legen und auch Ersatz zu bekommen für die Lager, die noch außerhalb lagen,
und so kam im Jahre 1912 noch der Kauf des Nachbarhauses, Marktstraße 24,
dazu, das damals dem Sattlermeister Edel gehörte, der von Ravensburg weg-
ziehen wollte. Das Haus wurde zunächst nur teilweise mit Magazinen belegt
und war zum Teil vermietet, wurde dann aber langsam immer mehr für Ver-
lagszwecke angeschlossen, Stück für Stück wurden Türen in jedes Stockwerk
durchgebrochen. Das Haus selber aber blieb unverändert."

Karl Maier, der zweite Sohn von Otto Robert Maier, 1894 auch noch im
Hause der Dorn'schen Buchhandlung in der Bachstraße geboren, besuchte wie
sein Bruder Otto das Alte Gymnasium, das er mit dem „Einjährigen" 1911 abschloß. Karl Maier hat schon in seinen Jugendjahren aus persönlichem Interesse gerne gebastelt. Er hat verschiedene ähnliche Arbeiten seines Urgroßvaters
Karl Christian Friedrich Ulmer noch gefunden und gekannt und glaubte auch,
daß er solches Interesse von dorther geerbt haben könne. Von diesem Urgroß-
vater hieß es[3]: „Er war ein begabter Bastler und freudiger Experimentator. Als
sein erklärtes Ziel galt die Erfindung des Perpetuum Mobile." Karl Maiers Interesse war zunächst ganz spielerischer Art. Aber es kann als sicher angenommen werden, daß der Vater Otto Robert Maier bei der Begründung und in den
ersten Jahren der Fortführung der Bastel-Sammlung „Spiel und Arbeit" gerade
diesen, seinen zweiten Sohn, ins Auge gefaßt hatte, der sich dann auch später
über Jahrzehnte ganz diesem Verlagsgebiet der Bastelbücher, Baubogen usw.
verschreiben und widmen sollte. Seine berufliche Ausbildung begann für Karl
Maier mit einem ganzen Jahr in der Dorn'schen Buchhandlung. Von Karl Alber, damals Inhaber der Buchhandlung und somit der Lehrchef von Karl
Maier, berichtete sein Sohn, Dr. Ing. Oskar Alber[5]: „Herr Karl Maier ... war,
wie mir mein Vater wiederholt erzählt hat, sein bester und vor allem menschlich liebster Lehrling. So kam es, daß mein Vater sein Leben lang die Verbindung zu Herrn Karl Maier gehalten hat. Ich weiß, daß er in buchhändlerischen
und auch anderen Fragen zu Herrn Karl Maier ging, um sie mit ihm zu besprechen." (Karl Alber verstarb im Jahre 1934.) Nach diesem Jahr blieb Karl Maier
zunächst beim Vater im Verlag, um aber – wohl im Winter 1913/14 auch noch
nach auswärts zu gehen und zwar nach Halle/Saale. Dort hat er im Kaufhaus
Ritter in der Spielwaren-Abteilung auch dieses Feld seiner künftigen verlegerischen Aufgaben praktisch kennengelernt, bis er nach Ausbruch des Krieges
vom Vater zurückgerufen wurde. –

Otto Robert Maier, wie wir wissen, selbst Reserve-Offizier, war damals,
1914, 62 Jahre alt und wurde nicht mehr einberufen. In seiner Korrektheit
konnte er nur wenig tun, um seine Söhne vom Kriegsdienst zu verschonen.
Nach anfänglicher kurzer Zurückstellung mußte *Otto Maier* zwar erstmals nur
beim Grenzschutz in Friedrichshafen Dienst tun, um im weiteren Verlauf des

Krieges aber doch zur Ausbildung nach Ulm und von dort an die „Westfront", also nach Frankreich zu kommen. Er kehrte mit Ende des Krieges 1918 unversehrt zurück.

Karl Maier, der immer als der gesundheitlich zarteste der drei Söhne galt, mußte im Frühjahr 1915 zur Ausbildung als Infanterist im benachbarten Weingarten einrücken. Unter den schlechten Bedingungen einer sehr mangelhaften Unterkunft dort kam das Leiden einer Lungen-Tuberkulose zum Durchbruch, das nicht nur sofort den Kriegsdienst unmöglich machte, sondern für die nächsten Jahre zu andauernden Aufenthalten in Sanatorien zwang. Karl Maier hat danach durch Wandern, Bergsteigen, Schwimmen, Wassersport, Ski- und Eislaufen sein Leiden so auskuriert, daß er schließlich ein hohes Alter erreichte und seine beiden Brüder um Jahrzehnte überlebte.

Eugen Maier ging, wie erwähnt, bei Kriegsausbruch etwa 15 Jahre alt, noch zur Schule und zog mit dieser im Oktober 1914 in das eben fertiggestellte neue Spohn-Gymnasium um. 1917 rückte er mit Zuerkennung des sog. Notabiturs von der Schule weg als Kriegsfreiwilliger zur militärischen Ausbildung beim Ulanen-Regiment König Karl in Ulm ein und kam von dort zur Feldartillerie an die Westfront. Mit Kriegsende 1918 als Unteroffizier entlassen, konnte er gesund nach Hause zurückkehren.

Und auch der Prokurist Valentin Noll mußte nach anfänglicher Zurückstellung doch im Herbst 1916 einrücken und war bis Kriegsende „Im Felde", wie es in einigen hinterlassenen Briefen von ihm hieß.

Rückblickend schrieb Otto Maier[1]: „Der Krieg, der 1914 ausbrach, bedeutete naturgemäß eine starke Unterbrechung in der Fortentwicklung des Geschäfts. Nicht daß die Einschränkungen besonders wesentlich gewesen wären, es fehlte die nötige Unternehmungslust zu irgendwelchen größeren Plänen, denn niemand wußte, wohin sich die Dinge entwickeln würden. Wie andere Verlage gab man auch einige auf die Zeit bezügliche Ausgaben heraus und hielt das ganze Unternehmen, so gut es ging, aufrecht. Die Einschränkungen, namentlich in den letzten 2 Kriegsjahren, waren hauptsächlich bedingt durch die knappe Rohstofflieferung. Papier war nur schwer zu bekommen und langsam zeigten sich schon die Spuren der Preiserhöhungen, der Geldentwertung, die damals als solche noch nicht erkannt wurde. So kamen damals gegen Kriegsende die schwierigen Geschäftsjahre, die einige Elastizität und Umstellungsfähigkeit erforderten."

4 Neubau und Bewährung 1919–1945

4.1 Übergänge

Es hieß früher einmal (s. S. 93): „Als im November 1918 der Erste Weltkrieg durch die Kapitulation endlich zum Stillstand kam ..." Wer die nachfolgenden Jahre miterlebt hat, konnte oft daran zweifeln, daß es mehr als ein „Stillstand" war, wirklicher Friede – vielleicht? Daß es ein tiefer Einschnitt in dem Leben des Verlagsgründers Otto Robert Maier und in seinem Lebenswerk, dem Verlag, war, ist an bedeutenden Veränderungen in diesem Unternehmen im Rückblick zu erkennen und zu begreifen.

Vor 1914 war Otto Robert Maier gerade auf dem Wege, jedenfalls seine Söhne Otto und Karl schon in seinen Verlag einzubeziehen. Dann kam der Krieg und zögerte die Entlastung des Vaters um mehr als vier Jahre hinaus. Nun, 1918, war er 66 Jahre alt, und es war eine andere Welt um ihn, als die „heile" von 1914. Doch er hielt vorerst noch mit, mit seinen Söhnen und den getreuen Mitarbeitern und ihren Plänen, obgleich die Zwänge und Nöte jener Zeit für ihn und seine Art geradezu unerträglich geworden sein müssen. Für ihn hatten nur die Goldstücke im Zählbrett als Geld und Wert gegolten und nun – die Inflation. Aber er hat das Drängen von Söhnen und Mitarbeitern verstanden, für das einlaufende Geld Häuser und dann auch Maschinen u. a. m. zu kaufen.

Es war im Jahre 1921, daß Otto Robert Maier seinen ältesten Sohn Otto als Mitgesellschafter und Mit-Geschäftsführer in die Offene Handelsgesellschaft unter der Firma „Otto Maier, Verlagsbuchhandlung" in Ravensburg aufnahm.

Otto Maier hatte am 7. 8. 1919 seine Frau Luise, geb. Dieterlen, geheiratet. Das erste Kind des Ehepaars, die Tochter Marie-Luise, wurde am 9. 7. 1920 in Ravensburg geboren. Sie war das erste und einzige Enkelkind, das den Großvater Otto Robert Maier noch kennenlernte und erlebte.

Von *Eugen Maier* wissen wir, daß er 1918 gesund aus dem Felde heimgekehrt war. 1919–1921 absolvierte er dann zunächst bei der Lindemann'schen Buchhandlung in Stuttgart eine Buchhändler-Lehre, also in der gleichen Buchhandlung, in der gut zehn Jahre zuvor sein Bruder Otto einen Teil seiner Ausbildung erhalten hatte.

1922–1923 folgte Eugen Maier eigenen Wünschen und Interessen, indem er an der Universität München bei Heinrich Wölfflin Kunstgeschichte studierte, daneben Hörer in der philosophischen und kurz auch in der juristischen Fakultät war. Zugleich fühlte er sich zur Musik hingezogen und nahm Geigenstunden.

Dieser Münchner Zeit schloß sich 1924/25 ein Volontariat bei der seit vielen Jahren für den Verlag tätigen Lithographischen Kunstanstalt Schoembs in Offenbach an, von wo er aber nach Ravensburg zurückkehrte, als sich der Gesundheitszustand des Vaters Otto Robert mehr und mehr verschlechterte.

Otto Maier berichtete weiter[1]: „Der Verkauf wurde mit zunehmender Inflation immer leichter, denn alles wollte Ware haben, und mit der Herstellung mitzukommen, wurde immer schwerer. Die Sorge um die Erhaltung des materiellen Bestandes ließ keine Zeit mehr übrig für redaktionelle Kleinarbeit und wesentliche Neuunternehmungen. Wichtiger war die Frage der Warenbeschaffung, der Herstellung im ganzen, denn die Lieferanten ließen einen damals ungewohnt lange warten. Und so wurde die Frage der eigenen Kartonagen- und Druckherstellung immer dringender.

Herr Noll war es, der diese Absichten aufs lebhafteste unterstützte und uns in dieser Erweiterung tatkräftig zur Seite stand.

Um die geplanten Arbeitsräume unterzubringen, galt es, neuen Raum zu schaffen. So kam damals im Jahre 1922 der Kauf des Gebäudes Burgstr. 9 zustande, das Herr Hirsch einige Jahre zuvor vom Bürgerlichen Bräuhaus erworben hatte. In dem Eckgebäude Burgstr. 11, das erst im Jahre 1929 (auch vom Verlag aus dem Besitz von Herrn Hirsch) nachträglich erworben wurde, wurde die Firma Döhler & Schorsy, die von Freiburg hergezogen war, untergebracht, im Gebäude Burgstr. 9 die Buchbinderei, nachdem die Häuser Marktstr. 24 und Burgstr. 9 durch einen Zwischenbau verbunden worden waren."

Soweit das Zitat aus dem Bericht von Otto Maier. Und hier noch einige Erläuterungen:

Die Häuser in der Burgstr. 9 und 11 gehörten einst zu einer Brauerei und verfügten über weite und tiefe Keller, in denen einmal Bier in Bottichen und Fässern gelagert worden war, und hatten drei bis vier geräumige Obergeschosse. Herr Noll mit seinen schon langjährigen Erfahrungen in der Zusammenarbeit mit Kartonagenfirmen holte, als die Inflation ihrem schlimmen Höhepunkt zueilte, zum einen den tüchtigen Buchbindermeister Hans Mezler im Frühjahr 1923, der zuvor bei der Firma Knoblauch, Am Gespinstmarkt, schon einen großen Teil der vom Verlag benötigten Kartonagen gefertigt hatte, in den Verlag. Und er kaufte aus der gleichen Firma die dringlichst benötigten, wenn auch alten, gebrauchten Maschinen. Was noch fehlte, wurde – ebenfalls gebraucht – aus dem Großhandel erworben. Und der Meister Mezler begann mit erst drei, dann bald vier tüchtigen Frauen und einem Gehilfen die Buchbinderei mit der Kartonagen-Herstellung, abgekürzt „VB" für Verlagsbuchbinderei, denn auch die Bindearbeiten für den Buchverlag sollten hier ausgeführt werden.

Döhler & Schorsy – Otto Maier hielt fest[1]: „Gleichzeitig veranlaßte ich im Jahre 1923 die beiden Herren Döhler und Schorsy von Freiburg hierherzukommen und für uns zu drucken. Sie gingen damals in das Haus Burgstr. 11".

Herr Döhler war ein sehr qualifizierter Hand-Lithograph und Herr Schorsy, ein Holländer, ein ebenfalls sehr tüchtiger Stein-, später auch Offsetdrucker. Sie arbeiteten auf eigene Rechnung, aber auf einer gewaltigen Steindruckpresse, die der Verlag gekauft und ihnen pachtweise in der Burgstr. 11 dafür zur Verfügung gestellt hatte.

Ein ähnliches Modell der Cooperation war schon seit 1921 mit der Buchdruckerei Gebr. Ehrat in Ravensburg praktiziert. Für diese kaufte der Verlag eine Typograph-Setzmaschine und eine Schnellpresse, die allerdings im Hause, das dieser Druckerei gehörte, aufgestellt wurden und der Druckerei pachtweise – auch für Aufträge von Dritten – zur Verfügung standen.

Bei diesen Aktivitäten und in diesen Jahren bis 1924 zeichnete sich die wachsende Entlastung des Vaters und Gründers Otto Robert Maier durch seine Söhne ab, zugleich aber auch sein immer schlimmer werdendes Diabetes-Leiden. Otto Robert Maier wollte die Klarheit, mit der er seine Krankheit und beurteilte, auch in der Ordnung der geschäftlichen Zukunft seines Hauses verwirklicht sehen. Mit Wirkung vom 1. Juli 1924 nahm er auch seine Söhne Karl und Eugen als Teilhaber auf, unter gleichzeitiger genauer Festlegung der Geschäftsführung durch Otto Maier, den ältesten Sohn, und aller sonstigen – auch für den Todesfall – erforderlichen Regelungen.

Als am 15. 11. 1923 die neue „Renten-Mark" gültig und damit die Inflation gestoppt wurde (1 Rentenmark = 1 Billion Papiermark), war dieses ein ähnlicher Vorgang wie 25 Jahre später, nach dem Zweiten Weltkriege, die sog. „Währungsreform". Alle Unternehmer mußten mit der neuen Währung eine „Goldmark-Eröffnungsbilanz" für ihr neues Geschäftsjahr erstellen. Darauf nahm der Gesellschaftsvertrag, der mit dem 31. Dezember 1924 datiert war, Bezug. Das Geschäftsvermögen belief sich danach auf RM 298 500.– per 1. Juli 1924.

Doch greifen wir noch einmal zurück auf den Bericht von Otto Maier[1]: „Die Sorge um die Erhaltung des materiellen Bestandes ließ keine Zeit mehr übrig für redaktionelle Kleinarbeit und wesentliche Neuunternehmungen."

Es zeigte sich nun, wie richtig und wichtig es gewesen war, einst und wie schon geschildert von fast allen Werken des Buchverlages Matern anfertigen zu lassen, nach denen nun, wenn nicht schon vorhanden, Stereo-Druckplatten hergestellt werden konnten, um damit „Plattendrucke" ausführen zu lassen. In den Jahren vom 1. 1. 1919 bis 31. 12. 1923 wurden über 270 Auflagen als Plattendrucke hergestellt, also Werke in der gleichen Ausführung, wie sie einst vor dem Kriege erstmalig erschienen waren. Allerdings, das Papier war nun durchwegs viel schlechter, holzhaltig und früh vom Vergilben bedroht. Außerdem lag es in der Technik der Matern- und Stereo-Herstellung, daß das Bild von Schriften und Illustrationen gröber, breitgequetscht erschien. Doch damals lag es dem Verlag und ebenso dem Handel, wie nicht zuletzt dem Publikum daran, überhaupt etwas Brauchbares bekommen zu können, noch dazu, wenn man dadurch, wie bei so vielen Ausgaben des Verlages, in die Lage versetzt war, anderes Brauchbares basteln und anfertigen zu können.

Das von Otto Maier gezeichnete Bild wird damit ergänzt, daß in den genannten fünf Jahren 1919–1923 insgesamt nur 53 Neuerscheinungen im Buchverlag herauskamen, darunter 21 neue Bändchen der Sammlung „Spiel und Arbeit", die nun auf 95 Bändchen angewachsen war, ferner 8 neue „Spielbücher" und 7 neue kunsttechnische Handbücher sowie als einziges größeres

Werk dieser Jahre eine neue Ausgabe des „Zimmerpolier" von Fritz Kress mit einem Umfang von 21¹/₂ Druckbogen großen Formats und in einer Auflage von 3 650 Exemplaren.

Bei den Spielen war es wahrscheinlich in diesen Jahren noch schwieriger wegen des Mangels an brauchbarer Pappe, auch bei der Beschaffung von Einlagen, wie Spielfiguren, Spielwürfeln und Arbeitsmaterial, und nicht zuletzt bei der von Otto Maier beklagten Säumigkeit der kleinen Zulieferer von Schachteln. Aus der konsequenten Beibehaltung der Numerierung jedes neuen Spiels läßt sich schließen, daß in den fünf Jahren nur etwa 15 neue Spiele erschienen sind: einige Quartette, für die das Bildmaterial schon vor dem Kriege zusammengetragen worden war, einige Beschäftigungsspiele sowie zu schon vorhandenen Spielen, wie Lottos, von denen erst große und kleine Ausgaben vorlagen, nun neue „mittlere", sicher auch um des Materialersparnis wegen. Nach den erhaltenen Preislisten konnte man annehmen, daß in der schlimmsten Inflationszeit – 1923 – überhaupt keine Spiele mehr angeboten und ausgeliefert wurden, in der gleichen Zeit also, in der die eigene Spiele-Anfertigung mit großer Anstrengung auch erst eingeleitet wurde.

Da ein interessantes Dokument mit einer Preisliste aus dem Jahre 1923 erhalten ist, sei dieses mit kurzer Erläuterung angeführt: Der Börsenverein der deutschen Buchhändler in Leipzig hatte für seine Mitglieder ein besonderes System entwickelt, zu dem er wöchentlich eine dem Entwertungsstand entsprechende „Schlüsselzahl" bekannt gab. Der Verlag hatte selbst „Grundzahlen" (meist die letzten Vorkriegspreise) für jeden Artikel festzulegen. Im Kopf der Preisliste hieß es: „Die nachstehend genannten Preise sind *Grundzahlen* und sind zu multiplizieren mit der jeweiligen *Schlüsselzahl* des Börsenvereins. Heutige Schlüsselzahl:"

In der genannten Preisliste war die Schlüsselzahl vom 2. 1. 1923 mit 600 × handschriftlich eingetragen. Irgendjemand im Verlag hat auf derselben Preisliste alle weiteren Veränderungen der Schlüsselzahl bis zum 29. Oktober 1923 unter Beidruck eines Datumstempels festgehalten. Daraus nur als Beispiel für die galoppierende Inflation:

20. Februar	1923:	2 050 ×
7. Mai	1923:	3 000 ×
2. Juli	1923:	9 000 ×
30. Juli	1923:	30 000 ×
30. August	1923:	1 200 000 ×
15. September	1923:	12 000 000 ×
29. Oktober	1923:	16 000 000 000 × .

Ja, auch als Schulbub, der man damals vielleicht war, mußte man schließlich in Billionen rechnen können. Und das alles ohne einen elektronischen Taschenrechner von heute!

Wie und wovon der Verlag, die Verleger-Familie und ihre Mitarbeiter damals gelebt haben, das kann man sich vielleicht später und aus den Erinnerungen an die ersten Jahre nach dem Zweiten Weltkrieg vorstellen. Bewundern wir das, was die 2. Generation gerade damals für die weitere Entwicklung vorbereitete!

Der Vater, Otto Robert Maier, mußte immer häufiger das Krankenhaus aufsuchen, um schließlich ab Sommer 1925 ganz im Krankenhaus in Ulm zu liegen, auch dort ständig umsorgt und gepflegt von seiner Frau Helene und oft besucht von seinen Söhnen. Am 4. November 1925 wurde er dort 73 Jahre alt. Am 16. Dezember starb er, und am 19. Dezember 1925 wurde er in Ravensburg beigesetzt. Karl Maier erinnerte sich und berichtete 1975 – selbst schon 81 Jahre alt – von seinen Eltern[2]: „Beide Eltern, mein Vater und meine Mutter, waren immer für friedliche Beilegung von Differenzen und haben nicht geduldet, daß in uns Kindern irgend etwas gegeneinander aufkommen konnte. Das war so bis zu den letzten Tagen, wo meinem Vater besonders daran lag, daß der Zusammenhalt von uns drei Brüdern immer erhalten bleiben möge, und so die Arbeit meines Vaters, nämlich der von ihm aufgebaute Verlag mit allen seinen Richtungen, durch die Wirren der Zeit hindurch einträchtig geführt werden möge."

Immerhin hat Otto Robert Maier in dem schon zitierten Gesellschaftsvertrag vom 31. 12. 1924 aber auch festgelegt: „Änderungen der Verlagsrichtung indessen, wie die Erschließung neuer Richtungen, bedürfen der Zustimmung aller geschäftsführenden Gesellschafter."

Die Söhne, alle drei im Verlag wirkend, sahen sich in einem äußerlich bedeutend vergrößerten Unternehmen, dessen Produktion aber noch weitgehend das Gesicht der Vorkriegszeit zeigte und allmählich überholt zu wirken schien. Otto Maier berichtete dazu[1]: „Die wirtschaftlich ruhigere Zeit, die mit der neu fundierten Rentenmark und Goldwährung eintrat, erlaubte dann eine gründlichere redaktionelle Einzelarbeit, deren Aufbau dem Verlag wieder die Stellung verschaffte, die er schon vor dem Kriege innehatte. Denn während der Kriegs- und Inflationsjahre war manches außer acht gelassen worden. Im Jahre 1925 starb mein Vater, ihm folgte 3 Jahre später, noch kaum 60 Jahre alt, Herr Dietler. Uns allen war die Aufgabe bestimmt, das, was die Verstorbenen aufgebaut haben, rastlos weiter auszubauen, – und das ist auch versucht worden und geschehen ..."

Aufgrund der allgemeinen und der hier gewonnenen speziellen Kenntnisse müssen wir davon ausgehen, daß es ursächlich die wirtschaftliche Lage war, die die drei Söhne von Otto Robert Maier erstmal noch sehr behutsam verlegerisch vorangehen ließ. Zweifellos wollten sie aber auch dem Respekt vor der Persönlichkeit und dem Werk des todkranken Vaters folgen und diesen nicht mit ihren eigenen Vorstellungen für die Zukunft belasten. Immerhin müssen sie sich in diesen Jahren 1924 und 1925 über die künftige Aufgabenteilung verständigt und in dieser schon zusammenzuarbeiten begonnen haben. Danach oblag Otto Maier die Geschäftsführung und die redaktionelle Weiterführung des Buchverlages wie auch zunächst noch der vielfältigen Nummern-Artikel, wobei Karl Maier die Sammlung „Spiel und Arbeit" und andere Ausgaben fürs Basteln betreute. Eugen Maier widmete sich der redaktionellen Entwicklung des Spieleverlages und von Teilen der Nummern-Artikel, wie aber auch der internen Verlagsorganisation und dem Vertrieb der gesamten Produktion. Dabei arbeitete Eugen Maier einerseits eng mit dem Prokuristen Herrn Noll und andererseits auch mit dem Prokuristen Herrn Dietler zusammen. Davon abgesehen war Eugen Maier schon bald alljährlich einige Zeit selbst in wechselnden Gebieten als Vertreter des Verlages auf der Reise.

Auch Herr Dietler war nun, als nach der Inflation das Geld knapp und die Bemühungen um den Verkauf sehr notwendig geworden waren, wieder auf der Reise. Aus dem gleichen Grunde wurde 1924 Herr Emil Steinmetz in Berlin-Steglitz gewonnen, um als zweiter Vertreter das ganze Jahr hindurch in Nord- und Ostdeutschland, nicht zuletzt in Berlin, für den Verlag zu reisen.

Offensichtlich gab es Übereinstimmung zwischen den drei Brüdern, daß jeder in seinem Redaktionsbereich beginnen sollte, das noch aus der Vorkriegszeit stammende äußere und innere Bild der vielseitigen Produktion auch dem überall unverkennbaren Wandel in Geschmack und Ausdrucksformen zu unterziehen, den überzeitlichen Gehalt von Büchern, Spielen usw. jedoch so wenig wie möglich anzutasten. Es gibt Beispiele dafür, daß es die Zusammenarbeit mit Schriftkünstlern bei der Veröffentlichung neuer „Schriftvorlagen", der „Musteralphabete", war, die Hilfestellung dafür bot. Namen wie Paul Hampel, H. Jost, Wilhelm Krause oder Otto Lietz gewannen früher oder später allgemein einen guten Klang. Und der erste Gesamtkatalog des Verlages nach der Inflation mit Umschlag und Anordnung durch Prof. Wilhelm Krause, Breslau, läßt schon ahnen, wie es weitergehen sollte.

Hier sei aber auch noch festgehalten, daß vor allem Eugen Maier sich zum einen sehr um eine Systematisierung der internen Arbeitsabläufe, zum anderen nicht weniger um eine einheitliche Linie in allen Formularen und Drucksachen, mit denen der Verlag neben der eigentlichen Produktion gegenüber seinen Kunden und einer weiteren Öffentlichkeit in Erscheinung trat, bemühte. Dazu gehörte denn auch die Schaffung eines neuen Signets für die Spiele, Bilderbücher und Nummern-Artikel, die Puppe, die ein kreisrundes „OM" vor sich trägt. Es wurde ab 1926 verwendet.

Wenige Jahre später begann Eugen Maier die Einführung der KARDEX, des damals fortschrittlichsten Systems einer Sichtkartei, als Kundenkartei. Auf einem Stammblatt mit zusätzlichen Einsteckblättern wurden nicht nur Namen, Adressen, Telefon und vereinbarte Konditionen, sondern auch andere wichtige Daten wie Jahresumsätze, Reise-Aufträge, Direktbezüge, notfalls Zahlungsverzug und Mahnungen, wurden auch alle neuen Kunden Tag für Tag durch Mitarbeiter von Hand eingetragen. Im Laufe der Jahre wurde es eine ganze Batterie von Stahlkästen mit den Unterlagen für annähernd fünftausend Kunden im Inland und, getrennt davon, im Ausland. Parallel dazu gab es gelbliche Vordruckkarten in verkürzter Form für die Hand der Vertreter, „Kumat" genannt, also das „Kundenmaterial", das die Herren mitbekamen, auf der Reise ergänzten und bei ihren Aufenthalten in Ravensburg mit der Kardex abstimmten. Gut drei Jahrzehnte konnten Vertrieb und Vertreter, die Auslieferung und die Buchhaltung, konnte praktisch der ganze Verlag erfolgreich damit arbeiten, auch wenn vieles durch die Kriegs- und Nachkriegsjahre auf den Kopf gestellt, überholt oder ganz ausgeschieden worden war.

Es gab nun alljährlich bis 1932 zu Beginn des Jahres zwei neue Preislisten: *Preisliste A* für Spiele, Kinderbeschäftigungen und Bilderbücher; *Preisliste B* für den Buchverlag nebst Zeichenvorlagen und Schriftvorlagen. Unter besonderen Entwicklungen mußte im Laufe des Jahres vor der Leipziger Herbstmesse eine veränderte neue Preisliste erscheinen. Außerdem gab es eine besondere Spiele-Preisliste mit sfr-Preisen für die Schweiz. Für das Publikum gab es fünf Gruppenprospekte:

„1 Für dein Kind": mit den Spielen, Kinderbeschäftigungen, Spielbüchern, Bilderbüchern, Jugendschriften.

„2 Ravensburger Spiele": nur mit den Spielen.

„3 Jugendbeschäftigungen": nur mit den Kinderbeschäftigungen, aber auch mit „Spiel und Arbeit".

„4 Spiel und Arbeit": nur mit der Sammlung „Spiel und Arbeit".

„5 Zeichnen und Malen": mit den kunsttechnischen Handbüchern, Werkbüchern, Zeichenvorlagen.

Daneben aber auch noch Spezialprospekte für Neuerscheinungen oder neue Gruppen, für einzelne große Werke oder für ältere, noch vorrätige Ausgaben.

Die redaktionellen Aufgaben, die sich die drei Brüder vorgenommen hatten, waren angesichts der Vielgestaltigkeit des Verlagswerkes, das sie von ihrem Vater und aus seinem mehr als 40 Jahre umfassenden Wirken übernommen hatten, außerordentlich groß. Und man darf sagen: diese Aufgaben waren größer als erwartet. Es konnte zumeist nicht mit einer Neuausstattung sein Bewenden haben.

Bevor wir aber die Entwicklung des Verlages für die Zeit von *1924–1945* wieder nach den einzelnen Verlagsgebieten genauer betrachten, einiges zu der Wahl des Zeitabschnittes: Am 1. September 1933 beging der Otto Maier Verlag mit einem Halbtagsausflug aller seiner Mitarbeiter nach Kressbronn das Jubiläum seines 50jährigen Bestehens. Aus der Erinnerungsansprache von Otto Maier bei der „Kaffeetafel" stammen die meisten der vorangegangenen Zitate.

Am 30. Januar des gleichen Jahres hatte die sogenannte „Machtergreifung" durch die „Nationalsozialisten" stattgefunden. Es war ein viel, viel tieferer Einschnitt in die Geschichte. Für den Verlag aber wurden die 12 Jahre der NS-Zeit kein eigener oder gar historischer Abschnitt, sondern sie wurden spätestens ab dem Sommer 1941 ein Warten auf das Ende. Wer die vorangegangenen Jahre und dann den Beginn der NS-Zeit mit vollem Bewußtsein schon erlebt hat, weiß, wie sehr die entsetzliche wirtschaftliche Lage zum politischen Radikalismus geradezu gedrängt hat. Ende 1932 waren in Deutschland über 6 Millionen Menschen arbeitslos. Aber nicht einmal ein Fünftel davon bekam Arbeitslosengeld, knapp zwei Drittel (also 4 Millionen und dazu ihre Familien) vegetierten von Krisenfürsorge und Wohlfahrtspflege, und ein weiteres Fünftel bekam gar nichts[8]. Otto Maier sagte, auf den Verlag bezogen, in der erwähnten Ansprache[1]: „... bis schließlich die Verschärfung einer starken Wirtschaftskrise auch uns Einhalt gebot und uns zu Einschränkungen in einem Umfang zwang, an die man nie gedacht hatte." Hoffnungen auf Besserung der entsetzlichen wirtschaftlichen Lage vor allem und bei den allermeisten verbanden sich mit den politischen Veränderungen – und weithin noch Ahnungslosigkeit von dem ganz anderen und neuen Entsetzen, das sich daraus entwickeln sollte.

Der Verlag in Ravensburg befand sich dort in der Provinz und ganz an der Peripherie des Deutschen Reiches, jedenfalls von Berlin, aber auch von München und Stuttgart aus gesehen. Das hatte zwar negative Seiten, wie weite Liefer-, Post- und Reisewege, erwies sich aber viel mehr noch und immer wieder auch als Vorteil, ja, als Glück für den Verlag. Sicher lag es mit daran, aber ebenso in dem Generationswechsel und der wirtschaftlichen Lage während der Jahre nach dem Ersten Weltkrieg, daß der Verlag keine direkten Beziehungen zu der in jener Zeit sonst so vielfältig aufgebrochenen deutschen Jugendbewegung hatte. Es mag auch sein, daß die Jugendbewegung in dieser Stadt und dieser Provinz so sehr konfessionell gebunden war und deshalb vom Verlag weit eher gemieden als gar gesucht wurde. Trotzdem fanden etliche und bedeutende Autoren und Künstler aus der Jugendbewegung heraus früher oder später gerade zu diesem Verlag, der in der Tat mit seinen Büchern und Spielen schon lange so vieles von dem bot, was die Jugendbewegung sich wünschte und suchte.

Die NS-Zeit vereinnahmte alsbald alle Jugendgruppen jeglicher Farbe, ob von links oder rechts oder aus der Mitte, und betrieb die „Gleichschaltung" in ihren Jugend-Organisationen, der H.J. und dem BdM. Wer nicht mitmachen wollte, zog sich, so gut es überhaupt ging, zurück, wenn er nicht emigrieren konnte oder nahezu „liquidiert" wurde.

Die Arbeit dieses Verlages aber, die vorher und unter ganz anderen Zielsetzungen entwickelt worden war und nun auch so weiterentwickelt wurde, fand begierige Zustimmung bei derselben, aber jetzt einheitlich uniformierten Jugend wie vorher. Es gab immer wieder Anzeichen dafür, daß einzelne die wirklichen Zielsetzungen sehr wohl verstanden und gerade darum der Arbeit des Verlages gut gesinnt waren und sie förderten. Diese wollte ja helfen zur freien Entfaltung einer eigenen Persönlichkeit, eigener Kräfte und zur kritischen Einstellung gegenüber allen Erscheinungen des Lebens.

Es ist diesem Verlag, der selbst nicht „gleichgeschaltet" wurde und nur den unumgänglichen Vorschriften Folge leistete, gelungen, mit seiner ganzen politisch unverfänglichen und unbelasteten Arbeit bis zum Ende der NS-Zeit und des Zweiten Weltkrieges durchzustehen. Dabei waren nicht zuletzt seine guten geschäftlichen Beziehungen zur Schweiz und die Einbringung kostbarer Devisen durch seine bis Kriegsende möglichen Lieferungen dorthin von besonderer Bedeutung. Daß der Verlag auch Opfer auf sich nehmen mußte, davon wird noch zu berichten sein.

Die erste und einzige große Hoffnung, daß sich auch für den Verlag die wirtschaftlichen Umstände ab 1933 wieder bessern möchten, ging tatsächlich und viel schneller als befürchtet in Erfüllung. Es konnten sogar Pläne in Angriff genommen und verwirklicht werden, die erst nach dem Zweiten Weltkrieg ihre eigentliche und außerordentliche Bedeutung gewannen.

Damit hängt es auch zusammen, daß wir nun bei der Betrachtung der Entwicklung innerhalb der einzelnen Verlagsgebiete eine etwas veränderte Reihenfolge als in den vorangegangenen Zeitabschnitten wählen.

4.2 Gesellschafts- und andere Spiele 1924–1945

Es ist nicht zu erkennen, wo und warum dann Eugen Maier ab dem Jahre 1925 im Spiele-Verlag Hand anlegte, um diesen so wichtigen Zweig des Verlages wieder zu einer fruchtbaren Weiterentwicklung zu bringen. Die neue V. B. hatte im Winter 1923/24 die Arbeit aufgenommen und hatte sicher die Hände der erst wenigen Mitarbeiter voll beschäftigt, um aus vorhandenen Drucken usw. neue Bestände des alten Programms zu fertigen.

Die Preisliste vom 1.9. 1924 zeigt deutlich an: 7 Gesellschaftsspiele u. ä. sowie 7 Beschäftigungsspiele erscheinen erst 1925, bei beiden Gruppen aber nur je 1 mit einer neuen Nummer: 314 „Kommt in den Garten" und 315 „Bastflechten".

In der erhaltenen Preisliste vom 15.8. 1925 ist eine entsprechende Handhabung nicht fortgesetzt. Doch trägt dieses Stück den handschriftlichen Vermerk: „Handexemplar Eugen Maier".

Erst aus der Preisliste vom 1.1. 1926 ist herauszufinden, daß bis zu den Nr. 327 a und b „Oberbayern" 9 neue Gesellschaftsspiele u. ä. (z. T. in verschiedenen Größen und mit verschiedenen Preisen) sowie 2 neue Beschäftigungsspiele in das Programm kamen oder kommen sollten. Für diese Preisliste wurde auch erstmals das neue Puppen-Signet verwendet.

Schon früher sind wir dem Namen von Johanna Huber, München, als Bilderbuch-Autorin begegnet. Diese Frau war eine wundervoll begabte und ideenreiche einstige Kindergärtnerin, mit der Otto Maier die Verbindung für den Verlag bald nach dem Kriege aufgenommen hatte. Sie war schon oder wurde dann Redakteurin der katholischen Zeitschrift „Das Kinderheim". Es wird noch einiges von ihr zur weiteren Entwicklung im Buchverlag zu berichten sein. Auch für den Spiele-Verlag und zwar speziell für die Beschäftigungsspiele hat sie zahlreiche Anregungen gegeben. Die von ihr empfohlenen und inspirierten Legespiele nach Fröbel waren nicht nur für Kinder, sondern auch für Erwachsene verlockend schön. Im Jahre 1926 schlug sie dem Verlag ein „Formenklebespiel" vor und damit die Herstellung von Klebeblättchen aus gummiertem Buntpapier. Das Spiel erschien 1927 als Nr. 323 und im gleichen Jahr erschienen (unter den Nummern-Artikeln) auch die ersten Packungen mit Klebeblättchen als Material für Kindergärten. Wieviel und was alles schließlich daraus geworden ist, wollen wir später sehen. Jedenfalls entwickelte sich in der noch jungen V. B. eine eigene Abteilung, die Klebeblättchen aus gummiertem Buntpapier in vielen Farben und Formen auf Stanzen, die über Transmissionen angetrieben wurden, herstellte und damit, abgewogen auf Briefwaagen, die unterschiedlichen Packungen in Pergamyntütchen abfüllte. Der Bedarf war unendlich, und der Spiele-Verlag profitierte davon.

Und dann das Jahr 1927: Auf der Preisliste noch handschriftlich eingefügt: erstmals „Fang den Hut!" und gleich in drei Ausgaben, 334 A große, 334 B mittlere und 334 C kleine Ausgabe, Preise RM 4.–/3.–/2.–.

Ein Gutsbesitzer in Mecklenburg, der wie viele andere damals seinen Besitz nicht mehr halten konnte und deshalb nach Argentinien auswandern wollte, hatte 1926 oder 1927 in der Hoffnung, damit die Passage für die Auswanderung verdienen zu können, dem Verlag einen Entwurf für das Spiel „Fang den Hut!" eingesandt. Alle drei Brüder fanden das Spiel faszinierend und in seinen Ideen als absolut neuartig. Es wurde zu den vom Einsender gestellten Bedingungen übernommen. Eugen Maier war der Meinung, es müsse Besonderes für die Ankündigung und Einführung, aber auch für die Ausstattung geschehen. Es ergab sich, wohl durch Einschaltung von Otto Maier, daß dem Architekten und Graphiker Dr. Fritz Ehlotzky der Entwurf für den Plan, den Titel, das Werbesignet und damit auch ein spezielles Warenzeichen übertragen wurde. (Otto Maier stand seit etwa 3 Jahren mit diesem als Autor verschiedener Bücher in Verbindung. Es wird noch einiges von ihm zu berichten sein.) Es wurde also mehr als jemals vorher für ein neues Spiel vorbereitet. Heute würde man sagen: ein Marketing-Konzept. Dabei war über geraume Zeit dieser Vorbereitungen eine elementare Frage noch nicht gelöst: das Material und die Herstellung der Hütchen. Doch dann kam man auf das Velour-Papier, das also mit einer Samthaut in den benötigten Farben übersprüht war und manuell, ähnlich einer Spitztüte, zum Hütchen gebogen und verklebt wurde. Und man fand auch eine Werkstatt, die über Jahrzehnte Millionen solcher Hütchen für den Verlag fertigte. Die eigene V. B. wäre damit überfordert gewesen.

Die dem „Fang den Hut!" über viele Jahre immer wieder eingeräumte Spitzenstellung und Hervorhebung sollte sich glänzend lohnen. „Fang den Hut" wurde tatsächlich ein „Schlager", wie man damals schon sagte. Jüngst hat man nach fünfzig Jahren das Spiel auch als „Best- und Longseller" feiern können. – Doch das war nicht das einzige große Ereignis des Jahres 1928 für Eugen Maier und den Spieleverlag. Das zweite kündigte sich viel bescheidener an. Es war ein erster Verlagsvertrag mit Albertine Dependorf, Malerin und Graphikerin, Schülerin von Prof. Schnarrenberger, damals noch in Radolfzell. Ein Jahr später heiratete Eugen Maier Albertine Dependorf, die in zunehmendem Maße selbst Malbücher, Beschäftigungsmappen und Spiele graphisch gestaltete, aber auch als Beraterin für ihren Mann mithalf, andere Gestalter zu finden für die Neuausstattungen alter Spiele und die Entwürfe zu neuen.

Das muß gerade hier betont werden, weil sich ein anderes Kapitel im Spiele-Verlag schon angekündigt hatte, das genau ins Gegenteil ausschlug. In der Preisliste vom 1.1.1929, finden sich erstmals und nur dieses eine Mal mit den Nummern 8001–8003 Holz-Bauspiele mit den Bezeichnungen „Eloma-Bauspiele" und „Steba-Baukasten". Unschwer zu erraten, daß dahinter der gleiche Dr. Fritz Ehlotzky steckte, der dem erfolgreichen „Fang den Hut" sein unvergängliches Bild gegeben hatte. Dieser muß ebenso Gefallen an der Arbeit für den Verlag gefunden haben, wie es die drei Brüder an diesem quirligen und ideenreichen Mann fanden. „Elo", wie er von ihnen genannt wurde, zog sogar für einige Zeit ganz nach Ravensburg. Und da glaubte er selbst und glaubte mit ihm auch Eugen Maier, daß es möglich und erfolgreich sein müsse, ein ganzes Programm neuer Spiele systematisch selbst zu erfinden, zu gestalten und auf den Markt zu bringen. Dabei fanden einige Vorstellungen Berücksichtigung, die damals neu waren und heute immer noch gültig sind: z.B. gleich große Schachteln und gleich große Pläne. Alle Figuren waren sehr schön im Holz, in der Farbe. Elo verstand viel davon. Erstmals in der Preisliste A „gültig ab 1. Januar 1930" befinden sich gleich unterhalb von „Fang den Hut!" die „Elo-Spiele", 7 verschiedene, in jeweils einer größeren und einer kleineren Ausgabe, und unter diesem Elo-„Block" noch „5 neue kleine Würfelspiele", die Elo ausgestattet hatte.

Von den Holz-Bauspielen des Jahres 1929 wurde dagegen nichts mehr erwähnt. Schon die Prototypen davon scheinen vom Markt nicht angenommen worden zu sein. Und es gab eine sehr große Konkurrenz gerade bei Holzspielzeug, der gegenüber der Verlag, auf die Verarbeitung von Papier und Pappe spezialisiert, sich mit seinem Versuch nicht durchsetzen konnte.

Aus den Jahren zwischen 1924 und 1931 ist uns kein umfassender Katalog erhalten. Wahrscheinlich wurden auch keine neuen Kataloge gemacht, weil sich der „Umbruch" in der Ausstattung der Verlagsgruppen in diesen Jahren erst nach und nach vollzog. Erst für das Jahr 1931 liegt uns wieder ein Katalog vor, typographisch ganz anders als die früheren, mit fotografischen Wiedergaben der Titel und ohne Erläuterungs- oder Werbetexte, auch nur im Umfang von 8 Seiten DIN A 4 und nur mit den neueren Spielen. Wir können annehmen, daß der Entwurf dazu auch von Elo stammte. In diesem „Katalog 1931" hieß auf Seite 1 die Überschrift „Fang den Hut! und ELO-Spiele"; es waren nun 10 ELO-Spiele, zu denen auf Seite 8 und 11 weitere „Billige Würfel- und Brettspiele" kamen, die ebenfalls durch das spezielle Elo-Signet als ELO-Spiele gekennzeichnet waren. Aber auch damit noch nicht genug, – wenigstens weitere 7 Spiele sind als durch ihn ausgestattet zu identifizieren. Dazwischen zeigen die Seiten 2–5 nur Beschäftigungsspiele in durchwegs neuer Ausstattung von anderer Hand und die Seite 7 Quartett- und andere Kinderkartenspiele. Der Spieleverlag hatte weithin ein neues Gesicht bekommen, in aller anzuerkennenden Vielfalt der Gestaltung jedoch – nicht zu leugnen – vor allem ein Elo-Gesicht. Aber die von Elo erfundenen „Elo-Spiele" gingen leider nur schlecht. Und es war das Jahr 1931.

Im Katalog 1932 finden sich Elo-Spiele und von Elo ausgestattete auf den Seiten 1–3, Quartettspiele auf Seite 4, Würfelspiele mit dem Zusatz „Ältere Ausgaben" und in der alten Ausstattung auf Seite 5, Beschäftigungsspiele nun zwischen den großen und den kleinen Ausgaben um die neue Gruppe „mittlere Ausgaben" mit gleich 19 verschiedenen Kästen wesentlich vermehrt – auf den Seiten 6–11. Auf Seite 11 stehen kleinere Artikel, die gleichwohl sensationell werden sollten: Es waren die ersten „Kleinen Beschäftigungsmappen", welche nach ihren Artikelnummern die neue 1400er Serie begannen und damit zum Ursprung der viel späteren „Ravensburger Hobby"-Taschen wurden. Gleich dabei steht das Angebot der „Klebeblättchen" und – erstmalig – der „Ausnähbilder", ungelocht und gelocht, die ab damals auch zu den vom Verlag hergestellten und mit größtem Erfolg vertriebenen Kindergarten-Materialien gehörten.

Bis einschließlich 1933 setzen sich die Bemühungen um die „Elo-Spiele" als Programm fort. Danach gingen sie in verschiedene Gruppen des Gesamtprogramms ein und wurden nicht mehr als eigene Gruppe geführt und angeboten. Zweifellos hat auch die so schwierige Wirtschaftslage jener Jahre 1930–1933 die erfolgreiche Durchsetzung des Elo-Programms mit verhindert. Vor allem aber hatte die Einheitlichkeit im Stil der Elo-Illustrationen zu einer Uniformität geführt, die der Handel wie das Publikum ablehnten.

Elo, also der Dr. Ehlotzky, hatte den Verlag und Ravensburg wieder verlassen. Es gibt kein Zeichen dafür, daß etwa politische Gründe der Anlaß waren. Er lebte weiter in Oberbayern und war in seinem eigentlichen Beruf als Architekt tätig. Auch für den Verlag hat er weiterhin noch Ausstattungsentwürfe für Spiel-Ideen anderer gemacht.

Für 1933, das Jahr, das so schwierig, undurchsichtig und fragwürdig begann, ist kein Katalog erschienen. Gleichwohl gab es 17 Neuheiten im Spiele-Verlag, davon 15 Beschäftigungsspiele und neben dem reizenden „Häschen-spiel", ausgestattet von Marigard Bantzer, den neuen „Schwarzer Peter" von Albertine Maier-Dependorf, der für viele Jahre ein Glanzlicht unter den Kinder-Kartenspielen des Verlages blieb. Dieser „Schwarze Peter" trug die Spiele-Nr. 499. Damit war das von Otto Robert Maier schon für den Spiele-Verlag festgelegte Nummern-Reservoir von 1–500 ausgeschöpft. Eugen Maier fand den Ausweg und begann mit den Neuerscheinungen 1934 die neue Nummern-folge ab 5501. Diese Nummer bekam die neue „Puppenschneiderei". 1934 gab es auch einen neuen Katalog, in dem auf den Seiten 2–6 die Neuheiten einzeln in Bild, Text sowie mit genauen Inhaltsangaben und Maßen vorgestellt wurden. Dort heißt es: „Die Puppenschneiderei (Nr. 5501) ist eine direkte Nachfolgerin der berühmten alten Ausgabe „Puppenmütterchens Nähschule", deren erste Ausgabe als eine der ersten Puppenschneidereien überhaupt im Jahre 1895 erschienen ist. Unter Verwertung alter Erfahrungen ist sie völlig neu aufgebaut." Die Gestaltung hatte ebenfalls Albertine Maier-Dependorf übernommen.

Bei den Neuheiten 1934 tauchen neue künstlerische Noten auf. Marigard Bantzer, die in den Vorjahren erste Arbeiten ausgeführt hatte, nun bei 3 Spielen, von denen vor allem ihr „Tierlotto" fast unvergänglich blieb. Professor Fritz Löhr mit seiner Neufassung des „Lustig voran" und bei dem neuen Spiel „Halt! Schmugglerschiff!". Aber auch die neue „Lustige Autofahrt" und die „Deutschlandreise", von Scheer, wurden für Jahre zu Standardspielen des Verlages. Und natürlich war Albertine Maier-Dependorf weiter eine wichtige Künstlerin für ihren Mann.

An dem großen Programm der Beschäftigungsspiele waren schon früh und weiter über Jahre Jo Franziss, Marianne Finckh-Haelssig, Fee Schröter und, mehr und mehr hervortretend, Susanne Ehmcke beteiligt. Das neue Spiel Nr. 497 aus dem Jahre 1933, „Pit und Pitti, die Perlpuppen-Kinder" war eine gemeinschaftliche Arbeit der Autorinnen Ruth Zechlin und Marigard Bantzer. Bei neuen Gesellschaftsspielen tauchte – 1932 erstmals auf dem „Sternrupfen" – der Erfindername Peter Pallat auf, der in den folgenden Jahren noch weitere gute Spiel-Ideen hatte, so im Jahre 1935 das „Glück ohne Ende" in der grafischen Gestaltung durch Fritz Löhr.

Im Katalog 1935 wurde die vorrangige und größere Herausstellung der Neuheiten wieder aufgegeben zugunsten einer einheitlichen Vorstellung des Gesamtprogramms. Die Preisliste 1935 war anders geordnet. Es war daraus z. B. ersichtlich, daß nun 23 verschiedene „Blättchen-Klebespiele" in Schachtelausgaben angeboten wurden. In diesem Jahr war die Reihe der „Kinderbeschäftigungen in Mappenausgaben mit Arbeitsmaterial", die 1400-er-Serie, auf 48 verschiedene Ausgaben gewachsen.

Für das Jahr 1936 gab es nur einen 4seitigen Nachtrag zum Katalog 1935, aber immerhin mit 34 Neuheiten und Neuausgaben (die 11 neuen 1400er mitgezählt). Besonders bemerkenswert nach vielen Jahren des Fehlens war das neue „Das kleine Spiele-Magazin", Nr. 278, in der graphischen Gestaltung durch Albertine Maier-Dependorf, die kleine blaue Schachtel, die über viele und so schwere Jahre im Programm blieb. Es tauchte aber nun auch deutlicher in der Titelgestaltung die Handschrift von Helmut Hauptmann, Mindelheim, auf, eines Meisterschülers von Professor F. H. Ehmcke. Im Jahre 1937 kam zu der „Deutschlandreise" vom Jahre 1934 noch eine „Europareise" dazu. Aber auch das Lotto „Die Jahreszeiten" von Marigard Bantzer aus diesem Jahr blieb lange ein liebenswürdiges Stück des Programms. Ein Kabinettstück, das schon für 1936 angekündigt worden war, erschien nun, verzögert, das Quartett „Der deutsche Soldat" von Fritz Kredel, dem großartigen Holzschneider und Graphiker. Verzögert, weil Kredel inzwischen nach Österreich und dann in die USA gegangen war. Es war noch ein Spiel mit den Uniformen aus der deutschen Geschichte. Ein anderes Spiel dieses Jahres 1937 hätte weit mehr wie ein donnerndes Grollen vor dem nahenden Unheil wirken können, „Die Seeschlacht", auch wenn damit nur der Plan eines gleichnamigen Spieles aus dem Jahre 1909 wieder ausgegraben wurde. (Ein „Marine-Spiel" mit schönen Zinnfiguren von Schiffen hatte es außerdem schon seit 1902 gegeben.)

Von den neuen Quartetten seien noch das „Garten-Quartett" von Esther Bartning, Berlin, der begabten Tochter des damals berühmten Altmeisters der Blumenmalerei, und das im Verlag traditionsreiche, aber nun von Marigard Bantzer völlig neu illustrierte „Märchen-Quartett" genannt. Diese bunten Quartette waren in dem gefälligeren Offsetdruck hervorragend hergestellt.

Zur Abrundung des Bildes verdienen Beschäftigungsspiele wie „Weihnachtsengel", „Briefpapier zum Bekleben", „Blumenwunder", „Das lustige Kasperletheater" oder „Zwei fidele Hampelmänner" genannt zu werden als Beispiele graphischer Gestaltung hohen Ranges.

Wer es nicht miterlebt hat, wird es im Katalog für 1939 vielleicht feststellen und verwundert fragen, warum darin zwar die „Europareise" und die nun neue „Weltreise" abgebildet wurden, nicht aber die „Deutschlandreise", obgleich diese weiter in der Preisliste mit Nr. 5504 geführt wurde. Nun, der Grafiker kam einfach nicht mehr mit, die Veränderungen des Jahres 1938 im Kartenbild des „Deutschen Reiches" vorschriftsgemäß nachzuvollziehen. Die verlangte Neufassung des Spiels wurde nicht rechtzeitig fertig für den Druck des Kataloges.

Viele Leute sprachen schon davon und noch mehr wollten es nicht glauben, daß es tatsächlich Krieg geben würde. Wenn wir heute das erhaltene Stück des letzten Vorkriegskataloges, der – nur schwarzweiß gedruckt – die ganze Fülle des von Eugen Maier auf den Spuren seines Vaters und doch mit so viel ihm – und seiner Frau Albertine – eigener Phantasie und Liebe neu aufgebauten Programms vorstellte, betrachten und bewundern, dann wissen wir, daß es auch ein Vermächtnis an die Nachfolgenden werden sollte.

Ende August 1939 brach der Krieg aus, und zu den ersten im Verlag, die sofort zum Kriegsdienst einberufen wurden, gehörte Eugen Maier, Artillerist und Unteroffizier aus dem ersten Weltkrieg, gerade 40 Jahre alt. Ab damals kann bis zum Ende des Zweiten Weltkrieges 1945 von einer weiteren „Entwicklung" des Spiele-Verlages nicht die Rede sein. Aber es darf berichtet werden, daß der Spiele-Verlag mit einer allerdings immer bescheidener werdenden Auswahl aus seinem schönen Programm und auch in immer mehr reduzierter Qualität des zu verarbeitenden Materials doch die ganzen Jahre produzierte und das, was möglich war, in „Zuteilungen" lieferte, bis an alle Fronten und auch in die neutrale Schweiz. Außerdem hatte der Verlag Sonderauflagen von Spiele-Magazinen für Lazarette, Genesungs- und Soldatenheime sowie für alle Standorte und Unterkünfte der Luftwaffe wie auch der Marine zu fertigen und zu liefern. Er bekam dafür alle benötigten Material-Kontingente.

Ganz anders sollte es bei den vom Kulturamt der Reichsjugendführung erarbeiteten „Werkblätter der H.J." laufen. Sie wurden von Berlin aus an Großdruckereien in Sachsen direkt zur Herstellung vergeben und von dort direkt an die Dienststellen geliefert. Nur Restauflagen erhielt der gleichwohl auf jedem Stück genannte Verlag zur Auslieferung an den Buchhandel. Es waren 95 solcher Werkblätter geplant, zumeist 4-seitig im Format DIN A 4 und in 4-Farben-Offset sehr ansprechend gedruckt. Aber als es erst im letzten Kriegswinter 1944/45 zur Realisierung kam, konnten nur noch 29 Blätter fertiggestellt werden. Das noch heute Erstaunliche war, daß – abgesehen vom Titel und vom Impressum, in dem die herausgebenden Stellen und Personen genannt waren, – die Texte kein einziges politisches Wort, keine Verbeugung irgendwohin enthielten und alle zum Nacharbeiten gezeigten Modelle – abgesehen von dem verwendeten Material (vornehmlich Stroh, Holz) – wie Stilleben aus Friedenszeiten aussahen.

Diese Aufträge und Ausgaben halfen dem Verlag mit, sich über Wasser zu halten. Allerdings mußten nach und nach auch alle anderen „wehrfähigen" Männer – wie man damals sagte – einrücken, und die meisten Mitarbeiterinnen aus dem Verlag und seiner V.B. wurden zur Arbeit in der Rüstungsindustrie z.B. auch in Friedrichshafen „dienstverpflichtet". Nur die Ältesten und die Behinderten – wie man heute sagt – durften bleiben und schufteten.

Ein gütiges Schicksal ließ die Stadt Ravensburg und damit auch den Otto Maier Verlag unversehrt den Krieg überdauern.

Doch schauen wir nun, wie die Entwicklung der anderen Verlagsgruppen in den Jahren 1924–1945 sich vollzog.

4.3 Nummern-Artikel (vgl. S. 91)

Während die Preislisten 1924 und 1925 noch ein getreuer Spiegel des von Otto Robert Maier entwickelten Programms dieser vielseitigen Verlagsgruppe waren, findet sich erstmals 1926 mit der 1500er Serie ein bescheidener Zuwachs, also von „Kinderbeschäftigungen", die später „Beschäftigungshefte" genannt wurden und, wo möglich, auch Arbeitsmaterial enthielten. Es waren zumeist farbig gedruckte Vorlagen darin zusammengeheftet, dieselben, wie sie als lose Blätter oder Tafeln den Beschäftigungsspielen beigelegt wurden. Es gab also Kastenausgaben und Heftausgaben nebeneinander. So, wie die Beschäftigungsspiele um neue vermehrt wurden, vermehrte sich auch die 1500er Serie. 1928 gab es 36 solcher Hefte.

1928 gab es auch erstmals Neues bei den Kindermalbüchern. Wir erinnern uns, daß diese Aufgabe Eugen Maier und seine Frau zusammengeführt hatte. Und wir wissen nun, daß Eugen Maier sich auch um diese Verlagsgruppe vermehrt annehmen sollte, wenn sie gleichwohl, wie wir noch sehen werden, auch von Karl Maier mitversorgt wurde.

1929 erschienen 32 neue Malbücher (wenn auch 12 kleinste davon durch Aufteilung von 6 großen gewonnen wurden). In diesem Jahr wurden aber auch noch zwei ganz andere neue Serien begonnen: die 1800er, „Bunte Bauhefte und Ausschneidebogen" aus Karton; und die 1900er „Neue Holzarbeiten für die Laubsäge", Vorlagen in Heftform mit lustigem Kartonumschlag, derer sich Karl Maier annahm.

1930 wurde ein wichtiges Jahr für diese Verlagsgruppe. Im Zusammenhang des Spieleverlages waren schon die nun erstmals erschienenen „Kinderbeschäftigungen in Mappenausgaben", die 1400er Serie mit 11 Ausgaben, hervorgehoben worden, die zu den Nummern-Artikeln gehörten. Daneben hatten sich die 1500er-Beschäftigungshefte in diesem Jahr auf 45 vermehrt. An „Neuen Holzarbeiten für die Laubsäge" gab es nun 8 Hefte. Und die „Kinder-Malbücher für Aquarell", sowie die „Kinder-Malbücher für Buntstift" waren – bis auf wenige aus dem alten Bestand – durchwegs neu: 66 neue Malbücher. Aber immer noch wurde die Masse des alten Bestandes aus Otto Robert Maier's Zeiten mit durchgezogen und füllte mit ihren Heften und Bogenausgaben („Preis pro 100 Bogen Netto RM 12.–") an die 3 Seiten der 8seitigen Preisliste A, die damals noch den Spieleverlag, die Nummern-Artikel und die Bilderbücher umfaßte.

1931 begann eine neue Serie „Baubogen", die 1700er, 4teilig gefalzt im Format 22 × 30 cm, die aber schon im folgenden Jahr und weiterhin genauer „Technische Baubogen" benannt wurde. Es waren Modellierbogen, die vom „Verkehrsflugzeug" bis zur „Schnellzuglokomotive" moderne und sehr gut dargestellte und gedruckte Beispiele aus der Technik boten und auch von Karl Maier betreut wurden.

Das Jahr 1932 brachte eine gewisse Umstrukturierung der Verlagsgruppen. Das wurde deutlich in den Preislisten.

Preisliste A enthielt nur noch die Ravensburger Spiele in Kastenausgaben, Nr. 11–479.

Preisliste B, auch unter dem Puppensignet, umfaßte nun alle Nummern-Artikel einschließlich die 1400er Serie und Fröbel-Materialien, aber nicht mehr die Bilderbücher und die 1500er.

Preisliste C, erstmalig, aber unter einem älteren OM-Signet, vereinigte, was nun zum Buchverlag gezählt wurde. Darunter waren auch die Beschäftigungshefte (1500er) und die Bilderbücher.

Zu allen Ausgaben der Listen A und C waren Ladenpreise angeführt, zu denen der Liste B aber nur Nettopreise. Das änderte sich schon 1933 wieder; jetzt waren auch in der Liste A für Spiele Nettopreise genannt. Doch hieß es in einer Fußnote: „Ein Verzeichnis der Richtpreise für den Verkauf (Ladenpreise), die nicht unterschritten werden dürfen, findet sich auf Seite 4."

Doch bleiben wir noch weiter in der Gruppe der Nummern-Artikel. Schon 1932 waren die alten Ausgaben deutlich zusammengedrängt unter „Maier's Bogenausgaben". 1933 aber wurden die veralteten Laubsägevorlagen weggelassen. Nicht als Ersatz dafür, sondern als neue Serie, die 2100er, erschienen „Mappenausgaben leichter Holzarbeiten mit je einem Gebrauchsgegenstand", gleich 20 verschiedene. Es waren Werkzeichnungen 1:1, nach dem im gleichen Jahr im Buchverlag erschienenen Werkbuch „Leichte Holzarbeiten" von Fritz Spannagel.

Das Jahr 1934 brachte hier wenig Neues. Für 1935 stellen wir fest, daß die „Technischen Baubogen" (1700er) auf 10 Ausgaben, die „Bunten Bau- und Ausschneidehefte" (1800er) auf 14 Stück und die Heftausgaben für „Holz- und Laubsägearbeiten" (1900er) sogar auf 24 Nummern angewachsen waren. Die alten Bogenausgaben füllen nur noch eine halbe Spalte der Preisliste, die Fröbel-Materialien nun anderthalb Spalten. Da gab es Flechtblätter, Faltblätter, Nähblätter und ganz besonders die Klebeblättchen. Davon wurden nun 34 Formen in 16 Farben, also 544 verschiedene, angeboten, nur in Mischpackungen, wie man verstehen kann.

Erst 1937 sind die alten Bogenausgaben ganz aus dem Angebot herausgenommen. Die alten Kinderzeichenhefte wurden reduziert und zusammengedrängt. Dafür ist das Programm neuer Kindermalbücher wesentlich ausgebaut. Überraschend sind in diesem Jahr die „Beschäftigungshefte" (1500er) wieder in die Preisliste B (Nummern-Artikel) zurückgekehrt und dort auch die „Zeichenvorlagen" zugeordnet, während die „Beschäftigungsspiele in Mappenausgaben" (1400er) und die Fröbel-Materialien der Spiele-Preisliste A hinzugefügt wurden.

Warum? Nun war die Einteilung weniger von der inhaltlichen oder Materialseite her als durch die Bedürfnisse des Vertriebs und Verkaufs bestimmt:

Preisliste A = das Angebot an den Spielwarenhandel.
Preisliste B = das Angebot an den Papier- und Schreibwaren- sowie an den Lehrmittelhandel.
Preisliste C = das Angebot an den Buchhandel.

Trotzdem mußte der Vertrieb flexibel damit arbeiten, weil es viele Sonder- und Mischformen unter den Kunden gab. Die für den Verlag wichtigen Firmen für Zeichen- und Malbedarf z. B. hatten Interesse sowohl an dem Angebot B – die ganzen Zeichenvorlagen und -hefte – wie an dem Angebot C – die Kunsttechnischen Handbücher und auch die Werkbücher – und oft auch an dem Angebot A wegen der exquisiten Beschäftigungsspiele mit Materialbeigaben.

Vielleicht deshalb, vielleicht aus ganz anderen Gründen – infolge des Kriegsausbruches mußte der Besuch durch Vertreter aufhören und Angebote an die Kunden waren nur noch schriftlich möglich – wurde das Preislisten-System schon 1939 wieder geändert. Zum 1. April 1939 hatte es noch die Preislisten A, B und C gegeben.

Aber noch im Herbst 1939 gab es eine neue „Preisliste A 1939/40", die, auf 16 Seiten zusammengefaßt, die bisher auf die Listen A und B aufgeteilten Ausgaben enthielt. Doch war dieses Angebot eher ein Abgesang anläßlich des ersten Kriegsweihnachten als eine frohe Botschaft für die Zukunft. Erhalten ist danach nur noch eine Preisliste vom 1. Januar 1941 als „Verzeichnis der für das Jahr 1941 *vorgesehenen* Spiele und Malbücher". Geplant waren noch – durchwegs aus vorhandenen Rohbeständen – 81 Gesellschaftsspiele, nur 13 Beschäftigungsspiele, aber noch 22 Mappen der 1400er Serie, und 14 Malbuch-Serien. Die Materialknappheit ist ganz deutlich und die reduzierte Kapazität ist spürbar. Es ist klar, daß gerade diese friedliche Produktgruppe der Nummern-Artikel keinerlei Förderung durch Zuteilung der dringlichsten Materialien erfuhr. Nur letzte Reserven und einige „Ladenhüter" waren nach Kriegsende noch übrig davon.

Auch hier werfen wir noch einen Blick in den letzten Katalog von 1939. Es ist erstaunlich, wie nahtlos sich dort auf 6 Seiten die Serien der Nummern-Artikel den Gruppen des Spieleverlags anschließen, überaus abwechslungsreich und doch im graphischen Bild der Ausstattung ganz verwandt. Und wir sehen auch gut, wie bestimmte, geeignete Themen in allen Gruppen und Preislagen vertreten waren. Es sollte niemand nur des Preises wegen davon ausgeschlossen sein.

4.4 Jugend- und Populärer Buchverlag (vgl. S. 82)

Zuletzt wurde über die Entwicklung dieses Verlagsbereiches in den Jahren 1919–1923 berichtet (vgl. S. 102), und wir wissen, wie die Aufgabenteilung zwischen den drei Brüdern erfolgte (vgl. S. 104). Otto Maier hatte es übernommen, hier durch neue Ansätze und zeitgemäße Ausstattungen den seit der Zeit vor dem Ersten Weltkrieg kaum veränderten Status in Bewegung zu bringen. Er ließ sich dabei beraten und anregen durch die schon anderweitig hervorgehobenen Autoren: Johanna Huber in München, Prof. W. Schneebeli in Rorschach und Dr. Fritz Ehlotzky, damals vermutlich auch noch in München. So begannen nebeneinander verschiedene neue Reihen zu erscheinen, mit ersten Ausgaben im Jahre 1926.

Die Bilderbücher – wir wissen, daß dieser Zweig über bescheidene Vorkriegsanfänge kaum hinausgekommen war, aber auch, daß sich darunter schon die „Lustigen Geschichten für die ganz Kleinen" von Johanna Huber befanden – bekamen nun durch eine Reihe von 10 Bändchen mit Texten von Johanna Huber und Bildern des dem Verlag durch viele Arbeiten verbundenen Architekten Otto Bleicher endlich reizvollen Zuwachs. Es waren Titel wie „Mullemuh, die gute Kuh", „Karoline, die fleißige Biene", „Sammetfell, die brave Katze", aber auch „Woher das liebe Brot?". „Feinste Offsetreproduktionen" hieß es dazu. Sie erschienen in zwei Ausgaben: A = Papier-Leporello in starkem Pappband; B = auf Pappe „unzerreißbar" Halbleinen. „Texte in Blockschrift". Und gleichzeitig begann die Reihe der „Geschichten aus der Natur", erzählt und gezeichnet von W. Schneebeli, die kleinen, erst später quadratischen Bändchen, mit „Familie Rotbrüstlein", „Vom Fuchs", „Löffelohr" und „Eichhörnchen", denen schon 1927 vier weitere und im Laufe der Jahre noch mehr folgen sollten.

Im populären Buchverlag wurden die beiden anderen Reihen angesiedelt: die „Arbeitsbücher für Mutter und Kind" und die „Kleinen Werkbücher für Schule und Haus" (zuerst „für kunstgewerbliche Arbeiten").

Die Reihe der „Arbeitsbücher" wurde angeregt und auch eröffnet wieder durch Johanna Huber mit ihrem „Lustiges Papierfaltbüchlein" und „Ausschneiden". Es folgten darin in den nächsten Jahren weitere 14 Bändchen anderer Autorinnen und Autoren, darunter besonders erfolgreich Ludwig Brunner mit seinen „Spielsachen aus wertlosem Material" und seinem „Naturspielzeug".

Die andere Reihe der „Kleinen Werkbücher" wurde eröffnet (ob auch angeregt, das wissen wir nicht sicher) durch den Dr. Fritz Ehlotzky mit den beiden Bändchen „Papier und Pappe" sowie „Leichte Holzarbeit". In dieser Reihe folgten weitere 12 Bändchen.

Dabei entdecken wir nun, daß etliche Bändchen dieser Reihen mit ihren Themen und ihren Autorinnen alsbald entsprechende Beschäftigungsspiele zur Folge hatten, aus denen wieder neue Beschäftigungshefte der Serie 1500 und später – womöglich auch noch „Beschäftigungsspiele in Mappen" der 1400er Serie entstanden. Diese Querverbindungen zwischen dem Buchverlag und dem Spieleverlag konnten sehr fruchtbar sein. Sie waren es besonders bei Johanna Huber und – man muß es gewiß sagen– auch bei Dr. Ehlotzky.

Und noch etwas anderes wird im Verlauf der folgenden Jahre deutlich: die Reihe der „Kleinen Werkbücher" gibt Otto Maier die Ermutigung zur Entwicklung der großen Werkbücher, die ein so bedeutendes Element in der Arbeit des Buchverlages werden sollten.

Etwas waghalsig dagegen war das mit der Reihe der nun 25 Bände umfassenden „Spielbücher" gemachte Experiment. Diese waren zumeist in der ursprünglichen Ausführung im Plattendruck zwischen 1918 und 1924 nachgedruckt worden und dieses auf noch schlechtem Papier. Aber auch die neueren Bände glichen den alten. So wurde für jeden Band eine serienmäßige, nur durch Symbole und Titel unterschiedene, neue Einbandgestaltung in Halbleinenband vorgenommen, während die Texte blieben, wie sie waren. Diese waren freilich sachlich richtig und im Gebrauch vielfach bewährt. Aber sie übten trotz der sehr hübschen Einbände keinerlei Anziehungskraft aus.

Otto Maier jedoch hielt es für wichtiger, der Reihe der kunsttechnischen Handbücher neuen Schwung, ja Aufschwung zu verleihen. Diese für Kunstbeflissene und Künstler bestimmten Ausgaben mußten der Kunstentwicklung folgen, und diese hatte sich, wie man weiß, weit von der Vorkriegszeit entfernt. Schon bald nach dem Kriege hatte Otto Maier sich dieser Aufgabe gewidmet und erfahren, daß es eine sehr langwierige Mühe war, Autoren dafür zu finden, zu gewinnen und zu verständlichen Darstellungen zu führen.

Das „Anatomische Taschenbuch für Künstler" war schon vor dem Kriege geplant mit dem Textautor Prof. Hermann Schuster (demselben, der bei den Blumen-Atlanten „Schuhmacher" genannt wurde) und dem Zeichner der Tafeln, Robert Henry, der damals auch vieles andere für den Verlag bearbeitet hatte. Es war ein auch gegenüber der neuen Kunst unverfängliches und zeitloses Thema und erschien endlich im Jahre 1923.

Wenig später, Anfang 1924, folgte die Anleitung „Lithographie" von Albert Peter List. Die Auflage war übrigens kurz vor der Einführung der Rentenmark abgeliefert und berechnet worden. Die Herstellung der 3 000 Exemplare hatte, wie in einem Herstellungsbuch von 1923 übermittelt, 1 781 600 000 000.– Mark, 1, 78 Billionen also gekostet, die wenige Tage später umgerechnet nur 1,78 Rentenmark entsprachen.

Im Jahre 1926 folgte das neue Buch „Holz- und Linolschnitt" von W. Schürmeyer mit ersten Beispielen der Moderne, 1927 demgegenüber das altmeisterliche Buch „Miniaturmalerei" von L. Becker-Emmerling. Zwei technische Themen kamen 1928 neu in die Reihe: „Technisches Zeichnen" des getreuen Autors Artur Gruber und die „Konstruierende Perspektive" des schweizerischen Autors A. Schmid.

Und dann war mit dem Jahre 1929 endlich ein großes Ziel von Otto Maier erreicht: das alte und so erfolgreiche Buch des Engländers Cartlidge in der deutschen Ausgabe von 1903, „Ölmalerei", wurde abgelöst durch die neue „Ölmalerei" von Kurt Wehlte aus Dresden. Dieser war zu der Zeit Assistent am Doerner-Institut in München, also von Prof. Doerner, der damals der „Papst" der Maltechniken war, und dessen Nachfolge Kurt Wehlte im Laufe der folgenden Jahrzehnte antreten sollte. Ihm und Otto Maier wurde trotz der nun beginnenden Wirtschaftskrise der erhoffte Erfolg zuteil. Schon 1930 konnte die 2. Auflage, 1932 die 3. und 1935 die 4. Auflage folgen, zusammen 22 000 Exemplare, und dieser Erfolg hat sich bis heute fortgesetzt.

Etwa zur gleichen Zeit erschien auch die Neubearbeitung des Themas „Aquarellmalerei", mit dem 1903 die Reihe der „Kunsttechnischen Handbücher" in der Ausgabe von dem Engländer Thomas Hatton eröffnet worden war. Nun hatte der Münchener Maler Ferdinand Nockher, ein sehr bekannt gewordener Aquarellist, es übernommen, eine leichtfaßliche Anleitung zu schreiben, die dann auch über viele Jahre und mit vielen Auflagen im Programm blieb.

Erwähnt sei noch der Maler Robert Hahn aus Dresden. Von ihm erschienen 1931 eine „Porträtmalerei", 1932 „Pastellmalerei", 1934 „Landschaftszeichnen", 1940 „Kreide und Kohle". Von Kurt Wehlte folgte 1938 die „Wandmalerei" und 1941 die „Temperamalerei". (Im Gefolge der ersteren übernahm Wehlte es, bereits nach Kriegsbeginn die spätbarocken Fresken in dem Kreuzgewölbe der sog. Kapelle des Hauses Marktstraße 26, die später Büro von Otto Julius Maier werden sollte, freizulegen.)

Otto Maier hatte damit sein Ziel einer Erneuerung und Erweiterung dieser Reihe erreicht. Noch in den Kriegsjahren übergab er – selbst neuen großen Zielen zustrebend – die weitere Betreuung der Reihe seinem Bruder Karl Maier, der an sich die glücklichsten Voraussetzungen dafür besaß, wohl der getreueste zeichnerische Schüler und Nachfolger seines Vaters.

Schon früher wurde auf die persönliche Beziehung von Otto Maier zu verschiedenen Schriftkünstlern durch die von ihm geförderte Vorlagen-Reihe der „Muster-Alphabete" hingewiesen und auf die Auswirkungen, die sich dadurch für die Neugestaltung des Verlagsgesichtes ergaben. 1926 kam Otto Maier auch in persönliche Verbindung zu dem Professor F. H. Ehmcke, der bereits lange zu den größten Buchgestaltern und Typographen, auch Schöpfern neuer Druckschriften in Deutschland gehörte. Er hatte für die große und bis heute unvergessene und sich auswirkende Ausstellung PRESSA in Köln eine Abteilung mit der Geschichte der Schriftformen zusammenzustellen und zu gestalten. Daraus entstand sein Buch „Die historische Entwicklung der abendländischen Schriftformen", das Otto Maier für den Verlag übernahm und 1927 veröffentlichte. Darin heißt es am Schluß: „Gedruckt nach Angabe von F. H. Ehmcke in dessen Mediävalschrift im Sommer 1927 von der „DEUKULA", Deutsche Kunst-und Verlagsdruckerei Grassinger & Co., München, in einer Auflage von 4 000 Stück". Dieses Buch war in diesem Verlag erst einmal einzigartig und für den Buchverlag ein Kabinettstück. Aber Otto Maier selbst hat dadurch viel an Anregungen und Hinweisen für seine großen Pläne gewonnen, von denen im weiteren Verlauf noch zu berichten sein wird. Doch konnte auch er damals nicht ahnen, welche Werke anderer großer Buchgestalter 20 bis 25 Jahre später diesem frühen Vorgänger folgen sollten. Sehr wichtig wurde die Verbindung zu F. H. Ehmcke, zu seinem Hause und zu Schülern von ihm unmittelbar, in jener Zeit. Es steht nicht fest, ob es zuerst zu der Verbindung mit ihm oder zu derjenigen mit Susanne Ehmcke, seiner Tochter, kam, die im Zusammenhang der Entwicklung des Spieleverlags wiederholt zu nennen war. Dort erfuhren wir auch schon von Helmut Hauptmann, einem Meisterschüler von Ehmcke. Beiden werden wir noch mehrfach begegnen.

In dem nächsten und übernächsten Jahr reiften danach die Pläne für die ersten größeren Ausgaben, die aus den Reihen der kleinen „Arbeitsbücher" und „Werkbücher" hervorgehen sollten, soweit, daß Ende 1929 „Das Buch der Kinderbeschäftigungen" von Johanna Huber und das große Werkbuch „Papparbeit und Bucheinband" von Friethold Morf erscheinen konnten. Es waren richtige Bücher, nicht nur „Bändchen" oder Broschüren, zwar auch kartoniert, aber ebenfalls gebunden lieferbar, jedoch sparsam nur in Halbleinen, aber mit (leider sehr empfindlichen) auf Kunstdruckpapier schwarzweiß gedruckten Schutzumschlägen versehen, Format 16 × 24 cm.

1930 folgten wieder zwei Bücher in dieser Richtung. Auf eines werden wir erst später kommen. Das andere war „Beschäftigungen für das kranke Kind" und seine Autorin: Ruth Zechlin, deren weitere Bücher wie sie selbst und ihr Name hervorragende Kennzeichen für diese Bemühungen des Verlages über mehr als ein halbes Jahrhundert und in aller Welt werden sollten. (Auf dem Schutzumschlag mußte die neunjährige Tochter des Verlegers, Marie-Luise, als angeblich „krankes" Kind posieren.[1])

1932 folgte das „Werkbuch für Mädchen" von Ruth Zechlin, das Buch, das für Jahrzehnte und bis heute das erfolgreichste und weitestverbreitete des Verlages werden sollte. Und wohlgemerkt, es entstand und erschien vor der sog. „NS-Machtergreifung", und es erfuhr auch danach keine politische Frisur, obgleich es von allen Mädchen- und Frauengruppen der folgenden Jahre begeistert benützt wurde.

Noch im gleichen Jahre 1932 erschienen zwei weitere Werkbücher: „Weben" von Ernst Kallmann und „Leichte Holzarbeiten" von Fritz Spannagel. Ernst Kallmann emigrierte 1934 nach Palästina, wie es damals hieß, und in den folgenden Jahren wurde dem Verlag verboten, seine Bücher anzubieten und zu verbreiten. Erst ab 1946 kamen die gut versorgt gewesenen Bestände wieder ans Tageslicht und ins Programm.

Aus dem Jahr 1932 ist aber noch das Buch „Die Kinder und ihre Tiere" von Karl Vaupel zu nennen. Es gehörte nicht zu den Werkbüchern, soll aber das erste Buch auf dem deutschen Markt gewesen sein, das mit Kinderzeichnungen illustriert und mit Texten dazu, auch von Kindern erzählt, versehen war.

Die Gruppe der großen Werk- und Beschäftigungsbücher wuchs bis 1939 weiter. Es erschienen noch „Natur im Jahreslauf" von Isa Gruner, „Lederarbeiten" von H. R. Pesch, Zürich, und das Buch „Feste mit Kindern" von Emma Carp. Letzteres war „im Selbstverlag" der Autorin erschienen. Aber Selbstverlage wurden durch die Reichsschrifttumskammer verboten (weil man sie nicht im Griff hatte und beaufsichtigen konnte). So suchte Emma Carp einen Verleger für ihr Buch und fand ihn auch in Otto Maier.

Weitere große Werk- und Bastelbücher werden wir noch in der redaktionellen Arbeit von Karl Maier finden. Der Erfolg und das Echo der neuen Bücher und andere gute Voraussetzungen ermutigten Otto Maier, die Reihe der „kleinen Arbeitsbücher" in einer neuen, größerformatigen und besser illustrierten Reihe fortzusetzen. 1934 erschien als erstes Buch dieser Art die von Elsa Eisgruber liebevoll illustrierte „Krabbelstube" von Johanna Huber. Bis 1939 folgten weitere sechs solcher Ausgaben, darunter auch das darauf umgestellte „Spielsachen aus wertlosem Material" von L. Brunner. Als jedoch 1935 die lange vorbereitete „Gartenfibel für Kinder" von Beate Hahn, reizend illustriert von Esther Bartning, fertig gesetzt und umbrochen war, kam der Strafbescheid über etwa 500.– RM von der RSK in Berlin, weil für das Buch einer nichtarischen Autorin eine etwaige Ausnahmegenehmigung schon vor dem Herstellungsbeginn hätte beantragt werden müssen. Und natürlich war damit das Verbot der weiteren Herstellung und der Veröffentlichung verbunden. Genehmigt wurde es immerhin, daß Otto Maier dieses Buch an den Rascher-Verlag in Zürich abgab, wo es auch bald ganz so, wie von Otto Maier geplant und vorbereitet, erschien. Beate Hahn, von Beruf Gärtnerin, die Schwägerin des Gründers der Heimschule Salem, Kurt Hahn, konnte noch in die USA emigrieren und wurde nach dem Zweiten Weltkrieg wieder Autorin des Otto Maier Verlages.

Als bei den Spielbüchern 1932 ein neuer 26. Band mit der Anleitung der Baronin von Dazur zum „Bridge" in wirkungsvoller Ausstattung durch Prof. Fritz Löhr erschienen war, gab das den Anstoß, wenigstens die beiden immer weiter erfolgreichsten alten Bände, 1. „Schach" und 13. „Patiencen", auch neu und reizvoll auszustatten. Auch die „Naturkundlichen Ausgaben" hat Otto Maier nicht vergessen. Endlich war nach vielen Jahren die getreue Malerin M. H. Mülberger mit der Arbeit für den Atlas „Bäume und Sträucher" fertig geworden. Dieser wurde für Buchdruck reproduziert und so hergestellt. Er konnte 1938 erscheinen. Esther Bartning hatte dafür einen so schönen Schutzumschlag geschaffen, daß Otto Maier ihr gleich den Auftrag gab, entsprechende für die „Frühlingsblumen" und die „Sommer- und Herbstblumen" auszuführen, und diese wurden auch ein Blumenfest. Die schrecklichen alten, schummerig-braunen Halbleinen-Einbanddecken waren schon vorher durch freundliche Leinendecken mit Prägung abgelöst.

Es bleibt danach noch der Hinweis übrig auf das Gebiet der Schriftvorlagen. Nach der neuen, modernen Reihe „Gebrauchsschriften" mit 8 Mappen erschien 1938 noch das von Prof. W. Schnarrenberger, Karlsruhe, herausgegebene Mappenwerk „Maier's Schriftvorlagen in Einzelbogen". Auf 4seitigen Din A 4-Bogen wurde die Entstehung, Ausführung und Anwendung jeweils einer Schriftart in 2-Farbendruck gezeigt. Es gab 10 verschiedene solcher Bogen.

Trotz der Bereichsabgrenzungen und der aufgeteilten Verantwortlichkeit der drei Brüder gab es keine Abschirmung, sondern, wie schon mehrfach hervorgehoben, manche Querverbindungen, oft auch bewirkt durch Autorinnen und Autoren oder Künstler, die für verschiedene Verlagsgruppen tätig waren. So wohl und vielleicht auch, weil Otto Maier und Karl Maier sich dazu weniger geeignet befanden, kam es dazu, daß Eugen Maier im Buchverlag einiges hinzufügte. Es waren zuerst die Bilderbücher von Marigard Bantzer. Und 1931 kam durch ihn der Anfang neuer, erzählender Jugendbücher. 1931 war es das Mädchenbuch „Ma-Re-Li" von Elsa M. Hinzelmann, 1932 waren es die Jugenderzählungen „Die Hauptperson ist Kleks" der gleichen Autorin und „Stöpsel", ein Mädchenbuch von Pia Budde, attraktiv ausgestattet. Alle drei Bücher waren noch 1934 und weiter im Angebot, bis auch dafür das Auslieferungs- und Vertriebsverbot kam. Elsa M. Hinzelmann war in die Schweiz emigriert, die Verbindung zu Frau Budde war ganz unterbrochen. Alle im Verlag, die die Bücher kannten, waren traurig darüber. Als nach dem Kriege eine neue Ausgabe von „Ma-Re-Li" mit dem gleichen Umschlag wie 1932 (von Prof. Fritz Löhr) erschien, da war diese noch ein Einzelgänger, der so alleine nicht laufen konnte.

4.5 Die Sammlung „Spiel und Arbeit" und andere Bastel- und Werkbücher 1924–1945 (vgl. S. 85)

Wir haben früher (s. S. 102) erfahren, daß diese Sammlung sich in den schweren Jahren 1918–1923 doch um 21 neue Bändchen auf insgesamt 95 vermehrte. Bis 1945 sollten es mehr als 200 Bändchen werden, und alle allein unter der Regie von Karl Maier.

Ab dem Band 96, „Radio – Konzertempfänger" aus dem Jahr 1924, begann die Sammlung ein wirklich modernisiertes und ansprechendes Bild zu zeigen, das auf Karl Maiers eigene Hand zurückgeht. Er fotografierte selbst die fertig gebastelten Stücke, deren Bau in der Anleitung und den Modellbogen dargestellt war, schnitt die Fotos aus, traf die Anordnung auf dem Umschlag, der nun aus Chromoersatzkarton von der nahen Papierfabrik Baienfurt (heute ein

Feldmühle-Werk) bestand und legte die Teilflächen an, die in einer Farbe bedruckt werden sollten. Die Titelschriften usw. wurden zumeist aus einer blockigen Antiqua gesetzt. Auf der Rückseite waren tabellarisch alle bisher erschienenen Bändchen angezeigt.

Das klingt alles so einfach, während die Herstellung selbst ungewöhnlich kompliziert war. Acht oder zwölf verschiedene Umschläge wurden in einem „Sammelbogen" zusammengestellt. Auf diesen wurden bei der Druckerei Gebr. Ehrat zunächst die Titel-Autotypien und alle Schriften auf der Schnellpresse gedruckt. Dann wurden die Druckbogen zu Döhler und Schorsy gebracht und bekamen auf der Steindruckpresse den Farbflächendruck. Wenn dieser trocken war, kamen die Sammelbogen in die VB, um dort auseinandergeschnitten zu werden. Die Anleitungstexte wurden in einer Buchdruckerei, oft auch in einer auswärtigen, die Modellbogen dagegen ebenfalls bei Döhler und Schorsy gedruckt, während der nie fehlende Inseratanhang aus einer Großauflage von noch einer anderen Druckerei stammte. Das Sammelbogen-Druckverfahren führte allerdings über viele Jahre immer wieder dazu, daß entweder zu viel oder zu wenig Umschläge für die Textauflage des einzelnen Bändchens herauskamen. Erst im Verlauf der weiteren Jahre wurden auch Graphiker mit dem Entwurf einzelner Titelschriften oder gelegentlich ganzer Titel beauftragt. Und es bedurfte viel Zuredens bei Karl Maier, das Ausschneiden und Freistellen von Fotos, das in den 20er Jahren allgemein beliebt war und geübt wurde, aufzugeben und Fotos mit Umfeld und Hintergrund ganz auf die Titelseite zu stellen.

Aber in der Auswahl der Themen oder Objekte und der Autoren dafür hatte Karl Maier meist eine glückliche Hand. Und in den 20er bis 50er Jahren konnte er, nicht zuletzt wegen der schwierigen wirtschaftlichen Umstände, auf ein breites und lebhaft interessiertes Bastlerpublikum bei der Jugend wie unter den Erwachsenen rechnen.

Der Zufall hat uns eine Absatzliste der Jahre 1924 und 1925 erhalten. Dort greifen wir Weniges heraus: Von Bd. 60 „Leinenkajak" wurden 1924: 1596 und 1925: 2140 Stück verkauft; von Bd. 62 „Paddelkanoe" 1924: 1540 und 1925: 1318 Stück; bei dem Bd. 86 „Moderne Funkentelegraphie" waren es sogar 1924: 3449 und 1925: 1308 Stück. Und der schon erwähnte Bd. 96 „Radio – Konzertempfänger", der erste in der neuen Ausstattung, brachte es 1924: auf 5240 und 1925: auf 3875 Stück. Tatsächlich gab es in den 20er Jahren so etwas wie einen „boom" des Radio-Bastelns, weil die frühen Apparate aus der Industrie für die meisten damals noch viel zu teuer und außerdem technisch sehr rasch überholt waren. Karl Maier brachte dazu bis 1929 weitere 7 Bändchen und blieb auch später dem Thema auf der Spur. So erschien bereits 1931 die erste (und einzige) Bauanleitung für ein „Fernsehgerät" (Bd. 133 von K. Nentwig) mit Verwendung der „Nipkow-Scheibe".

Indessen wurde jedoch ein anderes Thema für viele Bastler immer aktueller, das erstmalig schon 1909 in der Sammlung „Spiel und Arbeit" erschienen war, das Fliegen, in der Gestalt von Flugmodellen und von Gleit- und Segelflugzeugen. Karl Maier selbst war fasziniert davon. Über Jahre besuchte er immer die Segelflug- und Flugmodell-Wettbewerbe auf der Rhön und lernte dort alle

Pioniere dieser Sportarten persönlich kennen, aber ohne selbst direkt aktiv darin zu werden.

Bis 1931 erschienen fünf neue Bändchen mit Flugmodell-Bauanleitungen. Darunter waren besonders interessant das 1928 erschienene Bändchen 113 „Eindecker – Stabflugmodell" von Alexander Lippisch, dem später so bekannt gewordenen Flugzeugkonstrukteur, und das 1932 erschienene Bändchen 134 „Segel- und Raketen-Flugmodelle" von Hans Jacobs, dem nicht weniger bekannt gewordenen Konstrukteur von Segelflugzeugen. So erschien auch eine seiner frühen und besonders für den Bau durch Sportgruppen geeigneten Segelflugzeug-Konstruktionen als Band 138 der Sammlung „Spiel und Arbeit".

Nachdem in der NS-Zeit der Flugmodellbau sogar in den Schulen obligatorisch geworden war, erschien innerhalb der Sammlung in rascher Folge eine Sonder-Reihe „Die neuen Flugmodell-Bauhefte mit großen Bauplänen" mit schließlich 24 Bändchen unterschiedlichster Modelle und auch Sondervorrichtungen wie Kompaß- oder Licht-Steuerungen. Bei Lieferungen im „Großdeutschen Reich" mußten später Hakenkreuz-Aufkleber für Flügel und Steuer beigelegt sein. Es war eine Katastrophe, wenn gelegentlich bei Lieferungen in die Schweiz diese versehentlich nicht vorher herausgenommen wurden.

Es würde Karl Maier unrecht getan, wenn nicht betont wäre – ohne jeden einzelnen Band dazu anzuführen –, daß er sich beständig darum bemühte, die Vielfalt des Programms von „Spiel und Arbeit" für die verschiedensten Interessen fortzuführen. Besonders lag ihm zweifellos alles am Herzen, was im weitesten Sinne mit dem Wassersport zu tun hatte, hier also der Bootsbau und der Modellbootsbau. Es erschienen nach und nach Anleitungen für den Selbstbau von 10 verschiedenen Bootsarten, vom Faltboot bis zum Gleitmotorboot oder zur Rennjolle. Und die Gruppe der Bauanleitungen für Modellboote, zu der ja schon der allererste Band der Sammlung gehört hatte, stieg auf 12 verschiedene Bändchen. Autoren dafür waren vor anderen Artur Tiller, einer der damals und später bekanntesten Boots-Konstrukteure, und der Ingenieur Leo Zeiller.

Ausdrücklich erwähnt sei der Band 150 aus dem Jahre 1934, nicht nur wegen der runden Nummer oder weil er mit 102 Seiten und 22 Tafeln der umfangreichste war, der je in der Sammlung erschienen, sondern weil der Autor dieses Bandes „Wir bauen unser Haus" derselbe Dr. Fritz Ehlotzky war, dem wir schon auf allen anderen Gebieten des Verlages begegnet sind.

Ganz anders war es bei dem Autor von Bd. 142, ebenfalls aus dem Jahre 1934, „Moderne Schallplattenanlage für Wiedergabe und Selbstaufnahme", dem Ingenieur Rudolf Wollmann in Wien, der hier sein erstes Buch in diesem Verlag herausbrachte, dann aber weitere 44 Jahre dem Verlag und seinem Verleger Karl Maier treu verbunden blieb.

Es ist nicht bekannt, ob es dem Wunsch von Karl Maier selbst entsprach, oder ob es Anregung und Wunsch von Otto Maier waren, auch aus den von Karl Maier betreuten mehr technischen Gebieten und Themen neue, größere, umfassende oder zusammenfassende Werk- oder Bastelbücher hervorgehen zu lassen, ähnlich wie es vor dem Ersten Weltkrieg bei den Bänden mit den „Experimenten" und „Unterhaltungen" (vgl. S. 87) der Fall gewesen war. Karl

Maier ging parallel zu Otto Maier also auch daran, größere Ausgaben vorzubereiten, und wenn wir in der Darstellung vorher (vgl. S. 120) zunächst einige Titel noch ausgelassen hatten, so handelte es sich eben um solche Karl Maier-Titel.

1930 erschien „Radiotechnik für Amateure. Ein Lehr- und Werkbuch" von F. Bödigheimer, von dem auch 7 der Radio-Bastelanleitungen in der Sammlung „Spiel und Arbeit" stammten. Es war ein stattlicher und reich illustrierter Band, der aber nie über seine 1. Auflage hinauskam, wahrscheinlich, weil er zuviel aus den früher erschienenen Einzelanleitungen übernahm und diese schon bald technisch überholt waren.

1932 kam wieder ein Buch von Karl Maier, die „Werkstattpraxis für den Bau von Gleit- und Segelflugzeugen" von jenem Hans Jacobs, der schon hervorgehoben wurde. Mit dem enormen und allerdings politisch motivierten Aufschwung des Segelflugsports erreichte dieses Buch bis 1942 6 Auflagen und nach dem Zweiten Weltkrieg weitere, verschiedene davon neu bearbeitet und erweitert, so daß das Buch von 133 Seiten in der 1. Auflage auf über 300 Seiten größeren Formats bei der 6. Auflage anwuchs.

Es war übrigens das einzige Buch des Verlages, von dem dieser auf Umwegen erfuhr, daß es in der Sowjetunion – damals noch lange nicht Mitglied der internationalen Urheberrechtsvereinbarungen – ohne Lizenz ins Russische übersetzt und mit Reproduktionen der vielen technischen Darstellungen veröffentlicht worden war.

1933/34 nutzte Karl Maier dann seine persönlichen Bekanntschaften, um durch W. von Langsdorff, einen damals berühmten Sportflieger, ein Sammelwerk „Sportfliegen" herauszubringen. Da aber jegliche politische Bezugnahme in Wort und Bild darin sorgfältig vermieden wurde, konnte das Buch keinerlei besondere Empfehlung und Förderung erlangen, und da es im Unterschied zur „Werkstattpraxis" nicht unbedingt benötigt wurde, hatte es nur geringen Erfolg.

Daneben aber war und blieb Karl Maier an einem weit wichtigeren Projekt. Der schon genannte Autor Rudolf Wollmann in Wien hatte es übernommen, ein „Werkbuch für Jungen" auszuarbeiten; doch nicht als Parallele, sondern als Pendant zum „Werkbuch für Mädchen" von Ruth Zechlin. Deshalb lautete der Untertitel auch „Das Bastelbuch mit Einführungen in die Grundlagen der Technik." Es ist bemerkenswert, wie sich die einstige Zusammenarbeit und deren Thematik zwischen Otto Robert Maier und seinem Autor Prof. Dr. Egid von Filek in Wien vor dem Ersten Weltkrieg und die nunmehrige zwischen Karl Maier und Rudolf Wollmann, ebenfalls in Wien, aber ein Vierteljahrhundert später, ähneln. Aber ein direkter Zusammenhang läßt sich daraus nicht ableiten. Sicher hat Rudolf Wollmann seine österreichische Art sehr geholfen, das „Werkbuch für Jungen" so zu schreiben und auszuführen, daß es in allen deutschsprachigen Ländern gerne angenommen wurde, als Ende 1935 die 1. Auflage erschien. Obgleich auch deshalb dieses Buch von allen „politischen" Bezugnahmen und Zwängen freigehalten werden konnte, erschienen bis Ende 1942 6 weitere Auflagen und nach dem Kriege noch viele mehr: Allerdings mußte Rudolf Wollmann sein Werkbuch auch in Abständen mehrfach und weitgehend bearbeiten, um neue Entwicklungen und neue Modelle zu berücksichtigen und das Buch auf dem laufenden zu halten. Heute liegt die 38. Auflage aus dem Jahre 1982 vor.

Karl Maier hat dann noch drei größere Werke herausgebracht: 1938 „Modelljachtbau" von A. Tiller und ein „Bastellexikon" von Richard Naschold, 1939 das „Handbuch des Wassersports" von A. Tiller. Doch wegen des baldigen Kriegsausbruches konnten diese zwar auch verkauft werden, aber ohne erfolgreich zu sein.

Doch soll hier noch eine kleine Gruppe angeführt werden, deren drei Bändchen zwischen 1931 und 1938 erschienen, die „Kino-Sportbücher" mit den Titeln „Tägliche Gymnastik" von A. Glucker, „Wie man flott Skilaufen lernt" von A. Janner und „Schwimmen und Wasserspringen", ebenfalls von A. Glucker. Diese enthielten Filmbilder, die beim raschen Umblättern Bewegungen vorführten „wie im Kino" (deshalb auch „Daumen-Kino" genannt). Sie haben nicht nur Karl Maier – ganz abgesehen davon, daß er für die Filmaufnahmen verschiedener Übungen selbst posiert haben soll –, sondern jedem, der sie kennenlernte, Spaß gemacht.

4.6 Fachbücher 1924–1945 (vgl. S. 77)

Im Zusammenhang des Berichtes über das Auslaufen der großen Verlagsgruppe „Technische Vorlagen" (vgl. S. 77) haben wir vom Zimmermeister Fritz Kress und seinem großen Fachbuch „Der Zimmerpolier" erfahren. Wir haben dabei auch vermerkt, daß Otto Maier über Jahre die Erinnerung an die großen Werke und ihren bedeutenden Beitrag zum Auf- und Ausbau des Verlages nicht verlieren konnte. In seiner schon mehrfach zitierten Ansprache von 1933[1] erklärte er: „Die Abteilung technisch-handwerklicher Vorlagen-Werke war sehr weit ausgebaut und war gerade in den 90er Jahren bis zu den ersten Jahren des neuen Jahrhunderts ein Hauptrückhalt des aufstrebenden Verlages."

Als Otto Maier dieses sprach, wußte er schon, was er seinerseits tun und wie er vorgehen wollte. Bereits am 7. Januar 1933 hatte er einen Verlagsvertrag mit dem Prof. Fritz Spannagel in Berlin, der dort Direktor der Tischler-Fachschule war, abgeschlossen, nach dem dieser ein großes zweibändiges „Deutsches Tischlerbuch" schaffen sollte, einen Band über Möbeltischlerei und einen zweiten über Bautischlerei. Als er etwa vier Wochen nach jener Ansprache dann in München einen jungen Buchhändler Andreas Pollitz (dem wir später noch begegnen werden), kennengelernt und in zufälliger Folge davon diesen im Dezember 1933 engagiert hatte, um ab 1. 2. 1934 in Ravensburg, im Otto Maier Verlag, tätig zu werden, war es bereits ein Teil des Auftrages für den jungen Mann, bei der Arbeit an neuen Fachbüchern zu helfen.

Was dieser junge Mann dann dort in Ravensburg aus der bisherigen Fachbuch-Produktion vorfand, wirkte auf ihn allerdings eher deprimierend und abschreckend, und Otto Maier bedeutete ihm gleich, daß neue Fachbücher so nicht mehr aussehen dürften. Die alten waren die drei Werke von Fritz Kress:

I. Der Jungzimmerer (1. Auflage von 1930)

II. Der Zimmerpolier (4. Auflage von 1928; 1934 vergriffen),

III. Der Treppen- und Geländerbauer (1. Auflage von 1928).

Alle drei großformatigen Bände, zwischen 320 und 420 Seiten stark mit jeweils an die 1 200 Abbildungen, auf kräftiges Papier gedruckt und in Halbleinen gebunden. Allerdings war der Preis für Bd. I auch nur RM 16.– und der für Bd. III RM 25.–.

Erst viel später war zu erfahren, daß Karl Maier diese sehr technischen Bücher bis dahin betreut hatte, er galt wegen der Bastelei auch als „der Techniker" unter den Brüdern. Immerhin war der wichtigste Band II, „Der Zimmerpolier", in 4 Auflagen mit zusammen 14 000 Exemplaren zwischen 1921 und 1933 verkauft worden.

Nun aber befand sich eine ganz neu bearbeitete und auch mit neuen einwandfreien technischen Zeichnungen illustrierte 5. Auflage in Vorbereitung, die schon weitgehend der Form und Ausstattung der neuen Fachbücher, die Otto Maier sich vorgenommen hatte, entsprechen sollte, als sie im Sommer 1935 erschien. Ja, diese neue Ausgabe konnte sich sehen lassen. Sie war auf schönes satiniertes, holzfreies Papier gedruckt und hatte einen Ganzleineneinband mit attraktivem Schutzumschlag und steckte in einem Pappschuber. Die 5 000 Exemplare waren in zwei Jahren verkauft, und bis Sommer 1942 mußten noch zwei Nachdrucke und zwei Neuauflagen mit zusammen weiteren 15 000 Exemplaren davon gedruckt werden. Der Ladenpreis betrug bis 1939 25.– RM, danach 29.50 RM.

Entsprechend neu bearbeitete und gutaussehende Ausgaben erschienen 1937 von Bd. I, der nun „Der praktische Zimmerer" hieß (bis 1942 wurden 14 000 gedruckt) und noch 1943 von Bd. III „Der Treppen- und Geländebauer".

Neben der Neubearbeitung des „Zimmerpolier" reifte aber auch das erste, ganz neue Werk nach den Vorstellungen von Otto Maier und auch von seinem Autor heran, „Der Möbelbau" von Fritz Spannagel. Hierbei legte Otto Maier selbst den Umbruch mit Skizzen jeder einzelnen Buchseite an und für jede einzelne der etwa 1 400 Abbildungen. Hier stand ihm als typographischer Berater der schon mehrfach genannte Helmut Hauptmann (aus der Ehmcke-Schule) zur Seite, von dem dann auch die Schriften für die Einbandprägung und der Entwurf zum Schutzumschlag, ja auch ein neues OM-Signet für die Ausgaben der „Fachbuch-Abteilung" geschaffen wurden.

Fritz Spannagel stammte aus Freiburg/Br. und war gelernter Schreiner. Nach Jahren als Möbelentwerfer in München war er als Architekt und Lehrer an die Kunstgewerbeschule in Karlsruhe gekommen und von dort in den 20er Jahren als Direktor an die Berliner Tischler-Fachschule berufen. Otto Maier hatte ihn in der Zusammenarbeit für das Werkbuch „Leichte Holzarbeiten" 1931/32 kennengelernt. Spannagel hatte nie Geld. Es war Otto Maier früh von ihm klargemacht worden, daß die Zeichner für die immense Zeichenarbeit der vorgesehenen Illustrationen laufend vom Verlag aus bezahlt werden mußten zur Verrechnung mit den späteren Absatzhonoraren. Laufend sollten deshalb die Ablieferungen an den Verlag erfolgen. Otto Maier hat versucht, mit einem Netz von Verträgen dafür den Verlag abzusichern, da auch seine Brüder – es war ja ganz Anfang des Jahres 1933! – mit größter Skepsis das finanzielle Vorausengagement durch Otto Maier beurteilten. (Dafür gab es noch einen später anzuführenden konkreten Grund.)

Dann kam der 30. Januar 1933. Wegen seiner guten Beziehungen zum Preußischen Kultus-Ministerium und zur Berliner Stadtverwaltung galt Spannagel als „Linker" und wurde alsbald durch die neuen Machthaber aus seiner Berliner Stellung entlassen. Es war ein Glück für Spannagel und seine Familie selbst, aber auch für Otto Maier und das ja erste geplante Werk, daß Spannagel in Hödingen bei Überlingen ein altes Bauernhaus besaß, das er nun beziehen und in dem er auch die Zeichner, die von Berlin mitkamen, tätig werden lassen konnte. Aber es war dann doch ein Hangen und Bangen, Zeichnung um Zeichnung, Monat um Monat, Geld und immer wieder Geld. Und daneben die Kosten für die Herstellung der vielen Klischees, für die Ausführung des Satzes. Doch weil sich die Geschäfte des Verlages überhaupt weiter gut entwickelten, konnte Otto Maier allmählich aufatmen.

Es geschah einiges zur Vorauseinführung des neuen Werkes „Der Möbelbau" im Buchhandel und in den Fachkreisen. Es wurde dem Verlag auch geglaubt, daß es sich um ein außerordentliches Fachbuch handelte, zumal der neue „Zimmerpolier" schon als Zeugnis für die Qualitätsvorstellungen des Verlegers wirkte. Die 1. – in Freiburg/Br. hergestellte – Auflage des „Möbelbau" mit 5000 Exemplaren und einem Ladenpreis von RM 29.50 erschien Ende September 1936 und war schon nach drei Monaten vergriffen! Die 2. Auflage mit 6200 Exemplaren folgte bereits im April 1937. Das ganze Haus atmete auf, und die direkt Beteiligten waren glücklich. Dabei haperte es mit der Herstellung in Freiburg, wo die Druckerei inzwischen zu einem sog. NS-Gauverlag geworden war. Die 3. Auflage mußte deshalb in München gedruckt werden und konnte erst verspätet im Februar 1939 mit 6600 Exemplaren erscheinen. Ab der 4. Auflage war das Werk schließlich bei der Vereinsdruckerei in Stuttgart, die im Juni 1941 die 4. Auflage mit wieder 6600 Exemplaren ablieferte. Es waren also in kaum fünf Jahren über 24000 Exemplare erschienen.

Ohne uns hier in zu viele Details verlieren zu wollen, muß doch der Untertitel des Werkes hervorgehoben werden: „Auch ein Beitrag zur Wohnkultur". Dieser entsprach dem Verleger nicht weniger als dem Autor. Otto Maier wollte mit diesem Werk dem Tischlerhandwerk und allen anderen Möbelherstellern die Möglichkeit erschließen, von den Scheußlichkeiten der letzten Jahrzehnte, die gemeinhin als „Gelsenkirchner Barock" bezeichnet worden waren, wegzukommen zu einer schlichteren und schönen Synthese – vom Holz her und mit ihm gemäßen Techniken die Formen zu entwickeln. Noch während der Arbeit am „Möbelbau" selbst und angesichts der dort schon vorliegenden Abbildungen kam der Gedanke auf, auch die Verbraucher und Auftraggeber für die dem Handwerk vermittelten Vorstellungen zu gewinnen, ja zu begeistern. Ein weit weniger umfangreiches Buch sollte vor allem Fotos von Hölzern und Möbeln aus dem großen Werk wiedergeben mit einem leichtverständlichen Text, der den Nicht-Fachmann ansprach. Dieses Buch wurde also gleich nach der redaktionellen Fertigstellung des großen Werkes in Angriff genommen. Es erschien ein Jahr nach dem „Möbelbau", im Sommer 1937, unter dem Titel „Unsere Wohnmöbel" in einer ersten Auflage von 7700 Exemplaren. 1940 und 1941, also bereits während des Krieges, konnten zwei weitere Auflagen mit zusammen 11 000 Exemplaren folgen.

Durch das Wohnmöbel-Buch angeregt, machte Prof. Walter Dexel, damals noch in Berlin, Otto Maier den Vorschlag, ein entsprechendes Buch über „Hausgerät – Geschirre, Keramiken, Gläser, Bestecke u. ä." herauszubringen. Das wurde verwirklicht, und im Herbst 1938 erschien Dexel's Buch „Hausgerät, das nicht veraltet" in 1. Auflage mit 5500 Exemplaren, 1941 in 2. und 1945(!) noch in 3. Auflage mit zusammen weiteren 8000 Exemplaren.

Spannagel mit seinem Büro übernahm verschiedene Bau- und Umbau-Aufträge im Vorland des Bodensees. 1938 konnte er – freilich mit Hilfe seines Verlegers – das Schloß Ittendorf mit Park, Nebenhaus und Gärtnerei zum Spottpreis von nur 45 000.– RM erwerben. Es war zuvor eine Katholische Bauernschule gewesen und auch als solche ausgebaut, die aber durch den „NS-Reichsnährstand" geschlossen und stillgelegt wurde. Spannagel verkaufte sein Anwesen in Hödingen und zog mit seiner Familie und seinem ganzen Stab in die reichlichen Räume von Ittendorf. Während der Plan, dem „Möbelbau" eine „Bauschreinerei" folgen zu lassen, noch verschoben wurde, begann Spannagel mit seinen Leuten nun sein Lieblingsthema zu verwirklichen, dem auch Otto Maier in Erinnerung an ein von seinem Vater veröffentlichtes Vorlagen-Werk zugetan war:

„Das Drechslerwerk". Es hieß, daß das in der Tat so traditionsreiche Drechsler-Handwerk im Aussterben sei. Spannagel hatte schon in Karlsruhe und vor allem in Berlin einiges dazu getan, die Drechslerei mit neuen Aufgaben und Formen, auch im Zusammenhang der Möbeltischlerei, wieder zu beleben. Und nun entstand also zwischen 1937 und Herbst 1939 tatsächlich „Das Drechslerwerk". Es erschien nach dem ersten Kriegswinter im Frühjahr 1940 in einer ersten Auflage von 5500 Exemplaren. Sein Untertitel lautete: „Auch ein Beitrag zur Stilgeschichte des Hausrats."

Analog den Gedanken bei „Möbelbau" und „Unsere Wohnmöbel" folgte dazu im Sommer 1941 das Heft „Gedrechselte Geräte" in 1. Auflage mit 5500 Exemplaren.

Was Spannagel auch an Honoraren beträchtlich verdient hatte, es war zum größeren Teil durch die bei jedem seiner Bücher von ihm benötigten Vorauszahlungen auch schon im voraus verbraucht worden. So rückten denn die früher begonnenen Pläne für eine „Bauschreinerei" 1939 nach Abschluß der Arbeiten am „Drechslerwerk" wieder in den Vordergrund, um weiter die benötigten Vorauszahlungen von Otto Maier verlangen und erwarten zu können. Spannagels Mitarbeiter und sein eigener Sohn waren im Kriegsdienst, aber er selbst und die übrige Familie waren da und als einzige Mitarbeiterin, nun auch zur Zeichnerin geworden, Ilse Dörken, die als frühere Mitarbeiterin des Otto Maier Verlages alles noch einigermaßen in Ordnung und auf dem laufenden zu halten bemüht war. Schon bald war es klar, daß das Gesamtthema der „Bauschreinerei" in einem Band allein nicht zu erfassen sein würde, und so erfolgte die Beschränkung vorerst auf einen Band I – „Türen und Tore". Aber auch dieser war bei Kriegsende 1945 noch lange nicht fertig, wie wir später sehen werden.

Wohl schon seit 1937 verfolgte Otto Maier, wahrscheinlich angeregt und vermittelt durch Helmut Hauptmann, den Plan eines Buches über Ornamente nach einem Ordnungssystem und mit dem Text des Architekten und Entwerfers Prof. Wolfgang von Wersin und mit Fotos von hervorragenden Beispielen aus aller Welt, Fotos, die der Fotograf Walter Müller-Grah, München, nach dem Wersin'schen System in vielen verschiedenen Museen ausgesucht und aufgenommen hatte. Wersin selbst war bis zu seiner auch 1933 erfolgten Entlassung der Begründer und Leiter der „Neuen Sammlung" des Bayerischen National-Museums in München gewesen und lebte nun in einem alten Familienhaus in Bad Goisern im Salzkammergut. Die Typographie und die gesamte Anordnung und Ausstattung hatte Helmut Hauptmann übernommen. Es war fast unwahrscheinlich und so ganz jenseits allen kriegerischen Geschehens, als dieses besonders schöne und gescheite Buch, „Das elementare Ornament und seine Gesetzlichkeit" im Sommer 1940 mit einer ersten Auflage von 4 400 Stück erscheinen konnte und – kaum zu glauben – schon ein Jahr später eine zweite solche Auflage möglich war, gerade zu dem Zeitpunkt, als der Krieg gegen Rußland begann.

Bei aller Skepsis gegenüber der politischen und kriegerischen Entwicklung blieb Otto Maier doch für seine Verlagsarbeit und speziell für seine neuen Fachbücher voller Optimismus. So verfolgte er auch noch beharrlich den Plan für ein weiteres großes Fachbuch über die Herstellung von Sitzmöbeln, an dem Prof. Karl Nothhelfer in Berlin schon einige Jahre arbeitete. Spätestens 1932 trat Otto Maier mit ihm in Verbindung, wenn es nicht schon früher war, durch Hinweise von Spannagel und vielleicht von Otto Maiers Schwägerin, Albertine Maier-Dependorf, die eine Jugend- und Seglerfreundin von Nothhelfer in Radolfzell und dann wie er auf der Kunstgewerbeschule in Karlsruhe gewesen war.

Nothhelfer war durch Spannagel auch an die Berliner Tischler-Fachschule als Lehrer geholt worden, ein sehr temperamentvoller, kreativer und beredter Mann, der sich erst einmal besonders als Möbel-Entwerfer und Innenraumgestalter betätigte und auch ein hervorragender Zeichner war. Spezialist aber wurde er für Sitzmöbel vom einfachen Sprossenstuhl bis zur schweren Polsterbank. Einige Arbeiten von ihm waren schon in Spannagels Büchern veröffentlicht, und Spannagel baute für ihn ein erstes reizendes Holzhaus in Hödingen. Nothhelfer bekam in Berlin Einrichtungsaufträge, bei denen er fast alle für sein Buch benötigten Typen von Holzstühlen und -bänken, von Sesseln, Sofas und Polsterungen aller Art entwerfen und ausführen lassen konnte, und hatte dazu einen hervorragenden Polster-Fachmann zur Seite. Es war schon viel klischiert worden, und Otto Maier hoffte, 1939 mit der Gesamtherstellung beginnen zu können, als der Krieg ausbrach. Nothhelfer mußte jedoch in Berlin Bauaufgaben übernehmen, wodurch sich die Fertigstellung des Manuskriptes verzögerte. Otto Maier aber hatte jedenfalls das holzfreie Kunstdruckpapier von Scheuffelen rechtzeitig dafür noch bekommen und in Sicherheit. Erst 1942 konnten Satz und Druck in Auftrag gegeben werden. Helmut Hauptmann hatte Typographie und Umbruch noch feiner mit Otto Maier und dem Autor abgestimmt, so daß z. B. die Strichstärken in den vielen hervorragenden Werk-

und Detailzeichnungen, also in der verkleinerten Klischierung, genau auf die Strichstärken der für den Satz gewählten schönen Walbaum-Antiqua abgestimmt waren. Daß dieses wirliche Fachbuch, als es schließlich im Frühjahr 1943 erschien, dem Ornament-Kunstbuch an Schönheit nicht nachstand, war angesichts der Zeit seiner Entstehung nahezu ein Wunder. Die Auflage betrug 5500 Exemplare und war trotz jener Zeit der zunehmenden Zerstörungen, in die es erstmal gar nicht mehr zu passen schien, noch vor Kriegsende vergriffen. Die meisten, die es kauften, dachten wohl: für nachher! – wenn sie und das Buch überleben sollten.

All diesen Fachbüchern von „vor 1945" werden wir noch danach wieder begegnen. Sie blieben über den Abgrund hinaus gültig.

Otto Maier ließ nicht nach mit weiteren Plänen, jedoch nun schon voller Bewußtsein: auch für nachher!

4.7 Generelle und persönliche Entwicklung 1919–1945

Schließen wir nunmehr an die einleitenden Betrachtungen des Zeitabschnitts 1919–1945 (vgl. S. 100) an, nachdem wir mit vielen Einzelheiten erfahren haben, wie die drei Brüder Otto, Karl und Eugen das große Verlagswerk des Vaters auf ihre Weise und überaus erfolgreich fortgeführt hatten.

Zuerst das ganz Persönliche, aber für dieses Familien-Unternehmen und seine künftige Entwicklung von größter Bedeutung: Das Ehepaar Otto und Luise Maier, deren erstes Kind, die Tochter Marie-Luise, schon vorgestellt wurde, bekam am 6.10.1930 den Sohn Otto Julius, dem es also schon in die Wiege gelegt wurde, einmal in der 3. Generation die Familie und den Verlag weiterzuführen. Das Ehepaar Eugen und Albertine Maier, das, wie im Zusammenhang des Spiele-Verlages festzustellen war, 1929 geheiratet hatte, bekam am 10.2. 1932 den Sohn Peter und am 6.11.1936 die Tochter Dorothee.

Karl Maier dagegen blieb noch lange Junggeselle, lebte nach dem Tode des Vaters weiter bei seiner Mutter, wie diese versorgt durch die beiden guten und frommen Hausgeister der Familie, Verone, schließlich über 50 Jahre, und Kathrine, schließlich über 40 Jahre in der Familie. Auch sie kannten jeden im Verlag, und jeder im Verlag kannte die beiden. Es war ein ökumenisches Leben der beiden gut katholischen Frauen in der noch rein protestantischen Familie Maier, vielleicht manchmal gefördert durch die Geschichten des einstigen Chorherren Christoph von Schmid, die ja bei dieser Familie und ihrem Verlag zuhause waren.

Daß der erfolgreiche langjährige Vertriebsleiter, Vertreter und Prokurist Jakob Dietler schon 1928 verstorben war, ist uns durch das Zitat aus Otto Maiers Ansprache von 1933 bekannt. Ihm folgte als Vertreter 1929–31 ein Herr Ketterer aus Mannheim, ohne Spuren zu hinterlassen. Dagegen ist der Nachfolger zunächst für den ganzen süd- und westdeutschen Raum sowie für die Schweiz, Hanns Iblher, mit seiner liebenswürdigen Arbeit für den Verlag ab 1931 und bis 1939 im Verlag selbst, wie bei seinen alten Kunden, vielfach unvergessen geblieben. Angesichts des umfangreicheren Programms schienen

1934 die beiden Herren Steinmetz (Nord und Ost), Iblher (Süd und West) trotz der zeitweiligen Entlastung durch Eugen Maier nicht mehr durchzukommen. Es wurde deshalb zum 1.1. 1935 Herr Eugen Zahn aus Bad Cannstatt für Württemberg, Baden, wohl auch Hessen, und nicht zuletzt für die Schweiz, als 3. Vertreter eingestellt. Er kam vom Verlag Levy & Müller in Stuttgart, der „arisiert" worden war, sowie neue Inhaber und den neuen Namen Herold-Verlag erhalten hatte.

Alle drei Herren waren fest angestellt und nur für den Verlag tätig. Herr Steinmetz reiste nur mit der Bahn, die beiden anderen Herren schon mit einem Firmenwagen. Während Herr Iblher als einstiger Matrose des Ersten Weltkrieges 1939 wieder zur Marine einrücken mußte, blieben die beiden anderen, älteren Herren, soweit es noch ging, in ihrer Tätigkeit, arbeiteten zeitweilig aber auch im Verlag in Ravensburg. Herr Zahn hatte dabei den Vorzug, auch immer wieder noch in die Schweiz reisen zu dürfen.

Der Prokurist Valentin Noll hat „seine" VB geschickt und rührig weiter ausgebaut. Nach dem Zukauf des Hauses Burgstraße 11, im Jahre 1929, zeigten sich jedoch vermehrt die Schwächen der doch wohl nur provisorisch 1923 errichteten Verbindungsbauten zum Haus Marktstraße 24. Obgleich die Wirtschaftskrise der Jahre vor 1933 die V.B. wie den Verlag zu Entlassungen, die V.B. auch noch zu Kurzarbeit gezwungen hatten, konnte Otto Maier in seiner Ansprache am 1.9. 1933 auch erklären[1]: „Der Wunsch, auch hier über die laufende geschäftliche Arbeit hinaus mit an den Anstrengungen zur Arbeitsbeschaffung sich zu beteiligen, hat uns letztes Endes in diesen Wochen auch bewogen, das letzte baufällige Geschäftsgebäude einem Umbau zu unterziehen. Bei dem an sich noch bedrückenden Geschäftsgang war dieser Entschluß nicht leicht, und ich war in den letzten Wochen oft nahe daran, am eigenen Mut wieder irre zu werden. Größenwahn und Überheblichkeit lagen einem jedenfalls fern, und ich möchte nur wünschen, daß unseren Wagemut eine kommende günstigere Zeit nicht zu Schanden werden läßt."

Und gleich anschließend:

„So wie wir hier ohne unmittelbare Notwendigkeit einen Sprung vorwärts gewagt haben, so müssen wir auch in unseren verlegerischen Plänen wieder neue Unternehmungen wagen ..."

Genau hier ging es um das zweifache Wagnis: einmal für Spannagel und dessen „Möbelbau", zum anderen für diesen Umbau, und um die Besorgnisse der Brüder, auf die wir bei der Darstellung Spannagels unter den Fachbüchern hingewiesen hatten. Während wir den beruhigenden Erfolg des „Möbelbau" drei Jahre später schon kennen, ist auch der Erfolg des sog. „Umbaues" zu bekunden. Es war tatsächlich ein ganzer Neubau des 3geschossigen Traktes zwischen Marktstraße 24 und Burgstraße 9, mit Anschluß auch des Hauses Burgstraße 11. Im Erdgeschoß entstand das neue Handlager. Im 1. Obergeschoß entstanden neue Büros für die Expedition und Eugen Maier, dahinter neue Lager. Im 2. Obergeschoß erstreckte sich von der Marktstraße bis und durch die Häuser Burgstraße 9 und 11 die neue V.B., darinnen eine verglaste Zelle für Herrn Noll und seine direkten Mitarbeiter. Dieses alles wurde im Frühjahr 1934 fertig, sehr schlicht und ohne Aufwand und mit einem recht dürftigen, oft mangelhaften, mit Dachpappe abgedeckten Flachdach. Aber es waren lichte Räume und Arbeitsplätze, mehr als vorher und bis 1939 zunehmend belegt und besetzt. Hier, in gebührendem Zusammenhang, verdient Herr Noll seine besondere Anerkennung. Man bedenke, daß er in diesem Jahr 1934 bereits an die 30 Jahre im Verlag tätig und nun 60 Jahre alt war. Er hatte die Einrichtung der V. B. frühzeitig betrieben und war nach den drei Brüdern Maier ohne Zweifel der wichtigste Mann des Verlages, nicht nur im Hause, auch in der ganzen Stadt, der Herr Prokurist. Er hatte sich um Einkauf und Produktion – Kartonagenfertigung, Buchbinderei, Materialienherstellung und auch Lithographie sowie die Steindruckerei, in die zu seiner großen Freude und Erleichterung Anfang der 30er Jahre im 3. Obergeschoß (!) des Hauses Burgstr. 11 noch ein altes Monstrum einer Offset-Presse kam – verantwortlich zu kümmern.

Aber auch die Sorge um das Personalwesen dafür oblag ihm. Er war ein wichtiger und hingebungsvoller Sänger im „Liederkranz", und freute sich, wann immer die Frauen und Mädchen an ihren Arbeitstischen fröhlich zusammen sangen. Es war nicht gleich zu erkennen, aber er sorgte sich sehr um das Wohlergehen seiner Leute, unter denen der Meister, Hans Mezler sen., tonangebend war, zu denen aber auch so getreue und hervorragende Buchbinder wie Karl Redolf und Anton Scham gehörten. Herr Noll, 1939 also bereits 65 Jahre alt, hielt nicht nur bis Kriegsende unter so schwierigen Umständen durch, sondern noch darüber hinaus. Der gemeinsame Stolz von ihm und der ganzen V. B. war die Qualität der durchwegs noch manuellen Fertigung, und diese Qualität war ein Merkmal für alle Erzeugnisse dieses Verlages.

Es sollte schon mit dem Erfolg der neuen Fachbücher zusammenhängen, daß 1938 auch das Nachbarhaus, Marktstraße 22, in dem früher die „Oberamtssparkasse" (heute Kreissparkasse) untergebracht war, vom Verlag gekauft und mit Durchbrüchen in allen Stockwerken an das Haus 24 angeschlossen werden konnnte. Im Erdgeschoß wurden sogleich dringend benötigte Packräume eingerichtet, im 1. Obergeschoß neue Büros, unter anderem für die Buchhaltung, im 2. Obergeschoß eine Ravensburger Wohnung für Otto Maier und im 3. Obergeschoß endlich eine Wohnung für den Haus-, Pack- und Lagermeister Emil Kalbfell.

Etwas früher schon war unter Spannagels Mitwirkung der schöne Barocksaal im 1. Obergeschoß des Hauses Marktstraße 26 – das Otto Maier persönlich gehörte – wiederhergestellt und als Büro für Otto Maier eingerichtet worden.

Otto Maier selbst war 1938 an den Bodensee gezogen, wo ihm in Thunau bei Kressbronn wiederum Spannagel ein wunderschönes Landhaus mit Krüppelwalmdach im Stil der Landschaft und nach Otto Maiers eigenen Vorstellungen und Wünschen entworfen und gebaut hatte. Otto Maier kam dann nicht mehr täglich nach Ravensburg und in den Verlag, sondern arbeitete in Thunau an neuen Fachbüchern und Fachbuchplänen. Dort besuchten ihn auch seine Autoren und Berater.

Noch nach Kriegsbeginn wurde auch im Hause Marktstraße 24 umgebaut und renoviert, wieder mit Spannagel, der nicht nur die Treppen, sondern z. B. auch die schönen Türen dort entwarf.

Der Verlag war so ein ganzer Gebäudekomplex geworden, der in den weiteren Kriegsjahren seine großen Probleme hatte, als die voll gelagerten Böden unter den in der Marktstraße riesigen Dächern geleert und statt dessen die ebenfalls enormen, aber wenig geeigneten Kellergewölbe dort belegt werden mußten.

Versuchen wir nun die Menschen, die Mitarbeiter, die dort werkten, in den Blick zu bekommen, ohne daß dabei jede und jeder genannt werden könnte. Uns liegt eine Bekanntgabe vom 15.3. 1934 vor, nach der im Verlag gearbeitet wurde:

	vom 1. Mai bis 31. August		*vom 1. Sept. bis 30. April*
Montag bis Freitag:	7–12 Uhr		8–12 Uhr
und:	14–17^1/$_2$ Uhr	und:	14–18^3/$_4$ Uhr
Samstag:	7–12^1/$_2$ Uhr		8–12^1/$_4$ Uhr,

Das waren also damals, wie noch viele weitere Jahre, 48 Stunden, verteilt auf alle 6 Wochentage. Am 31. Januar 1938 hatte – nach einem ans Arbeitsamt abzugebenden Fragebogen – der Verlag mit V. B.

    1 Geschäftsführer
  14 Angestellte, davon 12 weibliche
  39 Arbeiter,   davon 32 weibliche
   6 Lehrlinge, davon 6 weibliche
außerdem 3 Heimarbeiter.
Nicht mitgezählt die 3 Vertreter des Verlages.

Diese Zahlen erhöhten sich im Laufe des Jahres 1938 und des ersten Halbjahres 1939.

Die Zahlen der Mitarbeiterinnen betrugen also das Mehrfache der Zahlen von Mitarbeitern, bedingt durch die fast nur von Frauen verrichteten Arbeiten in der V.B. Doch auch im Verlag überwogen bei weitem die Mitarbeiterinnen, und zur Ausbildung wurden überhaupt nur weibliche Lehrlinge angenommen.

Von den langjährigen Mitarbeiterinnen ist Franziska (genannt Fanny) Mack, geb. 1893, zu nennen, die schon 1917 in den Verlag kam und als Buchhalterin über 40 Jahre tätig war, mit viel Humor und oft – z.B. im Falle Spannagel oder auch bei den Einkommensteuer-Erklärungen von Otto Maier oder, wenn der Beratungsbesuch des zuständigen Herrn von der Schitag angesagt war, – total überfordert. Mit ihr wurde die Buchhaltung schon in den 20er Jahren auf das Taylorix-System umgestellt.

Agnes Büchsenmann hatte 1927 als Lehrling im Verlag begonnen, war dann Herrn Noll, also dem Büro der V. B., zugeteilt, wurde von Eugen Maier für den Vertrieb geholt und durch Otto Maier mit allen erdenklichen Aufgaben der Buchherstellung beauftragt. Auch als verheiratete Frau Groß blieb sie eine der Stützen, die den ganzen Krieg über die Verlagsarbeit aufrecht erhielten. Und dann mußte sie die späte Nachricht vom Tode ihres Mannes erdulden. Dabei war sie ein von Herzen fröhlicher, grundehrlicher Mensch, allseits beliebt und mit dem Namen „Stern" ausgezeichnet. Bis Ende 1956 blieb sie im Verlag – für die Herstellung der Fachbuch-Abteilung – tätig.

Nur wenig später kam Carola Büchl als Sekretärin für alle drei Brüder zusammen in den Verlag. Damals gab es dort ganze zwei Schreibmaschinen, eine für sie, die andere für die Herstellung usw. Otto Maier und Eugen Maier diktierten ihr auf den Block, der aus einseitig bedruckter Makulatur bestand. Aber nach dem Vorbild des Vaters, Otto Robert Maier, wurde der größte Teil der Korrespondenz auf Postkarten geführt, die allerdings absolut fehlerfrei, andernfalls neu geschrieben werden mußten. Nur wenn noch Zeit blieb, konnte auch Karl Maier zum Diktat kommen, und dieses mußte direkt in die Maschine geschehen. Das wurde erst anders, als 1936 eine weitere Sekretärin und eine dritte Schreibmaschine kamen. Alle aber, auch die jüngeren Kolleginnen, schätzten die fast immer fröhliche Carola und staunten nicht wenig, als sie 1938 den Kunstmaler Ludwig Miller heiratete, der damals eben anfing, sich einen Namen zu machen.

Im Jahre 1930 kam aus Berlin Ilse Dörken in den Verlag. Otto Maier hatte sie durch das dortige Pestalozzi-Froebel-Seminar kennengelernt und als Werk- und Handarbeitslehrerin zur redaktionellen Mitarbeit an den eben beginnenden neuen, großen Beschäftigungs- und Werkbüchern angestellt. Ihr ist die Verbindung zu Ruth Zechlin, zu Fritz Spannagel u. a. und damit auch das Zustandekommen der Werkbücher dieser Autoren zu danken. Von ihr selbst erschien 1932 das Bändchen „Handarbeiten" in der älteren Reihe der „Arbeitsbücher für Mutter und Kind". Ilse Dörken ging 1935 wieder nach Berlin zurück, aber wohl schon 1936 zu Spannagel nach Hödingen und 1938 mit Spannagels nach Ittendorf. Sie wurde, wie schon bei den Fachbüchern erwähnt, für den Verlag der gute Geist bei Spannagels weiterer Arbeit, noch über die ganzen Kriegsjahre hinaus.

Auch bei den Fachbüchern wurde schon der junge Buchhändler erwähnt, den Otto Maier im Oktober 1933 in einer kleinen Jugendbuchhandlung in München kennengelernt und wenig später zum Beginn am 1. 2. 1934 im Otto Maier Verlag engagiert hatte. Es war Andreas Pollitz. Er mußte viele Arbeiten im Verlag erst noch erlernen, und er tat dieses, geführt durch Eugen Maier und vor allem durch Otto Maier, mit Begeisterung. Beim neuen „Zimmerpolier" 1934/35 durfte er erstmals mit Hand anlegen, um gleich darauf noch bei den letzten Arbeiten am „Möbelbau" zu helfen. Dafür und dazu durfte er im Spätsommer 1936 Otto Maier und Karl Maier nach Berlin begleiten und auf einer Fahrt durch das halbe Deutschland, um seinerseits, wo immer aufspürbar, Reise- und Versand-Buchhandlungen zu besuchen und möglichst für Angebot und Vertrieb des „Möbelbau" zu gewinnen.

Der uns bekannte Erfolg ging natürlich nicht auf ihn allein zurück, aber die geknüpften Verbindungen sollten sich noch nach Jahren weiterbewähren. Auf dieser Reise konnte er außerdem ein erstes, aber auch einziges Mal, auf die Leipziger Herbstmesse mitgehen und dort die Messearbeit versuchen, der sich sonst vornehmlich Eugen Maier widmete.

Mit Werbung und Vertrieb für den ganzen Buchverlag und mit vermehrter Hilfe für Otto Maier bei der Redaktion und Herstellung der weiteren Fachbücher ist Andreas Pollitz bald und ganz in diesem Verlag, wo er auch seine Frau gefunden hatte, aufgegangen. Am 6. 6. 1940 mußte er zum Kriegsdienst einrücken, konnte aber bis Anfang 1945 in ständiger Verbindung zum Verlag bleiben und im Jahre 1942 sogar noch die Korrekturen zum neuen „Treppen- und Geländerbauer" lesen und bearbeiten. Am 6. 10. 1945 durfte er, nach dem Kriegsende und kurzer Kriegsgefangenschaft, in die Heimat – zu seiner Familie und in den Verlag – gesund zurückkehren.

Dabei sei auch die junge Verlagsbuchhändlerin Elfriede Hahn genannt, die 1938 von Stuttgart her in den Verlag gekommen war, ein Jahr später den Vertreter Hanns Iblher heiratete und im Sommer 1940 für Andreas Pollitz in die Bresche sprang.

Fast gleichzeitig mit ihr war der aus Konstanz stammende Buchhändler Karl Schaab in den Verlag gekommen, um in der Expedition mitzuarbeiten. Auch er mußte 1940 einrücken und kehrte nach Verwundung und Genesung 1946 für viele weitere Jahre in den Verlag zurück.

Als im Jahre 1944 der Bombenkrieg immer furchtbarer wurde, fragte von Köln aus der Buchhändler Bernhard Utters bei Otto Maier an, ob er – als junger Offizier verwundet und nun dienstuntauglich entlassen – im Otto Maier Verlag einen Arbeitsplatz und Unterkunft für seine Familie finden könne. Für Otto Maier wurde es immer schwieriger, nach Ravensburg zu kommen, besonders nach den furchtbaren Bombenzerstörungen in Friedrichshafen. Karl Maier mußte bei Alarmen in der Gartenstraße und bei seiner Mutter bleiben. Und der getreue Herr Noll, nun 70 Jahre alt, war mit den erforderlichen Sicherungsmaßnahmen für den ganzen Verlagskomplex längst überfordert. So waren alle froh, als Bernhard Utters nach Ravensburg kam, gut katholisch und bald wie zu Hause. Einige Jahre nach dem Krieg zog er in die rheinische Heimat zurück.

Schon in den Jahren zuvor hatte Otto Maier die „Fachbuch-Abteilung" des Verlages nach Thunau „ausgelagert", wie sowas genannt wurde. Das war auch durch ein entsprechendes Schild am Haustor dort angezeigt. Zu Otto Maier war von Berlin hierher Tilly Nothhelfer, die Schwester des „Sitzmöbel"-Autors, als Sekretärin gekommen. Wenig später nahm Otto Maier auch die vielfache Autorin Marigard Ohser-Bantzer und ihren Sohn dort auf. Sie war mit jenem Ernst Ohser schon etliche Jahre verheiratet, der unter dem Pseudonym „e. o. plauen" die berühmt gewordenen Bildgeschichten vom „Vater und Sohn" in der „Berliner Illustrirten" erfunden und gezeichnet hatte. Doch jetzt war er in sog. „Schutzhaft" genommen, in der er dann angeblich sich selbst das Leben nahm.

Die Verlegerfamilie hatte, schon von Otto Robert Maier her, alte, freundschaftliche Beziehungen zu der Familie Eggler, den Inhabern der Buchhandlung Heinzle in Bludenz, das ja nach dem „Anschluß" Österreichs 1938 zum „Großdeutschen Reich" gehörte. Durch Egglers Vermittlung pachtete der Verlag 1940 ein kleineres, einfaches Bauernhaus in Bürserberg bei Bludenz. Es wurde als Ferienhaus für die noch im Verlag Tätigen wie als Refugium für befreundete Autoren und Graphiker genutzt, aber auch alsbald zur „Auslagerung" kleinerer Bestände von vielen Ausgaben und vor allem von Originalen zu den Illustrationen und von Duplikaten wichtiger Geschäftsunterlagen.

Mit der Zeit, als auch Stuttgart schwer beschädigt wurde, mußten in Nord-Württemberg weitere Ausweichlager gesucht werden, um die sich der in Cannstatt ansässige Vertreter Eugen Zahn bemühte, und wie eines z. B. in Gaildorf gefunden wurde.

Mit Spannung und mit Bangen und Sorgen um die Zukunft wurde seit der Jahreswende 1944/45 der immer schneller sich vollziehende Zusammenbruch, die immer weitergreifende Besetzung des „Reiches" verfolgt. Seit März ahnte man, daß eine französische Armee sich anschickte, Südwestdeutschland zu besetzen. Am 28. April 1945 rückten Franzosen in Ravensburg ein. Es soll dann nicht mehr als acht Tage gedauert haben, bis französische Soldaten im Verlag ruhig und ordentlich anstanden, um Ravensburger Spiele, natürlich mit französischer Spielregel, zu kaufen, jawohl, nicht zu requirieren.

Später kamen freilich auch Deutsche zum Einkaufen. Für einige Zeit lebten die Menschen des Verlages, abgeschnitten von allen Verbindungen, auch von den Banken und Konten, durch die Erlöse des täglichen Barverkaufs. Das Rätsel des Verhaltens der Franzosen in diesem Falle wurde später damit erklärt, daß im Verlag doch einzelne mit ihnen hatten französisch sprechen können.

Ähnlich war es ganz gewiß in Thunau, wo Otto Maier wie auch Tilly Nothhelfer sehr gut französisch sprachen und damit einen französischen Militärpfarrer aufforderten und bewegten, dort Quartier zu nehmen, was ihnen dann vieles und Schlimmeres ersparen sollte.

Im und um den Verlag ahnte man schon, was es vielleicht bedeuten könnte, daß der Verlag, seine Gebäude und Einrichtungen, auch gewisse Bestände, heil aus dem Krieg herausgekommen waren. Vorsorglich, zur Vermeidung einer Beschlagnahmung für Unterkünfte oder Dienststellen, waren die ansehnlicheren Büro-Räume, vor allem auch das Büro von Otto Maier, mit Stapeln alter Drucke dicht belegt worden, so daß auch eine solche Gefährdung dem Verlag erspart wurde.

An zunehmender Arbeit fehlte es nicht. Doch es wurde auf Nachrichten und Zeichen gewartet von denen, die noch irgendwo draußen waren. Es vergingen Monate, bis die Nachricht kam, daß Eugen Maier noch am 8. Mai 1945 bei Tabor in Böhmen sein Leben hatte lassen müssen. Das war ganz zuletzt das große, schwere Opfer, das seine Frau und Kinder, die Brüder und der ganze Verlag dem Kriege bringen mußten und beklagten. Viele materielle Schäden wären auszugleichen und zu ersetzen gewesen. Dieser menschliche Verlust war unersetzlich!

Dieses mag die Darstellungen aus den Jahren 1918–1945 abschließen. Trotz des Endes des fürchterlichen Krieges und der Herrschaft, die ihn verursacht hatte, war hier noch ein ganz anderer, tiefer Einschnitt in der Geschichte des Verlages geschehen.

5 Anfänge einer neuen Zeit 1945–1952

An Stelle eines Vorworts für die kommenden Jahre

Erst im Jahre 1980 wurde im Nachlaß von Karl Maier ein Bericht gefunden, der mit dem 29. 4. 1945 datiert war, Er entstand also unmittelbar nach dem Einzug der französischen Besatzungstruppen und war vermutlich zur Vorlage bei künftigen Dienststellen bestimmt. Die Diktion läßt eindeutig erkennen, daß er von Otto Maier selbst verfaßt wurde. Als Dokument des verlegerischen Rückblickes und zugleich Ausblickes in jenen Stunden von historischer Bedeutung sei dieser Bericht allem weiteren im vollen Wortlaut vorangestellt.

29. 4. 1945

„Bericht über die verlegerische Tätigkeit vor 1933 und nach 1933"

Aus dem im Jahre 1883 gegründeten Verlag Otto Maier entwickelten sich 2 Gruppen, die heute noch seine Arbeit bestimmen.

Gesellschafts- und Beschäftigungsspiele für die Jugend und Jugendbuchausgaben.

Bau- und kunsthandwerkliche Vorlagenwerke und Lehrbücher.

Seit der Jahrhundertwende hat sich der Jugendbuchverlag bevorzugt ausgedehnt, neben den nach pädagogischen Gesichtspunkten ausgegebenen Spielen für Beschäftigung und Unterhaltung, die im Spielwarenhandel und Papierhandel verkauft werden, haben sich für den Buchhandel verwandte Buchgruppen für die Jugend entwickelt und zwar:

1. Bilderbücher in noch kleinerer Auswahl neben einigen modernen Märchen, besonders Tiergeschichten und
2. Jugendschriften, die einst ausgingen von den Erzählungen Christoph von Schmids. Sie wurden um 1930 ausgedehnt um einige Jugendbücher, die jedoch nicht weitergeführt werden konnten, da die Autoren Juden waren.

Die Hauptgruppe bilden:

3. Beschäftigungsbücher im Sinne Froebels für Haus und Kindergarten mit neuen Anregungen, die den veralteten Kinderbeschäftigungen eine moderne Form gaben auf Grund ihrer immer noch lebendigen pädagogischen Tradition.
4. Kleine Werkbücher für die handwerkliche Selbstschulung auf dem Gebiet der Papp-, Holz-, Lederarbeit, Keramik etc. Kunsthandwerkliche Techniken, die auch das Gefühl für eine gute Form herauszubilden geeignet waren.
5. Bastelbeschreibungen (Spiel und Arbeit) für den Selbstbau von Apparaten,

Spiel- und Sportgeräten, Bootsmodellbau, Bootsbau und zuletzt Flugmodellbau. Kleine Anleitungen mit Modellbogen, die dem handwerklichen Arbeitsbedürfnis der Jugend entsprechen.

6. Zeichnen – Malen. Anregungen für Jugendliche und Laien, die der Naturbeobachtung und ihrer künstlerischen Vertiefung dienen, ferner Handbücher für den jungen Künstler auf handwerklicher Grundlage (Malerei, Grafik, Plastik).

7. Naturkundliche Ausgaben (botanische Atlanten, Sternkarten) bilden den Abschluß höherer Buchgruppen.

Neben der Entspannung, die das Spiel dem Menschen bringen soll, wollen spielerische und später handwerkliche Beschäftigung nicht nur die musisch-schöpferischen Fähigkeiten des jungen Menschen entwickeln, sondern neben präziser handwerklicher Arbeitsweise auch seine nüchterne Beobachtung fördern und damit seine innere Selbständigkeit, seine Urteilsfähigkeit und Eigenentwicklung stärken als Beitrag und Voraussetzung letzten Endes zur Persönlichkeitsbildung und als Schutz gegen urteilslose Vermassung.

Im gleichen Geiste der Erziehung zur Selbständigkeit stehen auch die *Fachbücher für bautechnische und kunsthandwerkliche Arbeiten,* die sowohl für Handwerker wie für Architekten bestimmt sind, den Handwerkern die Entwicklung einer organischen Form aus den Grundlagen einer soliden Technik zeigen, den Architekten die handwerklichen Voraussetzungen für eine gute Formbildung nahebringen. Formen, die sachliche, unmodische Lösungen anstreben im Geiste einer guten europäischen Tradition.

Auch *nach 1933* konnte der Verlag seine sachliche Haltung fortsetzen. Es ergab sich zwangsläufig eine Zurückhaltung auf dem Gebiet der Jugendschriften (Nr. 2) und eine größere Beschränkung in den Bilderbuchausgaben (Nr. 1), denn hier war eine sachliche neutrale Haltung weniger möglich als auf dem Gebiet vorwiegend handwerklicher Betätigung.

Einen vorübergehenden Auftrieb erfuhren durch den Schulunterricht die kleinen Anleitungen zur Flugzeugmodellherstellung und zum Segelflugbau. Die noch vorhandenen Vorräte dieser Ausgaben sind zurückgezogen. Die Reichsjugendführung beauftragte außerdem den Verlag mit dem Teilvertrieb ihrer basteltechnischen Werkblätter im Buchhandel, eine kurz vor Kriegsende erst praktisch in Gang getretene Ausgabe, die kaum noch in die Öffentlichkeit kam. Auch diese Ausgaben konnten sachlich gehalten werden.

Verlegerische Pläne der nächsten 6 Monate

Auf dem Gebiet des allgemeinen pädagogischen Jugendbuchverlages:
- Französischer Sprachführer mit Wörterbuch Neubearbeitung
- Englischer Sprachführer mit Wörterbuch Neubearbeitung
- Werkbuch fürs Haus mit handwerklichen Ratschlägen für Behelfsarbeiten von R. Zechlin
- Historische Segelschiffmodelle zum Selbstbau
  Antike – Mittelalter, von F. Heimlich

- Naturbetrachtende Laienschriften von Dr. h. c. Bertsch
  Die Wiese als Lebensgemeinschaft
  Der See als Lebensgemeinschaft
  Der Wald als Lebensgemeinschaft
  Das Moor als Lebensgemeinschaft

Auf dem Gebiet „Bautechnische und kunsthandwerkliche Fachbücher":
- Bauschreinerei Bd. I, Türen und Tore, Zimmer- und Haustüren in ihren bautechnischen Voraussetzungen und Konstruktionen und formalen Einzelheiten. Ein Fachbuch für Handwerk und Industrie von Prof. Fritz Spannagel.
- Zwischen Baufreiheit und Raumordnung. Die baugeschichtliche und baurechtliche Entwicklung der neuzeitlichen Stadt von Baudirektor Dr. Ing. Erich Kabel, Frankfurt am Main.
- Maurerbuch (oder Maurerpolier). Ein Fachbuch für den Maurergehilfen, Polier und den Bauunternehmer mit allen grundlegenden technischen Arbeiten seines Berufs.

Kleine Schriftenreihe für Architekten und Laien zur Diskussion von künftigen Gestaltungsproblemen:
1. Das Einzelwohnhaus im Vorstadtgebiet in Form und Haltung
2. Was ist klassische Form?
3. Massivholz – Gußholz – Sperrholz oder das Möbel der Zukunft
4. Umzugsmöbel der Zukunft
und dergleichen Themata."

5.1 Besatzungszeit – Wiederbeginn

Es war ein heißer Sommer in jenem Jahr 1945, als viele Millionen von Flüchtlingen aus den östlichen Teilen des zerbrochenen „Großdeutschen Reiches" und auch Millionen bisheriger Soldaten der deutschen Wehrmacht vornehmlich dem Westen zustrebten, dazwischen noch Gruppen und Trupps bisheriger Kriegsgefangener und Zwangsarbeiter aus westlichen Ländern, aber auch solche wenigeren, die zurück nach Osten, in ihre polnische oder russische Heimat, wollten.

Wir haben bereits erste Ausblicke getan in diese Zeit, auf Ravensburg, in die großen, alten Häuser des Verlages, in das Haus Otto Maiers in Thunau am Bodensee und zu den Menschen, die dort überlebt hatten und weniger fragten, wie es nun weitergehen sollte, als einfach anfingen „zu schaffen".

Ganz Deutschland war besetzt durch amerikanische, britische, französische und russische Heere. Aber es ergaben sich nach dem Waffenstillstand vom 8. Mai 1945 noch wesentliche Verschiebungen: Amerikaner und Briten, bis nach Sachsen und Pommern vorgedrungen, zogen sich hinter die Elbe nach Westen zurück, nachdem die Franzosen schon im Juni die zunächst von ihnen auch besetzten Teile Nord-Württembergs (mit Stuttgart) und Nord-Badens (mit Karlsruhe) den Amerikanern hatten räumen müssen. Doch behielten sie mit dem Kreis Lindau auch die Verbindung zu den von ihnen besetzten Gebieten in Vorarlberg und Tirol.

Die französische Militär-Regierung hatte als ihren Sitz das fast unversehrte, noble Baden-Baden gewählt, während Unterdirektionen von ihr für Süd-Württemberg in Tübingen und für Süd-Baden in Freiburg eingesetzt wurden. Die deutsche Verwaltung durch Landratsämter und Bürgermeister kam mit nichtbelasteten Juristen und anderen unter strenger Aufsicht der französischen Kommandanturen ziemlich bald wieder in Gang. Allerdings oblag es ihr vor allem, die Forderungen der französischen Besatzungsmacht zu erfüllen.[9]

Otto Maier in seinem Hause in Thunau hatte schon in der letzten Kriegszeit die Pläne herausgeholt, nach denen bereits vor dem Kriege ein Baumeister Dessecker in Stuttgart ein großes Fachbuch „Der Maurerpolier" (analog zum „Zimmerpolier" von Fritz Kress) hatte ausarbeiten sollen. Die Verbindung zu diesem Herrn Dessecker war abgerissen, vermutlich durch dessen Tod im Kriege. Aber Otto Maier hatte in Thunau als Nachbarn den Bauunternehmer und Dipl.-Ingenieur Franz Rek aus Stuttgart, der sich einen Namen als Fachmann für Eisenbetonbau, wie man damals noch sagte, gemacht hatte. Mit ihm begann Otto Maier nun – gewissermaßen unter der Schirmherrschaft des bei ihm einquartierten französischen Militärpfarrers – die alten Pläne durchzuarbeiten und neu zu fassen. Denn welche ungeheure Aufgaben würden nun dem Bauwesen in Deutschland gestellt werden! Als 1937 Fritz Spannagel das Haus für Otto Maier entwarf und ausführen ließ, hatte dieser solches durchaus auch als praktische Erfahrung für seine weiteren Fachbuchpläne verstanden und verfolgt. Nun, 1945, stand dieser Bau am Anfang eines Werkes, für das schon bald der Titel „Das Maurerbuch" vorgesehen wurde. Wenig später, im Juni/Juli 1945, fand Otto Maier den Grafiker und technischen Zeichner Albert Emmerich, in der Nähe von Thunau wohnhaft und bis Kriegsende bei Dornier-Friedrichshafen tätig gewesen, und engagierte ihn für die Skizzierung und Ausführung der mit Franz Rek vorgesehenen Zeichnungen zum „Maurerbuch".

Es war aber keineswegs der einzige Plan, den Otto Maier verfolgte.

Fritz Spannagel residierte ja weiter „auf Ittendorf", hatte zwar kurzzeitig das Amt des Bürgermeisters dort inne, kam aber auch mit Pferd und Wagen nach Ravensburg, um Otto Maier zu treffen und die Fortführung seiner Arbeit an der „Bauschreinerei" zu besprechen (und zu finanzieren). Otto Maier kam zu Fuß nach Ravensburg, pflegte aber in Tettnang Halt einzulegen, um bei dem Gutsbesitzer Herrn von Pechmann (vormals als Nachfolger von Prof. von Wersin Leiter der „Neuen Sammlung" in München) sich nicht nur gerne körperlich zu stärken, sondern auch den verabredeten Plan einer Schrift über „Wohnkultur" fortzuführen.

Noch – es war allmählich September 1945 geworden – gab es keine Post, keine regelmäßige Bahnverbindung, kein Telefon. Wenn Otto Maier schon den Marsch nach Ravensburg gemacht hatte, pflegte er auch einige Tage dort zu bleiben, in seiner kleinen Wohnung im 2. Stock des Hauses Marktstraße 22 und versorgt von seiner alten Mutter und durch deren gute Geister im elterlichen Haus in der Gartenstraße. Und so erhielt er am 5.9. 1945 – überbracht von einem heimgekehrten älteren Nachbarn – einen Brief von Andreas Pollitz vom 10.8. 1945 aus Aalen, wo dieser noch auf die gesicherte Möglichkeit zur Rückkehr nach Ravensburg wartete. In seiner Antwort vom 6.9. 1945 ermunterte Otto Maier den Empfänger, falls nicht bis zum 25.9. 1945 ein Treffen in Stuttgart zustande käme, doch den Versuch zu machen, nach Ravensburg zu kommen.

(Es sei am Rande erklärt, daß die französische Besatzung die ordnungsgemäßen Entlassungspapiere für jüngere Jahrgänge durch die anderen Besatzungsmächte nicht anerkannte, sondern kassierte und die anderweitig schon Entlassenen als erneute Kriegsgefangene nach Frankreich deportierte. So war es bis in den Winter 1945/46 hinein.).

Im Verlaufe des September 1945 – im Rückblick erstaunlich früh! – gingen beim Verlag in Ravensburg die 56–60 Seiten umfangreichen Fragebogen für Verlage zur Erlangung der Lizenz für ihre weitere Arbeit ein. Diese Vordrucke kamen vom „Gouvernement" in Tübingen, vermutlich über das Landratsamt, und waren in mehrfacher Ausfertigung mit allerlei Anlagen beantwortet und unterzeichnet auch in Tübingen wieder vorzulegen.

Mit einem amerikanischen Passierschein und „per Anhalter" traf Andreas Pollitz am 6.10. 1945 in Ravensburg bei seiner Familie ein und war überaus glücklich und dankbar, in einer heilen Stadt und in dem unversehrten Verlag schon am 7.10. 1945 durch Otto Maier und Karl Maier herzlich begrüßt und willkommen geheißen zu werden: gleich morgen, am 8.10. 1945, sollte die Arbeit beginnen – mit der Beantwortung der großen Fragebogen.

Es war von ausschlaggebender Bedeutung, daß die beiden Brüder und Teilhaber, Otto wie Karl Maier, in den 12 Jahren der NS-Herrschaft oder gar vorher nicht Mitglieder der NSDAP oder einer der großen NS-Organisationen geworden waren. Beiden lag es schon von Natur aus nicht, in der Öffentlichkeit irgendwie besonders hervorzutreten, und das gelang ihnen auch über diese Jahre.

Ihre Haltung wurde aber zugleich auch bewiesen und belegt durch die friedfertige und humane Gesinnung der Produktion ihres Verlages. Zu dem Fragebogen mußte nämlich eine vollständige Übersicht aller in den Jahren 1928–1945 veröffentlichten Bücher und Broschüren mit eingereicht werden (Spiele waren also nicht gefragt). Diese Übersicht allein hatte einen Umfang von 35 Schreibmaschinenseiten, enthielt allerdings zu jedem erstmals auftauchenden Titel auch dessen französische Übersetzung oder Kurzerklärung und außer dem Autorennamen auch den Umfang und den Preis. Für jedes Jahr waren alle neu oder wiedererschienenen Titel nach den neun Verlagsgruppen anzuführen:

1. Arbeits- und Beschäftigungsbücher,
2. Werkbücher,
3. Kunsttechnische Handbücher,
4. Sammlung „Spiel und Arbeit",
5. Sammlung „Spielbücher",
6. Naturkundliche Ausgaben,
7. Bilderbücher und Jugendschriften,
8. Technischer Fachbücherverlag,
9. Sonstige Ausgaben.

Man wußte noch nichts Sicheres davon, aber man konnte sich vorstellen, daß die Verlagslizenz durch die Militär-Regierung die Voraussetzung jeglicher Weiterarbeit und dann vielleicht auch von Papierzuteilungen sein würde. Alle, die dazu beitragen konnten, in Ravensburg wie in Thunau (wo Tilly Nothhelfer die französischen Übersetzungen machte), arbeiteten so emsig und gewissenhaft wie möglich – es gab noch die Sperrstunde, Stromabschaltungen und keine größere Bewegungsfreiheit, und alle lebten in Kenntnis vieler Willkürakte doch unter dem Druck der Angst –, um diese zweifellos wichtige Aufgabe zu bewältigen. Anfang November 1945 war es dann soweit, daß Andreas Pollitz mit dem dicken Konvolut der mehrfach einzureichenden Unterlagen in einem Holzvergaser-Wagen des Arbeitsamtes nach Tübingen mitfahren und sich dort bei der Militär-Regierung auf dem Österberg melden konnte, um seine wichtige Post zu übergeben.

Zeitlich sei das Ergebnis etwas vorweggenommen: Anfang des Dezember 1945 schon traf beim Verlag mit der Ausfertigungs-Nummer 7 die Urkunde der Militär-Regierung Baden-Baden über die Erteilung der Verlagslizenz für den Otto Maier Verlag Ravensburg ein. Damit wurde allerdings auch gleich erklärt, daß der Verlag von jeder Publikation, die noch vorrätig war und ausgeliefert werden sollte, wie von jedem Manuskript für eine Neuveröffentlichung mehrere Exemplare an die dafür zuständige Informations- (und Zensur-)Direktion des Gouvernements in Baden-Baden zur vorherigen Prüfung und Genehmigung einzureichen habe, dazu auch detaillierte Angaben über den jeweiligen Autor machen müsse.

Da sich der Postverkehr – namentlich derjenige über die Zonengrenzen – nur zögernd entwickelte und erst ab April 1946 einigermaßen normalisierte, war noch Zeit, diesen mühsamen Forderungen zu entsprechen. Der Verlag mit seinen noch wenigen Menschen konnte aus behutsamen Anfertigungen von Spielen und Nummernartikeln und auch vom Verkauf aus Uralt-Beständen des Buchverlags vorerst existieren. Es kamen schon Kunden, auch von weither, mit Rucksack und Koffern, um irgendwas aus den Verlagsbeständen zu ergattern, und sie freuten sich mächtig, wenn sogar einige Exemplare des alten „Strampelpeter" von Waldmann (s. S. 82) darunter waren und einige der ganz frühen Bändchen von „Spiel und Arbeit".

5.2 „Bauen und Wohnen"

Noch im November 1945 kündigte sich ein anderes, ganz neues Kapitel für die Verlagsarbeit der nächsten Jahre an:

Von Tübingen aus, wohin ihn und seine Familie der Krieg verschlagen hatte, besuchte ein Dr. Josef Tress den Verlag, sprach mit Otto Maier und machte ihm den Vorschlag für die Begründung und Veröffentlichung einer Bau-Fachzeitschrift. Dieser Dr. Tress war keineswegs Bau-Fachmann, sondern war nur dienstverpflichtet worden, zwei kleinere Fachzeitschriften für Zimmerleute und Holzbau von Tübingen aus zu redigieren. (Das hatte allerdings nichts mit dem Autor Zimmermeister Fritz Kress in Tübingen zu tun, der sogar ein erbitterer Gegner dieser Zeitschriften war.) Dr. Tress konnte wohl nur auf seine Kenntnis der Tübinger Szene unter der Militär-Regierung wie auch der technischen Möglichkeiten in dem kaum versehrten Tübingen verweisen, war aber gewillt, seinen Vorschlag, wenn nicht bei und mit Otto Maier, dann anderweitig zu verfolgen. Otto Maier bat sich Bedenkzeit aus, da ja auch die Verlagslizenz erst beantragt, aber noch nicht erteilt war. Doch setzte er dem Dr. Tress bis zur Entscheidung ein bescheidenes monatliches Options-Honorar aus.

Tatsächlich hatte weder der Verlag noch irgend jemand im Verlag auch nur geringste spezielle Erfahrungen im Verlegen einer Fachzeitschrift. Der Gedanke war jedoch zu naheliegend wie ein Teil und eine Unterstützung der von Otto Maier schon betriebenen Fachbuchpläne, und der Bedarf schien unermeßlich. Alle mußten ja neu beginnen.

Warum sollte der Otto Maier Verlag mit seinen günstigen Voraussetzungen die Verwirklichung nicht wagen? Diese würde zwar Terminzwänge, die im Verlag stets gefürchtet waren, mit sich bringen, aber auch baldige Einnahmen und Umsätze, die nicht jahrelange Vorfinanzierungen verlangten. Es würde den Buchplänen vorgearbeitet und der Buchvertrieb dadurch unterstützt werden können. Otto Maier beriet sich nicht nur im Hause, sondern vor allem mit den erreichbaren Autoren und anderen Bau-Fachleuten, die er in diesem Zusammenhang erst fand und kennenlernte.

In der Zwischenzeit war die Verlagslizenz gekommen, früher als befürchtet, und Otto Maiers schon spürbare Neigung für die Verwirklichung der Zeitschriften-Idee stieg. Bald nach der Jahreswende 1945/46 hielt vor den Häusern in der Marktstraße ein großer Lkw, zweifellos ein „Erbe" aus der Wehrmacht, und gleich darauf ließ sich ein noch junger, drahtiger Mann mit schwarzer Binde über einem Auge und in grauem Ledermantel bei Otto Maier melden: „Kurt Lingenbrink". Er kam aus Österreich und wollte zurück nach Rastatt, wo die Hamburger Firma Lingenbrink in der letzten Kriegszeit eine Ausweich-Unterkunft gefunden hatte. Auch er – zum Thema „Bau-Fachzeitschrift" befragt – war begeistert und bewarb sich sofort um die Auslieferung ab Rastatt.

Das war noch eine sehr wichtige Hürde für die Überlegungen im Verlag gewesen, und nun gab es keinen Zweifel, daß die beiden geschickten Söhne Lingenbrink in Rastatt des überaus tüchtigen Vaters Georg in Hamburg diese nehmen würden.

Andreas Pollitz fuhr nach Tübingen und verhandelte mit der ehrwürdigen Druckerei H. Laupp über die Herstellung einer solchen Zeitschrift und auch mit Dr. Tress über redaktionelle Fragen. Der Verlag konnte auf die intakte große Druckerei rechnen und mußte, um die Lizenz für die Zeitschrift zu erhalten, den Antrag dazu an die Section Presse der Tübinger Militär-Regierung richten.

Otto Maier traf die Entscheidung „Ja!" zu dem Projekt, und Anfang Februar 1946 reichte Andreas Pollitz in Tübingen die Lizenz-Anträge für eine Bau-Fachzeitschrift „AUFBAU" ein. Im Januar 1946 machte Tilly Nothhelfer eine erste Erkundungsreise von Thunau aus nach Baden-Baden, um zu sehen und zu hören, durch wen, wo und wie dort die Angelegenheiten des Verlagswesens behandelt wurden. Obgleich noch alle Fenster der Eisenbahnwagen mit Brettern vernagelt und die Wagen hoffnungslos überfüllt waren, schien es im Verlag unumgänglich, mit den zuständigen Franzosen ins persönliche Gespräch zu kommen. Und siehe da, es gab auch sehr höfliche, verständnisvolle, ja hilfsbereite Menschen, sogar mit Sachkenntnis, unter ihnen. Es waren allerdings Expeditionen mit Massen-Unterkünften und leerem Magen – noch bis ins Jahr 1948 hinein –, doch sie waren unerläßlich. Und so fuhr auch Otto Maier im März 1946 selbst nach Baden-Baden.

In dem Bericht[10] von Otto Maier hieß es zum gegenwärtigen Thema (anderes wird später anzuführen sein):

„2.) Zeitschrift ‚AUFBAU'. Titel soll mit Rücksicht auf eine politische Zeitschrift gleichen Namens, die in Berlin erscheine, geändert werden. Neuer Antrag erforderlich an die ‚Section Presse', einzureichen über Lt. Galloin, Tübingen, in Deutsch. Genaue Zielsetzung angeben, Herausgeber, ständige Mitarbeiter, Erscheinungsort, Umfang, Format, Auflage, Preis, Papierbedarf (Gewicht). Da verschiedene Anträge auf Bauzeitschriften vorliegen, eilt die Neufassung des Antrages, weil bald eine Entscheidung getroffen werden soll über die Zulassung der besten. Lediglich die ersten Hefte unterliegen einer genauen Überprüfung, späterhin ist der Verlag für den Inhalt verantwortlich. Durchschläge des Antrags direkt nach Baden-Baden ‚Section Presse' im Hotel Stephanie."

Unverzüglich begannen weitere Gespräche mit schon Bekannten und anderen, die als Mitarbeiter geeignet erschienen und sich dazu auch bereit erklärten, wie auch mit Dr. Tress. Fritz Spannagel schlug als neuen Titel „BAUEN UND WOHNEN" vor, der auch ganz im Sinne von Otto Maier war. Und Helmut Hauptmann in Mindelheim bekam den Auftrag, den Zeitschriften-Kopftitel zu entwerfen und auszuführen. Im April 1946 wurde der neue Antrag nach Tübingen gebracht, dort erfolgten auch weitere Gespräche mit Dr. Tress, der erstes Material gesammelt hatte, und mit der Druckerei Laupp über Schriftwahl und Muster für Satz und Umbruch. Ziel: Erscheinen der ersten Nummer Anfang Juli 1946.

Tatsächlich erreichte die Lizenz den Verlag im Mai 1946. Sie war für die nächsten Jahre in jeder Ausgabe im Impressum anführen:

„Autorisation d'Edition G. M. Z. F. O. N° 362 DGAA/INF/PRESSE, 9. 5. 1946. N° 2-231/T".

Die Herstellung in Tübingen lief an, Werbung und Vertrieb begannen mit ersten Rundschreiben und der Ankündigung, daß die Auslieferung und Berechnung durch Lingenbrink-Rastatt – wie inzwischen vereinbart – erfolgen würde.

Die Nr. 1, ein Blättchen mit 24 Seiten DIN A4, ohne besonderen Umschlag, noch ganz ohne Anzeigen, erschien im Juli 1946. Es war die allererste deutsche Bau-Fachzeitschrift nach dem Kriege, der erst in den nächsten Monaten wenige weitere in Berlin, Hamburg und anderenorts folgten. Auf der ersten Innenseite oben stand dieser Text, auf den Otto Maier sich mit der Redaktion und den Beratern geeinigt hatte:

„Die Zeitschrift ‚BAUEN UND WOHNEN' will sich mit den vielseitigen Fragen des Bau- und Wohnungswesen befassen, insbesondere mit den durch unsere Verarmung bedingten neuen Bauweisen, und den Bauschaffenden durch wirtschaftliche und technische Beratung dienen. Sie wendet sich, zwischen Bauhandwerk und Industrie, Architekten und Ingenieuren vermittelnd, an die gesamte Fachwelt und darüber hinaus an die ganze Bevölkerung, für die der Wiederaufbau der zerstörten Städte und die Lösung der Wohnungsfrage Lebensfragen sind."

Zu jener Zeit vermochte die Mund-zu-Mund-Propaganda noch Enormes. Wie ein Lauffeuer drang die Kunde von „BAUEN UND WOHNEN" überallhin, auch über die Zonengrenzen hinaus. Der Buch- und Zeitschriftenhandel bestellte Hunderte von Fortsetzungsexemplaren und die frühen Auflagen von 12–15 000 und mehr reichten nie aus.

Aber auch etwas trat ein, was man sich in der Zeit der Vorbereitung überhaupt noch nicht hatte vorstellen können: Von vielen Seiten kamen Beiträge und Illustrationen und noch mehr Interesse und Bereitschaft für künftige Mitarbeit.

Erst im Verlauf des weiteren Erscheinens erfüllte sich auch die Hoffnung, die eigene Neuproduktion der Fachbuch-Abteilung durch die Zeitschrift schnell in weiten Kreisen von Interessenten bekanntzumachen und zu verbreiten und zugleich neue Autoren mit guten Plänen für diesen Verlagsbereich zu gewinnen.

Wirtschaftlich war „BAUEN UND WOHNEN" für den Verlag jedenfalls in den zwei Jahren vor der Währungsreform von beachtlicher Bedeutung: Die Zeitschrift erbrachte allein im Jahre 1947 schon einen Umsatz von 250 000.- Reichsmark und damit – wie man heute sagen würde – einen Deckungsbeitrag von 160 000.- Reichsmark.

Fünfundeinhalb Jahre erschien die Zeitschrift direkt im Otto Maier Verlag. Es war ein wichtiges Kapitel in schwierigsten Jahren der Verlagsarbeit, insgesamt für uns überschaubar und aufschlußreich. Wenn hier auch nicht allen Zusammenhängen, Abschnitten oder gar Einzelheiten nachgegangen werden kann, bedarf es doch einiger Hervorhebungen und Erklärungen, zumal die traditionellen Gebiete des Verlages in diesen Jahren erst langsam wieder in Bewegung und zu neuer Entwicklung gebracht werden konnten, gewissermaßen auch abgeschirmt und gestützt durch die Zeitschrift, für die es regelmäßig Papierscheine und -lieferungen gab.

Schauen wir nun auf die Übersicht der Entwicklung von „BAUEN UND WOHNEN" mit einigen wesentlichen Daten.

„BAUEN UND WOHNEN"
Jahrgang 1/1946

Heft	1.	24 Seiten	Auflage 15 500
Heft	2.	24 Seiten	Auflage 12 400
Heft	3.	32 Seiten	Auflage 13 000
Heft	4/5.	48 Seiten	Auflage 12 200
Heft	6.	24 Seiten	Auflage 12 800

$^1/_4$ Jahres-Abonnement
Buchhandels-Verkaufspreis RM 7.50
Buchhandels-Nettopreis RM 5.-
Lingenbrink-Nettopreis RM 4.12
Verlagsgestehungskosten RM 1.44

Jahrgang 3/1948

Heft 1.	40 Seiten	Auflage 15 500
Heft 2/3.	48 Seiten	Auflage 15 500
Heft 4.	36 Seiten	Auflage 15 500
Heft 5.	36 Seiten	Auflage 15 500
Heft 6/7.	36 Seiten	Auflage 15 500	Währungsreform
Heft 8/9.	52 Seiten	Auflage 12 000
Heft 10.	52 Seiten	Auflage 12 000
Heft 11.	48 Seiten	Auflage 12 000
Heft 12.	60 Seiten	Auflage 10 000

Jahrgang 6/1951

Heft 1.	76 Seiten	Auflage 8 000
Heft 2.	72 Seiten	Auflage 8 000
Heft 3.	64 Seiten	Auflage 8 000
Heft 4.	64 Seiten	Auflage 9 000
Heft 5.	72 Seiten	Auflage 9 000
Heft 6.	68 Seiten	Auflage 9 000
Heft 7.	64 Seiten	Auflage 10 000
Heft 8.	60 Seiten	Auflage 10 000
Heft 9.	60 Seiten	Auflage 10 000
Heft 10.	56 Seiten	Auflage 10 000
Heft 11.	56 Seiten	Auflage 10 000
Heft 12.	68 Seiten	Auflage 10 000.

Deutlich ist der tiefe Einschnitt durch die Währungsreform vom 20. 6. 1948 zu sehen, der sich bis Ende 1950 auswirkte und die Zeitschrift mehr als die Hälfte ihrer Abonnenten kostete. Erst im Jahre 1951 konnte durch bessere Ausstattung wie durch intensivere Werbung neuer Zuwachs gewonnen werden. Leider gibt es keine Zahlen für die nach der Währungsreform erzielten, aber den Belegen nach noch bescheidenen Anzeigenerlöse.

Schon bald im Jahre 1946 zeigte sich, daß Dr. Tress in Tübingen den Aufgaben einer umsichtigen und sachkundigen Redaktion nicht gewachsen war. Doch Otto Maier hatte in Konstanz schon den Diplom-Architekten Hermann Blomeier gefunden, einen späten Schüler von Mies van der Rohe und einen der letzten Absolventen des Bauhauses in Dessau, seit Mitte der 30er Jahre durch viele Bauten in der Gegend von Konstanz hervorragend ausgewiesen, der bereit war, zunächst die fachliche Redaktion der jungen Zeitschrift zu übernehmen.

So hieß es im Impressum von Heft 1/1947:

„Verantwortlicher Schriftleiter: Dr. Josef Tress unter fachlicher Beratung von Dipl.-Architekt Hermann Blomeier". Im Heft 2/1947 statt dessen schon: „Verantwortlicher Schriftleiter: Dr. J.T., Tübingen. Fachliche Bearbeitung: Dipl.-Arch. H.B., Konstanz." Ab dem Doppelheft 7–8/1947: „Verantwortlicher Schriftleiter: Dipl.-Arch. H.B., Konstanz. Wirtschaftliche Nachrichten und Anzeigenleitung: Dr. J.T., Tübingen." Und mit dem 31.12. 1947 schied

Dr. Tress ganz aus der Arbeit für die Zeitschrift und mit dem Verlag aus. Hermann Blomeier war nun alleiniger und verantwortlicher Schriftleiter.

Es war vom Beginn der Zeitschriften-Planung an der Wunsch von Otto Maier, eine Beratergruppe für den Redakteur und den Verlag zu gewinnen. Dazu gehörte bereits Hermann Blomeier und mit ihm der Architekt Walther Schmidt in Bad Schachen und Prof. Karl Nothhelfer in Hödingen-Überlingen, während sich Prof. Fritz Spannagel sehr bald schmollend zurückzog, weil er nicht allein bestimmen sollte.

Es war keine einfache Organisation und kein leichtes Arbeiten: der Verlag mit der Herstellungsvorbereitung, Papierbeschaffung, Honorierung und dem Zahlungswesen in Ravensburg, die Redaktion in Konstanz. Druck und buchbinderische Fertigstellung bei Laupp in Tübingen, Auslieferung und Debitoren-Buchhaltung bei Lingenbrink in Rastatt, und das bei zunächst immer noch mangelhaften Post- und Verkehrsverbindungen. Doch was war das alles nach den viel entsetzlicheren Jahren des Krieges? Hier ging es um Hilfen für den Wiederaufbau. Es kamen viele ingenieurtechnische Probleme, aber auch Grundsätzliches zum Städtebau und zur Architektur, erste Blicke und Verbindungen zum Ausland. Bis ins Jahr 1949 vollzog sich das ganz im Sinne von Otto Maier. Dann und noch mehr 1950 das Absinken der Auflage, das Ansteigen der Kosten – Otto Maier und seine Mitarbeiter hatten Sorgen mit der Zeitschrift, obgleich nun die anderen Verlagsgruppen sich mehr und mehr erfolgreich entwickelten.

Mit Ende des Jahres 1949 gab Hermann Blomeier die Schriftleitung ab, selbst nun ganz und gar als Architekt beansprucht. Sein Nachfolger, Friedrich Plütz, kam aus Bamberg, ursprünglich Berliner und Raumausstatter aus dem Bekanntenkreis von Prof. Nothhelfer, nun schon mehrere Jahre als Redakteur tätig. Otto Maier versuchte aus diesem von ihm bedauerten Wechsel die Weichen neu zu stellen, nachdem inzwischen die französische Vormundschaft und auch die Zonengrenzen gefallen waren, und mietete für die Redaktion, aber auch als Stützpunkt für den Verlag gedacht, in München, in der Jungfernturmstraße, eine hübsche Neuwohnung mit Büro. Doch es dauerte länger als zunächst erhofft, bis es mit der Zeitschrift wieder bergan ging. Aber es gab unendlich viele Diskussionen und Querelen mit der Redaktion und mit den Beratern, die Otto Maier wirklich müde war, als sich anderes schon angebahnt hatte.

Es ist in diesem Zusammenhang etwas vorgegriffen, wenn hier auf die bekannte Familien- und Verlagstradition enger Verbindung und Wertschätzung zur Schweiz verwiesen wird und erwähnt sei, daß Otto Maier, so früh und so oft er einen Passierschein bekommen konnte, in die Schweiz hinüber fuhr (nicht nur seines geliebten Kaffees wegen). Dadurch war es ihm und dem Verlag auch schon früh bekannt geworden, daß in Zürich ein gutes Jahr nach BAUEN UND WOHNEN, also im Herbst 1947, eine neue, schweizerische Zeitschrift „Bauen + Wohnen" zu erscheinen begonnen hatte, wohl erstmal nur quartalweise, aber für die noch so armen deutschen Verhältnisse fantastisch ausgestattet, mit unglaublich gutem Material aus aller Welt und mit verführerischen Inseraten.

Noch gab es keinen geregelten Handelsverkehr mit dem Ausland, auch nicht mit der benachbarten Schweiz. Und die französische Zone mit allem, was sie bieten konnte, war nur und ganz und gar Reservoir für die französische Besatzungsmacht und für deren eigenes, durch sechs Jahre Krieg und Besetzung so schwer getroffenes Heimatland.[9] Noch konnte die prächtige Konkurrenz-Zeitschrift drüben in der Schweiz die arme Zeitschrift in Ravensburg nicht treffen und beunruhigen.

Doch schon bald nach der Währungsreform – ab dem Jahre 1949 – drängte die Konkurrenz auf den langsam sich öffnenden neuen deutschen Markt und kreuzte die Wege von „BUW".

Die Priorität des deutschen Titel „BUW" war nach deutschem Recht unzweifelhaft gegeben. Und von deutscher Seite wurde bestritten, daß das + -Zeichen im Schweizer Titel „B + W" eine ausreichende Unterscheidung sei. So ging der Otto Maier Verlag vors Gericht, vertreten durch den bekannten Urheber- und Verlagsrechtler Prof. Dr. W. Bappert in Freiburg im Breisgau. Er obsiegte schon in der 1. Instanz in Freiburg. Die Schweizer beantragten Revision. Auch in der 2. Instanz in Karlsruhe gewann der Otto Maier Verlag, nachdem es ihm gelungen war, durch zahlreiche Belege aus seinen Leserkreisen die erlangte Verkehrsgeltung seines Titels „BAUEN UND WOHNEN" nachzuweisen und auch in dieser Instanz eine ausreichende Unterscheidungskraft des + -Zeichens in einem Grundsatzurteil verneint wurde. Aber die Verleger der schweizerischen Zeitschrift „B + W" verlangten Revision beim Bundesgericht. Es war darüber Frühjahr 1951 geworden.

Auch dieser Rechtsstreit trug dazu bei, daß Otto Maier es müde war, die Zeitschrift fortzuführen. Darüber hinaus erkannte Otto Maier, daß es schier unmöglich war, für eine einzige Zeitschrift allein eine erfolgreiche Anzeigen-Verwaltung zu betreiben. Zu jener Zeit war Prof. Manfred Schröter, Vater der langjährigen Autorin von Otto Maier: Fee Schröter, Lizenzträger des Leibniz-Verlages in der Firma R. Oldenbourg, München. Er stellte den Kontakt zwischen Otto Maier und Oldenbourg her, einem Verlag, der nicht nur für seine etlichen Fachzeitschriften über eine hervorragende Anzeigen-Akquisition verfügte, sondern für seine großen grafischen Betriebe auch an einem fortlaufenden Fachzeitschriften-Druckauftrag interessiert sein mochte. Und in der Tat war Oldenbourg interessiert, sich an der Zeitschrift zu beteiligen.

Und dann begab Otto Maier sich im Frühsommer 1951 selbst sozusagen in die Höhle des Löwen und traf in Zürich die Verleger von „B + W", um statt eines weiteren Prozessierens die Zusammenfassung der gleichnamigen Zeitschriften in einem eigenen Verlag unter Mitbeteiligung der Firma Oldenbourg vorzuschlagen. Die schweizerischen Verleger stimmten gleich grundsätzlich zu. In umfangreichen Verhandlungen während des Herbstes 1951, an denen auch die Redaktionen und Berater beteiligt werden mußten, wurde das Vertragswerk über die Gründung der Verlag Bauen und Wohnen G.m.b.H. mit Sitz in München formuliert und abgeschlossen. Dabei fanden die deutschen Partner wesentliche Hilfestellung durch die enorme Sachkenntnis des Verlagsdirektors Horst Kliemann vom Verlag R. Oldenbourg. Es wurden Beteiligungen des Otto Maier Verlages und des Verlages R. Oldenbourg mit je 25 % und des Züricher Verlages Bauen + Wohnen mit 50% des Kapitels der neuen Firma vereinbart. Der Otto Maier Verlag brachte dazu seine Titelrechte und Abonnenten ein. Der neue Verlag übernahm zwar die Müchener Redaktion und deren Berater, aber die Hauptredaktion blieb in Zürich. Für die wirtschaftliche Entwicklung sollte es von wesentlicher Bedeutung werden, daß R. Oldenbourg die Anzeigen-Akquisition und die Gesamtherstellung übernahm.

Obgleich am Rande dieser hier darzustellenden Entscheidungen, ist hinzuzufügen, daß die schweizerischen Partner ihre Zeitschrift für die Schweiz und zahlreiche Drittländer selbständig fortzuführen beschlossen und verlangt hatten. Dafür bezogen sie die Text-Bildbogen aus der gemeinsamen Druckauflage von München, die dann in Frauenfeld mit dem dort gedruckten, eigenen schweizerischen Inseratenteil zusammengefaßt wurde.

Im Januar 1952 erschien das Heft 1 des neuen „Bauen + Wohnen" in größerem Format und großzügiger Ausstattung in München. Noch über Jahre gelang es der Redaktion in Zürich eher und leichter als einer deutschen, internationales Publikationsmaterial von Bedeutung zu erhalten. Die Ressentiments gegenüber den Deutschen in aller Welt haben sich ja, sofern sie nicht noch heute bestehen, bis weit in die 60er Jahre ausgewirkt.

Die Zeitschrift selbst hat durch diese Entscheidungen und ihre Entwicklung zweifellos sehr gewonnen und konnte ihre Auflage auch sukzessive erheblich erhöhen. Das war eine wesentliche Hoffnung von Otto Maier gewesen. Er machte aber auch kein Hehl daraus, daß er sich und seinen Verlag durch diese Lösung geradezu befreit fühlte. Denjenigen im Verlag, die sich in den Jahren 1945–1951 sehr um die Zeitschrift bemüht hatten, fiel die Trennung doch erst sehr schwer, bis sie ein halbes Jahr später die ahnungsvolle Notwendigkeit auch jäh erkennen und verstehen mußten.

5.3 Arbeitsbedingungen

Nach dem Kapitel BAUEN UND WOHNEN, das eine Entwicklung vom Anfang bis zu ihrem Abschluß umfaßte, schauen wir nochmals zurück in den schon erwähnten Bericht von Otto Maier über seine Besprechungen am 18.3. 1946 in Baden-Baden.[10]

Zur allerersten Buchproduktion in jeder Besatzungszone gehörten Wörterbücher und Sprachführer der jeweiligen Besatzungssprache. Mit den ersten Lizenzanträgen des Otto Maier Verlags war deshalb auch ein Antrag auf Neudruck der uralten Sprachführer von Otto Robert eingereicht worden. Otto Maier berichtete dazu: „Sprachführer-Antrag abgelehnt, passe nicht in unsere Verlagsrichtung und außerdem seien viele und bessere Ausgaben vorhanden." Das war schon Zensur, aber für den Verlag selbst doch auch verständlich.

Weiter – auszugsweise –:

„Fachbücher mit längerer Bearbeitungsfrist können vorgenehmigt werden (soweit es Erstauflagen sind). Unser Brief vom 1.2.1946, der in Baden-Baden nicht vorlag, sollte wiederholt und Anträge beigefügt werden für den Arbeitsbeginn der einzelnen Werke (Formular ... dahintersetzen: ‚Autorisation spéciale à commencer les travaux d'un nouvel livre'). Somit könnte dann mit den

Satz- und Klischeearbeiten begonnen werden. Zunächst wollen wir Kabel, Seilnacht, Rettig beantragen, später das Maurerfachbuch, Wohnhausbau von Prof. Fischer ...

Der Einband-Pappbedarf muß mindestens auf die Hälfte gesenkt werden, also vorläufig ganz leichte, sozusagen kartonierte Einbände vorsehen und erst später wieder gute Leinenbände einführen."

Weiter:

„Kleine Schriftenserie für Architekten: Programm bei nächstem Besuch in Baden-Baden. Lt. Ripault vorlegen."

Weiter:

„Ehemalige Parteigenossen als Autoren sind nur tragbar, wenn sie als harmlose Mitläufer gelten. Der Verleger trägt die Verantwortung für die Beurteilung; das Vertrauen Verlagen gegenüber, deren Inhaber nicht durch Parteimitgliedschaft belastet sind, ist groß, darf aber von Verlagsseite in keiner Weise mißbraucht werden."

Weiter – eine besonders wichtige Erklärung:

„Spiele und Malbücher stehen außerhalb der Kontrolle der Baden-Badener Stelle. Ihre Herstellungsfrage ist bei der Landesdirektion der Wirtschaft in Tübingen zu klären und die Papierzuteilung erfolgt von deutscher Seite."

Und schließlich noch:

„Lagervorräte von Auflagen von vor 33 sowie unveränderte Nachdrucke sind unter Eigenverantwortung ohne Antrag auf Zulassung verkäuflich. Nur für Nachdrucke solcher Ausgaben ist Antrag und Einsendung von 3 Exemplaren nötig (in Tübingen und Durchschlag an Lt. Ripault)".

Diese Aufschlüsse, die Otto Maier von Baden-Baden mitbrachte, waren für die nächste Arbeit von großer Bedeutung, wenn auch nicht nur förderlich, sondern mit großen Mühen verbunden, beispielsweise für die Beschaffung der Angaben zur Person des Autors.

Natürlich blieb die erste Frage, was die Menschen in ihrer unglaublich schwierigen Lage aus diesem Verlag heraus erwarteten und haben wollten. Aber schon die nächste Frage galt dem Autor. Am besten, wenn dieser die NS-Zeit gar nicht miterlebt hatte wie der alte Christoph von Schmid oder die gute Johanna Huber. Ebenso gut, wenn er Ausländer war wie der vielfache „Spiel- und Arbeit"-Autor Eugen Hager in Romanshorn, Schweiz, oder der immer noch geliebte Prof. Schneebeli in Rorschach, Schweiz, oder, wenn er absolut „unbelastet" war.

Hierher gehört die Erwähnung eines für die weitere Arbeit im Buchhandel und Verlag wesentlichen Ereignisses: ein Arbeitsausschuß lud alle Buchhändler und Verleger der französischen Zone – natürlich mit Genehmigung der Militärregierung – im August 1946 zu einem ersten Treffen mit dem Ziel der Gründung eines Börsenvereins nach Bad Schachen in den Lindenhof, die herrliche alte Besitzung der Familie Thorbecke, ein. Dabei hielt Otto Maier einen Vortrag – gewissermaßen eine Proklamation der ihm in seinem Verlag zunächst wichtigsten Arbeiten und Ziele – zum Thema „Das Fachbuch"[19], soweit bekannt, den ersten und einzigen öffentlichen Vortrag seines Lebens. In diesem etwa halbstündigen Vortrag hieß es u.a.:

„Darum müßte das Fachbuch bei aller einwandfreien Sachlichkeit doch zugleich zu einer Lektüre des Erlebnisses, der Spannung und der Freude gemacht werden. Es müßten in ihm tieferer Sinn und Wert und die ganze Schönheit der jeweiligen fachlichen Arbeit aufleuchten. Vor allem müßte auch in warmer Lebendigkeit etwas von der Intensität und Leidenschaft hindurchklingen, mit der ein Autor sein Fachgebiet liebt und ihm dient, so daß er den Leser für eine Sache oder eine Arbeit in echter Weise begeistern kann. Denn das müßte durch das Fachbuch erreicht werden. Begeisterung weckend muß es wirken, nicht langweilend."

Otto Maier erntete mit seinem ganzen Vortrag begeisterten Beifall der etwa 150 oder mehr Zuhörer und weckte für sich und seinen Verlag über Jahre wirkende Sympathien.

Tatsächlich wurde in Bad Schachen der „Börsenverein des Buchhandels in der französisch besetzten Zone" gegründet, dem dann die Inhaber oder Leitenden der Buchhandlungen und Verlage in Süd-Württemberg, Süd-Baden und im neuen Bundesland Rheinland-Pfalz bis zum Übergang in den Börsenverein in Frankfurt angehörten.

5.4 Der allgemeine Buchverlag 1946–31. 12. 1949

Unter den bisher geschilderten Umständen war es schon etwas Bedeutendes, daß Karl Maier eigenhändig in das Herstellungs-Auftragsbuch des Buchverlages unter dem „21. Febr. 1946" die ersten beiden Bände der „Lebensgemeinschaften in der Natur" des berühmten Ravensburger Naturforschers Prof. Dr. h. c. Karl Bertsch eintrug, die Bände „Die Wiese als Lebensgemeinschaft" und „Der See als Lebensgemeinschaft". Sie waren damit die ersten in Herstellung genommenen Neuheiten der Nachkriegszeit, die aber erst Anfang 1948 erscheinen konnten, jedoch dann gleich begleitet waren durch die auch 1946 schon in Auftrag gegebenen Bände „Der Wald", „Sumpf und Moor" sowie „Gesteinsfluren und Trockenrasen". Ihnen folgte 1950 noch der 6. Band „Lebensgemeinschaften in den Alpen".

Karl Bertsch hatte diese Manuskripte und die Originalzeichnungen zu den zahlreichen Abbildungen selbst schon in den Kriegsjahren fertiggestellt in ständigem Kontakt mit Karl Maier, dem sie wie aus der Seele und aus seiner eigenen Naturfreundschaft geschrieben waren. Aber im Krieg gab es für solche „Lebensgemeinschaften" kein Papier mehr. Dafür stand ihre Verwirklichung schon beim Wiederbeginn im populären Buchverlag für Karl Maier – und auch mit voller Zustimmung durch Otto Maier – ganz am Anfang. Die zahlreichen früheren Werke und Veröffentlichungen von Karl Bertsch waren durchwegs wissenschaftliche Arbeiten, die in den Rahmen des Otto Maier Verlags nicht gepaßt hätten. Doch diese „Lebensgemeinschaften" waren ganz auf die Tradition des Otto Maier Verlags und die Vorstellungen von Karl Maier abgestimmt.

Zum 100. Geburtstag von Karl Bertsch – der im Oktober 1965 im 88. Lebensjahr in Ravensburg gestorben war – hieß es in der Würdigung durch einen seiner Schüler[11]:

„International berühmt wurde er besonders durch seine Pollenanalyse (Blütenstaub der Bäume aus Torfproben unserer Moore geben Aufschluß über die Waldgeschichte der Nacheiszeit) ... Im Otto Maier Verlag erschien eine sechsbändige Buchreihe über Lebensgemeinschaften ... Lange bevor in unseren Tagen die Bezüge zwischen Mensch und Umwelt erkannt werden, stellte er Mensch, Pflanze und Tier in ihre ökologische Wechselbeziehung ...
... Wenn auch so mancher der sogenannten „Gschtudierten" ihn, den Autodidakten, zuerst nicht ernstnehmen wollte, so zeigten bald seine vielen Beiträge in botanischen und vorgeschichtlichen Fachblättern und seine übrigen Veröffentlichungen und Bücher den hohen wissenschaftlichen Wert seiner Forschung. Er war Korrespondierendes Mitglied mehrer wissenschaftlicher Gesellschaften ... Die Universität Tübingen hat Karl Bertsch schon 1927 mit dem Ehrendoktor ausgezeichnet. Erst zum 80. Geburtstag allerdings wurde ihm der Professorentitel ehrenhalber verliehen."

Diese Bücher erschienen – ihrer Herstellungszeit entsprechend – zuerst nur ganz schlicht kartoniert, ab 1950 auch in einer Halbleinenausgabe und nun mit liebenswürdigen Schutzumschlägen die thematisch entsprechende Naturstücke von Esther Bartning, zeigten, aus deren Hand auch die Entwürfe zu den schönen Umschlägen der Blumenatlanten zehn Jahre zuvor stammten.

Von den ersten 5 Bänden wurden 1948 zusammen 11 792 Stück abgesetzt, von den dann 6 Bänden 1953 zusammen nur 2 789 Stück. Doch von allen Bänden (mit Ausnahme von „Alpen") konnten 1950 oder wenig später weitere, zweite Auflagen, vom Band „Wald" auch noch eine dritte, erscheinen. Diese befanden sich noch bis Mitte der 60er Jahre im Angebot, bis sie regulär ausverkauft und vergriffen waren. Doch drei Jahrzehnte später werden wir dem Namen BERTSCH wiederbegegnen bei einer neuen großen naturkundlichen Publikation, in der der Enkel, Andreas, von Karl Bertsch den Spuren seines bedeutenden Großvaters folgte.

In den Jahren von Anfang 1946 bis 31. 12. 1949 wurde in den folgenden Verlagsgruppen die Herstellung ausgeführt oder eingeleitet:

1. Arbeits- und Beschäftigungsbücher	für 9 Titel	(3)
2. Werkbücher	für 14 Titel	(3)
3. Kunsttechnische Handbücher	für 23 Titel	(5)
4. Sammlung „Spiel und Arbeit"	für 23 Bändchen	(2)
5. Sammlung „Spielbücher"	für 3 Titel	(3)
6. Naturkundliche Ausgaben (incl. Bertsch)	für 12 Titel	(8)
7. Bilderbücher und Jugendschriften	für 16 Titel	(11)
8. Sonstige Ausgaben	für 4 Titel	(4)
insgesamt	für 104 Titel	(39)

Anmerkung: Die in Klammern gesetzten Zahlen bezeichnen die in der Gesamtzahl enthaltenen Neuerscheinungen, die es also zuvor oder während des Krieges noch nicht gegeben hatte.

Es wurde vorher auf die Kriterien hingewiesen, die namentlich die Autoren betrafen, für deren Bücher die ersten Neudrucke ab 1946 bis etwa 1949 eingeleitet wurden und nach und nach erfolgen konnten. Es waren zu etwa zwei Drittel Werke und Titel, die uns aus der früheren Verlagsarbeit bekannt sind. Nach einem Gesamtüberblick wollen wir noch einzelne Erscheinungen von irgendwie besonderer Bedeutung betrachten. Dieser Gesamtüberblick läßt jedoch die Fachbuch-Abteilung, die einer getrennten Darstellung bedarf, außer Betracht und bezieht sich nur auf den „Allgemeinen Buchverlag", wie er damals genannt wurde. Dabei halten wir uns an die Gruppenfolge, wie diese auf S. 141 verwendet wurde.

Nun der Blick auf einzelne besondere Erscheinungen:

Werkbücher: Das „Werkbuch für Mädchen" von Ruth Zechlin war wie das „Werkbuch für Jungen" von Rudolf Wollmann über alle Jahre ein Spitzentitel oder Standardwerk des Otto Maier Verlages geblieben. Es befand sich 1949 mit der neuen 12., wesentlich erweiterten Auflage, dem 129.–135. Tausend, zu einem Preis von DM 11,50 in der Auslieferung. Am 16. 1. 1949 wurde der Auftrag erteilt, die 13. Auflage in der Höhe von 13 000 Exemplaren zu drucken, die dann im Mai 1950 erschien. (Zum Vergleich: Im Jahre 1980 erschien die 39. Auflage mit einem Ladenpreis von DM 29,80.)

Für das „Werkbuch für Jungen" von R. Wollmann liegen nicht alle entsprechenden Zahlen vor. Doch wurde am 17. 8. 1948 der Auftrag für die Herstellung der 8. Auflage von 10 000 Exemplaren erteilt, die aber erst Anfang 1950 erscheinen konnte.

(Auch hier zum Vergleich: Im Jahre 1980 erschien die 36. Auflage mit einem Ladenpreis von DM 29,80.)

Hier ist die zunehmende Aktivität von Ruth Zechlin hervorzuheben. Ihre verlegerische Betreuung hatte nun Karl Maier übernommen, und es war für ihn schwer, diese Aktivität zu bremsen und in Grenzen zu halten, da sie ihr Erfolgsbuch, das „Werkbuch für Mädchen", auf immer neue Art auszuwerten versuchte, was im Urteil des Verlages eher zu einer Entwertung führen konnte. So gab es dann bereits 1949 einen Band „Handarbeiten aus Stoff und Faden", ein „Arbeiten aus Binsen, Bast und Stroh", ein „Weihnachtliches" und dazu eine Serie von Werkbogen „Werkarbeit und Kinderspiel", die jährlich fortgesetzt werden sollte. Diese Serie erwies sich jedoch als völliger Fehlschlag, zumal weder der Verlag noch gar der Handel bei Staffelpreisen von DM -,25 bis -,20 je Bogen dafür Aktivitäten entfalten konnte. Neben dem „Werkbuch für Mädchen", von dem auch weiterhin jährlich zwischen 12- und 14 000 Stück verkauft wurden, konnte nur „Weihnachtliches" in hübscher Ausstattung über Jahre hinweg mit 3–4 000 Stück erfolgreich abgesetzt werden. Wir werden dieser lebhaften und interessierten Autorin noch über Jahre begegnen, wie sie mit ihrem freundlichen, aber ungewöhnlichen Blick – aus einem blauen und einem braunen Auge –, stets mit Papier, Schere und Leimtopf versehen, bemüht war, ihrem Renner, dem „Werkbuch für Mädchen", neue Lichter aufzusetzen.

Bilderbücher und Jugendschriften: Das erste ganz neue Bilderbuch war „Das kleine Bilderlexikon (französisch, englisch, deutsch)" von Susanne Ehmcke. Freilich eine Frucht der Besatzungszeit, fand es in seiner grafischen Lösung wie in der sinnvollen Führung der kleinen und großen Betrachter viel anfängliche Zustimmung, aber keinen anhaltenden Erfolg. Auch Marigard Bantzer mit „Die Straße" und Fritz Loehr mit seinen „Schildbürgern" waren wieder unter den Autoren der ersten, ganz neuen Bilderbücher des Verlages, während Albertine Maier-Dependorf ihre ersten „unzerreißbaren" Bilderbücher (in obiger Zählung nicht enthalten) wie „Erstes Bilderbuch" und „Tierbilderbuch" (und später viele andere) für den Verlag schuf. Und diese unzerreißbaren Bilderbücher erlebten wie danach noch etliche weitere von der Hand der gleichen Künstlerin viele Auflagen und behaupteten erfolgreich bis in die 80er Jahre ihren Platz im Programm des Verlages.

Sonstiges: Hier bemerkten wir 4 Neuerscheinungen. Dabei handelte es sich um erste Versuche von Veröffentlichungen zur Pädagogik. Otto Maier und Karl Maier hielten es in der so veränderten Zeit für nötig und richtig, den vielen Büchern und Spielen des Verlages voll pädagogischer Absichten und Hilfen, einige Schriften, die sich fachlich an Pädagogen wandten, zur Seite zu stellen, – ein Plan, der jedoch erst zwei Jahrzehnte später systematisch angegangen und erfüllt wurde. Immerhin erlebte von den ersten Versuchen das – später umstrittene – Buch „Flegeljahre. Beiträge zur Psychologie und Pädagogik der ‚Vorpubertät'" von Dr. Hans Heinrich Muchow, 1950 erschienen, bis 1967 vier Auflagen mit insgesamt 14 000 Exemplaren.

Damit müssen wir eine ganz andere Frage ansprechen. Bis ins Jahr 1947 war alles noch zu unklar und undurchsichtig: Wohin geht der Weg weiter? Was machen wir ohne Eugen Maier? Der Sohn, Peter Maier (15 Jahre alt) und die Tochter, Dorothee (11 Jahre alt), waren noch in der Schule und ohne berufliche Ausbildung. Karl Maier hatte zwar schon in den Kriegsjahren gewisse innerbetriebliche Aufgaben von seinem Bruder Eugen Maier übernommen, z. B. das Lohn- und Gehaltswesen und anderes mehr. Er hatte aber auch die Betreuung weiterer Verlagsgebiete von seinem Bruder Otto Maier übernommen, zuerst, wie wir sahen, die „Kunsttechnischen Handbücher", nun eigentlich schon den ganzen „Allgemeinen Buchverlag". Andreas Pollitz war mit den großen Ausgaben der Fachbuch-Abteilung und mit BAUEN UND WOHNEN sowie mit der Herstellungsmühsal und anderem ausgelastet. Und der getreue Prokurist Valentin Noll war jetzt – 1947 – bereits 73 Jahre alt und half in „Teilzeitarbeit" mit, seine V. B. wieder in Schwung zu bringen.

Bereits im Frühjahr 1946 kam Frau Dr. Gertraud Kietz, wissenschaftlich versierte Kinderpsychologin, in den Verlag. Ihr war die Entwicklung der beabsichtigten pädagogischen Schriften zugedacht, von denen wir schon erfahren haben. Sie trug auch selbst ihr Buch „Das Bauen des Kindes. Eine Einführung für Eltern und Erzieher." (erschienen erst 1950, viele Jahre später völlig neu bearbeitet im Kösel-Verlag, München) dazu bei. Doch bevor sie auch anderes – wie die Betreuung der Bücher und Beschäftigungsspiele von Johanna Huber – wirklich in die Hand nehmen konnte, erreichte sie die Berufung an eine Universität, der sie dann auch im März 1948 folgte.

Als sich im Frühjahr 1947 Dr. Gerhard Kießling mit Otto Maier in Verbindung gesetzt hatte, schien es, daß er Voraussetzungen mitbrachte, um ein tüchtiger Helfer für Otto Maier und Karl Maier zu werden. Dr. Kießling war

Jahre im Bibliographischen Institut A. G. in Leipzig und dann etliche Jahre bis Kriegsende im Vorstand der Stalling A. G. in Oldenburg/Old. gewesen, beide Verlage verbunden mit großen grafischen Betrieben. Man verständigte sich. Otto Maier räumte seine Wohnung im Hause Marktstraße 22, und die Familie Kießling fand dort ab dem 1. 7. 1947 eine Zuflucht. Dr. Kießling bemühte sich dann vor allem um die Herstellung des „Allgemeinen Buchverlages" und dabei um die ersten neuen Bilderbücher und vereinzelte neue Jugendbücher. Er übernahm auch nach dem Ausscheiden von Frau Dr. Kietz die Fortführung der Arbeiten für die ersten pädagogischen Veröffentlichungen. Dr. Kießling konfrontierte Otto Maier und Karl Maier im Frühjahr 1952 mit sehr weitgehenden Forderungen. Als diese nicht erfüllt werden konnten, verließ Dr. Kießling mit dem 31. 12. 1952 den Verlag und Ravensburg wieder.

Diese Ansätze und Versuche, die große für den Spiele-Verlag entstandene Lücke zu schließen, waren damit fehlgeschlagen.

5.5 Der Spiele-Verlag – die V. B. – die Druckerei 1946 – 31. 12. 1949

Eugen Maier hatte mit dem Vorkriegsprogramm in hervorragender Ausstattung und immer noch gültiger grafischer Gestaltung einen Fundus hinterlassen, zu dessen Wiederaufbau allein, wie sich dann zeigte, es etlicher Jahre bedurfte. Und bis zur Währungsreform konnte daran überhaupt nicht gegangen werden. Danach bestand, wie ein Titelbild-Prospektblatt aus dem 2. Halbjahr 1948, also nach der Währungsreform, ausweist, das ganze Angebot des Spiele-Verlages aus:

> 6 Lottos
> 4 Beschäftigungsspielen
> 3 Kinderspielen
> 9 Würfel- und Brettspielen und
> 11 Quartett- und Kinderkartenspielen.

Mit diesem Programm besuchte der Verlag auch die erste Internationale Spielwaren-Messe in Nürnberg im Frühjahr 1949. Es war so bescheiden wie auch sein Stand dort an einer Treppe des Wieseler-Hauses.

Ein halbes Jahr später, genau am 7. 10. 1949, waren aus einem schon viel umfangreicher vorgesehenen Programm der „Ausgaben 1949/50" gerade nur 27 Spiele verschiedener Gruppen, ferner 13 „Beschäftigungen in Mappenausgaben" (1400-er) und eine größere Auswahl von Malheften lieferbar.

Es mangelte immer noch an gutem Rohmaterial, vor allem an gelagerten Pappen, aber auch an Drucken und mancherlei Zutaten, z. B. für die Beschäftigungsspiele.

Es fehlte dagegen noch nicht an Spielen usw., die aus dem früheren Programm unverändert wieder aufgenommen werden konnten. Und es gab auch wieder Vorschläge für ganz neue Spiele, entweder von schon erfolgreichen Urhebern oder auch dem Verlag unverlangt zur Annahme vorgeschlagen und eingesandt.

Es fehlte auch nicht an tüchtigen Mitarbeitern und Mitarbeiterinnen in der V. B. Teils nach längerer Kriegsgefangenschaft waren die Buchbinder Karl Redolf, Anton Scham und Hans Mezler jun. zu ihrem alten Meister Mezler sen. zurückgekehrt, wie ebenfalls die Frauen, die im Krieg anderweitig dienstverpflichtet waren.

Immerhin hatte die Belegschaft des Gesamtunternehmens – also der Verlag und V. B. zusammen – am 1.7. 1949 wieder die Anzahl von 65 Mitarbeitern (30 Angestellte und 35 Arbeiter bzw. Arbeiterinnen) sowie 6 Lehrlinge erreicht.

Unerläßlich aber war es, einen Nachfolger für Herrn Noll zu finden, wenigstens soweit es um die Arbeitsplanung und -vorbereitung und um den Einkauf ging. Mit Heinz Weiß, aus einer alten Ravensburger Kaufmanns-Familie stammend, aber in Mannheim aufgewachsen, kam dieser Nachfolger im Herbst 1946 und wurde von Herrn Noll so eingewiesen, wie dieser alles bis dahin selbst gemacht hatte, und wurde damit auch in die „Geheimnisse" der Zusammenstellung von Sammel-Druckbogen eingeführt.

Die V. B. selbst hatte zwar den Krieg ohne Schaden überstanden, aber der Demontage durch die Besatzung konnte sie nicht ganz entgehen. Die neueste (kleinere) elektrische Schneidmaschine (Baujahr etwa 1938) wurde im Winter 1945/46 abgebaut und abtransportiert, während es trickreich gelang, die für die weitere Produktion nahezu unerläßliche große Schneidmaschine so als veraltet und unbrauchbar zu frisieren, daß sie der V. B. erhalten[14] blieb.

Problematischer stand es um die von den Herren Döhler und Schorsy betriebene Druckerei mit den verlagseigenen (uralten) Pressen. Die beiden Fachleute hatten sich getrennt, und nach Kriegsende mußte Herr Schorsy für geraume Zeit erst einmal in seine holländische Heimat zurückkehren, um sich dadurch die holländische Staatsangehörigkeit zu erhalten. Dann, irgendwann – vermutlich im Frühjahr 1946 – kehrte er aber nach Ravensburg und zu seiner Familie zurück und setzte, hoch oben unter dem Dach des Hauses Burgstraße 11, die Offsetpresse wieder in Bewegung.

Damit, und weil es die frühere Firma Döhler & Schorsy nicht mehr gab, hing die Neugründung zusammen, die vom Amtsgericht Ravensburg wie folgt bekanntgemacht wurde[15]:

„Neu: B 12. Am 12. Januar 1947. Die Firma Graphische Kunstanstalt Maier, Gesellschaft mit beschränkter Haftung, Sitz in Ravensburg. Gegenstand des Unternehmens: Betrieb einer Stein- und Offsetdruckerei mit graphischer Kunstanstalt. Stamm-Kapital: 20 000.- RM. Geschäftsführer: Otto Maier, Verlagsbuchhändler, und Karl Maier, Verleger, beide in Ravensburg. Ein jeder ist berechtigt, die Gesellschaft allein zu vertreten. Der Gesellschaftsvertrag ist am 3. Mai 1946 abgeschlossen."

Während Schorsy druckte, erhielten frühere Mitarbeiter von Döhler die ersten Aufträge für die Anfertigung von Handlithographien. Im Jahre 1949 starb Herr Schorsy, und es gab viele Schwierigkeiten, geeignete Nachfolger für ihn zu finden.

5.6 Die Fachbuch-Abteilung 1945–1952

Schon mehrmals haben wir erste Einblicke in die Fortführung der Fachbuch-Arbeit in Thunau wie in Ravensburg getan, so mit dem Baden-Badener Bericht von Otto Maier[10] und auch in dem Kapitel BAUEN UND WOHNEN. Jedes der neuen großen Fachbücher bedurfte mehrjähriger Autoren- und Redaktionsarbeit, der Anfertigung von meist vielen hundert Zeichnungen, der Reproduktion, der Satzherstellung usw. Aber auch jede Neuauflage der früher erschienenen Werke verlangte unter den Umständen jener Zeit zwei und mehr Jahre der Einleitung und Verwirklichung.

Es war ein glücklicher Zufall, daß die noch 1944 in Auftrag gegebene 5. Auflage des „Möbelbau" mit 3 500 Exemplaren, d. h. zunächst das Papier dazu und der Stehsatz, in Stuttgart heil die letzten Kriegswirren überstanden hatte und – nach Lizenzierung in Baden-Baden – ab Frühjahr 1946 in kleinen Binderaten von der Buchbinderei Wennberg nach Ravensburg geliefert werden konnte.

Sonst aber mußte man sich auch hier wie anderswo zunächst mit Klein-Schrifttum zufrieden geben. Es war trotzdem etwas Besonderes, als im Herbst 1946 die allererste Neuerscheinung der Nachkriegszeit fertig vorlag: die nur 24 Seiten umfassende Schrift „Massivholz – Sperrholz – Gußholz? Das Gebrauchsmöbel der Zukunft" von Karl Nothhelfer, bezeichnet als „Kleine Schriftenreihe für die gestaltende Welt. Heft 1" (der allerdings nie weitere folgten). Aber auf der vierten Umschlagseite waren Neuauflagen von „Das Sitzmöbel", „Der Möbelbau" und „Das Drechslerwerk" vorangekündigt mit dem Vermerk: „(Stand vom 1.7.1946)."

Der Plan einer „Kleinen Schriftenreihe", speziell für Architekten, hat Otto Maier in jenen Jahren immer wieder beschäftigt. Anfang 1949 erschien im Format und in der Ausstattung wie „Massivholz ..." noch die Schrift „Bauen mit Ruinen" von Walther Schmidt, aber nun bezeichnet als „Schriftenreihe BAUEN UND WOHNEN – Herausgeber: Walther Schmidt". Doch auch diese fand keine Fortsetzung. Für die neue harte D-Mark wollte man nun mehr als nur eine dünne Broschüre bekommen.

Das Frühjahr 1947 brachte dann ein Ereignis, das tatsächlich durch Mark und Bein drang, auch wenn es nachträglich wie eine burleske Episode erscheinen mag. Die Militär-Regierung hatte zunehmend Personalwechsel. Die Reservisten drängten auf ihre Entlassung. So gingen der Lt. Ripault und sein jüngerer Assistent Lt. Jean-Jacques Nathan, Sohn des Verlegers Fernand Nathan in Paris, mit denen man sich nahezu angefreundet hatte, nach Frankreich zurück. Statt dessen erschien ein M. Martin in Baden-Baden, der bald als Deutschenhasser galt und zu glauben schien, einen unter seinen Vorgängern eingerissenen Schlendrian abstellen zu müssen.

Der Otto Maier Verlag hatte die für ihn wichtigsten Autorisationen zum Vertrieb noch vorhandener Bestände und für die Inangriffnahme von Neuauflagen und erster Neuerscheinungen schon in Händen, darunter auch für kostbare etwa 500 Exemplare des schönen Ornament-Buches von W. von Wersin. Allerdings war damit in diesem Falle die Auflage verbunden, in der Herkunftsbezeichnung etlicher Abbildungsbeispiele aus „Deutsch-Ostafrika" das Wort „Deutsch" durch Übertuschen unleserlich zu machen.

Zu Beginn der Osterwoche 1947 traf beim Verlag ein Telegramm des M. Martin ein, das Otto Maier befahl, sich am Morgen des Karfreitag bei ihm in Baden-Baden einzufinden. Was war geschehen? Was sollte womöglich geschehen? Otto Maier selbst und alle, die davon erfuhren, waren ahnungslos.

In Baden-Baden hielt M. Martin Otto Maier eines der als Beleg dort von ihm gefundenen Prüfstücke des Ornament-Buches vor und donnerte ihn an, was er sich denn eigentlich dabei denke, damit noch Hakenkreuz-Abbildungen zu verbreiten?!

Es handelte sich um drei Abbildungen des ja schon in Baden-Baden geprüften und zensierten Buches:

Abb. „ 37. Attische Deckelbüchse. 8. Jahrhundert vor Christi"

Abb. „ 90. Chinesische Porzellanschale. 18. Jahrhundert"

Abb. „143. Porzellanschalen mit durchbrochenen Wänden. China. Um 1700."

Otto Maier und die Autoren des Buches hatten bei seiner Zusammenstellung den Symbolgehalt von Ornamenten nur gestreift und aus der Lehre wie der Darstellung bewußt ausgeschlossen. Wo tatsächlich das Sonnenrad erschien, war es ein Beispiel gegen die „germanische" Beanspruchung dieses Zeichens durch die NS-Zeit gewesen. Nun mußte Otto Maier sich verpflichten, alle noch erreichbaren Exemplare des Ornament-Buches vernichten zu lassen. Und nur, weil die Verleger Dr. Josef Knecht, Hermann Leins und Georg Siebeck sich für die Integrität Otto Maiers verbürgten, nahm M. Martin von weiteren Folgerungen Abstand.

Von der Papierfabrik Schachenmayr in Mochenwangen wurde die Vernichtung in der Papiermühle schriftlich bestätigt. Otto Maier selbst erfuhr nicht, daß nur Prospekte des Buches zermahlen worden waren, nicht aber die restlichen Exemplare. Danach ist Otto Maier nicht mehr selbst zur Militär-Regierung nach Baden-Baden gefahren. In der 3. Auflage des Ornament-Buches, 1953, wurden die so ahnungslos mißverstandenen Abbildungen ausgelassen.

Das Jahr 1947 brachte dann aber doch auch schon drei neue richtige Bücher in der Fachbuch-Abteilung: „Ordnung und Harmonie der Farben. Eine Farbenlehre für Künstler und Handwerker" von Paul Renner, gedruckt im Februar 1947 bei Bechtle in Esslingen; „Ein Architekt geht über Feld. Betrachtungen zur Baugestaltung" von Walther Schmidt, gedruckt im April 1947 bei Ensslin-Druck in Reutlingen; „Der junge Schreiner. Ein kleines Fachbuch für Handwerk und Schule, auch für Liebhaber der schönen Schreinerei. (Neue, zum Fachbuch völlig umgearbeitete Ausgabe des Werkbuches „Leichte Holzarbeiten)" von Fritz Spannagel, gedruckt im April 1947 bei der Graph. Anstalt Jos. Kösel in Kempten.

Paul Renner, einer der Wegbereiter der neuen Typographie in den 20er Jahren, war Mitbegründer und dann der erste Direktor der „Meisterschule für Deutschlands Buchdrucker" in München (heute: Graphische Akademie). 1933 aus seinem Amt verwiesen, widmete er sich in den folgenden Jahren vor allem der Malerei, aber auch der weiteren Entwicklung der von ihm geschaffenen Schrift „Futura". Aus dieser war eine ganze Schrift-Familie entstanden, die nach dem Kriege über etliche Jahre wie ein Fanal aus der Vor-NS-Zeit wieder sehr viel verwendet wurde. Renner lebte (wie einst Spannagel und jetzt Nothelfer) auch in Hödingen/Überlingen. Wenn es ein Zufall war, daß sein Buch am Anfang der neuen Fachbuch-Produktion stand, so war es für den Betreuer im Verlag, Andreas Pollitz, ein Glück, in die strenge Zucht des Typographen Paul Renner genommen zu sein, von dem er noch vieles gelernt hat. 20 Jahre nach der „Entwicklung der abendländischen Schriftformen" von F. H. Ehmcke war die „Ordnung und Harmonie der Farben" von Paul Renner, illustriert mit acht in sieben Farben delikat gedruckten Tafeln, ein Wahrzeichen verlegerischer Tradition und des guten Beginns einer sehr veränderten Zeit.

Das Buch hatte die beträchtliche 1. Auflage von 8000 Exemplaren und erlebte 1964 eine 2. (noch schönere) Auflage von 5000 Exemplaren.

Doch schauen wir noch einmal in das Jahr 1946. In diesem Jahr war der Gewerbeschulrat und Architekt Anton Caspar Behringer (während des Krieges Major d. R. i. G.) nach Ravensburg zurückgekehrt. Otto Maier hatte ihn schon vor dem Kriege für das mit Herrn Dessecker, Stuttgart, geplante Maurer-Fachbuch zu Rate gezogen und sprach nun gleich wieder mit ihm, der schon viele Jahrgänge von Maurer-Lehrlingen in der Berufsschule herangebildet hatte und das Metier völlig beherrschte.

Man wurde sich einig: A. C. Behringer und Franz Rek (Thunau) miteinander würden das von Otto Maier selbst begonnene „Maurerbuch" voll planen und ausarbeiten; Behringer für die mehr handwerklichen und damit überwiegenden Teile, Rek für die mehr ingenieurmäßigen Teile des Beton- und Stahlbetonbaues. Der Grafiker Emmerich (Thunau) würde weiter nach den Skizzen der Autoren die Zeichnungen ausführen, während etwas später der junge Architekt Otto Braun (Laupheim) das Durchkonstruieren der Zeichnungen nach den Ideen und Skizzen der Autoren übernahm.

Die Redaktion dafür verlagerte sich mehr und mehr nach Ravensburg. Und im Sommer 1947 wurde die Biberacher Verlagsdruckerei in Biberach/Riß dafür gewonnen – so mußte man es damals schon noch bezeichnen –, die erforderlichen sehr großen Mengen von Bleisatz „auf Verdacht" in die Satzherstellung zu investieren und mit dieser zu beginnen.

Dagegen schien es völlig ausgeschlossen, die benötigten Mengen von Klischeezink für Hunderte von Abbildungen aufzutreiben. Und so wurde dann beschlossen, alle Abbildungen nach Zeichnungen durch Schorsy in Ravensburg auf der Offsetpresse voraus zu drucken, und den Umbruch des Satzes in Biberach genau darauf abzustimmen, daß dieser dort in die Offset-Druckbogen eingedruckt werden konnte. Um die Unterschiede der Druckarten zu überspielen, sollten nach etlichen Versuchen die Offsetdrucke der Abbildungen in einem Terrakotta-Rot, die Buchdrucke des Textes in einem Grün-Schwarz ausgeführt werden.

Alle Beteiligten fühlten, daß die Fertigstellung des Werkes so früh wie überhaupt möglich erfolgen müsse. Besonders A. C. Behringer leistete unter schwierigsten Bedingungen fast Übermenschliches.

Noch sind wir im Jahre 1948. Unter dem, was wir aus den Jahren 1945 bis hierher schon erfahren haben, ist nur knapp erwähnt, daß allerdings auch an

Neuauflagen aller anderen, früheren großen Werke gearbeitet wurde, vordringlich an Neuauflagen der Zimmerer-Fachbücher von Fritz Kress und von diesen vor allem des „Zimmerpolier". Es war damals so unglaublich, wie es heute noch klingt: Am 18. Juni 1948 brachte ein Lastwagen von der Buchbinderei Heinrich Koch in Tübingen eine erste große Binderate der neuen, 8. Auflage des „Zimmerpolier" mit einer Rechnung in Reichsmark. Zwei Tage später hatte jedes Exemplar einen Ladenpreis von 42,– Deutsche Mark. Freilich, auch alles andere, Spiele und Bücher, trug dazu bei, daß schon nach wenigen Tagen des knappen Geldes es auch beim Verlag wieder flüssiger wurde. Aber der „Zuschuß" durch den „Zimmerpolier" war in diesen Sommermonaten 1948 von ausschlaggebender Bedeutung für das baldige Wohlergehen des Verlages.

Von der Arbeit Fritz Spannagels „auf Ittendorf" an seiner „Bauschreinerei" wissen wir seit 1939. Schon während des Krieges waren nicht nur viele Klischees dafür angefertigt, sondern es waren auch bereits seit 1940 erste Teile des Manuskripts in der Druckerei Bechtle, Esslingen, nach den typographischen Richtlinien von Helmut Hauptmann abgesetzt worden. Aber es gab immer wieder und mehr Verzögerungen durch die zunehmenden Hemmnisse des Krieges und auch der Nachkriegszeit, in der zuerst die Weiterarbeit seitens der französischen Militär-Regierung genehmigt – „autorisiert" – werden mußte. Zugleich jedoch wuchs und wuchs das Material für das Werk, Texte und Zeichnungen, auch immer weiter. Anfang 1949 konnte Bechtle endlich mit dem Auflagendruck beginnen: In dem Impressum der 1. Auflage hieß es: „In den Jahren 1940 bis 1949 gesetzt und gedruckt bei der Buchdruckerei Richard Bechtle, Esslingen a. N."

So sehen wir denn im 2. Halbjahr 1949 wie in einem Wettrennen der Fertigstellung des „Maurerbuch" und der „Bauschreinerei" entgegen, und im November 1949 trafen die ersten Binderaten beider Werke in Ravensburg ein und kamen sofort zur Auslieferung:

Am 9. November 1949:
„Das Maurerbuch.
Ein Fachbuch für Geselle, Polier und Meister. Ein Buch der Praxis für Baumeister, Architekten und Lehrer" von Anton C. Behringer und Franz Rek.
328 Seiten und 40 Kunstdrucktafeln, 22,5 × 29,5 cm groß, mit 874 Abbildungen nach Zeichnungen und 145 Fotos. Preis DM 55,–.

Und – nach ersten Probebänden Ende Oktober – kam am 23. November 1949:
„Die Bauschreinerei.
Türen und Tore – Band I. Ein Fachbuch für Bauschreiner, Architekten und Lehrer. Auch ein Beitrag zur Baukultur" von Fritz Spannagel.
504 Seiten, 22,5 × 29,5 cm groß, mit 1 813 Abbildungen. Preis DM 65,–.

Bis Anfang Dezember 1949 waren 4 091 Exemplare vom „Maurerbuch", d. h. die gesamte 1. Auflage, schon ausgeliefert, war das Werk also bereits vergriffen. Und bis 31. 12. 1949 waren auch 1 662 Exemplare der „Bauschreinerei" ausgeliefert.

Vom „Maurerbuch" mußte sofort der Druck einer 2. Auflage, die durch Vorbestellungen schon im voraus vergriffen war, in Angriff genommen werden, ein nicht geringes Unterfangen nach dem Tode von Herrn Schorsy und bei den unstabilen Verhältnissen in der Offsetdruckerei. (Für die 3. Auflage, im Sommer 1950, wurden deshalb auch sämtliche Textillustrationen klischiert, um dann und weiterhin nur in einem Buchdruckgang stets zusammen mit dem Text und auch nur noch einfarbig schwarz gedruckt zu werden.)

Im Jahre 1950 erreichte das „Maurerbuch" einen Absatz von 15 766 Exemplaren und die „Bauschreinerei" von 2 831 Exemplaren.

Doch sei das Angebot und der Absatz der neuen und der neuaufgelegten großen Fachbücher für die beiden Jahre 1949 und 1950 zusammengefaßt:

	1949	1950
Behringer-Rek, „Maurerbuch"	4 091	15 766
Kress, „Prakt. Zimmerer"	4 700	3 400
Kress, „Zimmerpolier"	5 786	5 250
Kress, „Treppen- und Geländerbauer"	5 302	5 367
Nothhelfer, „Sitzmöbel"	3 243	1 398
Spannagel, „Bauschreinerei"	1 662	2 831
Spannagel, „Drechslerwerk"	2 080	191
Spannagel, „Der Möbelbau"	9 700	9 326

So wird erst deutlich, daß nun ein ganzes Programm angeboten und mit erstaunlichem Erfolg auch verkauft werden konnte. Diesen Erfolg verdankte der Verlag in erster Linie und in weit überragendem Ausmaß seinen etwa 60–80 Kunden im Reise- und Versandbuchhandel.

Diese Firmen arbeiteten wieder wie einst mit Vertretern und hatten dafür in jenen Jahren noch eine oft sehr qualifizierte Auswahl. Die noch junge Bundesrepublik war eine einzige Baustelle, und für sehr viele, die nun am Bau arbeiteten, galt der Satz aus dem Vorwort im „Maurerbuch": „Das Buch soll auch demjenigen ein Leitfaden sein, der durch die Zeitumstände gezwungen zum Baugewerbe übertritt und sich durch Selbststudium zum tüchtigen Baufachmann heranbilden will."

So konnten die Buchvertreter oft auf einer Baustelle zehn, ja zwanzig und mehr Exemplare vom „Maurerbuch" und dazu noch verschiedene „Kress" verkaufen. Noch war der Reise- und Versandbuchhandel mit 50% Rabatt vom Ladenpreis zufrieden und gab davon 2/5 bis 1/2 an seine Vertreter weiter. Verkauft wurde zumeist auf Raten und bezahlt wurde an den Verlag in zunehmendem Maße mit Wechseln. Es gab darunter schon Kunden mit Jahresumsätzen beim Verlag um oder über DM 100 000,–.

Schon 1913 erfuhren wir, daß Otto Maier ein Buch „Ästhetik des Städtebaues" vereinbart hatte, das aber wegen des ersten Weltkrieges nicht zur Ausführung kam. Doch hieß es dazu: „... das Thema, das ihm Zeit seines Lebens weiter am Herzen lag." (s. S. 78) Drei Jahrzehnte später, genau während des Zweiten Weltkrieges, und als eine Verwirklichung noch weit unmöglicher erscheinen mußte, von ihm unter den Eindrücken des unheimlichen Bombenkrieges aber für einmal unerläßlich gehalten wurde, kam Otto Maier in Verbindung zu Dr. Erich Kabel, damals Stadtbaudirektor von Frankfurt/M. Dieser hatte 1942 einen Vortrag über Themen des Städtebaus gehalten, und Otto Maier regte ihn an, diesen zu einem Buch zu erweitern und zu vertiefen und auch zu illustrieren.

Das Manuskript und die Zeichenarbeit waren im Juni 1945 abgeschlossen, und in seinem Baden-Badener Bericht[10] nannte Otto Maier das Buch als erstes, das zur Genehmigung eingereicht werden sollte. Mit dem Titel „Baufreiheit und Raumordnung. Die Verflechtung von Baurecht und Bauentwicklung im Deutschen Städtebau" konnte es nach mancherlei Zutun schließlich erst 1949 gedruckt werden und erscheinen. Der Verfasser hat es nicht mehr erlebt. Er war im September 1948 einem schweren Leiden erlegen.

In dem gleichen Bericht[10] ist ebenfalls ein „Wohnhausbuch von Prof. Fischer" schon erwähnt. Professor Dr. Ing. e. h. Alfred Fischer-Essen, gebürtiger Stuttgarter, war von 1911 bis 1933 Lehrer und dann Direktor der Folkwang-Schule in Essen gewesen und hatte von dort aus zahlreiche Siedlungs-, Wohnungs-, Industrie- und Zweckbauten im Industriegebiet und anderweitig in der Haltung des „Neuen Bauens" der Zeit nach dem ersten Weltkrieg geplant und ausführen lassen können. In einem Verlagstext hieß es: „Obgleich Alfred Fischer sich gerade in Wohnbauten des Industriegebietes als sozial denkender und wirkender Baumeister erwiesen hatte, mußte er 1933 seine Lehrtätigkeit beenden."[16] Er lebte und wirkte von da an in seinem Landsitz bei Murnau/ Obb., und dort entstand in etwa 10 Jahren – während der Kriegsjahre schon in ständiger Verbindung und Absprache mit Otto Maier – sein Werk „Wohnhausform. Wege zur Gestaltung".

Dieses Buch konnte 1950 erscheinen. Es hatte das ungewöhnliche, fast quadratisch wirkende Format 26 × 29 cm und enthielt bei einem Umfang von 176 Seiten 141 Bildtafeln. Der Darstellungstechnik des Autors kam der erstmals für ein großes Fachbuch gewählte Offset-Kunstdruck (ausgeführt durch die Kunstdruckerei Künstlerbund Karlsruhe) ganz entgegen. Der Textsatz, in der Futura, entsprach voll dem Stil des ganzen Werkes.

Für den Autor war sein großes Buch wie sein Testament. Er starb wenige Monate nach dessen Erscheinen. Für Otto Maier war es weit mehr als das von Kabel die Verwirklichung seiner Vorstellung von Fachbüchern für Architekten.

Wir wissen, wie hoch Otto Maier die Notwendigkeit und die Chancen der großen handwerklich-technischen Fachbücher für die Interessenten wie für eine erfolgreiche Fortsetzung der eigenen Verlagsarbeit selbst eingeschätzt hat, wie sehr auch für ihn diese Fachbücher absoluten Vorrang hatten. Doch nach der eigenen Vorplanung, mehr und mehr dann auch nur der Kenntnisnahme solcher Vorplanung zwischen Autoren und dem Betreuer im Verlag, wollte er sich mit den technischen Inhalten wie mit der herstellungstechnischen Seite und ihren Details nicht mehr gerne selbst befassen. Ihm lagen vielmehr alle Fragen und Aspekte von Gestaltung und Form am Herzen, wie diese im ganzen Bauwesen, in der Architektur, im Städtebau, in der Landschaft und Umwelt zum Ausdruck gebracht wurden. Deshalb bemühte er sich um ein zweites Programm von Fachbüchern für Baumeister, Architekten und Stadtplaner, wohl wissend, daß damit keine Erfolgszahlen wie bei den großen handwerklich-technischen Fachbüchern zu erzielen waren, aber mit der Bereitschaft, aus den vorerst so beachtlichen Erlösen dort einiges in dieses zweite Programm zu investieren.

Genau hier ist ein Plan und das daraus entstandene Buch noch etwas ausführlicher darzustellen. Ob die Verbindung dafür durch die Zeitschrift „BUW" oder ihren Schriftleiter, Hermann Blomeier, oder ganz anders zustande kam, mag heute unwichtig sein. Jedenfalls fand Prof. Hans Volkart, gebürtiger Schweizer und Lehrer für Gebäudelehre und Entwerfen an der Technischen Hochschule (heute: Universität) Stuttgart, im Jahre 1949 bei Otto Maier eine geradezu begeisterte Zustimmung zu seinem Vorschlag einer zusammenfassenden Darstellung des Bauens in der Schweiz seit etwa 1930. Wie sehr liebte Otto Maier die Schweiz, ihr Erscheinungsbild und das alemannisch-verwandtschaftliche Wesen ihrer Menschen und Mundart. Die Schweiz war nicht nur für ihn, sondern für viele in der Nachbarschaft wie ein Paradies, das sich friedlich und menschlich weiterentwickelt hatte, während rundum die Länder verwüstet und zerstört worden waren. Noch im Sommer 1949 fuhren Otto Maier, in Begleitung seines Sohnes Otto Julius Maier, und Prof. Volkart – nach dessen wohlvorbereitetem Programm –, durch die ganze Schweiz, um die für das Buch in Aussicht genommenen Bauten persönlich zu besuchen und deren Architekten kennenzulernen. Das ganze Jahr 1950 arbeitete Volkart mit einigen jüngeren Helfern an der Auswahl und Ordnung des sehr umfangreichen, glänzenden Bild- und Zeichnungsmaterials und an den Texten dazu. Volkart war beispielhaft in seiner Arbeitssystematik. Am 1. Januar 1951 schrieb er das Vorwort zu seinem Werk, das dann – hervorragend, wie wenn es in der Schweiz selbst entstanden wäre, durch Ensslin-Druck, Reutlingen, hergestellt – im Herbst 1951 erschien. Es hieß: „Schweizer Architektur. Ein Überblick über das schweizerische Bauschaffen der Gegenwart." Es zeigte 598 Abbildungen (334 Fotos und 264 Zeichnungen) und gliederte sich in die Teile:

Wohnhaus – Siedlung – Miethaus – Schulen – Kirchen – Spitäler – Geschäftshäuser – Fabriken – Anlagen für Feste, Sport und Spiel.

Das Buch hat in der Bundesrepublik großen Einfluß auf die damalige Neubau-Planung gehabt und in der Schweiz selbst berechtigten Stolz und Befriedigung ausgelöst.

Daneben und danach folgten noch weitere Fachbücher für Architekten, die nicht mehr einzeln behandelt werden sollen. Doch sei wie bei den handwerklich-technischen Fachbüchern, allerdings der späteren Veröffentlichung wegen um ein bis zwei Jahre verschoben, auch ein Überblick über das Angebot und den Absatz gegeben:

	1950	1951
Fischer-Essen, „Wohnhausform" (1950)	1 054	600
Harbers, „Das eigene Heim" (1951)	–	3 525
Kabel, „Baufreiheit und Raumordnung" (1949)	287	142
Schmidt, „Ein Architekt geht über Feld" (1947)	380	235
Schmidt, „Amtsbauten" (1950)	969	342
Volkart, „Schweizer Architektur" (1951)	–	3 428
Wolf, „Vom Grundriß der Volkswohnung" (1950)	1 095	503

Eine weitere, kleinere Gruppe, die als „Kunsthandwerk" bezeichnet werden kann, darf schließlich nicht ganz unerwähnt bleiben: 1950 erschien das große und sehr schöne Fachbuch „Metall. Werkformen und Arbeitsweisen" von Dr. W. Braun-Feldweg, Geislingen-Schwäbisch Gmünd. Im gleichen Jahr kam auch „Glas – Werkstoff und Form" (mit dem ursprünglich eine mehrbändige Folge beginnen sollte), von Walter Dexel. 1951 erschien „Kirchengeläute", ein Glockenbuch von Hans Rolli, Karlsruhe.

Diese letzte Gruppe ebenso wie diejenige der Fachbücher für Architekten waren kaum noch für den Reise- und Versandbuchhandel und seine Vertreter geeignet und von Interesse. Nur eine so bedeutende Fachbuchhandlung für Architektur des Herrn (späteren Senators e.h.) Karl Krämer in Stuttgart oder die mit dem Verlag befreundeten Fachbuchhandlungen L. Werner (Josef Söhngen) in München und G. Willi Henne in Aalen, auch Wasmuth in Berlin und andere, waren dafür sehr aktive Anbieter und Abnehmer.

1950 hatte Otto Maier selbst noch die Verbindung gesucht und gefunden zu Jan Tschichold, einst unter und mit Paul Renner Lehrer und Meister der Schriftkunst an der „Meisterschule für Deutschlands Buchdrucker" in München, aber schon 1933 in die Schweiz, nach Basel, emigriert. Otto Maier konnte Tschichold dafür gewinnen, das große „Meisterbuch der Schrift. Ein Lehrbuch mit vorbildlichen Schriften und Alphabeten aus Vergangenheit und Gegenwart" auszuarbeiten. Tschichold war ein ungemein schwieriger, aber hervorragender Könner und Kenner. Ursprünglich Avantgardist der Neuen Typographie war er – gleich nach dem Kriege in England mit einer typographischen Neugestaltung des ganzen Komplexes der Penguin-Books über zwei bis drei Jahre betraut – zu einem Klassiker der Buchgestaltung geworden. Otto Maier sah das „Meisterbuch" heranwachsen und Gestalt gewinnen und hatte seine Freude daran, – es sollte auch ein Meisterbuch unter den Fachbüchern werden.

Als in diesem Jahre 1950 der Architekt Prof. Heinrich Schmitt, Ludwigshafen/Rh., a.o. Professor an der TH Karlsruhe, Otto Maier in Ravensburg und Thunau besuchte, brachte er den Vorschlag eines umfassenden und dementsprechend auch umfangreichen, ja enormen Werkes mit einer Gesamtdarstellung der Hochbaukonstruktion mit. Prof. Schmitt, außerordentlich erfolgreich und beschäftigt, besonders in allen Bausparten der chemischen Industrie, verfügte über ein sehr großes Büro mit 20–30 Mitarbeitern und wollte darin die gesamte Zeichenarbeit der auf mehr als 3 000 vorausgeschätzten Abbildungen ausführen lassen und so auch selbst finanzieren. Im Vergleich zu seinen jahrelangen Sorgen mit Spannagel mußte Otto Maier dieses Angebot wie ein Geschenk des Himmels empfinden, er unterschrieb den Verlagsvertrag und Prof. Schmitt begann die Arbeit. Beide konnten nicht ahnen, daß der Autor schon bald durch eine schwere Erkrankung diese Arbeit für ein ganzes Jahr unterbrechen mußte und erst 1954/55 für die 1. Auflage abschließen konnte.

Aber dann setzte 1951 eine Distanzierung Otto Maiers gegen die Planung weiterer großer Werke ein, er bekam Bedenken, damit fortzufahren wie bisher. Gut, er billigte noch den Plan und den Vertrag über ein Buch mit guten internationalen Beispielen „Schmiedeeisen und Leichtmetall am Bau" des Dr. W. Braun-Feldweg, des Autors von „Metall".

Otto Maier stimmte auch dem Plan für ein Buch „Neuer Wohnbau" mit dem Bundesministerium für Wohnungsbau zu wie demjenigen für die „Autogerechte Stadt" des Städteplaners und Architekten Dr. H. B. Reichow. Schwierig war es dagegen, ihn auch für den Plan eines großen Fachbuches für Feinmechaniker zu gewinnen, dessen Autor, den jungen Ingenieur Walter Mink, Otto Julius Maier und Andreas Pollitz 1951 im Odenwald auf Empfehlung eines wichtigen Fachbuch-Händlers kennengelernt hatten.

Doch damit sind wir hier in der Darstellung der Arbeit der Fachbuch-Abteilung schon bis in das Jahr 1952 gelangt. Bevor wir für den Allgemeinen Buchverlag und den Spieleverlag noch einiges aufzuholen haben, ist jedoch auf eine organisatorische Besonderheit der Fachbuch-Abteilung hinzuweisen.

Wie in Ansätzen schon vor dem Kriege sichtbar geworden, durch die Etablierung in Thunau während des Krieges und einige Zeit danach noch deutlicher gemacht, so war ab 1946 die Fachbuch-Abteilung ein spezieller Verlag im Otto Maier Verlag selbst. Die Detail-Planung und -Korrespondenz mit den Autoren (und den damals zuständigen Stellen), die eigentliche Redaktion für Text und Bild, der Einkauf, die Herstellung, Vertrieb und Werbung, Lagerhaltung und Auslieferung waren bei einem kleinen Team in der Fachbuch-Abteilung konzentriert und von der übrigen Verlagsarbeit getrennt. Nur die Buchhaltung war integriert, obgleich auch dort für Kreditoren und Debitoren getrennte Konten der Fachbuch-Abteilung geführt wurden. Außerdem liefen im Packraum wie im eigentlichen Versand die kleineren Sendungen zusammen. Die ganze Arbeitsgruppe saß mit aufgeteilten Aufgaben in dem heutigen Geschäftsleitungsbüro von Frau Hess-Maier – 1949/50 durch Karl Nothhelfer neu, teils mit Einbauschränken, möbliert – zusammen und würde heute wohl ein „Funktionsbüro" genannt werden. 1948 kamen die „Kapelle", das heutige Büro von Otto Julius Maier, und ein winziger Raum davor hinzu. Die Lagerräume befanden sich darunter im heutigen Ausstellungsraum und in dem vorderen Teil des heutigen Historischen Archivs, vergittert und verschlossen, denn jedes einzelne der großen Fachbücher mußte auf den Lagerkarten durch Auslieferung oder Lageristin abgebucht werden.

Die Anlieferungen von den auswärtigen Buchbindereien erfolgten in der Marktstraße und wurden durch die „Ladentüre" in der Reihe aller in der Fachbuch-Abteilung Tätigen von Hand zu Hand gereicht bis zum Lagerstoß. Nach 1948 gab es dafür nachher warme Würstle mit Wecken. Im Laufe der Jahre sind so an die 300 000 große Bände, jeder zwischen $1\frac{1}{2}$ und 3 kg schwer, an ihren Lagerplatz gebracht worden. In den Jahren 1950 und 1951 mußte oft umgekehrt wieder aufgeladen werden, als Reisebuchhändler gleich selbst mit dem Lkw kamen, um doch nicht nur die 500 vorbestellten Stücke des „Maurerbuch" zu holen, sondern möglichst noch 200 mehr. Und das alles geschah mit Freude und Spaß und in der noch 6tägigen Arbeitswoche.

Hier ist denn auch festzuhalten, daß es ab Herbst 1946 den allerersten männlichen und zugleich in ihm den allerersten buchhändlerischen Lehrling des Verlages in der Fachbuch-Abteilung gab, Karl-Friedrich Maier, der (nach auswärtigen Wanderjahren) 1957 in den Verlag zurückkehrte, wie es dann noch darzustellen sein wird (s. S. 183).

Als 1948, nach der Währungsreform, „Bauen und Wohnen" und die Abonnenten-Werbung dafür ein Problem zu werden begann, aber auch Vertrieb und Werbung für die wachsende Fachbuch-Produktion nicht mehr so nebenher bewältigt werden konnten, begann Andreas Pollitz nach Hilfe auszuschauen. Bei einem (seinem ersten) Besuch in der Buchhandlung Rieck in Aulendorf sah er einen jungen Buchhändler wieder, den er – wie auch dessen Frau – bei der Buchhandelsgehilfen-Prüfung in Tübingen ein oder zwei Jahre zuvor kennengelernt und geprüft hatte, Erwin Glonnegger. Und dieser zeigte auf behutsame Anfrage tatsächlich Interesse daran, in den Otto Maier Verlag nach Ravensburg zu kommen. Als auch Otto Maier und Karl Maier ihn kennengelernt hatten, war die Einstellung und Mitarbeit von Erwin Glonnegger in der Fachbuch-Abteilung ab 1.1. 1949 beschlossen. Wir werden dem hier erstmals Genannten noch in manchen späteren Zusammenhängen begegnen.

Otto Maier hat diese weitgehend eigenständige Organisation und Arbeit der Fachbuch-Abteilung vor sich selbst und vor anderen als Modell bezeichnet, wie er es gerne einmal auch in den anderen Verlagsbereichen verwirklicht sehen würde. Es war in der Tat eine Art von Modell der erst ein Vierteljahrhundert später gewählten Sparten-Lösung des Verlages.

Otto Maier dachte dabei an die heranwachsende nächste Generation, die er ab dem Jahre 1953 im Verlag erwartete.

Für sich selbst hoffte Otto Maier, mit der erfolgreichen Entwicklung seiner Fachbuch-Abteilung in der bis dahin schwierigsten Zeit der Verlagsgeschichte verlegerische und wirtschaftliche Grundlagen neu geschaffen zu haben, die stark genug waren, auch Wachstum und Fortschritte in den anderen Verlagsbereichen zu bewirken und zu tragen, wie dieses einst schon bei seinem Vater so gewesen war. Die Fachbuch-Arbeit war seine bedeutendste verlegerische Leistung für den Otto Maier Verlag.

5.7 Der allgemeine Buchverlag 1. 1. 1950–31. 12. 1952

Wir schließen hier an die Darstellung für die ersten Nachkriegsjahre (s. S. 151) an. Dort war schon deutlich geworden, daß die weitere Entwicklung der verschiedenen Gruppen im Buchverlag (ohne die Fachbuch-Abteilung) nun ganz in den Händen von Karl Maier lag. Es war nicht, wie wir noch erfahren werden, seine einzige große Aufgabe. Und er begann und entschied auch nichts ohne Absprache und Verständigung mit seinem Bruder, Otto Maier. Ja, in einigen Fällen alter und auch neuer Autorenverbindungen gab es eine Zusammenarbeit zwischen den Brüdern. Doch legte Otto Maier Wert darauf, daß es in Ravensburg unter Karl Maier ohne ihn, Otto Maier selbst, „lief".

Der früheren Übersicht (s. S. 152) folgt hier eine entsprechende neue.

*In den Jahren vom 1. 1. 1950 bis 31. 12. 1952 wurde in den folgenden Verlagsgruppen
die Herstellung durchgeführt oder eingeleitet:*

1. Arbeits- und Beschäftigungsbücher	für 12 Titel	(3)
2. Werkbücher	für 8 Titel	(2)
3. Kunsttechnische Handbücher	für 16 Titel	(8)
4. Sammlung „Spiel und Arbeit"	für 33 Bändchen	(6)
5. Sammlung „Spielbücher"	für 1 Titel	(–)
6. Naturkundliche Ausgaben	für 10 Titel	(1)
7. Bilderbücher und Jugendschriften	für 6 Titel	(4)
8. Sonstige Ausgaben	für 5 Titel	(5)
insgesamt	für 91 Titel	(39)

Anmerkung: Die in Klammern gesetzten Zahlen bezeichnen die in der Gesamtzahl enthaltenen Neuerscheinungen, die es also zuvor oder während des
Krieges noch nicht gegeben hatte.

Und hierzu auch wieder ein Blick auf einzelne besondere Neuerscheinungen:

Werkbücher: Was Karl Maier in den ganzen Jahren seiner Flugbegeisterung
nicht gelungen war, konnte er endlich mit dem 1951 in 1. Auflage erschienenen Werkbuch „Der Segelflugmodellbau in Theorie und Praxis" von Alfred
Gymnich verwirklichen, das später noch weitere Auflagen erlebte.

Um ein anderes Buch bemühten sich Otto Maier und Karl Maier gemeinsam. Wir erinnern uns an die „Gartenfibel für Kinder", die dem Verlag vor
dem Krieg verboten worden war, und an deren Autorin Beate Hahn, die noch
in die USA hatte emigrieren können. Die Verbindung zu ihr war früh wieder
hergestellt worden, und 1952 erschien nun ihr neues Buch mit inzwischen gewonnenen neuen Erfahrungen: „Dein Garten wächst mit dir. Vom Kinderbeet
zum Wohngarten. Das Gartenbuch für die Familie. Ein ermunternder Berater
für alle Altersstufen, die Lebensfreude aus der planvollen Gartenarbeit ernten
wollen".

In dieser Gruppe seien noch Absatzzahlen der beiden Renner unter den großen Werkbüchern genannt. In jenen drei Jahren wurden ausgeliefert:
von Zechlin, „Werkbuch für Mächen", 39 938 Exemplare,
von Wollmann, „Werkbuch für Jungen", 28 068 Exemplare.

Kunsttechnische Handbücher: Zu dieser Gruppe ist wohl aufgefallen, daß es
hier mehr Neuerscheinungen als in den anderen gab. Dafür muß zuerst der
alte Freund und Autor der Verleger genannt werden: Prof. Emil Pirchan, schon
seit Jahren in Wien und seiner Theaterwelt lebend und tätig. Von ihm erschien
1950 endlich seine noch während des letzten Kriegsjahres in Österreich für
den Verlag hergestellte „Bühnenmalerei. Das Malen von Theaterdekoratio-
nen." 1951 folgte sein Buch „Maskenmachen und Schminken. Anleitung zur

Ausführung von Maskierungen" und 1952 als drittes eine „Kostümkunde. Die Bekleidung aus fünf Jahrhunderten."

Prof. Kurt Wehlte, inzwischen an die Akademie nach Stuttgart berufen und mit einem eigenen Institut ausgestattet, ließ 1950 seinen anderen Anleitungen „Das Malen mit Wasserfarben. Eine einfache Anleitung für Anfänger beim Gebrauch von Aquarell- und Deckfarben" folgen, sozusagen die dritte Generation des Themas nach dem frühen Buch von Hatton und dem späteren Ersatz durch Nockher.

Und noch ein anderes altes Buch, das „Zeichnen für Alle" von Artur Gruber, wurde abgelöst, als 1952 die „Zeichenschule für begabte Leute" von Prof. Gerhard Gollwitzer – auch an der Stuttgarter Akademie – erschien. Ein fantastisch guter Titel für ein sehr geschicktes und gescheites Buch, frei vom akademischen Zeichenstil, hin zur intuitiven Erfassung des Gegenstandes. Aufforderung und Ermutigung, statt Drill. Ein Buch, das auch sofort tüchtig zu laufen begann.

Naturkundliche Ausgaben: Das einzige neue Werk dieser Gruppe war der 1952 erschienene Bilderatlas „Gartenblumen" von Albertine Maier-Dependorf mit dem Text von Karl Bertsch. Albertine Maier-Dependorf hatte die große Arbeit der 242 Darstellungen von Gartenblumen auf Anregung und im Auftrag ihres Schwagers Otto begonnen, und diese Arbeit war zu einer lebendigen, prachtvollen Galerie gediehen. Obgleich die 4-Farben-Buchdruck-Reproduktionen in der renommiertesten Klischeeanstalt Angerer & Göschl in Wien hergestellt worden waren, wurden die in Stuttgart ausgeführten Drucke nur Annäherungen an die noch heute bezaubernden Originale. Das künstliche Licht in der Druckerei und Schwächen der Druckfarben erlaubten knapp drei Jahre nach der Währungsreform noch nicht die erforderlich gewesene äußerste Qualität.

Bilderbücher und Jugendschriften: 1951 erschien hier in dankbarer Erinnerung an die ihnen auch in der Emigration verbunden gebliebene Freundin der Verleger und frühere Autorin, Elsa M. Hinzelmann, eine Neubearbeitung ihres Romans für junge Menschen „Ma-Re-Li", auf die schon früher hingewiesen wurde. Weit größeren Erfolg erzielten „Die schönsten Gute-Nacht-Geschichten", die aus einem die ganze Erde umspannenden Wettbewerb hervorgegangen waren, den Jella Lepman durch die von ihr schon früh nach dem Kriegsende in München gegründete Internationale Jugend-Bibliothek veranstaltet hatte. Jörg Schmitthenner gab die Sammlung, illustriert von Günther Strupp, heraus. Ihr Betreuer im Verlag war Dr. Kießling. Die 1. Auflage von 10 000 Stück erschien im Herbst 1951, die 2. Auflage in gleicher Höhe im Sommer 1954, für den Otto Maier Verlag bei einem solchen Buch noch ungewohnte Zahlen. Es war nie zu erfahren, warum die in Zürich sitzenden Inhaber der Rechte ohne Rückfrage beim Otto Maier Verlag wenige Jahre später eine Taschenbuch-Lizenz dafür an den Ullstein-Verlag vergaben und der Otto Maier Verlag seine Ausgabe deshalb nicht fortführen durfte.

Sonstiges: Die Neuerscheinungen unter dieser Bezeichnung waren weder Fortführung der Ansätze pädagogischer Fachliteratur noch Zeichen einer Diversifikation, wie eine solche Bezeichnung damals allerdings noch gar nicht benutzt wurde. Man kann eher von Büchern sprechen, die ihren Autoren zuliebe veröffentlicht wurden.

Ein spätes Kind aus der Besatzungszeit und zugleich ein frühes Zeugnis eigener Hoffnungen der Verleger, um das sich die Brüder Otto Maier und Karl Maier auch gemeinsam bemühten, war die deutsche Übersetzung und Ausgabe der Sammlung „Europäischer Volkslieder" des Franzosen Paul Arma. Die Übersetzung schufen die Musiker und Komponisten Dr. Fritz Schröder, damals in Eintürnen/Allgäu, ein Schulfreund der Brüder Maier, und Prof. Dr. Marc-André Souchay aus alter Hugenotten-Familie, damals in Kirchberg bei Tübingen. Es war ein Liederbuch, das durch ungezählte Nachkompositionen für Chöre, Orchester usw. eine bis heute lebendige Ausstrahlung hatte.

Das Kochbuch „Schnelle Küche" von Marianne Fischer, illustriert von Marigard Bantzer, hatte einen ganz anderen persönlichen Anlaß: Der Name der Autorin war ein Pseudonym für Frau Ella Maier-Behrens, von der bald noch zu berichten sein wird.

Der Autor des Buches „Fischwaid in Bach, Fluß und See. Eine Anleitung für erfolgreiches Angeln", Eugen Hager in Romanshorn, von Beruf Lokführer, ist uns als Autor zahlreicher Bändchen der Sammlung „Spiel und Arbeit" mehrfach begegnet. Er war auch ein begeisterter Sportangler, und es war ein Herzenswunsch von ihm, daß Karl Maier dieses Buch herausbrachte.

Das größte Werk in dieser Gruppe ging wieder aus gemeinsamen Wünschen und Bemühungen der Brüder Otto Maier und Karl Maier hervor: „Wald und Mensch. Theorie und Praxis der Waldgeschichte. Untersucht und dargestellt am Beispiel des Alpenvorlandes Deutschlands, Österreichs und der Schweiz" von Felix von Hornstein. Der Herr Baron, Majoratsherr auf Schloß Orsenhausen, aus altem Adel, der dort schon zur Zeit, als Oberschwaben noch zu Österreich gehörte, ansässig und begütert war, war ein bekannter und erfolgreicher Forstwirt. Er half den Verlegern dazu, ein großes, schönes und respektables Buch zu machen, das zwar unter „Naturkundliche Werke" angesiedelt wurde, heute aber unter „Umwelt und Umweltschutz" stehen müßte.

Das meiste, was im Allgemeinen Buchverlag damals neu entstand, war von Karl Maier ganz alleine redigiert und herstellerisch betreut. Er hatte zunächst nicht einmal eine Sekretärin. Da Frau Agnes Groß in der Herstellungsarbeit der Fachbuch-Abteilung ganz und gar beansprucht war, sorgte sich Otto Maier um Unterstützung für seinen Bruder Karl und fand diese zum 1. 4. 1948 in Kamilla Beuter (Schwester des einstigen Lehrlings, der später langjährigen Mitarbeiterin in der Buchhaltung Pia Jakob geb. Beuter). Kamilla Beuter oblag es nun bis 1957, für Karl Maier, also den Allgemeinen Buchverlag und teilweise den Spiele-Verlag, die Lagerbuchhaltung und die Klischee-Verwaltung zu führen. Dazu kamen die Vor-und Nachkalkulationen, die Rechnungsprüfung und die Honorarverwaltung. Es gehörten der Papiereinkauf und die Überwachung aller Nachdrucke dazu, aber auch die Aufstellung der jährlichen Inventur mit Preisen, Erfassung der Vorausgaben und Honorar-Rückstellungen. Und eine

Spezialität: Beschaffung der sog. „Bestandteile" zu Modellen der „Spiel und Arbeit"-Bastler wie Gußteile, Motor-Ankerbleche, Linsen verschiedenster Art, Spiegel, Märklin-Lok- und Wagenräder u. a. m., die der Verlag anbot und lieferte.

5.8 Der Spiele-Verlag – die V. B. – die Druckerei 1. 1. 1950–31. 12. 1952

Inzwischen hatte es sich Schritt für Schritt so ergeben, daß Karl Maier auch für die redaktionelle Planung und weitere Entwicklung im Spiele-Verlag initiativ und zuständig wurde und mit den getreuen Mitarbeitern in der V. B. ebenfalls den Wiederaufbau des alten Programms zügig vorantrieb. So hat sich denn auch bis Ende 1952 das noch kärgliche Bild der Jahre 1948/49 (vgl. S. 155) in ein wieder eindrucksvolles Angebot gewandelt. Dieses umfaßte nun in den einzelnen Gruppen:

Quartette und Kinderkartenspiele	21 Titel	(1)
Würfel- und Brettspiele	23 Titel	(5)
Lottospiele	9 Titel	
Sonstige Gesellschaftsspiele	5 Titel	(1)
Beschäftigungsspiele	32 Titel	(6)
zusammen	90 Titel	(13)
davon 16 in 2 oder mehr Ausgaben		
Beschäftigungsspiele in Mappen (1 400-er)	38 Titel	
insgesamt	128 Titel	

Anmerkung: Die Zahlen in Klammern bezeichnen Neuerscheinungen, die in den Gesamtzahlen bereits enthalten sind.

Dazu gab es wieder eine Kollektion von etwa 130 Kinder-Malbüchern sowie von Klebeblättchen, Flechtblättern und Faltblättern.

1952 lagen an der Spitze des Absatzes deutlich 6 Spiele:

Verlags-Nr.	Titel	Ladenver-kaufspreis DM	Absatzzahl Stück
1. 334 a–d	„Fang den Hut"	2,90–7,50	67 620
2. 5512	„Deutschland" neu 1950	3,90	13 471
3. 305	„Der Rhein" neu 1952	3,90	10 523
4. 5594	„Städte Europas" neu 1952	3,90	10 131
5. 258	„Der Schwarzwald" neu 1950	3,90	7 847
6. 5577	„Weltreise" neu 1951	7,50	7 338

2–5 sind Quartette; 2, 3 und 5 neu bearbeitet; 4 Neuerscheinung.

Die im gesamten Spieleabsatz hervorragende Stellung des unvergänglichen „Fang den Hut" zeigt zugleich die wiedergewonnene Leistungskraft der immer noch weitgehend manuellen Produktion in der V. B. Von der teuersten Ausgabe Nr. 334 a zum Verkaufspreis von DM 7,50 wurden allerdings nicht mehr als 554 Stück abgesetzt. Demgegenüber war die Zahl der 1951 völlig neubearbeitet erschienenen „Weltreise" mit dem gleichen Verkaufspreis – 7 338 Stück – auch ein großer Erfolg.

Zeigte 1939 die erste „Weltreise" auf dem Titelbild noch das Flaggschiff der damaligen deutschen Handelsflotte, die „Bremen", einen Ozeanriesen, der sich das „Blaue Band" errungen hatte, so präsentierte nun ein viermotoriges Flugzeug das durch den Krieg heraufgekommene neue Zeitalter des internationalen Flugverkehrs.

Karl Maier folgte mit den Neuerscheinungen dieser Jahre im Spiele-Verlag noch getreu – und dieses ganz bewußt – den Leistungen seines von ihm sehr vermißten und betrauerten Bruders Eugen Maier. Aber ebenfalls seine eigene Geschicklichkeit auf diesem ihm ja auch seit früher Kindheit so vertrauten Gebiet ließ sich bereits deutlich erkennen.

Die V. B. (Verlags-Buchbinderei)
Da wir in diesem Abschnitt wieder die V. B. insgesamt einbezogen haben, ist noch hervorzuheben, daß dort auch weiterhin der größte Teil der Buchproduktion des Allgemeinen Buchverlages kartoniert oder gebunden wurde. (Die Großauflagen der Werkbücher überstiegen allerdings ebenso wie die gesamte Produktion der Fachbuch-Abteilung die Kapazität und die technischen Möglichkeiten der V. B. so weit, daß sie nur von auswärtigen Großbuchbindereien gefertigt und geliefert werden konnten.)

Spezialitäten, die einerseits besonders sorgfältige Pappewahl, andererseits hohes handwerkliches Können verlangten, waren die „unzerreißbaren", also Pappbilderbücher und die in Form von Leporellos gefalteten naturkundlichen Atlanten.

Schon bald nach der Währungsreform war offensichtlich geworden, daß einmal die zwar beträchtlichen Lagermöglichkeiten im Häuserkomplex Marktstraße/Burgstraße unzureichend sein würden, und daß zum anderen eine rationelle Herstellung wachsender Mengen von Spielen und Büchern in einem 2. Obergeschoß schon aus Transport- und Sicherheitsgründen nicht mehr möglich sein würde. So machten sich Otto Maier und Karl Maier erste Gedanken für eine Verlegung von V. B. und Lagern nach draußen, außerhalb der Altstadt. Ja, es gab schon 1950 eine erste Entwurfsskizze von Walther Schmidt für ein neues Produktionsgebäude an der Tettnanger Straße. Da wurde den Brüdern Maier im Sommer 1950 ein großer, breiter Geländestreifen zwischen der Tettnanger Straße im Osten und der (damals neuen) Springerstraße im Westen zum Kauf angeboten, allerdings mit der Bedingung, den dazugehörigen alten „Geldrichs-Torkel"[15] gegenüber, also auf der Ostseite der Tettnanger Straße, mitzuerwerben und zu erhalten. Bei allen zweckbestimmten Überlegungen machte es den Brüdern auch persönliche Freude, dieses große Gelände samt

Torkel im Herzen der alten Ravensburger „Großen Rebhalde" für einen relativ geringen Einsatz zu erwerben. Tatsächlich wurde das Grundstück dann auch als Tauschobjekt zum Beginn der späteren Erwerbungen an der Jahnstraße, während der Torkel noch heute dem Verlag gehört.

Die Druckerei
Die nach dem Tode des Herrn Schorsy in der Offset- und Steindruckerei aufgetretenen Schwierigkeiten beunruhigten Otto Maier. Er trat mit dem aus Weingarten stammenden, Ende der zwanziger Jahre bei der Ravensburger „Volkszeitung"-Druckerei ausgebildeten und nun seit Jahren bei einer Offsetdruckerei in Augsburg tätigen Druckmeister Josef Auffinger schon im Jahre 1950 in Verbindung. Seinen Rat wollte Otto Maier und ihn, Josef Auffinger selbst, möglichst auch. Auf Grund dieser und auch noch anderweitiger Beratung, bestimmt vor allem für den Farbdruckbedarf des Spieleverlags wie des Buchverlags, aber auch zur zusätzlichen Nutzung für große Werke der Fachbuch-Abteilung (eben bei den ersten Auflagen des „Maurerbuch" in Ravensburg und mit „Wohnhausform" in Karlsruhe erprobt) gab Otto Maier im Winter 1950/51 eine moderne Roland-Ein-Farben-Bogen-Offset-Presse bei den Roland-Werken in Offenbach mit einer Lieferfrist von einem Jahr, also zum Frühjahr 1952, in Auftrag. Wie in anderen Zusammenhängen dachte er dabei auch an die nächste Generation und äußerte: „Ob die Jungen überhaupt auch Verleger werden wollen, weiß ich nicht. Aber dann können sie auf der Maschine jedenfalls Kässchachteln drucken."

Josef Auffinger kam im März 1952 nach Ravensburg. Die alte Steindruckpresse im 1. Stock des Hauses Burgstraße 11 wurde abgebaut und kam zur Verschrottung, und schon unter Josef Auffingers Leitung wurde an ihrer Stelle die neue Offset-Presse aufgebaut, installiert und in Gang gesetzt. Das war in der Tat der Beginn einer neuen technischen Entwicklung in der Produktion des Verlages.

5.9 Vertriebsarbeit für den Verlag 1. 1. 1950–31. 12. 1952

Die Zeit, in der die Kunden des Verlages über jede „Zuteilung" von Büchern oder Spielen glücklich waren, in der alles und jedes verkauft und gekauft wurde, ging im Laufe des Jahres 1949 zu Ende. Rundschreiben, wie sie der Verlag bis dahin schon an seine wichtigsten Kunden zur Information gesandt hatte, genügten nicht mehr. Es war ebenso wichtig, selbst an Ort und Stelle zu sehen, wo und wie nun alte Kunden im westlichen Deutschland noch oder wieder da waren, und welche neuen oder aus dem Osten herübergekommene dazu tätig geworden waren, wie ihnen das jetzt schon vorliegende und das in Vorbereitung befindliche Programm des Verlages zu präsentieren.

Herr Emil Steinmetz war mit seiner Familie über die letzte Kriegszeit, die Bombennächte, die Eroberung und die schwere Zeit der Luftbrücke, beharrlich in Berlin geblieben und hatte in bescheidenstem Umfang, als Anlieferungen wieder möglich waren, für den Verlag seine noch erreichbaren alten Kunden bediente. Nach ersten Versuchstouren 1949 ging er 1950 wieder in Norddeutschland und Nordrhein-Westfalen systematisch auf die Reise, freilich, wie früher, nur mit der Bahn, und das war überaus beschwerlich.

Herr Eugen Zahn übernahm von seinem Wohnort, Bad Cannstatt, aus im gleichen Jahr wieder die Reisetätigkeit in Baden-Württemberg, Bayern und Hessen und bekam dafür einen ersten Wagen.

Als im frühen Sommer 1950 der überanstrengte Herr Steinmetz durch Erkrankung ausfiel, war es die sofort zu treffende Entscheidung von Otto Maier, Erwin Glonnegger zu fragen und dann zu beauftragen, in diese Bresche zu springen. Erwin Glonnegger, als einem überzeugten Schwaben, wäre ein Anfang in Süddeutschland lieber gewesen, aber mit gutem Humor wagte er sich denn auch zu den Hanseaten und unter die Preußen. Aus dem Bericht über seine erste Reise[17]:

„Allgemeines: Ruf des Verlages sehr gut. Anerkennung der Qualität seiner Ausgaben, ihrer Ausstattung und der dem Buchhandel gewährten Rabatte. Kauflust bei Buchhandel um diese Jahreszeit naturgemäß gering, jedoch sind bei den wichtigen Firmen die Ausgaben des Verlages in mindestens je 1 Expl. vorhanden, bzw. jetzt bestellt worden. Beim Spielwarenhandel ist der Verlag z. Zt. *der* Begriff für Qualität. Die Bilderbuchproduktion fand infolge des reichhaltigen Konkurrenzangebots noch nicht den gewünschten Anklang, mit Ausnahme des Tierbilderbuches." Im weiteren befaßte sich der Bericht detailliert mit Kundenwünschen und -kritik bei Spiele-Verlag, Allgemeinem Buchverlag, der Fachbuch-Abteilung und „Bauen und Wohnen".

Die Herren hatten also das gesamte Programm in ihren Taschen und besuchten alle namhaften Kunden mit der einzigen Ausnahme der Firmen des Reise- und Versandbuchhandels.

Erwin Glonnegger übernahm nach seinem erfolgreichen Start dann im Jahre 1951 die Vertretung im Gebiet des neuen Bundeslandes Nordrhein-Westfalen und, durch Otto Maier selbst auf einer gemeinsamen Reise vorgestellt und eingeführt, in der ganzen Schweiz. Zuvor jedoch, noch im Jahre 1950, baute Erwin Glonnegger den Stand des Verlages auf, als dieser auf der 2. Buchmesse in Frankfurt dort selbst zum ersten Mal ausstellte, und bediente zusammen mit Andreas Pollitz die fast ausschließlich inländischen Besucher und Kunden. Das war in den noch fensterlosen kalten Räumen des Frankfurter „Römer" eine harte, jedoch erfolgreiche Arbeit. Aber schon 1951, und nun erstmals auf dem Frankfurter Messe-Gelände, waren die äußeren Umstände wesentlich besser.

Dort wurden jedoch wegen Raummangels und einengender Messe-Bedingungen die Spiele noch nicht ausgestellt und angeboten, aber Bestellungen darauf wurden natürlich aufgenommen.

Nun war ein Spiele-Katalog vor allem für die Vertreter-Arbeit und für schriftliche Angebote unerläßlich geworden, wie er nach dem Muster des letzten von 1939 erstmals im Herbst 1949 für die Jahre 1949/50 und das in diesen Jahren vorgesehene Programm in Schwarzweiß-Druck auf Kunstdruckpapier, aber ohne Preisangaben, und immerhin im Umfang von 16 Seiten DIN A4 erschien.

Daneben gab es die Preislisten und für einzelne Buchgruppen des Allgemeinen Buchverlages erste Prospekte, während für jedes große Werk der Fachbuch-Abteilung ein mehrseitiger, reich illustrierter und großformatiger Prospekt gemacht wurde. Außerdem wurden dort mit einer Auswahl von Druckbogen „Musterbände" (in strapazierfähigen Kaliko-Einbänden) nebst ausführlichen Verkaufsanleitungen angefertigt, die für die Hand der Buchvertreter des Reise- und Versand-Buchhandels jeweils in 150–300 Exemplaren unbedingt erforderlich waren.

In Frankfurt war nicht nur ein neuer (westdeutscher) Börsenverein des Deutschen Buchhandels gegründet worden, sondern auch ein neues „Börsenblatt". Dieses bot mehr und mehr auch für den Otto Maier Verlag wieder die Möglichkeit, durch Anzeigen die Entwicklung seiner ganzen Buchproduktion das Jahr über dem Buchhandel zur Kenntnis zu bringen.

Noch konnte es keine festen Neuerscheinungstermine geben. Ein neues oder neuaufgelegtes Buch oder Spiel erschien eben und wurde in die Auslieferung genommen, wenn die V. B. oder eine auswärtige Buchbinderei die ersten Fertigungsraten abgeliefert hatte, auch noch, falls es bereits der 15. Dezember war.

Im Sommer 1951 traten Otto Julius Maier und Andreas Pollitz gemeinsam in einem von Otto Julius Maier gefahrenen Opel eine mehrwöchige „Deutschland-Fahrt" an, um die wichtigsten Kunden im Reise- und Versandbuchhandel und vereinzelt auch die für die Fachbuch-Arbeit wichtigsten Sortimentsfirmen zu besuchen und Otto Julius Maier dort persönlich bekannt zu machen. Die Fahrt führte so nach Stuttgart – Bensheim – Wiesbaden – Bonn – Köln – Düsseldorf – Essen – Gütersloh – Hannover – Hamburg – Lübeck – Braunschweig – Würzburg. Bei verschiedenen Kunden waren zuvor Gesprächsrunden mit Buchvertretern verabredet worden, die für die beiden Besucher auch besonders aufschlußreich wurden. In Gütersloh war eine Reisebuchhandlung. Von ihr war es nicht weit, um bei Bertelsmann den später berühmten Fritz Wixforth aufzusuchen, der stolz von den ersten Erfolgen für den im Jahre zuvor gegründeten Bertelsmann-Lesering erzählte, ein Thema, das ab diesem Besuch weiter „auf dem Tisch" bleiben sollte, auch schon nachher in Hamburg, wo sich damals die größten Firmen des Reise- und Versandbuchhandels befanden. Und diese hatten schon Geschmack daran und erste Erfolge damit bekommen, Mitglieder für den „Lesering" zu werben.

Dieses Debüt von Otto Julius Maier bei Teilen des deutschen Buchhandels hat ihm dort überall Sympathie, ja manche Freundschaft für viele Jahre gewonnen und dem Verlag ihre Zuversicht in seine gute weitere Entwicklung.

Diese Reise war freilich auch auf Wunsch von Otto Maier unternommen worden, der sich in diesen Jahren in mehrfacher Hinsicht und zunehmend Gedanken über Fragen des Vertriebs machte. Doch hatte es verschiedene Gründe, daß er sich für den Verlag im Jahre 1948 an der Rathausbuchhandlung in Lindau beteiligte, worum ihn der junge Verleger Jan Thorbecke gebeten hatte. Es sollten dort Erfahrungen für die neue Produktion gesammelt werden, auch in der Arbeit mit Buchvertretern. Doch gerade letzteres war wenig erfolgreich.

So hatte es sich ergeben, daß das Fehlen von Eugen Maier durch die Ausweitung des Wirkens von Karl Maier im Programm und in der Produktion des Spiele-Verlags annähernd ausgeglichen erschien. Die von Eugen Maier entfaltete vertriebliche Aktivität für den gesamten Verlag jedoch, die unter den Zeitumständen bis 1950 noch nicht wieder erforderlich gewesen war, fehlte nun dem Verlag in zunehmend spürbarem Maße.

5.10 Die Familie Maier und ihr Verlag 1945–1952

Als die Nachricht vom Tode Eugen Maiers im Sommer 1945 in Ravensburg eingetroffen war, waren die seitherigen deutschen Gerichte noch außer Funktion. Der Otto Maier Verlag hatte bis dahin die Rechtsform einer Offenen Handelsgesellschaft mit den Teilhabern Otto Maier, Karl Maier und Eugen Maier, in der Otto Maier alleiniger Geschäftsführer und Eugen Maier sowie Valentin Noll Prokura erteilt war. Nun mußte zur Absicherung der Erben von Eugen Maier eine zunächst nur privatrechtliche Umwandlung der O.H.G. in eine Kommandit-Gesellschaft erfolgen (die unter der inzwischen neuen deutschen Gerichtsbarkeit erst am 10.8.1953 auch im Handelsregister beim Amtsgericht Ravensburg eingetragen wurde). Danach wurden nun Frau Albertine Maier, geb. Dependorf, Peter Maier und Dorothea Maier Kommanditisten, während Otto Maier und Karl Maier persönlich haftende Gesellschafter waren. Die beiden Prokuren bei der O.H.G. erloschen.

Im Frühjahr 1947 erfuhren die Brüder Otto Maier und Karl Maier mit der ganzen Familie und auch mit allen im Verlag Tätigen neues Leid durch den Tod der Seniorin, Frau Helene Maier, geb. Kiderlen, die am 28.3.1947 im 84. Lebensjahr in Ravensburg starb, an die 22 Jahre nach ihrem Mann, dem Verlagsgründer, Otto Robert Maier. Diese zarte, feine und fromme Frau und Mutter hatte sich vor allem auf ihren Sohn Karl gestützt, der ja bei ihr lebte, wie er sich auf sie und ihre guten Geister – Verone Halder und Katharine Hammer – so viele Jahre hindurch stützen konnte. Frau Helene Maier hatte nach dem Krieg nur noch selten den für sie beschwerlich gewordenen Weg in den Verlag machen können. Aber alle dort kannten und verehrten sie.

In dieser Zeit besuchte die nachfolgende männliche Generation nach den Unterbrechungen im Jahre 1945 zunächst wieder die Schule: Otto Julius Maier (Jahrgang 1930) das humanistische Spohn-Gymnasium in Ravensburg, Peter Maier (Jahrgang 1932) das Spohngymnasium und später die Schule in Salem.

Von den Töchtern war Marie-Luise, Tochter von Otto Maier, (Jahrgang 1920) nach dem Arbeitsdienst, während des Krieges und noch danach als Krankenschwester in verschiedenen Lazaretten und Krankenhäusern tätig und heiratete 1950 in Thunau den Ing. Ernst Kobel. Dorothee, Tochter von Eugen Maier, (Jahrgang 1936) besuchte das Mädchen-Gymnasium in Ravensburg.

Der Verlag, also sein Vater, schloß mit Otto Julius Maier einen Lehrvertrag für die Zeit vom Oktober 1948 bis Oktober 1950. Otto Julius Maier bekam – wie voraus schon im Jahre 1945 – an verschiedenen Plätzen Einblicke in die damalige Arbeit des Verlages. Doch, wie gleich vorgesehen, ab Oktober 1949 bis

März 1950, war Otto Julius Maier in München, in der Fachbuchhandlung L. Werner, und ab Mai bis Oktober 1950 beim Schweizerischen Vereinssortiment in Olten.

Gleich anschließend erlebte er bei Franz Carl Weber in Zürich beim Verkauf alle Mühen und Freuden des großen Weihnachtsgeschäftes mit. 1951, nach der früher dargestellten Deutschland-Reise, kam Otto Julius Maier nach Paris, arbeitete dort bei Hachette und eignete sich ausgezeichnete französische Sprachkenntnisse an. Daneben bemühte er sich erfolgreich um Foto-Material für ein neues Frankreich-Quartett. Ab 1952 assistierte Otto Julius Maier bei seinem Vater in Ravensburg.

Peter Maier dagegen absolvierte ab 1949 eine Ausbildung als Offsetdrucker und Reprotechniker bei der Offsetdruckerei Künstlerbund in Karlsruhe (Verlag G. Braun), wo eben damals und auch deshalb das Werk „Wohnhausform" für den Verlag gedruckt wurde. Gerade an Peter Maier dachte Otto Maier auch und besprach es mit ihm, als er die neue Roland-Offset-Presse für den Verlag in Auftrag gab. Peter Maier zeigte künstlerische Anlagen, die er selbst nicht nur von seiner Mutter sondern auch vom Großvater Otto Robert Maier ableitete, und übte sich im Zeichnen und Malen, auch in der Buchgestaltung. Im Laufe des Jahres 1952, nach einem Volontariat bei Oldenbourg in München, kam auch er nach Ravensburg.

Otto Maier, dessen erste Ehe 1935 geschieden war, heiratete im Jahre 1950 wieder. Am 11. November 1950 zeigte er seine Vermählung mit Frau Ella, geb. Behrens, an. Frau Ella Maier stammte aus Nürnberg und lebte seit vielen Jahren in der Schweiz, wo sie eine literarische und Bild-Agentur begründet und erfolgreich ausgebaut hatte. Otto Maier hatte sie durch die Autorin Else Hinzelmann in Zürich kennen und schätzen gelernt. Auch deshalb wollte er sich nun von den Zwängen der Verlagsarbeit mehr und mehr frei machen und dafür ganz neuen persönlichen Plänen folgen. Die nächste Generation sollte ihre Plätze einnehmen. Seine Frau kaufte in Orselina über Locarno ein kleines Haus am Hang, für das Otto Maier sich noch viele schöne Jahre erhoffte.

Dann kam der Juni 1952. Otto Maier eröffnete denen, die es wissen mußten, daß er sich in München einer leichten Operation unterziehen wolle. Damals war die Chirurgie mit der Anästhesie noch nicht so behutsam wie heute. Man sah wohl den konkreten Fall, aber kaum die gesamte Konstitution. Die Ärzte wußten vielleicht nicht einmal, daß Otto Maier an angina pectoris litt. Nach erfolgreicher Operation hoffnungsvolle Besuche seiner Frau, von Tochter und Sohn, Bruder und Neffen, und dann der Alarm – eine Embolie und es war zu Ende.

Otto Maier war am 30. Juni 1952 im 62. Lebensjahr gestorben.

Bei der Beisetzung am 3. Juli 1952 auf dem Hauptfriedhof in Ravensburg hieß es in der Ansprache in Namen aller Mitarbeiter: „Wir danken Ihnen für alles, was Sie an Hilfe und Fürsorge einem jeden von uns immer zuteil werden ließen. Sie waren ein väterlicher Freund für uns alle. Wir danken Ihnen, daß diese schwere Trennung hier kein Abschied sein muß, daß so viel von den Inhalten Ihres Lebens über diese Stunde hinaus wirkliches Leben für uns bleiben wird."

Und Jan Tschichold, dieser so kritische Geist, schloß das Vorwort zu seinem „Meisterbuch der Schrift" – Basel, im September 1952 – ab mit den Worten: „Wider alles Erwarten sollte dieses Buch das letzte Unternehmen dessen sein, der es angeregt hat. Herr OTTO MAIER, Mitinhaber des von seinem Vater begründeten Fachbuchverlages, wurde während der Herstellung dieses Werkes, an dessen Gestaltung er lebhaft und verständnisvoll Anteil genommen hat, unerwartet vom Tode ereilt. Möge dies sein letztes Buch ein bleibendes Denkmal seiner fruchtbaren Tätigkeit im Dienste der Handwerksberufe und seiner nicht unwert sein."

Alle Hinterbliebenen und auch alle Mitarbeiter waren durch dieses jähe Ereignis unvorbereitet getroffen und wußten zunächst nicht, wie alles weitergehen könnte. Zugleich wurde überraschend immer deutlicher, daß Otto Maier selbst die Entscheidungen der letzten Jahre auch im Hinblick auf eine solche Möglichkeit getroffen hatte: das Abhängen von „Bauen und Wohnen", die Reduzierung großer Buchpläne, den Grunderwerb in der Südstadt, den Beginn einer modernen Druckerei, die Lenkung der nächsten Generation zur Mitarbeit im Verlag.

Nicht weniger überraschend war es aber auch, wie Karl Maier diesen weiteren Schicksalsschlag zu tragen und zu bewältigen bemüht war. Er empfand es als seine höchste Verpflichtung, in besorgter Treue zum Werk seines Vaters und seiner beiden Brüder die beiden Jungen im Verlag tätig werden zu lassen. Karl Maier, durch gute Freunde wie durch Juristen aus der Familie beraten, nahm sich etwa ein Jahr Zeit zur Übernahme seiner Führung des Verlages, während die Anbahnung neuer Ausgaben und der damit verbundenen Verpflichtungen auf ein Minimum reduziert wurde. (Das Buchherstellungs-Auftragsbuch, kurz „BuW" genannt, registrierte wie ein Seismograph für die Zeit vom 1. 7. bis 31. 12. 1952 nur ganze zwei Druckaufträge des Allgemeinen Buchverlages).

Als im Herbst 1952 wieder – das dritte Mal – zur Buchmesse nach Frankfurt gefahren wurde, gab es im Allgemeinen Buchverlag nur 13 Neuerscheinungen bzw. Neuauflagen und aus der Fachbuch-Abteilung 6. Karl Maier selbst kam auch und zum ersten Mal waren Otto Julius und Peter Maier dabei.

6 Das erste Jahrzehnt der dritten Generation 1953–1962

6.1 Der Verlag und seine Menschen 1953–1962

In diesem Jahre 1953 wurde nach vielen Gesprächen und Überlegungen zwischen Karl Maier, seinen Neffen Otto Julius Maier und Peter Maier sowie den weiteren Erben von Eugen Maier und Otto Maier die organisatorische Form des Verlages für, wie sich zeigen sollte, ein Jahrzehnt geregelt: Am 10. August 1953 wurde im Handelsregister beim Amtsgericht Ravensburg eingetragen[20], daß die Offene Handelsgesellschaft nach dem Tode von Eugen Maier in eine Kommanditgesellschaft umgewandelt worden sei, in der nach den inzwischen durch Tod ebenfalls ausgeschiedenen Gesellschaftern Helene Maier und Otto Maier nunmehr Karl Maier der einzige persönlich haftende Gesellschafter war. Als Kommanditisten wurden entsprechend ihren Erbteilen eingetragen:
Otto Julius Maier, Verlagsbuchhändler in Ravensburg
Peter Maier, Verlagsbuchhändler in Ravensburg
Ella Maier, geb. Behrens, in Thunau
Albertine Maier, geb. Dependorf, in Ravensburg
Marie Luise Kobel, geb. Maier, in Thunau
Dorothee Maier in Ravensburg.

Otto Julius Maier, Verlagsbuchhändler in Ravensburg, Peter Maier, Verlagsbuchhändler in Ravensburg und Andreas Pollitz, Verlagsbuchhändler in Ravensburg, erhielten Gesamtprokura in der Weise, daß Otto Julius Maier gemeinsam mit Peter Maier oder Andreas Pollitz die Firma zeichnen konnte.

Otto Julius Maier hatte Interesse an der Mitwirkung im Buchverlag, vornehmlich in der Fachbuch-Abteilung, aber auch im Spiele-Verlag, für den er 1952/53 einen neuen Katalog schuf, und außerdem bei „Bauen und Wohnen". 1954 wurde er Geschäftsführer des Verlages Bauen und Wohnen GmbH, München. Die persönlichen Kontakte, die er auf der früher geschilderten Fahrt mit Andreas Pollitz im Sommer 1951 zu wichtigen Firmen des Sortiments und des Reise- und Versandbuchhandels in der Bundesrepublik bekommen hatte, erweiterte und vertiefte er im Jahre 1953 und in späteren Jahren durch ähnliche Besuchsreisen, die er aber zumeist alleine absolvierte.

Andreas Pollitz machte solche Reisen und Besuche in den Zwischenjahren, wie er auch alljährlich an der Hauptversammlung des Bundesverbandes der deutschen Versandbuchhändler und der stets damit verbundenen Buchausstellung von „Reisewerken" teilnahm. Außerdem begann Andreas Pollitz ab 1953 etwa jedes zweite Jahr eine Rundreise durch Österreich zu machen, um wichtige alte und neue Kunden aller Produktgruppen des Verlages zu besuchen, zuletzt 1958 mit einer ersten Vertreterkonferenz bei Rudolf Lechner und Sohn in Wien, an der auch Otto Julius Maier teilnahm.

Peter Maier dagegen engagierte sich vorerst für die Arbeit der V. B. und der Druckerei, bis er sich ab 1954 vornehmlich der Gruppe von Bilderbüchern und Jugendschriften im Buchverlag zuwandte, aber auch den Spuren seines Vaters im Spiele-Verlag folgte. Beigetragen hatte dazu eine Studienreise seiner Mutter Albertine Maier-Dependorf Ende 1953 in die USA mit einer Auslese von Vertreterinnen und Vertretern kultureller Tätigkeiten aus Baden-Württemberg.

Erwin Glonnegger wuchs mehr und mehr neben seiner weiteren Vertreter-Arbeit in den Vertrieb des Spieleverlags hinein und in zunehmend vertrauensvoller Zusammenarbeit mit Karl Maier auch in die Planung und Redigierung des Spieleverlages. Dabei entwickelte er sich vom Buchhändler, der er ja gewesen war, zum Verlagsbuchhändler, der als Vertreter dieses Verlages ebenso dessen Kunden im Buchhandel wie diejenigen im Spielwarenhandel usw. zu besuchen und zu beraten hatte. Erwin Glonnegger sah nicht nur hier die enge Verflechtung zwischen Buch- und Spieleverlag, er folgte auch dem Vorgehen Eugen Maiers, indem er manches aus der Handhabung im Vertrieb des Buchverlags in denjenigen des Spieleverlags übertrug. Und er blieb auch dem Buchverlag dadurch verbunden, daß er sich der redaktionellen Betreuung verschiedener größerer Bilderbuch-Projekte, wie wir noch sehen werden, und – über dieses Jahrzehnt hinaus – der beharrlichen Weiterentwicklung der ganzen Gruppe der unzerreißbaren Pappbilderbücher widmete.

Andreas Pollitz konnte die Arbeit der Fachbuch-Abteilung fortsetzen wie vorher bei und mit Otto Maier. Doch verlangte auch das weitere Wachstum im Allgemeinen Buchverlag mehr Aufmerksamkeit und Bemühen für den Vertrieb. Dafür war seit Januar 1952 Christian Stottele ein guter und sehr sorgfältiger Helfer geworden.

Christian Stottele verließ zwar Ende 1955 den Verlag, um in der Arbeit bei anderen Verlagen weitere Erfahrungen zu sammeln, aber ohne die Verbindung zum Otto Maier Verlag zu verlieren. Im Jahre 1962 kehrte er dann auch nach Ravensburg und in den Verlag für ganz neue Aufgaben zurück.

Als Nachfolger für ihn kam noch im Jahre 1956 Werner Schnebelt, aus der Gegend von Offenburg stammend, nun aber von einem Verlag in Graz her, also auch als Helfer in Vertrieb und Werbung des Buchverlags. Doch schon bald wurde er bei Peter Maier als Helfer für dessen redaktionelle Arbeiten an Bilderbüchern wie an den „großen bunten Büchern" eingesetzt, und um deren Werden und Zustandekommen hat Werner Schnebelt sich dann und noch über die Mitwirkung von Peter Maier selbst hinaus vielfältig bemüht.

Wenn Peter Maier sich in seiner Verlagsarbeit zuerst noch zurückhielt, so lag das auch an seinem Wunsch einer baldigen Heirat. Festlich wurde diese im August 1954 in Freiburg/Br. begangen, wo Peter Maier Lia, geb. Franken, Tochter des Professor Dr. med. Franken, noch an der Universität Freiburg, später an der Universität Saarbrücken, heiratete. Peter Maier hatte seine Frau während eines längeren Aufenthaltes in Paris als Redakteurin einer Frauen-Zeitschrift kennengelernt. So war es der gemeinsame Wunsch des jungen Paares, daß es im Otto Maier Verlag gewisse redaktionelle Aufgaben mit der Zeit übernehmen sollte und auch übernahm.

Im Dezember 1953 wurden die bis dahin noch gehaltenen Anteile des Otto Maier Verlages an der Rathaus-Buchhandlung in Lindau an den Mitgesellschafter Jan Thorbecke verkauft.

Im Otto Maier Verlag und seinem technischen Betrieb hatte sich bis Mitte 1953 die Zahl der Mitarbeiter auf 33 Angestellte und 48 Arbeiter, dazu 11 Lehrlinge, erhöht. Das war auch durch die gute Entwicklung der Druckerei unter der tüchtigen Leitung von Josef Auffinger bedingt. In der V.B. war der 1948 erfolgreich geprüfte Buchbindermeister Hans Mezler jun. mehr und mehr in die Fußstapfen seines immer noch tätigen Vaters getreten. Neben ihm stand der jüngere Eugen Hildebrand, der nach seiner Lehrzeit in der V.B. später in München noch ein Papier-Ingenieurstudium absolvieren sollte.

Karl Maier selbst, der nach dem Tode der beiden alten „guten Geister" seiner Mutter sein Junggesellendasein in der Gartenstraße weiterführte, hatte wenigstens im Verlag wie mit Kamilla Beuter für die Herstellung nun in seiner Mitarbeiterin, Fräulein Hedwig Allmendinger, eine treue und umsichtige Helferin in der so groß gewordenen Fülle seiner redaktionellen Arbeit für den Allgemeinen Buchverlag und den Spieleverlag. Für jedes seiner vielen Projekte gab es bei ihm, wie aber auch bei Erwin Glonnegger für den Spieleverlag und bei Andreas Pollitz für die Fachbuch-Abteilung, eine große, in der V.B. gefertigte Schachtel. Gebirge davon machten schließlich sein Büro fast unwegsam.

Der ganze Verlag mit Karl Maier an der Spitze gab im Frühjahr 1954 dem zuvor schon verwitweten, kinderlosen, nun achtzigjährig und einsam verstorbenen früheren Prokuristen, Valentin Noll das letzte Geleit auf dem Friedhof in Ravensburg. Es war nicht nur für Karl Maier schon wieder ein schwerer Abschied. Im Namen aller hieß es in dem Nachruf am Grabe: „Als wir vor vielen oder wenigen Jahren in den Kreis der Mitarbeiterschaft des Otto Maier Verlages eintraten, da waren *Sie* schon lange da. Sie waren überhaupt immer da, und jeder glaubte, daß das niemals anders war und niemals anders werden würde." Und: „Ihrer Leistung, lieber Herr Noll, sind wir enger verbunden und verdanken wir sicher viel mehr, als wir es hier sagen können. Möge der Segen Ihrer Arbeit uns erhalten bleiben und uns begleiten!"

Ja, auch noch die hier vorliegende und viel später entstandene Chronik verdankt vieles den gewissenhaften Eintragungen und Zahlen des Herrn Noll über das halbe Jahrhundert von 1903 bis 1953.

In die Nachbarschaft dieses Gedenkens gehört auch dasjenige an den Buchbindermeister Hans Mezler sen., der seit 1923 mit Herrn Noll zusammengearbeitet und die V.B. handwerklich-technisch aufgebaut und geleitet hatte. Er verstand sich nicht nur als tüchtigen Meister seines Handwerks, sondern auch als künstlerischen Gestalter mit Pappe, Pappmaché und Papier, ja, als Skulpteur damit. Er war so seit 1920 der maßgebliche Schöpfer aller Wagen und Kostüme des Rutenfestzuges, aber auch viele Jahre Konzerthaus-Verwalter der Stadt Ravensburg gewesen, für seine Freizeit und diese Tätigkeiten soviel wie eine „Leihgabe" des Verlages und seines Geistes an die Heimatstadt. Hans Mezler sen. mußte aus gesundheitlichen Gründen 1956 aus seiner Arbeit im Verlag und seinen anderen Aufgaben ausscheiden und starb im Alter von 67 Jahren im Januar 1960.

Da sei auch eines weiteren Veteranen gedacht: des Haus-, Lager- und Packmeisters Emil Kalbfell, gebürtig aus Reutlingen. Er war der Schwiegersohn seines Vorgängers, Holzner, der diese Aufgaben bis zu seinem Tode im Frühjahr 1933 wahrgenommen hatte[1 u. 14]. Emil Kalbfell wird wie die Vorgenannten allen, die im Verlag mit ihm zu tun hatten, in seinem unerschütterlichen, tiefgründigen Humor unvergeßlich bleiben, aber auch mit seiner unglaublichen Arbeitsleistung in dem immer größer und immer unübersichtlicher gewordenen Häuserkomplex Marktstraße-Burgstraße mit den so schwierigen Heizungsanlagen – und das nicht nur in Friedenszeiten, sondern auch in fast sechs Kriegsjahren. Obgleich er 1955 das Rentenalter erreicht hatte, hielt er noch zwei oder drei Jahre länger durch, um seiner Frau und sich selbst ein Häusle am „Kalten Knebel" für den erhofften Lebensabend bauen zu können. Doch ein Leiden plagte ihn schon. Bereits 1960 starb er in seinem 70. Lebensjahr und wurde auf dem Friedhof St. Christina begraben.

Als im Herbst 1954 die Mannschaft des Verlages am Stand auf der Buchmesse in Frankfurt zusammentraf, gehörten dazu, wie schon die letzten Jahre, auch die Herren Vertreter: Erwin Glonnegger sowieso, aber auch Herr Emil Steinmetz und Herr Eugen Zahn. Am Messe-Samstag, nachmittags, eröffnete Karl Maier Andreas Pollitz, Herr Steinmetz habe ihm erklärt, daß er nach einem leichten Schlaganfall im Sommer nicht mehr reisen könne: „Wir brauchen einen neuen Herrn!" Sechs Stunden später traf Andreas Pollitz beim Messe-Tanzabend einen guten Freund wieder, den er schon vor 20 Jahren kennengelernt hatte, hier ganz allein und verbittert, und setzte sich zu ihm. Es war Willi Baumann, seit 18 Jahren bei Bertelsmann in Gütersloh. Und er fragte Andreas Pollitz ohne Vorrede und Erklärungen: „Braucht Ihr in Ravensburg nicht einen Vertreter?" Er hatte keine Ahnung von dem Gespräch zuvor zwischen Karl Maier und Andreas Pollitz. Aber Andreas Pollitz ahnte hier eine Sternstunde des Verlages und erwiderte nur: „Ja, wir brauchen einen – sobald wie möglich." Binnen 14 Tagen, als Karl Maier, Otto Julius Maier und Peter Maier ihn kennengelernt hatten, als er wieder in Ravensburg gewesen war und im Verlag (wo er mit einer ganzen Jungbuchhändler-Schar schon 1936 einen Besuch gemacht hatte) und noch einmal in Gütersloh verhandelt hatte, kam die telegrafische Zusage: ab 1. Januar 1955 wird Willi Baumann als Vertreter für ganz Norddeutschland und Teile von Westdeutschland – mit Wohnsitz weiterhin in Gütersloh – für den Otto Maier Verlag tätig sein.

Willi Baumann kam aus dem streng evangelischen Buch- und Schriftenhandel in der – damals noch bayerischen – Pfalz. Es zog ihn früh zur bedeutenden „Singkreis-Bewegung" der 20er und frühen 30er Jahre, und dadurch führte sein Weg nach zwei glücklichen musikreichen Sortimenterjahren bei der Buchhandlung Kocher in Reutlingen ihn schließlich 1936 zu dem rein evangelisch ausgerichteten Bertelsmann-Verlag nach Gütersloh, der damals noch kaum größer war als der Otto Maier Verlag zur gleichen Zeit. Nun – 1954/55 – entdeckte Willi Baumann für sich den ganzen menschlichen, schöpferischen Reichtum der Arbeit des Otto Maier Verlags. Wie ein Apostel zog er durch seine Vertretergebiete und verkündete wie ein Evangelium das Angebot des Otto Maier Verlags. So unrecht hatte er nicht, daß dieses bisher zu schwäbisch-sparsam und zu bescheiden angeboten worden war. Denn in der Tat war ja der Vertrieb nach dem Tode von Eugen Maier und unter den Bedingungen jener Jahre zu kurz gekommen. Willi Baumann schaffte nicht nur Umsätze, bald dreimal soviel wie vor seinem Anfang im Otto Maier Verlag. Er nahm Einfluß, gab Hilfe, übte auch Einspruch in die Verlagsplanungen. Er begründete mit seinen Erfahrungen die Vertreter-Konferenzen, er bestand auf festen Erscheinungsterminen, er drängte auf den möglichen Erfolg, den er sich selbst und dem ganzen Verlag, ja vor allem dem Handel und der weitesten Öffentlichkeit beweisen wollte.

Otto Julius Maier war für dieses Drängen auf Erfolg ganz aufgeschlossen. Peter Maier sah in Willi Baumann mehr den Idealisten, der seine – Peter Maiers – Pläne und Absichten in jeder Hinsicht stützte und förderte.

Doch dürfen wir gewiß nicht Herrn Emil Steinmetz auf jener Buchmesse 1954 einfach verlassen. Immerhin war er damals schon drei Jahrzehnte für den Otto Maier Verlag tätig gewesen (vgl. S. 105), und er blieb es auch noch einige Zeit weiter mit Auslieferungen und Kommissionen für seine alten Kunden in Berlin, bis er dort im Jahre 1956 starb.

Das Frühjahr 1955 brachte noch ein anderes Ereignis: Karl Maier heiratete im April 1955 Frau Irmela, geb. Hochstetter, Kunsterzieherin von Beruf. Es wurde eine sehr glückliche Ehe mit vielen gleichgerichteten Interessen, die sich auch auf die im Jahre 1956 geborene Tochter – ebenfalls Irmela mit Namen, aber zur Unterscheidung lange „Irmelinchen" genannt – übertrugen. Nun wanderte Karl Maier zu zweit und, sobald es möglich wurde, die Familie zu dritt. Doch es sollten noch viele Jahre vergehen, bis Karl Maier sich einmal einen wirklichen Urlaub gönnte.

Auch beim Ehepaar Lia und Peter Maier hatte es Nachwuchs gegeben, zwei Töchter – Petra (1956) und Caroline (1958) – , und Peter Maier errichtete um den Kern des reizvollen Gartenhauses seiner Eltern an der Banneggstraße einen vielgestaltigen bungalow-ähnlichen Wohnbau. Wenig später plante und begann er, auf dem Hof- und Gartengelände des Hauses Marktstr. 22 eine größere Druckereihalle, darüber und daneben neue Atelier- und Büroräume bauen zu lassen.

Otto Julius Maier wohnte zunächst noch bescheiden in der Springerstraße. Als aber auch er 1956 ans Heiraten dachte, ließ er 1956/57 in seinem Hause Marktstr. 26, im 1. und 2. Obergeschoß, eine sehr schöne Wohnung ausbauen und einrichten. Im Mai 1957 heiratete Otto Julius Maier in Lindau-Bad Schachen seine Frau Eva, geb. Koch, aus München und zog mit ihr in diese Wohnung ein.

Schon bald nach dem Tode von Otto Maier und angesichts der Aufgaben für den ganzen Verlag, die Karl Maier auf sich zukommen sah, äußerte er die Überlegung, ja den Wunsch, wie gut es doch wäre, den Herrn Ing. Rudolf Wollmann aus Wien in der Nähe, vielleicht sogar in Ravensburg zu haben, also den Autor des „Werkbuch für Jungen" und etlicher Bände der Sammlung „Spiel und Arbeit". Andreas Pollitz sprach bei seinen Besuchen in Wien behutsam darüber mit Rudolf Wollmann, der dann selbst darüber mit Karl Maier korrespondierte und auch mit Karl Maier in Ravensburg sprach. Im Jahre 1957 war es soweit, daß Rudolf Wollmann mit seiner Frau und drei Kindern nach Ravensburg übersiedelte und ihm im Verlag auch ein Büro eingeräumt wurde. Es waren an anderer Stelle noch zu behandelnde Marktentwicklungen, die diese direkte Zusammenarbeit schon nach wenigen Jahren nicht so fruchtbar werden ließen wie gedacht. Rudolf Wollmann schied aus seiner Anstellung im Otto Maier Verlag wieder aus, blieb aber als freischaffender Autor weiter in Ravensburg, ein guter und getreuer Freund von Karl Maier und auch vom Otto Maier Verlag.

Im gleichen Jahr 1957 kehrte ein anderer „heim" in den Verlag, Karl-Friedrich Maier, der gleich nach dem Kriege hier gelernt hatte, nun mit umfangreichen Herstellungskenntnissen, die er sich inzwischen erworben hatte, und die er zunächst in einer „Buchherstellung" verwenden sollte, wie diese als solche im Otto Maier Verlag noch nie richtig bestanden hatte. Wir werden bald mehr von ihm erfahren.

Doch diese Jahre 1956–1958 wurden für den Verlag sehr kritisch, wie es in später folgenden Darstellungen noch deutlich werden wird. Karl Maier sträubte sich zwar gegen übermäßig erscheinende persönliche und auch verlegerische Pläne seiner beiden Neffen, die jeder für sich hegte und verfolgte, aber im Gedenken an seine Brüder konnte er nicht ernsthaft widerstehen. Ihm und noch mehr Otto Julius Maier wurde jedoch in den Beratungen mit der seit Jahrzehnten für den Verlag tätigen Schitag im Laufe des Jahres 1957 klar, daß zunächst das Rechnungswesen in erfahrene, umsichtige und energische Hände gelegt werden mußte. Dafür konnte Herr Adolf Schädler aus Kempten gewonnen werden, der u. a. über vieljährige Erfahrungen aus einem Druckerei- und Presseverlagshaus verfügte und seine Tätigkeit im Verlag am 1.1.1958 begann.

In diesem Jahre 1958 vollendete Franziska (Fanny) Mack ihr 65. Lebensjahr und trat in den verdienten Ruhestand, nachdem sie 41 Jahre als Hauptbuchhalterin des Verlages tätig gewesen war. So mußte mit dem Anfang von Adolf Schädler im Verlag auch keine persönliche Härte für sie verbunden sein.

Adolf Schädler konnte in diesem Jahr schon die Umstellung der seitherigen Handbuchführung auf die Olivetti-Buchungsmaschine erreichen und brachte Ordnung und Übersicht in die Finanzwirtschaft des Verlages. Sein zunächst streng wirkendes Regiment, das nicht jedem gefallen wollte, trug zum kommenden Glück und großen Erfolg des Hauses wesentlich bei.

Aber das Jahr 1958 hatte noch eine andere Bedeutung für den Verlag: er konnte in diesem Jahr das Jubiläum seines 75jährigen Bestehens feiern. Dieses führte die ganze Belegschaft am 1. September, ähnlich wie beim 50jährigen Jubiläum 1933, zu einem festlichen Nachmittag und Abend mit der Familie Maier an den Bodensee, diesmal jedoch nach Langenargen. Alle Fachzeitschriften und viele Zeitungen berichteten ausführlich über die Arbeit und Entwicklung des Verlages. Der Höhepunkt war dann ein großer Empfang anläßlich der Buchmesse im „Frankfurter Hof", bei dem der Autor Professor Dr. W. Braun-Feldweg an Hand des Buches „Was ist Qualität?" des Bundespräsidenten Theodor Heuss die Laudatio auf den Verlag hielt. Die besonderen verlegerischen Bemühungen aus diesem Anlaß werden in späteren Zusammenhängen zu nennen sein.

Noch ganz anderes sollte bald darauf überlegt und eingeleitet werden. Nach der vordringlichen Sorge um das Rechnungswesen befaßte sich vor allem Otto Julius Maier mit der weiteren Sorge um eine wirkungsvollere Vertriebsarbeit des Verlages. „Vertrieb" hieß hierbei nicht, wie vielfach im Verlagswesen, „Auslieferung", sondern Angebot und Verkauf. Die bis dahin geübte Aufteilung der Vertriebsarbeit auf Erwin Glonnegger für den Spieleverlag und Andreas Pollitz für den Buchverlag konnte wegen der beträchtlichen redaktionellen Aufgaben von beiden tatsächlich nicht befriedigen. Die Aktivität von Willi Baumann zeigte außerdem, daß durch einen weiteren Ausbau der Vertreterarbeit sicher noch am erfolgreichsten Vertrieb zu machen war.

Otto Julius Maier ging sehr behutsam vor. Er wollte niemanden vor den Kopf stoßen, er wollte auch nur ungern Willi Baumann aus seiner so erfolgreichen Vertretertätigkeit herausholen. Er wußte auch noch nicht, wie dieser eigenwillige und selbstbewußte Willi Baumann sich in die Zusammenarbeit innerhalb des Verlages wohl einfügen würde. Aber Erwin Glonnegger und Andreas Pollitz sperrten sich nach eingehenden Gesprächen mit Willi Baumann nicht gegen den einvernehmlichen Plan von Otto Julius und Peter Maier – sowie natürlich auch von Karl Maier gebilligt – , Willi Baumann zur Übernahme und Leitung des Gesamtvertriebs für Spiele-Verlag und Buch-Verlag nach Ravensburg zu holen. Und so geschah es auch zum 1.7. 1959.

Doch muß nun noch nachgeholt werden, daß nach recht vielseitiger Ausbildung (auch Lehrzeit im Otto Maier Verlag) der älteste Sohn von Eugen Zahn, Hans-Joachim, als Vertreter für den Verlag ab 1956 in Süddeutschland tätig geworden war. Ab Januar 1959 hatte Günter Koch – aus Hamburg stammend, aber nun in Nürnberg zu Hause – als Nachfolger von Erwin Glonnegger, teils auch zur Entlastung von Willi Baumann, das Gebiet Nordrhein-Westfalen und, auf seinen besonderen Wunsch, auch den Besuch wichtiger Kunden in Österreich und Südtirol übernommen. Günter Koch erwies sich als Vertreter-Ass, der, ganz anders als Willi Baumann, mit trockenem Humor und viel Fröhlichkeit jeden Kunden gewann, aber auch, wie Willi Baumann, im Verlagshaus und bei den Redaktionen wertvollste Kritik und Anregung bot.

Nun suchte Willi Baumann für sich selbst einen Nachfolger im Außendienst und fand ihn auch in W. E. von Loeper, in Bad Pyrmont zu Hause, einst junger Offizier, kriegsversehrt, dann Buchhändler, aber nun schon einige Zeit für eine Reihe kleinerer Verlage als Vertreter tätig. Er wurde zu einem guten und noblen Freund seiner Kunden und aller, mit denen er im Verlag zu tun hatte, besonders auch von Willi Baumann selbst.

Hier sei eingeschaltet, daß um diese Zeit (1.10. 1959–31.3. 1962) Dorothee Maier, die Schwester von Peter Maier, ihre reguläre Ausbildung zur Verlagsbuchhändlerin im Otto Maier Verlag absolvierte, dafür auch die Deutsche Buchhändlerschule, damals noch in Köln-Rodenkirchen, besuchte. Zuvor hatte sie ihre Schulzeit in München mit dem Abitur abgeschlossen, war ein Jahr in den USA gewesen, hatte noch eine Photographie-Schule in München besucht, war dort auch in einer Werbeagentur tätig gewesen. Nun, im Herbst 1959, als Willi Baumann nach Ravensburg gekommen war, arbeitete sie bei ihm z. B. an einem neuen Gesamtverzeichnis, um dann im Jahre 1960 mit dem Buch „Frisch gekocht nach Jahreszeit" der durch Willi Baumann herangezogenen, streitbaren Autorin Lilo Aureden sozusagen ihr „Gesellenstück" zu schaffen. Im Juni 1962 bestand Dorothee Maier vor der dafür zuständigen Prüfungskommission der Industrie- und Handelskammer Reutlingen ihre Gehilfenprüfung als Verlagsbuchhändlerin mit Bravour. Sie mußte sich bald darauf einstellen, für Jahre die redaktionelle Leitung des ganzen Buchverlages zu übernehmen, wobei die durch Karl Maier entfalteten und fortgeführten, beachtlichen verlegerischen Initiativen zwar berücksichtigt, aber doch weitgehend unabhängig blieben.

Erwin Glonnegger hatte es demgegenüber zunächst in den Jahren 1956–1958 mit dem Spieleverlag sehr viel schwieriger. Während seine Zusammenarbeit mit Karl Maier und zunehmend auch mit Otto Julius Maier sich vertrauensvoll, ja freundschaftlich entwickelte, gab es durch die eigenen Vorstellungen und Absichten von Peter Maier und seiner Frau Lia so erhebliche Kompetenz-Schwierigkeiten, daß 1958 durch Karl Maier und Otto Julius Maier die alleinige Zuständigkeit von Erwin Glonnegger für den Spieleverlag durchgesetzt und festgelegt werden mußte, und ab 1959 Aktivitäten von Peter Maier und seiner Frau im Spieleverlag aufhörten.

Doch es war in diesen Jahren für jeden im Verlag, der einige Verantwortung zu tragen hatte, überaus schwierig geworden, mit den beiden Vettern der dritten Maier-Generation gleichermaßen gut und vertrauensvoll zusammenzuarbeiten.

Gewisse Veränderungen gab es dann ab 1959, als sich das Ehepaar Peter und Lia Maier zu trennen begann. Peter Maier hatte seine zweite Frau Isabelle, geb. de Colombe, Tochter aus einer konservativen französischen Adels- und Offiziersfamilie, als junge Buchhändlerin in Überlingen kennengelernt. 1960 ging er zunächst mit ihr für geraume Zeit in die USA. Er kam mit einigen großen Plänen zurück, u. a. mit Vorstellungen von Partwork-Veröffentlichungen, denen er nun auch mit ersten Mustern und Modellen nachging, und für die er in Europa – vor allem durch Zusammenarbeit mit schon bestehenden, erfolgreichen Vorbildern in Italien, Frankreich und England – Großes erwartete. Als dafür aber Investitionen des Otto Maier Verlages in der Höhe von mehr als 1 Million DM veranschlagt werden mußten, lehnten die anderen Gesellschafter dieses ab. Peter Maier jedoch beschloß, dann eben seine Pläne unabhängig, allein und anderweitig verfolgen zu wollen, und beendete praktisch 1962 seine Mitwirkung im Otto Maier Verlag.

Wir werden der Arbeit, ja den Leistungen von Peter Maier in diesem Jahrzehnt noch in den Darstellungen der Produktion von Büchern und Spielen dieser Zeit begegnen. Hier aber müssen noch andere organisatorische und dadurch bewirkte menschliche Veränderungen festgehalten werden.

Im Zusammenhang der straffen Ordnung und Führung des Rechnungswesens durch Adolf Schädler ergriff Otto Julius Maier schon bald nach der Übernahme der Vertriebsleitung durch Willi Baumann die Initiative, um auch die bis dahin immer dem Vertrieb bzw. den Verlagsgruppen zugeordnet gewesene Auslieferung mit Lagerhaltung, Expedition und Packerei dem Rechnungswesen anzuschließen. Eine im Verlagswesen bis dahin noch kaum bekannte Lösung, der sich auch Willi Baumann keineswegs einfach fügen wollte. Doch Otto Julius Maier beharrte darauf und setzte sich durch. Es dauerte noch einige Zeit, bis auch Willi Baumann sich so von sehr vielen Alltagsmühen entlastet sah und freier für die eigentlichen Angebots- und Verkaufsaufgaben des Vertriebs. Es war tatsächlich eine ganz wichtige Entscheidung für die erst kommende Entwicklung des Verlages.

In der Auslieferung, nun unter Adolf Schädler, waren neben Karl Schaab inzwischen Kurt Pfänder, aus Saulgau stammend, sowie der Ravensburger Hubert Pfund, gelernter Sortimenter aus der Dorn'schen Buchhandlung, tätig geworden. Für die Buchhaltung hatte Adolf Schädler einen getreuen Helfer in Wolfgang Scholz gefunden.

Zu den erfolgreichen Bemühungen von Peter Maier gehörte die Begründung eines Graphischen Ateliers im Verlag, für dessen Leitung er von der Akademie in Karlsruhe den Graphiker Manfred Burggraf, einen Meisterschüler des Rektors der Akademie und Autors des Verlages, Professor Hans Gaensslen, zum 1.1.1956 nach Ravensburg holen konnte. Manfred Burggraf hat dann das grafische Bild der Verlagsproduktion, ja des Verlages selbst mit den tüchtigen Mitarbeiterinnen und Mitarbeitern seines Ateliers bis heute wesentlich bestimmt.

Anders lief es in der V. B. Heinz Weiß, der dort 1946 die Nachfolge von Herrn Noll angetreten hatte, verließ mit neuen beruflichen Zielen im Frühjahr 1961 den Verlag und Ravensburg. Die V. B., deren Kurzbezeichung ab diesen Jahren umbedeutet wurde in „Verarbeitungsbetrieb", also nun der V. B., konzentrierte sich unter Eugen Hildebrand und Meister Hans Mezler jun. auf die eigene Fertigung und auf die Planung der Einrichtung eines kommenden neuen Betriebsgebäudes an der Robert-Bosch-Straße in der Südstadt, gegen Weißenau. Unter der Leitung von Karl-Friedrich Maier aber wurde nach dem Ausscheiden von Heinz Weiß die „Gesamtherstellung" gebildet, die damit für alle eigenen und fremden Fertigungen von Spielen, Büchern und Fachbüchern zuständig wurde, diese plante, steuerte und durchführte.

Die Zeiten, in denen im Otto Maier Verlag die Verleger selbst redigierten, herstellen ließen und sich persönlich auch noch um den Vertrieb bemühten, waren damit endgültig vorüber, aber, wie die kommende Entwicklung schon bald erweisen sollte, keineswegs zum Nachteil des Verlags. Otto Julius Maier hatte nicht nur die Gebiete und Aufgaben im Verlag so weit geordnet und besetzt, sondern auch sich selbst so intensiv damit befaßt und vertraut gemacht, daß für einen gemeinsamen Aufbruch in ein neues Jahrzehnt glücklicher Weiterentwicklung alle Voraussetzungen gegeben waren.

6.2 Der Verlag und seine Märkte 1953–1962

Dieses Jahrzehnt, das anderswo vielfach die Überschrift trägt vom „Deutschen Wirtschaftswunder", brachte nicht nur ernsthafte Demokratisierungsbemühungen, nicht nur die freie Marktwirtschaft und die Vollbeschäftigung, sondern auch den freien Wettbewerb amerikanischen Stils und manches andere von drüben, aus den USA, was die Märkte des Otto Maier Verlages, auf denen er sich nun 75 Jahre betätigt hatte, in verschiedener Hinsicht, teils vorübergehend, teils wohl für immer, veränderte. Vor allem war es die zunehmende Mechanisierung und Industrialisierung, die Teile der Produktion traf, die aber auch anderen Teilen der Produktion entscheidend zugute kam.

Bis zum Ende dieses Jahrzehnts war es nicht mehr zu übersehen, daß das Basteln, wie es nach den Anleitungen und mit den Modellbogen der Sammlung „Spiel und Arbeit" seit 60 Jahren weitverbreitet betrieben worden war, abgelöst wurde durch das Angebot vorfabrizierter Teile, die der Interessent und Käufer relativ leicht und kurzfristig nur noch zusammenmontieren mußte, um ein funktionsfähiges Modell zur Verfügung zu haben. Anderes, Kleinmotoren etwa, war durch die industrielle Fertigung so viel billiger und besser geworden, daß der Versuch einer Selbstherstellung sinnlos erscheinen mußte. Die Sammlung „Spiel und Arbeit" mußte – zum Leidwesen nicht nur von Karl Maier – aus solchen und weiteren Gründen in den folgenden Jahren auslaufen und aufgegeben werden.

Aber auch ein scheinbar ganz anderes und erst jüngst so überaus erfolgreich gewesenes Gebiet des Verlages wurde aus ähnlichen und weiteren Gründen hart getroffen: die großen handwerklichen Fachbücher. Das hatte Otto Maier zwar schon zu Beginn der 50er Jahre, kurz vor seinem Tode geahnt (vgl. S. 164). Es wurde jedoch erst im weiteren Verlauf des Jahrzehntes ganz deutlich.

Der Reisebuchhandel hatte schon früher alles getan, um sich so erfolgreich wie möglich in die Mitgliederwerbung für den Bertelsmann-Lesering einzuschalten, also für die erste Buchgemeinschaft, die den Handel an der Werbung und Betreuung neuer Mitglieder finanziell erheblich beteiligte. Dafür wurden manche Vertreter, die zuvor Otto-Maier-Fachbücher verkauft hatten, „umfunktioniert" auf die Lesering-Mitgliederwerbung. Trotzdem konnte noch 1954 ein vom Otto Maier Verlag veranstalteter Vertreter-Wettbewerb um den Verkauf des 50 000. Exemplars vom „Maurerbuch" mit großer Beteiligung durchgeführt werden. Die im Dezember 1953 erschienene 6. Auflage mit 15 000 Exemplaren war im Mai 1955 vergriffen. In 5½ Jahren waren insgesamt 54 000 Exemplare zum Preis von 48,– bis 55,– DM verkauft worden.

Doch dann führte die Vollbeschäftigung der Wirtschaft zu einem immer spürbarer werdenden Mangel an guten Vertretern, während sich aus ähnlichen Gründen die weitere Mechanisierung des Bauwesens rasant vollzog bei einem zunehmenden Mangel an Nachwuchs für die Bauberufe, der nur durch die Anwerbung von fremdsprachigen Gastarbeitern ausgeglichen werden konnte.

Es gab trotzdem erhebliche Bemühungen in der Fachbuch-Abteilung, auch mit beachtlichen Erfolgen, in andere Richtungen. Aber das große Umsatzpolster der handwerklichen Fachbücher durch immer neue Auflagen schmolz bis zum Ende dieses Jahrzehnts unaufhaltsam dahin.

Von diesen eben erwähnten Bemühungen sei hier nur der umfangreiche Plan für die Entwicklung neuartiger Lehrbücher für die berufsbildenden Schulen angeführt. Er nahm seinen Ausgang zum einen von der Ausarbeitung durch Andreas Pollitz[20], zum anderen aus der Begegnung von Peter Maier auf dem FEA Kongreß 1958 in Basel (vgl. S. 196) mit den Berufsschuldirektoren Walter Krefting und Georg Gustav Löns aus Wuppertal-Barmen. (Es schien ein gutes Vorzeichen zu sein, als sich ergab, daß Walter Krefting bereits einmal – am 6.11.1913 – mit Otto Robert Maier einen Verlagsvertrag über ein Werk „Bauschreinerarbeiten" abgeschlossen hatte, auch wenn dieses wegen Ausbruch des Krieges 1914 nicht verwirklicht werden konnte.) Es erschienen auch die beiden als Grundlagenwerke geltenden Bücher: 1962 „Zur Pädagogik der Berufsschule. Ihr Bildungsauftrag in unserer Zeit" von Walter Krefting und Prof. Dr. Emmy Wingerath; 1963 „Lernen – Lehren – Helfen in der Welt der Arbeit. Ein praktisches Handbuch für die Heranbildung des Nachwuchses" von Georg Gustav Löns u. a. Eine Reihe weiterer Autoren wurde für die Bearbeitung von Lehrbüchern für einzelne Berufe gewonnen. Doch zog sich die Verwirklichung derart hinaus, und es gab noch einige andere Faktoren dafür, daß die Fortführung des Begonnenen 1965 ausgesetzt und dann ganz abgebrochen werden mußte. Der Markt für Schulbücher und seine besonderen Bedingungen waren für den Otto Maier Verlag doch noch sehr fremd, und anderes in der Verlagsarbeit war vorerst und rasch weit dringlicher geworden. Erst nach Jahren sollte sich der Otto Maier Verlag ohne Fortführung dieser frühen Planung auch wieder um den direkten Zugang zu verschiedenen Bereichen des Schulwesens bemühen.

Der Sortimentsbuchhandel konnte erst allmählich die Folgen und Nachfolgen des Krieges überwinden. Trotz vielfach immer noch provisorischer Läden zeigte er sich ausdauernd und umsichtig. Gegenüber einer Produktion von 15 738 Titeln in der Bundesrepublik im Jahre 1953 betrug die Produktionszahl im Jahre 1962 22 615 Titel, darunter erst 1 181 Taschenbücher.

Der Sortimentsbuchhandel blieb – auch auf Grund der zunehmenden Beratung durch die Vertreter des Verlages – der gesamten Buchproduktion des Otto Maier Verlages gutgesinnt.

Auf dieses Wohlwollen durften sich auch Otto Julius Maier, Willi Baumann und andere stützen, als im Herbst des Jahres 1957 der Verleger Herbert Stuffer, Baden-Baden, nach Ravensburg kam und um eine Cooperation bei Vertrieb und Auslieferung seines Verlages durch den Otto Maier Verlag warb.

Es waren auch die Erinnerungen an die über 70 Jahre währende Tradition der Jugend-Erzählungen von Christoph von Schmid (vgl. S. 69 und 82) gewesen, die neue Ansätze durch Eugen Maier in den Jahren vor 1933 (vgl. S. 121) und durch andere nach dem Zweiten Weltkrieg (vgl. S. 168) zu einem Zweig von erzählenden Jugendbüchern im Otto Maier Verlag angeregt hatten. Jetzt aber war es die rasche Profilierung als Verlag neuartiger Bilderbücher wie auch der neuen Jugendsachbücher – der „Großen bunten Bücher" – , die geradezu danach rief, dem Sortiment auch qualifizierte erzählende Jugendbücher anzubieten. Solche schienen mit dem Angebot von Herbert Stuffer vom Himmel zu fallen. In ihrem Werk „Europäische Kinderbücher" schrieb Bettina Hürlimann: „Der Verlag Herbert Stuffer ging sehr kühne neue Wege ..." (Herbert Stuffer hatte ihn 1926 in Berlin gegründet.) So wurde es auch im Otto Maier Verlag gesehen, da die Autoren-Liste von Axel Eggebrecht und Otto Flake bis zu Karin Michaelis oder Lisa Tetzner bestechend erschien. Die gedachte Cooperation wurde also am 1.1. 1958 begonnen.

Der Stuffer-Verlag war jedoch, wie sich bald zeigte, noch weit mehr, als es Herbert Stuffer selbst schon hatte erklären müssen, am Ende. Seit Jahren ohne nennenswerte Neuproduktion konnte die Cooperation mit ihm nicht mehr als ein kümmerlicher Ausverkauf von Restbeständen werden, während die Rechte von den Autoren oder zumeist deren Erben schon reklamiert waren. Dem absolut ehrenwerten, aber selbst bereits todkranken Herbert Stuffer konnte der Otto Maier Verlag nur noch wenig helfen, obgleich er ihm die Mitwirkung an eigenen neuen Plänen zugedacht hatte. Der Stuffer-Verlag mußte ab 1962 liquidiert werden. Herbert Stuffer starb am 7.10. 1966 im 75. Lebensjahr. Dem mit ihm angestrebten Ziel ging der Otto Maier Verlag dennoch seit 1962/63 auf andere, eigene Weise, wie es später zu berichten sein wird, erfolgreich entgegen.

Der Spielwarenhandel, der sich neben und nach vielen Zufallsgründungen der ersten Nachkriegsjahre wieder in den vornehmlich älteren Firmen konsolidiert hatte, griff mit besonderer Bereitschaft die Ansprachen für die Ravensburger Spiele auf, die ihm Willi Baumann beharrlich und eindringlich vortrug. Von der Vedes in Nürnberg hatte der Verlag, wie vor dem Kriege, auch danach zunächst gar nichts gehalten. Aber 1958 hatten der Aufsichtsrat – aus besten, alten Kunden des Verlages – und der Vorstand der Vedes den Verlag so hart unter Druck gesetzt, daß nun die Zusammenarbeit begann. Es sollte sich schon bald zeigen, daß diese Zusammenarbeit für den Verlag sehr fruchtbar wurde.

Ähnlich erfolgreich entwickelten sich die wesentlich älteren Beziehungen zu einer anderen Firmengruppe, die im Laufe der folgenden Jahrzehnte zu der wohl größten internationalen Spielwarenfachhandelskette werden sollte: dem Unternehmen Franz Carl Weber in Zürich. Schon Otto Maier und Eugen Maier pflegten die Beziehungen zu diesem Hause mit besonderer Aufmerksamkeit, und wir wissen bereits, daß Otto Julius Maier im Hauptgeschäft an der Bahnhofstraße in Zürich im Winter 1950/51 volontierte. Ab 1951 bis 1970 wurde es zur Tradition, daß Otto Julius Maier und Erwin Glonnegger den jährlichen Hauptauftrag selber in der Zentrale in Zürich zunächst mit dem Senior Paul Weber und später mit dem Junior Tony F. Weber in einer mehr und mehr freundschaftlichen Gesinnung erarbeiteten. Aus diesen und häufigen weiteren Kontakten floßen dem Verlag laufend zahlreiche wichtige Informationen und Anregungen zu.

Im Hinblick auf den Papier- und Schreibwarenhandel hatte Otto Robert Maier ein halbes Jahrhundert zuvor die große Palette der hier sog. Nummernartikel zu entwickeln begonnen. 1952 gab es auch schon wieder ein beachtliches Sortiment gleicher Ausgaben wie vor dem Kriege. Ja, es gab später auch neue Versuche für diesen Kundenbereich. Aber schließlich waren es die früheren 1 400-er „Beschäftigungen in Mappen" nach ihrer Weiterentwicklung zu den „Ravensburger-Hobby"-Taschen, die vor allem und erfolgreich dafür bestimmt waren, während alles andere sukzessive aus dem Angebot herausgenommen wurde.

Nachdem der Verlag schon frühzeitig die alten Verbindungen zu den deutschsprachigen Nachbarländern, zur Schweiz und zu Österreich, wieder aufgenommen hatte, bedurfte es erst der Reisen von Otto Julius Maier, Peter Maier und Erwin Glonnegger in Europa und in die USA, gefördert durch neue, auf den Messen in Nürnberg und Frankfurt geknüpfte Beziehungen, aber auch durch das zunehmende Bewußtsein der entstehenden Europäischen Gemeinschaft, um das ganze fremdsprachige Ausland als künftigen Markt der Ravensburger Produktion zu erkennen.

Der sprachgebundene Buchverlag schien dabei im Nachteil. Doch vermehrte sich – auch durch die Messen und Reisen, aber auch durch die seit 1954 vom Otto Maier Verlag im Ausland erworbenen deutschsprachigen Lizenzen – das Interesse ausländischer Verlage für die Übernahme fremdsprachiger Lizenzen von Originalausgaben des Otto Maier Verlages. Um diese Entwicklung und ihre systematische Erweiterung und Handhabung bemühte sich Andreas Pollitz seit den letzten 50er Jahren.

Es gehört zu diesen Darstellungen, festzuhalten, daß es Peter Maier war, der ab 1956 nach Vorschlägen und Entwürfen von Professor Hans Gaensslen, Karlsruhe, neue Markenbilder – im Prinzip „das Dreieck in der rechten unteren Ecke" – als Warenzeichen für alle Produktionsgruppen im In- und Ausland registrieren, also schützen, und auf der Produktion wie in der ganzen Werbung anbringen ließ. Otto Julius Maier, Erwin Glonnegger, Willi Baumann und andere betrieben zugleich und weiterhin konsequent die Kennzeichnung und Benennung als „Ravensburger" Erzeugnisse, nun also nicht nur „Ravensburger Spiele", sondern auch „Ravensburger Hobby" und „Ravensburger Bilderbücher", wozu bald noch etliche weitere Ravensburger Sammlungen und Reihen kamen, alles Voraussetzungen für das 1973 durch nachgewiesene Verkehrsgeltung errungene Wortzeichen „Ravensburger®".

6.3 Der allgemeine Buchverlag und die Fachbuch-Abteilung 1953–1962

Nach dem entsprechenden Vorgehen für frühere Zeitabschnitte soll hier am Anfang wieder eine rein zahlenmäßige Übersicht der Buchproduktion stehen, allerdings nun für ein ganzes Jahrzehnt. Erst daran anschließend werden wir Besonderes aus den einzelnen Jahren namentlich hervorheben.

Voraus zu dieser Übersicht sei aber schon darauf hingewiesen, daß noch wie in der Entwicklung der Produktion bisher die Zahl der Neuauflagen diejenige der Neuerscheinungen beträchtlich überwog, eine Relation, die sich erst gegen Ende des Jahrzehnts aus später anzuführenden Gründen veränderte. Dennoch standen in diesem Jahrzehnt den insgesamt 252 Neuauflagen nur 196 Neuerscheinungen gegenüber. Aus den Zahlen läßt sich allerdings nicht erkennen, daß es sich bei Neuauflagen der Fachbücher, später auch der Jugendschriften, und meistens bei den Werkbüchern jeweils um 10–20 000 Exemplare handelte, während die Erstauflagen, also von Neuerscheinungen, zumeist zwischen 4 000 und 8 000 Exemplaren lagen.

Buchverlag einschl. Fachbuch-Abteilung 1. 1. 1953–31. 12. 1962
Anzahl der Neuerscheinungen und Neuauflagen in den einzelnen Verlagsgruppen

	1953	1954	1955	1956	1957	1958	1959	1960	1961	1962
1. Arbeits- und Beschäftigungsbücher	4(0)	5 (0)	3 (1)	2 (0)	6 (2)	7 (0)	6 (0)	6 (0)	6 (0)	5 (0)
2. Werk- und Bastelbücher	9(1)	7 (4)	2 (0)	8 (2)	1 (0)	5 (1)	6 (2)	7 (4)	6 (1)	9 (5)
3. Kunsttechnische Handbücher	9(1)	8 (1)	9 (2)	4 (1)	5 (1)	8 (0)	13 (2)	10 (3)	10 (2)	5 (2)
4. Sammlung Spiel und Arbeit	7(4)	7 (4)	11(10)	8 (6)	7 (5)	4 (0)	2 (0)	5 (0)	8 (3)	0 (0)
5. Spielbücher	1(0)	1 (0)	1 (0)	0 (0)	0 (0)	1 (0)	4 (1)	1 (1)	4 (3)	1 (1)
6. Naturkundliche Ausgaben	2(0)	2 (1)	1 (1)	2 (1)	0 (0)	0 (0)	0 (0)	0 (0)	0 (0)	0 (0)
7. Bilderbücher und Jugendschriften	3(1)	6 (1)	2 (2)	7 (7)	13(11)	24(13)	17 (9)	13 (9)	9 (7)	21(15)
8. Sonstige Ausgaben	1(0)	0 (0)	2 (2)	4 (2)	2 (1)	2 (1)	1 (1)	1 (0)	2 (1)	0 (0)
Fachbuch-Abteilung	3(1)	6 (5)	4 (1)	3 (3)	4 (2)	1 (1)	5 (4)	1 (0)	6 (6)	14(11)
Gesamt	39(8)	42(16)	35(19)	38(22)	38(22)	52(16)	54(19)	44(17)	51(23)	55(34)

Anmerkungen: Wie in früheren Übersichten (s. S. 152 und 167) bezeichnen die in Klammern gesetzten Zahlen die in der voranstehenden Gesamtzahl enthaltenen Neuerscheinungen des betreffenden Jahres.

Die Bezeichnungen der Gruppen 2 und 5 sind entsprechend der tatsächlichen damit erfaßten Produktion gegenüber den früheren Aufstellungen erweitert.

In der Gruppe 7 konnten mangels Zahlen für Neuauflagen die in diesen Jahren neu erschienenen 20 Pappbilderbücher nicht mitgezählt werden.

1953: In diesem ersten Jahre der Verlagsleitung durch Karl Maier erschien zu der erfolgreichen „Zeichenschule" von Gerhard Gollwitzer, Stuttgart, als Vorstufe, also nach dem 2. Band nun der 1. Band „Freude durch Zeichnen". Mehr noch lag Karl Maier das Buch „Werken für alle" von Karl Hils, Stuttgart, am Herzen, das er schon einige Jahre vorbereitet hatte.

Otto Julius Maier nahm sich des aus England stammenden Jugendbuches „Mimff" an, dessen deutsche Rechte Frau Ella Maier vermittelt hatte.

In der Fachbuch-Abteilung erschien in diesem Jahr nur das Buch „Gebundenes Zeichnen" von Professor Hans Döllgast, München, dessen Entstehung auf Otto Maier zurückging.

1954: Ein Plan, den Karl Maier seit Jahren mit besonderer Liebe verfolgt hatte, erfüllte sich in diesem Jahr. Es erschien von der getreuen Zeichnerin Marian H. Mülberger der naturkundliche Bilderatlas „Alpenblumen" mit Text von Karl Bertsch. Erwähnt sei dazu die Gestalterin des Schutzumschlags, Hermine Schäfer in Korntal, die für viele der von Karl Maier redigierten Bücher dieser Jahre die äußere Gestaltung übernahm, darunter für eine neue Ausgabe des „Werkbuch für Mädchen".

Ein anderes Buch dieses Jahres bei Karl Maier bedeutete den Anfang einer jahrelangen Zusammenarbeit mit dem Verlag Paul Haupt in Bern: „Komm, wir sticken" von Heidi Haupt-Battaglia. Der Schweizer Verleger glaubte, von der Schweiz aus nicht die vertrieblichen Möglichkeiten für die verdiente Verbreitung solcher Bücher in Deutschland und Österreich zu haben, und schlug dem Otto Maier Verlag eine vertriebliche Cooperation dafür vor mit Hinweisen auf weitere in Vorbereitung befindliche Bücher ähnlicher Themen. Die Ausgaben boten vorzügliche Beispiele, in gutem schweizerischen Design angelegt und in bestem Tiefdruck wiedergegeben. Es fiel Karl Maier in traditioneller Wertschätzung für die Schweiz und ihrer qualifizierten Erzeugnisse nicht schwer, zuzusagen.

In der Fachbuch-Abteilung erschien nach fast fünfjähriger Arbeit daran eine vollständig neubearbeitete und vollständig neu hergestellte Ausgabe, zugleich die 10. Auflage des Werkes „Der Möbelbau" von Fritz Spannagel, in einem Umfang von 368 Seiten und mit 1538 Abbildungen, wegen des genannten Sachverhalts hier als Neuerscheinung bewertet und behandelt.

Daneben machte der Verlag zwei Ansätze in die Industrie hinein und zur industriellen Fertigung. Einmal mit dem Werk „Feinmechanik. Ein Fachbuch der spanabhebenden Werkstückformung" von Walter Mink, dem Autor, den Otto Julius Maier und Andreas Pollitz 1951 im Odenwald „entdeckt" hatten.

Zum anderen mit dem Buch „Normen und Formen industrieller Produktion" von Wilhelm Braun-Feldweg, an dessen Redaktion und Herstellung sich auch Otto Julius Maier persönlich beteiligte.

1955: Vorab sei eine Neuerscheinung genannt, die ein longseller werden sollte, obgleich sie sich an Lehrer des Werk- und Kunstunterrichts wandte und oft als „Rezeptbuch" abgewertet wurde. Dabei war sie nur vorzüglich auf den tatsächlichen Bedarf hin in Schulen aller Art abgestellt. Damals „130 bildnerische Techniken" von Professor Dr. Hans Meyers, Frankfurt a. M., später wesentlich vermehrt als „150 Bildnerische Techniken" und nach 26 Jahren – 1981 – in der 16. Auflage lieferbar.

Spektakulärer allerdings waren zwei Neuerscheinungen, die – wie schon voraus angedeutet – auf die USA-Reise von Frau Albertine Maier-Dependorf und ihren Besuch dort im Verlag Simon and Schuster Inc., New York, genauer: bei Mrs. Hazel I. Packard – im Jahre 1953 zurückgingen: „Lebendige Geographie" von Elsa Jane Werner mit Illustrationen von Cornelius de Witt und „Die neue Arche Noah" von Alice und Martin Provensen.

Die „Lebendige Geographie" war das erste, hervorragend ausgearbeitete und ganz und gar farbig illustrierte Jugendsachbuch auf dem deutschsprachigen Buchmarkt. Es stammte aus der Reihe „Giant Golden Books" und wurde im Otto Maier Verlag das erste von mehr als zehn „Großen bunten Büchern" die er im Verlauf der folgenden Jahre herausbrachte. Peter Maier hat sich nicht nur, aber besonders bei der „Geographie", mit großer Hingabe der Umstellungen, Erweiterungen und zusätzlichen Illustrationen, die für den deutschsprachigen-europäischen Markt erforderlich waren, angenommen. Andreas Pollitz, Christian Stottele und natürlich Willi Baumann taten alles damals Erdenkliche zur Einführung dieses Buches (und der danach erwarteten weiteren Titel). Tatsächlich blieb es bis 1981 – in 16. Auflage – im Programm.

„Die neue Arche Noah", die in der US-Ausgabe „The Animal Fair" hieß, war mit ihren Illustrationen ein Fanal auf dem deutschen Bilderbuchmarkt, denn es war ein Bilderbuch, bei dessen Textübersetzungen sich Lia Maier-Franken allerdings auch erfolgreich um eine schlichte, kindgemäße Sprache sehr bemüht hatte. Auf der Buchmesse 1955 war erst etwa ein Drittel der Betrachter von dieser neuen Art Bilderbuch fasziniert, aber ein Jahr später waren mehr als zwei Drittel begeistert. Der Verlag bemühte sich bis heute, alles, was das Künstlerehepaar Provensen schuf, in deutschen Ausgaben herauszubringen. Wir werden also den Provensens, die einst aus den Walt-Disney-Ateliers hervorgingen, bis zu ihrer „Ahornfarm" immer wieder begegnen.

Aber auch in der Fachbuch-Abteilung gab es in diesem Jahr 1955 ein besonderes Ereignis: das Werk „Hochbaukonstruktion" von Professor Heinrich Schmitt, Ludwigshafen, dessen Veröffentlichung Otto Maier noch 1951 vereinbart hatte, war zwar durch die schwere und lange Erkrankung des Autors um etwa anderthalb Jahre hinausgezögert worden, doch nun, im Dezember 1955, konnte es erscheinen. Es war das größte Werk geworden, das jemals in diesem Verlag erschien, ja auch das größte in seiner eigenen Druckerei hergestellte. Innerhalb von 8 Tagen, in Tag- und Nacht-Schichtarbeit, waren die 72 Bogenseiten montiert, geprüft, kopiert und in einer Auflage von 6500 im November 1955 gedruckt worden, eine Leistung von und mit Josef Auffinger, die keiner der daran Beteiligtgewesenen je vergessen hat. Und diese Auflage war nach einem Jahr vergriffen!

1956: Gleich in diesem Jahr wurde der Anfang neuer Bilderbücher mit beträchtlichen Anstrengungen von Peter Maier und Otto Julius Maier weiter ausgebaut: es erschienen sieben neue. Aus dem Bericht über seine ersten Besprechungen 1946 in Baden-Baden von Otto Maier[10] wurde mehrfach zitiert, aber noch nicht dieses: „Solange keine Zahlungsmöglichkeit oder Devisenverrechnung besteht, wäre nur ein Austausch von Verlagsrechten möglich. Für Ankauf käme evtl. in Frage: Elefantenbilderbuch „Babar", das in Frankreich von großem Erfolg war ..." Dieses Interesse übertrug Otto Maier später auf Otto Julius Maier, der sich auf Grund seines Volontariats bei Hachette dann um die Rechte der deutschen Sprache an allen Babar-Bänden bemühte. Nun, 1956, und zehn Jahre nach jener Notiz von Otto Maier erfüllte sich das Interesse mit „Die Geschichte von Babar" und „Babar auf Reisen", den ersten beiden Bänden der großen Reihe von Jean und (dem Sohn) Laurent de Brunhoff. Man wußte längst, daß es sich um zehn Bände handelte, und sah etwas bänglich und unter Stirnrunzeln von Willi Baumann der Verwirklichung entgegen, deren Betreuung Erwin Glonnegger übernommen hatte. Doch innerhalb von fünf Jahren lagen alle in deutscher Sprache und Schreibschrift vor. Es waren sehr französische Bilderbücher, aber auch viele deutsche Kinder fanden Spaß daran.

Gleichzeitig erschienen die beiden ersten Bände mit der Gans „Petunia" von Roger Duvoisin, zugleich als erste Bilderbücher in deutscher Sprache von ihm. Schade, daß der Verlag sich nicht auch die Rechte am „Löwen" sichern konnte, die der Herder Verlag übernahm und die „Petunia" weit überlebten. Doch waren bis 1959 auch fünf Petunia-Bände erschienen, die alle bis dahin und danach mehrere Auflagen erreichten.

Peter Maier setzte sich in diesem Jahr besonders für drei kleine illustrierte Bücher mit der Hauptperson „Wurzelsepp" ein, die von den Autoren Karl Heinz, München (Text), und Julius Himpel, Augsburg (Bilder), für ihn geschaffen worden waren, ohne damit außerhalb Bayerns mehr als einen Achtungserfolg zu gewinnen.

Karl Maier war daneben keineswegs untätig, sondern brachte in diesem Jahr allerlei Bastelanleitungen heraus. Als bleibend und gültig für viele Jahre erwies sich das Buch „Die Kunst des manuellen Bilddrucks" von Professor Erich Rhein, Hannover. Es war die erste Buchausgabe im quadratischen Format 21 × 21 cm im Otto Maier Verlag, die zum Prototyp für etliche weitere werden sollte.

In diesem Jahr erschien aber auch erstmals die Broschüre „Gutes Spielzeug. Kleines Handbuch für die richtige Wahl", herausgegeben durch den Arbeitsausschuß „Gutes Spielzeug e. V.", Ulm, zu dem vor allem Erwin Glonnegger mit Otto Julius Maier enge Verbindung pflegten. Diese führte auch zu einer intersiveren Zusammenarbeit mit dem Vorsitzenden, Dr. Roderich Graf Thun, wie wir noch sehen werden. Sie führte ebenfalls zu einer häufigen Zusammenarbeit mit der damals noch sehr aktiven Hochschule für Gestaltung in Ulm (die eigentlich eine Fortsetzung des Dessauer Bauhauses hatte werden sollen) und dort mit Otl Aicher. So waren Einbände und Schutzumschläge für Fachbücher (z. B. „Hochbaukonstruktion") daraus entstanden, aber auch Plakate und Prospekte für den Buch- und den Spieleverlag.

In der Fachbuch-Abteilung erschien 1956 ein neues Buch des „Mauerbuch"-Autors A. C. Behringer, „Neuzeitliche Putzarbeiten innen und außen". Doch bei seinem Umfang von 172 Seiten mit 528 Abbildungen und zu einem Preis von 39,– DM konnte es kein großes Reisevertriebswerk werden. Hier zeigte sich der anderenorts schon geschilderte Wandel erstmals ganz deutlich.

Als weiterer Versuch, in die industrielle Fertigung vorzudringen, also im Gefolge des Feinmechanik-Werkes, wurde als Lizenz aus Schweden das Buch „Bearbeitungswerkzeuge für Kunststoffe und andere verformbare Werkstoffe. Konstruktion und Herstellung" von dem deutschsprachigen Dr.-Ing. Sigurd Sandelowsky veröffentlicht. Von der noch jungen, Kunststoffe verarbeitenden Industrie mit großem Interesse begrüßt und aufgenommen, war davon doch nicht mehr als eine Auflage abzusetzen.

1957: In diesem Jahr und weiter in den folgenden steht, wie es die Gesamtübersicht zeigt, die Gruppe „Bilderbücher und Jugendschriften" an der Spitze der Neuerscheinungen.

Da waren gleich drei neue „Große bunte Bücher": „Vom ersten Wissen" von

Bertha M. Parker, „Lebendige Astronomie" von Rose Wyler und Gerald Ames, und die „Ravensburger Bilderbibel – Neues Testament", bearbeitet von Josef Weiger, mit vielen mehrfarbigen Illustrationen von A. und M. Provensen.

In „Vom ersten Wissen" waren wieder einige Europäisierungen im Text und unter den Abbildungen erforderlich. Bei den Abbildungen beteiligte sich Frau Albertine Maier-Dependorf. Besonders schwierig schien die Veröffentlichung der „Bilderbibel" zu werden. Der Verlag machte sie gerne, weil seit Christoph von Schmid und seit einem frühen Weihnachtsbilderbuch von Elisabeth Mühlenweg (1949) die christliche Religion keinen Ausdruck im Verlag gefunden hatte. Aber es sollte eine ökumenische Bibel werden. Peter Maier und seine Frau entdeckten dafür in der Nähe von Leutkirch den weisen Pfarrer Josef Weiger (der noch dazu aus ihrer Nachbarschaft in der Banneggstraße stammte), und der ein alter, guter Freund von Romano Guardini war. Sein Text aus dem Neuen Testament fand sowohl das „Imprimatur" des dafür zuständigen katholischen Bistums wie höchste Anerkennung aus der evangelischen Kirche und hat bis heute Gültigkeit und Wirkung. Die Illustrationen der Provensens nach mittelalterlichen Vorbildern begleiten diesen Text zur Freude jedes Betrachters. (Es war schade, daß es dazu keine entsprechende und entsprechend illustrierte Ausgabe des Alten Testamentes gab.)

Zu den Bilderbüchern sei vermerkt, daß in diesem Jahre die ersten aus der Zusammenarbeit speziell von Erwin Glonnegger mit Graf Thun und der Illustratorin Edith Kiem, Innsbruck, erschienen: „Das indische Zauberkästchen" und die ersten Titel einer kleinformatigen Reihe „Wer paßt auf?", nämlich, „Brot – von der Saat zum Backofen", „Strom – vom Stausee zur Glühbirne" und „Der Luftpostbrief – vom Urwald zu uns."

1958: Das also war das Jubiläumsjahr des 75jährigen Bestehens, es war aber auch ein Jahr des Innehaltens und der sorgsamen Finanzverwaltung. Den 36 Neuauflagen standen nur 16 Neuerscheinungen gegenüber. (Erfreulicherweise waren bei den Bilderbüchern und Jugendschriften 11 Neuauflagen der jüngsten Produktion.)

Zum Jubiläumsjahr hatte sich eine Gemeinschaftsredaktion unter Peter Maiers Anführung gebildet, die nach Aufteilung der einzelnen Gebiete im Teamwork und mit sachkundiger Hilfe von Fachleuten und Hobbybastlern die erste Ausgabe des Buches „Mach es selber" rechtzeitig zum 1. 9. 1958 und mit dem sensationellen Ladenpreis von nur 12,80 DM zustande brachte. Formal fungierte Rudolf Wollmann als Herausgeber.

Bei den „Großen bunten Büchern" gab es zwei Neuerscheinungen:

„Große bunte Weltgeschichte" von J. W. Watson mit vielen mehrfarbigen Illustrationen von Cornelius de Witt (der auch die „Lebendige Geographie" so hervorragend illustriert hatte).

Als „Jubiläumsbuch" zählte aber „Ilias und Odysee", nacherzählt von Walter Jens, mit vielen mehrfarbigen Illustrationen von A. und M. Provensen. Die Provensen's hatten sich hierfür an Gefäßmalereien der Antike gehalten. Und Walter Jens, der Altphilologe und Sprachmeister aus Tübingen (eigentlich Hamburg), hat gedrängt die ganze Kraft der homerischen Gesänge zum Ausdruck gebracht. Auch in dieser Ausgabe ein lange gültiges Werk.

Eigenständig aber und großzügig in Formen und Farben präsentierte sich das Bilderbuch „Die Sonne", ein Gemeinschaftswerk der Künstler Klaus Winter und Helmut Bischoff mit Texten von Helga Mauersberger. Es war eines der ersten wirklichen Grafiker-Bilderbücher in Deutschland, das nicht nur einen hohen Aufmerksamkeitserfolg für seine Autoren wie für den Verlag hatte, sondern auch einen guten Verkaufserfolg.

Zum Jubiläumsprogramm gehörte nicht zuletzt der von Peter Maier zusammengestellte Almanach „Kaleidoskop 58/59" mit Beiträgen von 13 Autoren und aus der Vergangenheit, auch mit einer kurzgefaßten Familien- und Verlagschronik. Dieser Almanach ging als Weihnachtsgeschenk 1958 an alle Kunden, Autoren und Freunde des Verlages.

1959: Nun begann ein Werk zu reifen, zu erscheinen, an dem Karl Maier mit seinem Autor, Ernst Röttger, und dessen Fotografen (später Mitherausgeber) Dieter Klante seit Jahren arbeitete: die Reihe „Das Spiel mit den bildnerischen Mitteln", der eine weitere „Das Spiel mit den Bildelementen" folgen sollte. Auch diese Reihen erschienen in dem quadratischen Format von 21 × 21 cm, das sich vorzüglich für die Anordnung von Zeichnungen und Fotos unterschiedlicher Größe und Gewichtigkeit eignete. Als erstes erschein der Band I – „Werkstoff Papier". In der Gesamtübersicht sind diese Reihen den Werkbüchern zugeordnet, obgleich sie sich vornehmlich an Lehrer und Studenten wandten.

Mit diesen Büchern, die im spielerischen Umgang mit Werkstoffen und Bildelementen die Vorstellungskraft und Phantasie zu entwickeln bemüht sind, wurden Interessen in aller Welt angesprochen. Im Laufe der folgenden Jahre erschienen Lizenzausgaben der Reihen in Dänemark, England, Frankreich, Italien, Japan, Niederlande, Spanien und USA.

Aus der fortgesetzten Zusammenarbeit mit dem Verlag Paul Haupt in Bern übernahm Karl Maier in diesem Jahr den Band „Gestaltende Kinderhände" von Gottfried Tritten.

Neu war auch „Das große bunte Buch vom Fliegen" von J. Lewellen und J. Shapiro, es war das siebente in dieser Reihe.

Doch hier zunächst noch ein Rückgriff in das Jahr 1958: Im Herbst des Jahres 1958 sollte in Basel der X. Kongreß der Internationalen Vereinigung für Kunsterziehung – F. E. A. – stattfinden, an dem Peter Maier für den Verlag teilnehmen wollte.

Andreas Pollitz hatte im Sommer dieses Jahres 1958 in München ein langes Gespräch mit Helmut Hauptmann, dem langjährigen Mitarbeiter, Berater und Freund des Verlages, über die Zukunft der Fachbucharbeit und neue Möglichkeiten geführt. Dabei sagte Helmut Hauptmann, daß der Professor Johannes Itten, in Zürich, der in München einige Vorträge gehalten habe, über das fertige, große Manuskript seiner Farbenlehre verfüge. Darum sollte sich der Otto Maier Verlag bemühen. Andreas Pollitz hatte schon 28 Jahre zuvor eine Ausstellung der damaligen Berliner Itten-Schule gesehen und hatte gute Erinnerungen daran.

Nun, bevor Peter Maier nach Basel fuhr, ging er das Kongreß-Programm mit Andreas Pollitz durch, um Schwerpunkte seines Besuches festzulegen, und siehe da: Johannes Itten war einer der Hauptreferenten des Kongresses. Andreas Pollitz gab dafür die Information und Empfehlung von Helmut Hauptmann an Peter Maier weiter, und dieser richtete sich danach. Peter Maier war von dem ganzen Kongreß, besonders aber von Johannes Itten begeistert. Er führte die Verhandlungen und Überlegungen mit Johannes Itten weiter bis zum Vertragsabschluß mit ihm in diesem Jahre 1959. In den nächsten Jahren werden wir mehr davon hören und sehen. Nicht nur aus Begeisterung für diesen Kongreß, für Johannes Itten und andere Referenten, sondern zur Förderung der Arbeiten und Bestrebungen des Verlages in allen Kreisen der zahlreichen Kongreß-Teilnehmer aus aller Welt, machte Peter Maier dort die Zusage, daß der Otto Maier Verlag im Jahre 1959 den Kongreß-Bericht veröffentlichen werde. Und das setzte Peter Maier auch intern durch. Im Umfang von 410 Seiten mit einem 12seitigen farbigen Bildteil und einem 36seitigen Kunstdruckteil, Format 21 × 21 cm, erschien dieser starke Band im Herbst 1959, in unendlicher Mühsal durch Peter Maiers Sekretariat zusammengeholt und nachher vom Verlag zum Versand gebracht.

In der Fachbuch-Abteilung erschien in diesem Jahr, vollständig neu bearbeitet und hergestellt – deshalb hier auch als Neuerscheinung behandelt – die 11. Auflage „Der Zimmerpolier" von Fritz Kress, in der Neubearbeitung durch seinen Schwiegersohn und Nachfolger, Zimmermeister Dipl.-Ing. Ewald Maushake. Damit wurde das 80. Tausend dieses Werkes seit 1908, also nach 51 Jahren, überschritten.

Fast gleichzeitig damit erschien als ganz neues Werk „Schalungen im Betonbau" von Kurt Haeberlen und Fritz Kress, 256 Seiten, Format 27 × 29 cm, mit 830 Abbildungen und 7 teils farbigen Schalplänen. Im Büro Kress waren alle Zeichnungen für das Buch ausgeführt worden. Aus diesem und anderem Anlaß erfolgte die Nahmhaftmachung von Fritz Kress als Mitautor. Aber auch dieses moderne Buch konnte aus den früher dargestellten Gründen nicht an die Erfolge, etwa wie beim „Zimmerpolier", anschließen.

In eine neue Richtung wies dagegen „Das große Drei-Farben-Mischbuch für Buchdruck und Offsetdruck" von Professor Hans Gaensslen, Karlsruhe. Es entstand in Zusammenarbeit mit einem großen Druckfarben-Hersteller. Seine knappen Texte standen – und dieses war im Programm des Buchverlags erstmalig – in deutscher, englischer, französischer und spanischer Sprache nebeneinander. Sein Format von 32 × 30 cm war ungewöhnlich und auch der Preis von 85,– DM.

1960: In diesem Jahr standen den 27 Neuauflagen nur 17 Neuerscheinungen gegenüber.

Karl Maier hatte die Freude, daß in der Reihe „Das Spiel mit den bildnerischen Mitteln" der Band II – „Werkstoff Holz" von Ernst Röttger selbst mit Dieter Klante und Alfred Sagner erschien. Und im Spätherbst folgte, von Ernst Röttger mit Dieter Klante herausgegeben, noch Band IV – „Textiles Werken, Faden und Gewebe" von Rolf Hartung.

Vom Paul Haupt Verlag in Bern kam in diesem Jahr „Stoffdrucken" von Lotti Lauterburg.

Durch den anhaltenden Erfolg seiner beiden Zeichenschulen ermutigt, brachte Gerhard Gollwitzer seine „Schule des Sehens. Einfache Übungen zum Erfassen von Farbe und Form."

In die kunsttechnischen Handbücher aus Gründen der Thematik, des Formats und Preises eingereiht wurde auch das kleine in der Fachbuch-Abteilung entstandene Buch „Erfreuliche Drucksachen durch gute Typographie. Eine Fibel für jedermann" von Jan Tschichold, das allerdings zu sehr gegen den Strom der Zeit zu wirken versuchte.

Im Kinder- und Jugendbuchbereich kam „Das große bunte Buch vom Menschen. Bau und Funktion unseres Körpers" von M. Wilson mit vielen mehrfarbigen Illustrationen, wieder von Cornelius de Witt. Es hatte wie die vorangegangenen großen bunten Bücher auch das tatsächlich große Format von 25 × 32,5 cm. Erstmals in dem handlicheren und für längere Texte besser lesbaren Format von 21 × 28,5 cm erschien – von Hans Eich nacherzählt – „Die großen Sagen der Welt", von A. und M. Provensen illustriert.

Den Bilderbüchern zugezählt wurde „Im Versgarten. Gedichte für ein Kind" von Robert Louis Stevenson, in einfühlsamer Übertragung von James Krüss und illustriert von A. und M. Provensen (eine frühe Arbeit von diesen in der Art der „Neuen Arche Noah").

Und schließlich wurde in diesem Jahre 1960 auch durch die Bände 9 und 10 die große Ausgabe der „Babar"-Bilderbücher vollständig.

1961: Aus der deutlich längeren Liste von Neuerscheinungen in diesem Jahr sei zuerst das von Karl Maier betreute Buch „Moderne Werbe- und Gebrauchsgrafik" des damals sehr bekannt gewordenen Schweizer Grafikers Hans Neuburg, Zürich, genannt. Karl Maier hatte mit Hans Neuburg vor allem für neue Spiele-Ausstattungen und -Titel zusammengearbeitet, und es war schon erstaunlich, daß Karl Maier selbst dieses wirklich moderne Buch wollte und machte, das so ganz anders war als jenes von Tschichold im Vorjahr.

Ein großer Sprung: es wurde fertig und erschien das sehr liebenswürdig und praktisch gewordene Buch „Frisch gekocht nach Jahreszeit" von Lilo Aureden, in dem die Rezepte jahreszeitenweise auf farbigem Papier gedruckt waren: fürs Frühjahr hellgrün, Sommer gelb, Herbst orange, Winter hellblau. Wir erinnern uns: Redaktion Dorothee Maier, und dürfen hinzufügen, daß sie wie jedenfalls auch ihr Vetter Otto Julius, in dieser Zeit auf der Suche nach neuen guten Autorinnen waren, um für die etwas „männerlastig" gewordene Produktion zu einer weiblichen Ausgewogenheit zu kommen. Wir sind ja im Verlauf der Verlagsentwicklung immer wieder Frauen begegnet – z.B. Agnes Lucas, Johanna Huber oder Ruth Zechlin –, deren Wirken für den Verlag von größter Bedeutung wurde. Das konnte nun allerdings für die Autorin Lilo Aureden und ihr – wenn auch reizvolles – Kochbuch nicht gelten. Dagegen kam es im Zuge des genannten Bemühens aber unter anderem zu der ersten Bekanntschaft mit Jutta Lammèr, die damals „Basteltante" der Zeitschrift „Constanze" in Hamburg war und in den folgenden Jahren zu einer überaus wichtigen Autorin des Verlages werden sollte.

In diesem Jahr wurde auf nachdrückliches Betreiben von Willi Baumann eine neue Reihe kreiert: Ravensburger Reihe „Werk und Spiel". Darin wurden in neuer und aufeinander abgestimmter Ausstattung die aus früheren Folgen und Sammlungen noch vereinzelt geführten Titel, wie „Arbeitsbücher" und „Spielbücher" mit neuen zusammengeführt; z. B. „Patiencen", „Schach", „Wertvolles Spielzeug aus wertlosem Material", neben den ersten Zauberbüchern von Martin Michalski, kleinen Bastler-Büchern von Rudolf Wollmann, einem ersten „Spielbuch für alle" von Erwin Glonnegger u. a. m., um die sich ebenfalls Erwin Glonnegger bemühte.

Zu den „Großen bunten Büchern" kamen zwei neue hinzu, wieder in dem 1960 erstmals gewählten handlicheren Format (aus gleichen Gründen wie dort): „Lebendige Mathematik. Das große bunte Buch von Zahl und Raum" von J. Adler. Das andere: „Die Welt der Indianer. Kultur, Geschichte und Untergang eines großen Volkes. Das große bunte Buch für die Jugend" von Oliver LaFarge, der selbst indianischer Abstammung war.

Die Arbeit der Fachbuch-Abteilung hatte in diesem Jahr zwei Akzente. Nach ersten Kontakten auf der Buchmesse 1959, die Otto Julius Maier in USA vertieft hatte, kam es zu einer Zusammenarbeit mit dem amerikanischen Verleger George Braziller. Dieser hatte für den von ihm begründeten und sehr erfolgreich aufgebauten „Seven Arts Book Club" verschiedene Reihen geschaffen und suchte nun in Europa Teilnehmer an größeren internationalen Coproduktionen. Otto Julius Maier und Andreas Pollitz fanden die Bücher interessant und die Bedingungen gut und glaubten, daß damit auch Ansätze für neue Fachbucharbeit zu gewinnen seien. Die erste Reihe „Große Meister der Architektur" umfaßte zehn Bände (jeder Band 114 Seiten, davon 34 Seiten Text und 80 Kunstdrucktafeln mit Wiedergaben von etwa 100 Fotos und Zeichnungen). Die Coproduktion der Tafeln erfolgte in Chicago, Textsatz und -druck sowie Bindearbeiten in Deutschland. Auflage je Band 2100, Preis je Band 24,– DM. In diesem Jahr 1961 erschienen die Monographien über „Alvar Aalto" (Finnland), „Le Corbusier" (Europa), „Mies van der Rohe" (Deutschland und USA), „Pier Luigi Nervì (Italien) und „Frank Lloyd Wright" (USA), also fünf Bände.

Doch das bedeutendere Ereignis war die Fertigstellung und das Erscheinen des großen Werkes „Kunst der Farbe. Subjektives Erleben und objektives Erkennen als Wege zur Kunst" von Johannes Itten. Bibliographisch: „156 Seiten mit 174 eingeklebten farbigen Kunstdruckabbildungen und mit 28 farbigen Kunstdrucktafeln nach Gemälden großer Meister.

Großformat 32 × 29 cm. '61. Ln. 135,– DM".

Zugleich mit dieser ersten deutschsprachigen Ausgabe und Auflage wurde aber durch den Otto Maier Verlag für den Verlag Reinhold, New York, auch eine erste amerikanische Ausgabe und Auflage in Ravensburg vollständig hergestellt.

Die Farbdrucke wurden in vier verschiedenen Druckereien ausgeführt. Die auf die Herstellung von Büchern mit eingeklebten Mustern spezialisierte Großbuchbinderei Wennberg, Stuttgart, übernahm die diffizilen Einklebearbeiten und das Binden. Zu jener Zeit war solches noch deutlich preisgünstiger, als es der 5- oder mehrfarbige Druck der 13 Druckbogen im Format 64 × 88 cm (mit je 12 Buchseiten) gewesen wäre.

Die einstigen Schüler von Johannes Itten waren über die ganze Welt verstreut. Seine 1919–1923 am Bauhaus in Weimar entwickelte Lehre hatte Eingang und Fortführung bei allen großen Schulen der Kunst gefunden. Als nun 1961 nahezu gleichzeitig die deutsche und die amerikanische Ausgabe von „Kunst der Farbe" erschienen, gelangten die Nachrichten davon überall hin. Der große Optimismus im Otto Maier Verlag, den auch die Drucker dort unter Josef Auffinger teilten, nachdem Itten selbst mit ihnen die Farbabstimmung jedes einzelnen Farbdruckbogens vorgenommen hatte, wurde noch weit übertroffen. Nach noch nicht einem Jahr waren die Erstauflagen beider Ausgaben vergriffen. Man mußte sich sputen, zweite Auflagen herzustellen, die im Spätsommer 1962 erschienen.

Der Verlag hat gerade durch diese Coproduktionen kostbare Erfahrungen für internationale Zusammenarbeit gewonnen und sich zugleich bedeutendes Ansehen in aller Welt erworben, ganz abgesehen davon, daß der Verlag und seine Fachbuch-Abteilung besonders den wirtschaftlichen Erfolg damit brauchten.

1962: Hier stehen wir nun vor dem letzten Jahre des Jahrzehnts, dem dieser Bericht gilt. In der vorangestellten Übersicht (s. S. 191) sieht man, daß es das Jahr der größten Neuproduktion werden sollte. Den 21 Neuauflagen standen 34 Neuerscheinungen gegenüber.

Nach der Pause im Vorjahr erschien nun bei Karl Maier in der Reihe „Das Spiel mit den bildnerischen Mitteln" der Band III – „Keramik" von Ernst Röttger selbst mit D. Klante. Die Subskribenten wie die ausländischen Lizenznehmer hatten schon sehr darauf gewartet.

Aus der Zusammenarbeit mit dem Verlag Paul Haupt in Bern kam das neue Buch „Komm, wir weben" von Annie Mäder und Paul König.

Bei weitem bedeutungsvoller war es, daß die große Wolle-Fabrik Schachenmayr, Mann & Cie. in Salach ihr seit 1935 im Selbstverlag erschienenes mehrbändiges und millionenfach verbreitetes Anleitungsbuch, „Das Strick- und Häkelbuch" dem Otto Maier Verlag übertrug, der es zunächst zweibändig, später aber (seit 1968) in nur einem größeren Band ganz neu (bei Schachenmayr) bearbeitet herausbrachte. Es wurde eines der Standardwerke des Otto Maier Verlages.

Das größte Unternehmen des Jahres vollzog sich bei den Jugendbüchern. Getragen durch gemeinsame Initiative nun von Otto Julius Maier und Willi Baumann, redaktionell betreut von Werner Schnebelt, in Coproduktion hergestellt durch Mondadori, Verona, erschien im Herbst das achtbändige Werk „Die Erde – unsere Welt" in einer Auflage von 20 000. Es wurde angeboten „in mehrfarbiger Glanzkassette" zum Preis von 75,– DM. (Dafür wurden 12 000 Serien vorgesehen.) Die Bände waren aber auch einzeln erhältlich zum Preis von je 9,80 DM. (Dafür wurden je 8 000 Bände vorgesehen.)

Das Originalwerk kam wie die vorangegangenen „Großen bunten Bücher" aus den USA, wo der Verlag nun „Western Publishing Coporation" hieß und seinen Sitz in Racine hatte. Es war keine leichte Sache, das Werk auf den deutschsprachigen Markt und und auf europäische Sicht einzustellen, allein viele der 184 Land- und Spezialkarten dementsprechend neu zu beschriften. Nach Meinung aller Beteiligten – des Dr. Nardini von Mondadori, Milano, für Italien, des Monsieur Fresnay von Coq d'Or, Paris, für Frankreich und des

OMV für die deutschsprachige Ausgabe – war es eines der ersten wirklich europäischen, großen Projekte, das in einem ganz offenen Cooperationsvertrag abgeschlossen und dementsprechend verwirklicht wurde.

Dann aber zog Willi Baumann alle Register seiner Vertriebskraft. Kein möglicher Kunde und Interessent durfte ausgelassen werden, denn es war für die damaligen Verhältnisse des Otto Maier Verlages ein gewaltiger Brocken, wie man sich ausrechnen kann. So wurde eine Werbungs-Großaktion gestartet und eine Publikumswerbung über das Sortiment durchgeführt mit einem ganzen System von Aufstellern, von verschiedenartigen, ineinander verbundenen Prospekten und Zetteln, mit einem Schaufenster-Wettbewerb usw. für „Die Erde – unsere Welt". Es war ein erster Versuch, voll in die Breite zu gehen, und er gelang. Willi Baumann und seine Herren im Außendienst haben in etwa einem Jahr die ganze Auflage verkauft.

In der Fachbuch-Abteilung erschienen nicht nur die restlichen 5 Bände der Reihe „Große Meister der Architektur", sondern es wurde eine weitere 12bändige Reihe des Verlegers George Braziller begonnen, die „Große Zeiten und Werke der Architektur". Davon erschienen Bd. 2 „Architektur der Römer", Bd. 3 „Frühchristliche und byzantinische Architektur", Bd. 5 „Architektur der Gotik" und Bd. 7 „Architektur des Barock und Rokoko". Diese Reihe wurde auch in Coproduktion, aber sehr schön in Tiefdruck, bei der großen, traditionsreichen Druckerei Joh. Enschedè en Zonen in Haarlem/Niederlande hergestellt.

Es hatte für den Otto Maier Verlag einen gewissen Modell-Charakter, daß dafür ein freier Herausgeber alle Vorbereitungen und Abwicklungen mit den Übersetzern der einzelnen Bände und seinerseits die noch erforderlichen Bearbeitungen übernahm. Es war Prof. Hans F. Baeßler in Freising-München, dem Verlag durch seine Zusammenarbeit mit dem Autor Prof. Hans Föllgast seit Jahren gut bekannt.

In diesem Bericht wurden 96 der 196 Neuerscheinungen im Buchverlag des Jahrzehnts 1953–1962 kürzer oder ausführlicher, wie am Anfang angekündigt, aber aus ganz unterschiedlichen Gründen, namentlich hervorgehoben. Es sollte damit deutlich dargestellt sein, wie nun der einzige Senior aus der zweiten Generation und wie die beiden Junioren – ja, ein wenig auch schon als dritte Dorothee Maier – aus der dritten Generation in diesem Sektor mit oder ohne andere Helfer tätig geworden waren. Sektor – ja, denn daneben war es schon und wurde es mehr und mehr der Spieleverlag, der ihre Aufmerksamkeit und Aktivität auf sich zog, wie in einem weiteren Bericht darzustellen sein wird.

Die hier getroffene Auswahl aus den Neuerscheinungen im gesamten Buchverlag sollte aber außerdem diejenigen Veröffentlichungen festhalten, die, ob erfolgreich oder gelegentlich auch nicht, doch in der Kennzeichnung dieses Jahrzehnts im Buchverlag von besonderer Bedeutung waren.

Spiele-Verlag 1953–1962

	1953	1954	1955	1956	1957	1958	1959	1960	1961	1962
1. Würfelspiele	18/25 (3)	23/30 (4)	26/33 (4)	28/33 (3)	25/28 (2)	19/22 (1)	16/18 (1)	19/22 (3)	19/22 (1)	19/23 (2)
2. Spielemagazine	2/4 (1)	2/4 (1)	3/5 (1)	4/7 (2)	4/7 (1)	4/5 (1)	6/8 (2)	6/9 (1)	7/10 (1)	7/9 (1)
3. Brettspiele	5/8 (1)	7/10 (2)	8/11 (2)	9/12 (1)	7/10 (1)	6/8 (1)	7/9 (1)	4/6	4/5	5 (1)
4. Geschicklichkeitsspiele	2	2/3 (1)	2/3	3/4 (1)	4/6 (1)	6/8 (2)	6/8	5/7	6/8 (1)	6/7 (3)
5. Sonstige Gesellschaftsspiele	1 (1)	3 (2)	3	5 (2)	7	6 (1)	4 (2)	3 (1)	3 (1)	6 (3)
6. Lottospiele	12/15 (3)	12/17 (1)	13/18 (1)	11/16 (1)	11/16 (1)	10/16 (1)	9/14 (1)	9/14 (1)	9/14 (1)	9/14 (1)
7. Legespiele	4	6 (2)	7 (1)	10/11 (1)	10 (3)	10 (3)	12 (3)	15 (5)	14 (1)	13
8. Quartette	19 (3)	20 (1)	24 (3)	25 (2)	26 (2)	25 (2)	21 (1)	15	12	9 (2)
9. Kartenspiele	3/6	3/6	3/6	2/5	3/5 (2)	5/9 (2)	6/12 (1)	9/14 (2)	10/14 (1)	10/12
10. Beschäftigungen in Kästen	34 (4)	38 (4)	42 (4)	45 (4)	38 (4)	27 (4)	29 (2)	26 (3)	26 (3)	23
11. Ravensburger Hobbys 1400er	46	41 (3)	42 (1)	44 (2)	42	31	28	34 (15)	41 (12)	55 (18)
	146/164 (16)	157/178 (20)	173/194 (17)	186/207 (17)	177/195 (17)	149/167 (14)	144/163 (10)	145/165 (31)	151/169 (21)	162/176 (28)

Anmerkungen: Bei den Zahlen bedeuten die ersten die Anzahl der Spieltitel in der betreffenden Spielegruppe, die zweiten die Anzahl der Ausgaben (große, mittlere oder kleine) dieser Spieltitel. Die dritte, in Klammern gesetzte Zahl bezeichnet die in den voranstehenden Gesamtzahlen enthaltenen Neuerscheinungen oder Neuausstattungen des betreffenden Jahres.

Bei genauer Durchsicht wird deutlich, daß neben einem Zuwachs durch Neuerscheinungen auch oft eine Reduzierung des älteren Programms erfolgte, wie besonders bei 1. Würfelspiele, 6. Lottospiele, 8. Quartette und 10. Beschäftigungen in Kästen zu ersehen.

Die neuen, nicht unerheblichen, aber nur vorübergehenden Fortsetzungen des einstigen Nummernartikel-Programms durch Ravensburger Modellbaubogen, Ravensburger Ausschneidebogen u. a. m. sind in der Übersicht nicht enthalten.

6.4 Der Spiele-Verlag – der V. B. – die Druckerei 1953–1962

Für dieses Jahrzehnt – es war das achte in der Geschichte des Verlages – schließen wir an die Darstellungen der ersten Nachkriegsjahre (s. S. 155 und 170) an und gehen damit auch parallel zu der eben gegebenen Schilderung der Entwicklung im Buchverlag vor. Dazu erinnern wir uns aber auch wesentlicher Hinweise, die schon in den Kapiteln von den Menschen im Verlag und von seinen Märkten (s. S. 178) enthalten waren.

Die vorangestellte zahlenmäßige Übersicht wird zusätzlich zu deren Anmerkungen im nachfolgenden lebendiger werden. Doch sollte hier schon durch den Vergleich der Zahlen für die Jahre 1955–1957 einerseits und 1958–1960 andererseits die Zäsur zwischen diesen Jahren gesehen werden. Und es bedarf auch des Hinweises, daß ab 1960 sowohl die Gesamtzahlen des Programms wie die Zahlen der Neuerscheinungen durch das rasch und umfangreich gewachsene Angebot der neuentwickelten Ravensburger Hobby-Taschen wesentlich mitbestimmt wurden, die an die Stelle der früheren „Beschäftigungen in Mappen", also der 1400er Serie, getreten waren.

1953: Von den 16 Neuheiten dieses Jahres hatte Karl Maier selbst 15 betreut, während Erwin Glonnegger sich erstmalig der Zusammenstellung und Ausstattung eines neuen „Spielemagazin für Kinder" unter der Lenkung durch Karl Maier widmete. Von den Neuheiten waren je drei durch die vertrauten Künstler Marigard Bantzer und Fritz Loehr gestaltet worden. Frau Albertine Maier-Dependorf schuf nach ihrem Gartenblumen-Atlas das „Gartenlotto". Die Neuausstattung des ja erstmals schon vor gut 60 Jahren erschienenen Spiels „Go" zeigt hier die neue Handschrift von Hermine Schäfer.

Es war das erste und ein schönes Neuheiten-Programm, dessen Farbdrucke auf der neuen, eigenen Offsetpresse hergestellt worden waren.

1954: Die Auswahl von Neuerscheinungen dieses Jahres war größer, weil Karl Maier durch neue Kasten- und Mappen-Ausgaben nun auch noch mehr die Gruppe von Beschäftigungsspielen zu fördern bemüht war. Die „Wachsarbeiten" darunter stammten von Irmela Hochstetter, der künftigen Frau von Karl Maier. Doch trug auch Otto Julius Maier, wie früher erwähnt, zwei Spiele dazu bei, während Erwin Glonnegger sich zweier Pulok-Spiele annahm, die in Lizenz aus dem Verlag J. F. Steinkopf, Stuttgart, kamen. Hervorgehoben sei „Marienkäfer Puck", ein Würfelspiel von Ingrid Schaumburg, das in liebevoller Ausstattung durch Albertine Maier-Dependorf für viele Jahre im Programm blieb und große Verbreitung fand. Dasselbe sollte für das ganz andersartige „Verkehrsspiel" des Dr. von Boutteville gelten, das in seiner sehr modernen grafischen Gestaltung durch J. Müller-Brockmann, Zürich, einen ganz neuen Zug in das Bild des Spiele-Programms brachte.

Endlich bekam der Verlag, seit Jahren vom Handel bei ihm verlangt, auch ein „Angelspiel", das in der Darstellung durch die Künstlerin Hannah Nagel allerdings etwas Besonderes wurde. Freilich war auch Marigard Bantzer weiter am Werk, aber ebenfalls wieder Hermine Schäfer (bei Beschäftigungskästen).

1955: Ohne daß diese bisher jeweils einzeln hervorgehoben wurden, gehörten noch alljährlich 2 oder 3 neue Quartette zum Neuheiten-Programm, so in diesem Jahre „Baukunst und Bildhauerei", „Malerei" und „Gartenblumen" (von Albertine Maier-Dependorf).

Schon im Vorjahr angekündigt, doch erst jetzt fertiggestellt, erschien das von Fritz Loehr prächtig ausgeführte „Jagdspiel". Von ihm stammte auch die Neuausstattung für das „Teufelsrad" und die Gestaltung zweier weiterer Spiele.

Erwin Glonnegger betreute ein weiteres Pulok-Spiel, das „Kinderpulok". Vor allem aber begründete er mit dem neuen „Ravensburger Spielemagazin" in der Ausstattung durch den Grafiker Oskar Weiß, Ravensburg, eine für den Otto Maier Verlag zukunftsträchtige Tradition. Für neue Beschäftigungsspiele zog Karl Maier wieder Hermine Schäfer, aber nach Jahren auch Helmut Hauptmann heran, und zwar für den Kasten „Werkstoffarbeiten" von Ruth Zechlin.

Mit diesen und weiteren – insgesamt 17 – Neuheiten im Koffer hat Willi Baumann Anfang Januar 1955 seine Vertreter-Arbeit für den Verlag begonnen.

1956: Karl Maier war nicht nur liberal genug, sondern hatte seine Freude daran, ja auch den Wunsch, daß die Jungen sich an der Arbeit für den Spiele-Verlag beteiligten, dessen Rahmen dafür weit genug gespannt erschien. Erwin Glonnegger war mit einem weiteren, dem „Ravensburger Kindergarten-Magazin" im Programm des Jahres und hatte selbst das Spiel „Handel und Wandel" entwickelt.

Otto Julius Maier beteiligte sich mit dem Quartett „Amerika" und Peter Maier brachte das Spiel „Federhütchen" seines Vaters neu und außerdem „Scarrlet". Willi Baumann schließlich suchte und fand das Bildmaterial für sein Quartett „Nordsee", das Karl Maier selbst schätzte und betreute.

Besonders liebenswert und dann für viele Jahre im Programm war das von Karl Maier aus unverlangten Angeboten ausgewählte Spiel „Fahr zu, kleine Lok" eines unglücklichen, kranken Erfinders.

Zum ersten Mal war in dem Programm 1956 bei der Ausstattung der Spiele von Erwin Glonnegger und Peter Maier die Kreativität des neuen eigenen Graphischen Ateliers, also von Manfred Burggraf, zu erkennen, mehr als nur eine neue Note neben der Gestaltung anderer Spiele durch Fritz Loehr oder Hermine Schäfer.

1957: Während Karl Maier sich für dieses Jahr deutlich zurückhielt, präsentierte Peter Maier 7 Neuheiten bzw. Neuausstattungen. U. a. holte er das Kinderspiel „Sternrupfen" von Peter Pallat aus seines Vaters Zeiten mit Recht wieder hervor. Und in Agnes Gaensslen fand er eine Künstlerin für neue Beschäftigungsspiele mit (Alu-)Folien. Als erstes davon erschien ein „Folienmosaik". Ein Unikum gegenüber früher und später blieb der von Karl Maier mit Rudolf Wollmann entwickelte Kasten „Der junge Physiker", der mit seinem Inhalt zerbrechlicher Gläser beträchtliche Schwierigkeiten verursachte.

Erwin Glonnegger dagegen konnte mit dem Fußballspiel „Der Mittelstürmer bist du" des damals sehr bekannten Reporters Gerd Krämer, Stuttgart, um das sich sogar auch Karl Maier mitbemühte, einen Bestseller starten, für den sich alle Fußball-Stars jener Zeit zur Mitwerbung bereitfanden.

In diesem Jahr waren schon 8 Neuheiten durch Manfred Burggraf und sein Atelier gestaltet und ausgestattet worden. Es entstand aber auch das von seinem Lehrer, Prof. Hans Gaensslen, Karlsruhe, entworfene neue Kreiselpuppenzeichen und die erste Fassung des ebenfalls von Gaensslen vorgeschlagenen und entworfenen Warenzeichens, des „Dreieck in der rechten unteren Ecke".

Aus früheren Abschnitten wissen wir, daß es gerade in diesem Jahr für den Verlag wirtschaftlich sehr schwierig geworden war. Zu den ersten Konsequenzen gehörte deshalb auch der Anfang einer Reduzierung im Angebot des Spiele-Verlages.

1958: Noch unter den Schatten des Vorjahres stand dieses Jubiläumsjahr seines 75jährigen Bestehens für den Verlag. Das bisherige Spiele-Programm war deutlich reduziert, besonders bei den Würfelspielen und den Beschäftigungen in Kästen; aber auch das Neuheiten-Angebot wurde auf nur 10 neue Spiele und 4 neue Beschäftigungsmappen gekürzt. Ein guter Stern stand gleich über der zum Verlags-Jubiläum durch Erwin Glonnegger initiierten Ausgabe „Das goldene Spielemagazin".

Schon lange hatte der Verlag selbst und hatte der Handel sich von ihm einen attraktiven Zauber-Kasten gewünscht. Erwin Glonnegger hatte dafür hier in Ravensburg den Hobby-Zauberer Martin Michalski gefunden und entwickelte mit ihm als erste Ausgabe „Der große Zauberkünstler". Es war die zweite Attraktion in diesem Jahr und der Beginn vieljähriger erfolgreicher Zusammenarbeit mit Martin Michalski (im Spiele-Verlag wie im Buch-Verlag).

Und eine dritte Attraktion hatte Otto Julius Maier in USA bei dem bekannten und mit ihm befreundeten Architekten und Designer Charles Eames entdeckt und für den Verslag mitgebracht, das Karten-Steckspiel „Wolkenkuckuckshaus".

Karl Maier selbst hielt sich mit nur je 4 neuen Spielen und Beschäftigungsmappen sehr zurück, und auch Peter Maier mußte sich auf 4 neue Spiele, darunter einen neuen „Schwarzen Peter", beschränken. Es wurde schon berichtet, daß damit zugleich die Mitwirkung von Peter Maier bei Lektoratsaufgaben für den Spiele-Verlag zu Ende ging.

Es war aber auch nach diesem ersten Jahr der Neuordnung des Rechnungswesens durch Adolf Schädler noch weiter erforderlich, die Neuproduktion zu begrenzen.

1959: Schauen wir zurück auf die vorangestellte zahlenmäßige Übersicht (s. S. 202) für dieses Jahr. Auf insgesamt 144 Spiele (in 163 Ausgaben) belief sich das Angebot. Es setzte sich zusammen aus 116 Spielen in Kästen und 28 Beschäftigungen in Mappen (1400er). Von den 116 Spielen waren 106 aus der Produktion vorangegangener Jahre und 10 Neuheiten dieses Jahres 1959.

Reduzierung und Zurückhaltung sind noch weiter nicht zu übersehen. Das völlige Stillhalten bei den „Beschäftigungen in Mappen" war allerdings eine schöpferische Pause: die Vorbereitung der Umstellung auf die neue Taschenform als „Ravensburger Hobby".

In diesem Jahr wurde die Planung und Vorbereitung von Spielen und Beschäftigungen im „Lektorat I – Spieleverlag" unter Erwin Glonnegger konzentriert. In diesem Jahr übernahm aber auch Willi Baumann die Leitung des Gesamtvertriebs – Buch und Spiel – in Ravensburg.

Das Jahr 1958 hatte die keineswegs aufgegebene Hoffnung auf eine gute, gesunde Weiterentwicklung bestärkt. Das Jahr 1959 konnte – wie sich nun, Jahre danach, berichten läßt – diese Entwicklung nicht nur erhoffen, sondern erwarten lassen.

In diesem Jahr erschien erstmals das aus der Schweiz von dem Erfinder Heinrich Hurter in den Verlag gekommene „Original-Memory" und begann seinen kometenhaften Aufstieg. Erwin Glonnegger hatte 6 neue Spiele ausgewählt und betreut, außer dem „Memory" auch z. B. den „Ravensburger Spielekoffer", „Das Dudenspiel" (in Zusammenarbeit mit der Bibliographisches Institut A. G., Mannheim) und das von ihm selbst entwickelte (dreidimensionale) Spiel „Such mich, fang mich". Karl Maier beschränkte sich auf nur 3 Spiele, darunter „Wundergarten ohne Erde" der Gärtnerautorin Beate Hahn, ein Vorbote noch der Hydrokultur.

1960: Es wurden noch keineswegs alle Register gezogen, auch wenn in diesem Jahr die Liste der Neuheiten 31 Titel umfaßte. Es war, wie angekündigt, der Start der neuen „Ravensburger Hobby"-Taschen gleich mit 15 Ausgaben, neben denen noch restliche 19 des bisherigen 1400er-Mappen ausverkauft wurden. Es war für Jahre eine neue Produktlinie, weitgehend in Heimarbeit für den Verlag gefertigt. Karl Maier und Erwin Glonnegger teilten sich in die Auswahl und Betreuung.

Es gab aber noch andere Ereignisse in diesem Jahres-Programm: es gab vor allem erstmals „Das Malefizspiel". Karl Maier hatte den Vorschlag dazu von dem Erfinder Werner Schöppner aus der Post gezogen und hatte, wie in vielen anderen Fällen, geschwind „Probe gespielt" mit denen, die gerade erreichbar waren.

Und, als ihm dabei der Weg seiner Spielfigur immer wieder verbarrikadiert wurde, entfuhr ihm der Satz: „Das ist ja ein ‚Malefizspiel'!" Und damit hatte es seinen „deutschen" Namen.

Da sich dieser schwäbisch-bayerisch-lateinische Name aber nicht ebenso schlagkräftig in andere Sprachen übersetzen läßt, wurde das wichtige Spielelement „Barrikade" zum internationalen Namen des Spiels, das sich überall zu einem ganz großen Erfolg entwickelte.

Aber Karl Maier hatte auch Glück mit dem Kinder-Spiel „Bunte Ballone", dem Frau Irmela Maier für viele Jahre das Gesicht gab.

Erwin Glonnegger holte aus Schweden das Spiel „Öl für uns alle" – es waren noch die Jahre reich an Öl für wenig Geld.

Er ließ auch schon das „Kinder-Memory" dem „Original-Memory" folgen, da sich bereits gezeigt hatte, daß Kinder dafür ein weit besseres Gedächtnis haben als die meisten Erwachsenen. Und Erwin Glonnegger befaßte sich in diesem Jahr in gewissem Zusammenhang mit den neuen „Ravensburger Hobby"-Taschen erstmals mit 3 neuen Beschäftigungs-Kästen.

Schließlich ist festzuhalten, daß im Neuheiten-Programm dieses Jahres plötzlich und zum allerersten Mal mit dieser Bezeichnung zwei „Puzzles" erschienen. Bis dahin gab es im Verlag nur „Geduldspiele" – seit vielen Jahren –, eine einfache Form der großen englischen Puzzle-Tradition. Was sollte daraus werden?!

1961: Hier ist auszuführen, daß sich der Blick der Spiele-Finder und -Macher in den jüngst vergangenen Jahren zunehmend auf die weite Welt gerichtet hatte, nicht nur im Bewußtsein, daß großartige Spiel-Ideen und Spiele über Jahrtausende in allen alten Kulturen des Erdballs entstanden waren, bevor sie auch in den Kulturen Europas Eingang und Verbreitung fanden. Sondern es war dazu die Erkenntnis einer wachsenden Verflechtung der westlichen Wirtschaftswelt, die man selbst kennenlernen und in ihrer Auswirkung auf die eigenen nächstgelegenen Märkte zu beurteilen versuchen mußte.

Es war gleichermaßen notwendig, die modernen technischen Entwicklungen, z. B. für die Produktion und den Vertrieb von Spielen, in den USA dort und anderwärts zu finden und zu sehen. So flogen die Junioren und Erwin Glonnegger fast alljährlich in die USA, bemühten sich aber auch, die europäischen Märkte zu erkunden, die mit der erstarkenden EWG immer näherrückten.

In den USA waren es z. B. die erstaunliche Offenheit und der großzügige Freimut des Unternehmens Milton Bradley in Springfield, die Einblicke bis in vertraulichste Details der Planung, der Bilanzen usw. gewährten, darüber hinaus eine unbegrenzte Gastfreundschaft, die noch für höflichste Europäer bewunderns- und nachahmenswert erscheinen mußte. Freilich, Programme und Zahlen, die man so erfuhr (weniger vielleicht technische Details), waren schon im nächsten oder übernächsten Jahr überholt, aber es waren Beispiele, aus denen sich vorher ungeahnte und noch verwegen erscheinende neue Zielsetzungen ergeben konnten und sollten. Doch die Besucher aus Ravensburg erkannten und erfuhren auch, daß eine solche langlebige Vielfalt des Programms, wie sie seit jeher im Otto Maier Verlag gepflegt worden war, in den USA unbekannt, ja fast undenkbar zu sein schien. Darum wurden durch amerikanische Spielehersteller auch solche Kontakte gesucht und gepflegt, um in der so viel älteren Kultur und Tradition Europas vielleicht erfolgreiche Ideen und Beispiele für die eigenen großen Märkte zu entdecken und zu gewinnen.

So schien sich auf der Basis von Lizenzverträgen eine gewisse Zusammenarbeit entwickeln zu können. Milton Bradley übernahm Lizenzen für das „Memory" und auch für „Barrikade" (also das „Malefizspiel"). Der Otto Maier Verlag übernahm Lizenzen für einige Milton-Bradley-Spiele, denen wir im Jahre 1962 begegnen werden.

In Europa hatte Erwin Glonnegger neben skandinavischen Kontakten (1960: „Öl für uns alle") auch solche in Holland und in Italien gefunden. In Holland hatte der Verlagsbuchhändler Jan van Heusden im Verlag De Koster eine Spiele-Produktion, die „Egel(= Igel)-Spelen", entwickelt, für die er z. B. das „Wolkenkuckuckshaus" und das „Memory" in Lizenz übernahm, während der Otto Maier Verlag Lizenzen für holländische Spiele erwarb (vgl. auch 1962).

Unter diesen Bemühungen und nach den Erfahrungen der letzten Jahre war das Neuheiten-Programm 1961 noch sehr knapp gehalten. Es zählte zwar 21 Neuheiten, aber davon waren es nur 9 neue Spiele und dazu 12 weitere neue Ravensburger Hobby-Taschen.

Unter den neuen Spielen erlangte das „Ferien-Spielemagazin" mit der weiter kräftig ansteigenden Reise- und Camping-Lust einen über Jahre anhaltenden

Erfolg. Der Versuch, die neue Packungsform der Hobby-Taschen aus Plastik-
folie erstmals auch für Spiele wie „Fang den Hut" oder „Dame und Mühle"
und andere zu verwenden, konnte sich nicht durchsetzen. Die einmal geöffne-
ten Taschen erwiesen sich als wenig tauglich zur Aufbewahrung der ja immer
wieder zu verwendenden Spiel-Pläne und -Figuren.

Es lag auf der Linie der in diesem Jahr einleitend dargestellten internationalen Erkundungen und Bemühungen, daß in der Preisliste 1961 erstmals mehr-
sprachige Ausgaben besonders ausgewiesen wurden.

Nicht zuletzt sei festgehalten, daß im Jahre 1961 das gesamte Neuheiten-
Programm des Spiele-Verlags durch Erwin Glonnegger geplant und verwirklicht worden war.

1962: Nun wird die dargestellte Entwicklung bei den Neuheiten dieses Jahres ganz deutlich: 10 neue Spiele und 18 neue Ravensburger Hobby-Taschen;
von den neuen Spielen waren 7 Lizenz-Ausgaben von ausländischen Firmen.
Es kamen von

Milton Bradley/USA	„Das Babar-Spiel"
	„Schlaraffenland"
	„Das kluge Telefon"
De Koster/Holland	„Bilderlotto"
	„Kinderwelt" (Quartett)
	„Alte Verkehrsmittel" (Quartett)
Giochi/Italien	„Moby Dick".

Aus dem eigenen Fundus kam eine (durch die schwierigen Fragen der veränderten Landesgrenzen lange hinausgezögerte) Neuausgabe der „Deutschlandreise" und eine mit den Erfahrungen aus vier Jahren weiterentwickelte Neuausgabe des „Goldenen Spielemagazin".

Der anhaltende Erfolg der Ravensburger Hobby-Taschen und dafür auf-
kommende immer neue Ideen und Wünsche erlaubten einen großen Sprung
von 18 Neuheiten.

Dieses Jahr bietet den Anlaß, ein Gebiet des Spiele-Verlags genau zu betrachten, das seit mehr als sieben Jahrzehnten eine hervorragende Spezialität
des Otto Maier Verlags gewesen war: die „Quartett-Spiele". Das Angebot erreichte nach dem zweiten Weltkrieg im Jahre 1957 mit 26 verschiedenen Quartetten einen Höhepunkt.

In den folgenden Jahren bis hier, 1962, schmolz es auf nur noch 7 Quartette
zusammen, zu denen nun, nach vier Jahren, erstmals die beiden neuen (aus
Holland) dazukamen. Was war geschehen? Die früher in Mittel- und Norddeutschland ansässig gewesenen Spielkarten-Fabriken hatten sich in der Bundesrepublik niedergelassen und dank ihrer Kapazitäten vielfältige, umfangreiche Programme neuer Quartette in sehr guten Karton- und Druckqualitäten,
dabei preiswert, auf den Markt gebracht.

Und dieser Markt war nach den Erfahrungen des Otto Maier Verlages immer begrenzt gewesen.

Während das Angebot übermäßig geworden war, wurde die Nachfrage, der
Bedarf, immer geringer.

Wo wurden in Kreisen von Kindern und Jugendlichen noch Quartette gespielt? Mag es die wachsende enorme Vielfalt des Bilderangebots durch das Fernsehen, auch durch Zeitschriften, Hefte usw., gewesen sein, mag die aufgekommene, freiere und vielfältig geübte Form von Quiz-Spielen dazu beigetragen haben, jedenfalls war der Markt für Quartette zusammengeschmolzen, während das Angebot dafür viel zu groß erschien, um die eigene Tradition noch fortzuführen. Statt dessen wurde mit der Spielkarten- und Quartett-Herstellerin ASS (Altenburger-Stralsunder-Spielkarten), nun in Leinfelden bei Stuttgart, vereinbart, daß der Otto Maier Verlag seinen Spielwaren-Fachkunden das Programm der Quartette aus der ASS-Produktion durch seine Vertreter und in seiner Werbung mitanbieten und auch ausliefern würde.

Diese Zusammenarbeit begann 1962 und sollte dann noch über einige Jahre fortgesetzt werden. –

Auch in dieser Darstellung der Entwicklung des Spiele-Verlags während des Jahrzehnts 1953–1962 seien die damit ja besonders eng verbundenen Fortschritte in dem V. B. und in der Druckerei unmittelbar angeschlossen wie in den Berichten aus den ersten Nachkriegsjahren 1946–1952 (vgl. S. 155 und 171).

Der V. B. (Verarbeitungs-Betrieb)

Von den Menschen, die hier verantwortlich waren oder verantwortlich wurden, ist in einem vorangegangenen Kapitel (s. S. 180) berichtet worden. Wir wissen auch von den ersten Überlegungen und entsprechenden Schritten, um den V. B. aus seinen räumlich so engen Grenzen im Altstadt-Komplex Burgstraße/Marktstraße herauszulösen. Doch das war weit, noch zu weit vorausgedacht.

Aber es blieb während dieses Jahrzehnts auch nicht einfach nur so, wie es am Anfang war. Es bedeutete schon eine erste große Erleichterung, als im Jahre 1956 ein leistungfähiger Lastenaufzug mit Anschluß an alle Ebenen in den hohen Häusern Burgstraße 9 und 11 eingebaut worden und so eine Transport-Verbindung zwischen der Druckerei und dem V. B. und in gewisser Hinsicht auch zu den Lagern entstanden war.

Der V. B. näherte sich einem ganz neuen Abschnitt seiner technischen Verarbeitung und Herstellung aber, als im Jahre 1956 der Kauf und die Aufstellung einer „Simplon"-Schachtelüberziehmaschine aus den Jagenberg-Werken, Düsseldorf, erfolgt war. Damit begann die Schachtelfertigung am laufenden Band. Dieses und die noch zu berichtenden Maßnahmen des Ausbaus der Druckerei trugen zwar zu den früher angesprochenen Sorgen und Engpässen in den Jahren 1957/58 bei. Doch schon in den folgenden Jahren 1959/60 konnten der Tausch und Zukauf eines Geländes von 15 000 qm an der Robert-Bosch-Straße, zum Teil gegen das Grundstück Tettnanger Straße/Springerstraße, vollzogen und die Planungen eines Bauabschnittes I für einen neuen, erweiterten V. B. mit dem seit vielen Jahren für die Verlagsbauten tätigen Architekten Karl Schweikhardt, Ravensburg, dort begonnen werden. Otto Julius Maier und Peter Maier, aus dem V. B. selbst vor allem Eugen Hildebrand, aber auch Meister Hans Mezler jun. und die alten Mitarbeiter Karl Redolf und Anton Scham befaßten sich mit allen Details der Planung und Ausführung. Und es verging kein Tag, an dem sich Karl Maier nicht persönlich vom Stand und Fortgang der Arbeiten am Bau überzeugt hätte.

Am Ende dieses Jahrzehnts – 1962 – steht der Umzug des V. B. aus der Burgstraße in die Robert-Bosch-Straße und damit der Anfang einer Entwicklung, auf die damals noch kaum jemand, außer Otto Julius Maier, so recht zu hoffen wagen mochte.

Die Druckerei

Josef Auffinger hatte sich eine sehr tüchtige Mannschaft herangezogen, darunter schon bald Manfred Metzler und seinen ersten Lehrling, Heinz Geng, aber auch die unermüdliche Frau Schnell und andere. Die Presse lief gut und schaffte 5–6 000 Drucke in der Stunde. Aber bei den (zumeist) 4-Farb-Drucken mußten einseitig bedruckte Bogen eben viermal, beidseitig bedruckte also achtmal durch die Maschine laufen. Josef Auffinger drängte und Peter Maier wirkte ebenso, möglichst bald eine 2-Farben-Maschine zu bekommen. Doch so, wie es noch war, gab es gar keinen Platz dafür. Also mußte umgebaut werden. Noch gab es hinter dem Haus Marktstr. 22 freien Hof- und Gartenraum. Dort plante und baute Peter Maier mit dem Architekten Karl Schweikhardt 1956/57 eine neue Druckerei-Halle. Diese reichte für drei große Offsetpressen, für die erste, vorhandene Einfarben-Maschine und für die zweite, d. h. die erste 2-Farben-Roland RZU IV, die im Jahre 1957 kam und aufgestellt wurde.

Kein Wunder, daß es sehr schwerfiel, mit diesen und anderen, vorher genannten Investitionen reell fertig zu werden. Doch wir wissen es längst – und wir denken wieder an den seit Januar 1958 tätig gewordenen Adolf Schädler –, daß es schon bald gelungen sein sollte.

Ja, zum Ende dieses Jahrzehnts, also nachdem der V. B. 1962 in die Robert-Bosch-Straße umgezogen war, richteten sich die nächsten Gedanken und Pläne bereits auf einen Bauabschnitt II, der, direkt angeschlossen an den V. B., schon bald die Druckerei aufnehmen sollte.

Die räumliche Trennung der Druckerei vom V. B. mußte beseitigt werden. –

7 Der Verlag und seine Menschen 1952 bis 1983

Nach Otto Maiers Tod am 30. Juni 1952 entstand für den Verlag eine schwierige Situation.

Karl Maier, der sich bisher mehr mit redaktionellen und verlegerischen Arbeiten im allgemeinen Buchverlag befaßt hatte, war plötzlich vor die Aufgabe gestellt, ein Unternehmen zu führen, das strukturelle Veränderungen durchmachte (z. B. Rückgang der Absatzchancen der großen Bau-Fachbücher), und dessen Junioren Otto Julius Maier und Peter Maier noch jung und unerfahren waren. So war es ein Glück, daß drei Männer im Hause waren, die aktiv ihr jeweiliges Aufgabengebiet betreuten.

Es waren dies Andreas Pollitz, der die Fachbuchabteilung leitete, Erwin Glonnegger, der sich um vertriebliche Belange kümmerte, und Josef Auffinger, der kurz vor Otto Maiers Tod nach Ravensburg kam, um die kleine Offsetdruckerei professionell zu führen.

Trotz der Anstrengungen aller Mitarbeiter waren die Umsätze und Gewinne bescheiden geblieben. Durch den Bau für die Druckerei, der teurer wurde als geplant, kam die Firma 1957 in eine finanzielle Situation, die das Können von Karl Maier und Otto Julius Maier – der sich um den Bereich Finanzen kümmerte – überstieg. So war es dringend notwendig, daß ein fähiger Kaufmann in den Otto Maier Verlag kam.

Er wurde gefunden in Adolf Schädler aus Kempten, der damals 53 Jahre alt war und über Erfahrungen auch im Bereich Druckerei verfügte. Er brachte Ordnung in die kaufmännischen Bereiche und hatte vor allem ein gutes Gespür für tüchtige Leute, was ihm bei der Übernahme der Verantwortung für Personalfragen sehr zustatten kam.

Willi Baumann, der 1955 ein Außendienstgebiet übernommen hatte, stellte immer nachhaltiger Forderungen für eine verkäuflichere Produktion, für mehr Professionalität. Man sah ein, daß er recht hatte, aber bei den unklaren Verantwortlichkeiten in Ravensburg klappte es nicht, nie war jemand schuld, nie jemand für ein Gebiet verantwortlich.

Man sah, daß der Vertrieb im Hause zusammengefaßt werden mußte, die Teilung nach Fachbuch, allgemeinem Verlag und Spieleverlag ging nicht mehr. So entschloß man sich, Willi Baumann, den ständigen Mahner, selbst nach Ravensburg zu holen und ihm die alleinige Verantwortung für den Vertrieb aller Verlagsbereiche zu übertragen. Hand in Hand damit ging eine wenigstens teilweise Zuordnung von Verantwortung auch der redaktionellen Arbeit.

Erwin Glonnegger kümmerte sich vor allem um die Spiele, Peter Maier um den allgemeinen Buchverlag, Andreas Pollitz um den Fachbuchbereich. Trotzdem ging es noch nicht so richtig voran, vor allem wohl, weil zuviel Kraft vergeudet wurde durch Probleme, die zwischen Otto Julius Maier und Peter Maier auftraten, und die, weil Karl Maier keine Entscheidungen traf und immer nur zur Einigkeit mahnte, die Zusammenarbeit im Hause stark belasteten. Peter Maier wollte ein „größeres Rad drehen", als es Otto Julius Maier für den Otto Maier Verlag damals möglich erschien, und das führte zu Querelen und Parteiungen, in die auch die Mitarbeiter hineingezogen wurden.

Eine Gesellschafterversammlung im Jahr 1961 setzte gewisse Maßstäbe. 1962 wurde ein neuer Gesellschaftsvertrag anstelle des Vertrags vom Jahr 1924 ausgearbeitet und bemerkenswerterweise einstimmig unterschrieben, was vor allem der Beratung durch den Anwalt von Dorothee Maier, Dr. Rudolf Nörr, München, zu verdanken war.

Peter Maier gab 1962 seine Tätigkeit im Verlag auf, um seine Pläne unbehindert von Zwängen und Bremsen anzugehen. Otto Julius Maier übernahm 1963 die persönliche Haftung. Die Kompetenzen wurden geklärt, das Team, bestehend aus Otto Julius Maier, Willi Baumann, Erwin Glonnegger, Adolf Schädler, Christian Stottele (Jugendbuch), Andreas Pollitz, Josef Auffinger und Eugen Hildebrand (Verarbeitungsbetrieb = Kartonagenfertigung) faßte Tritt. Es herrschte Vertrauen und ein guter Geist, der auch in hohem Maße von Karl Maier geprägt wurde, der die „Jungen" gewähren ließ und nur gelegentlich „die Bremse zog". Erstklassige und engagierte Mitarbeiter, die sich meist die Aufgaben selbst stellten, soweit sie nicht durch Forderungen des Vertriebs gestellt wurden, sorgten dafür, daß der „Verlagskarren" nun richtig ins Laufen kam.

Es war vor allem Otto Julius Maiers Aufgabe, dafür zu sorgen, daß die unterschiedlichen Temperamente und Interessen dieser Mitarbeiter koordiniert wurden, sich nicht behinderten, daß alle mit einigermaßen gleicher Intensität in die gleiche Richtung zogen. Ohne diese engagierten und qualifizierten Mitarbeiter, ohne die klare Verteilung der Aufgaben und der Verantwortung, wäre der Erfolg des Verlages nicht möglich gewesen.

Im Geschäftsjahr 1964/65 überstieg der Umsatz erstmals die 10-Millionen-DM-Grenze. 1963 wurde die erste Auslandstochter in Holland gegründet. Dorothee Hess-Maier, die Schwester von Peter Maier, die schon seit einigen Jahren in verschiedenen Abteilungen des Hauses tätig war, übernahm 1966 auch die persönliche Haftung und 1968 die Leitung der Buch-Redaktionen und Peter Maier schied 1966 als Gesellschafter des Verlages aus.

Adolf Schädler, der 1969 65 Jahre alt wurde, sorgte mit zwei wichtigen personellen Erweiterungen für Kontinuität. Er holte 1967 Helmut Seifert als Leiter des Finanzwesens in den Verlag und engagierte 1968 Armin Boeckeler, der zunächst, als Nachfolger von Dr. Albrecht Casper, als „Junger Mann für alles" bei der Geschäftsleitung tätig war. Dr. Casper übernahm im Rahmen des kaufmännischen Ressorts die Abteilungen Auslieferung, Materialwirtschaft und EDV. Dort war seit 1961 eine IBM-Lochkartenanlage in Betrieb als Vorbereitung für die seit 1967 installierte elektronische Datenverarbeitung. Über 20 Jahre und fast bis heute hat Karlheinz Hahn, zunächst als selbständiger Berater und dann als Teilzeit-Mitarbeiter, die Datenverarbeitung im Otto Maier Verlag beraten und betreut.

Als Nachfolger für Adolf Schädler kam 1970 Dr. Anton Dressendörfer und übernahm die kaufmännische Verwaltung mit Ausnahme des Personalressorts, das von Armin Boeckeler (bzw. Dr. Boeckeler, wie er aufgrund nachträglich erfolgter Promotion nun hieß) betreut wurde.

Im Jahr 1970 wurden die bisherige Graphische Kunstanstalt Maier GmbH und der bisherige Verarbeitungsbetrieb des Verlages unter der Bezeichnung Ravensburger Graphische Betriebe Otto Maier GmbH zusammengefaßt. Die Leitung des Betriebs übernahm Josef Auffinger, kräftig unterstützt durch Hans-Walter Propach und Bruno Müller. Gleichzeitig mit der Firmenbezeichnung Ravensburger Graphische Betriebe wurde eine weitere Firma, der Ravensburger Verlag GmbH, gegründet, um den Namen der Stadt, unter dem die Produkte des Verlags in alle Welt gingen, im Firmennamen zu blockieren und zu verhindern, daß er von Dritten genutzt würde. Dies war bis zur Eintragung des Namens „Ravensburger" als Warenzeichen für den Verlag eine durchaus reale Gefahr. Der technische Betrieb expandierte als Folge und Voraussetzung des stürmischen Wachstums des Spieleverlages. Es wurden neue Maschinen gekauft bzw. für die speziellen Bedürfnisse geschaffen. Es wurde ein neuer großer Bau geplant, diesmal aufgrund der früheren Erfahrungen so, daß gleich die folgenden Bauetappen mitberücksichtigt wurden.

Am 1.7. 1971 kam Dieter Breede, der über große Erfahrungen im Einzelhandel verfügte, in den Verlag, zunächst, um die Auslandsaktivitäten zu betreuen, die etwas in der Luft hingen und die dynamischer Förderung bedurften. Die großen amerikanischen Spielehersteller begannen, sich in Europa niederzulassen und bauten hier eine Fertigung für alle Länder auf. Um genauso rationell arbeiten zu können, mußte auch der Otto Maier Verlag gleich große Stückzahlen fertigen. Das hieß, systematischer auch die anderen europäischen Märkte anzugehen, also Abschied zu nehmen von dem bis dahin üblichen, aus dem Verlagsbereich stammenden Konzept, für eine andere Sprache jeweils einen Lizenznehmer im anderen Land zu suchen. Der erste Schritt in diese Richtung, relativ unsystematisch, war mit der Gründung von Otto Maier Benelux in Amersfoort, Holland, 1963 schon getan worden.

Viele der leitenden Mitarbeiter wurden in diesen Jahren und danach zu Prokuristen ernannt. Daraus sprach ein großes Vertrauen, das in diese Mitarbeiter gesetzt wurde, ein Vertrauen, das aufgrund des Einsatzes dieser Herren auch gerechtfertigt war. Um drei Personen, die schon in den schwierigen Zeiten da waren und die Geschicke des Verlages ganz besonders beeinflußt hatten, besonders herauszustellen und zu ehren, wurden Andreas Pollitz, Erwin Glonnegger und Willi Baumann zum Verlags- bzw. Vertriebsdirektor ernannt.

Um bei der größer werdenden Zahl von Mitarbeitern in leitenden Positionen eine Koordination zu erreichen, wurde 1967 eine regelmäßige sogenannte Bereichsleiterkonferenz eingeführt, die später – 1971 – von der etwas kleineren monatlich angesetzten Direktionsbesprechung abgelöst wurde. Der Wunsch, gewisse, allgemeine Grundsätze, nach denen sich der Verlag orientieren sollte, festzulegen, wurde immer deutlicher. Ab Ende 1972, während des ganzen Jahres 1973 immer wieder diskutiert und neu formuliert, befaßte man sich mit diesem Papier zur Programmpolitik, „um beim immer größer werdenden Kreis von Programm-Machern eine Grundlinie festzuhalten, eine Art Verfassung, was das Haus will und was nicht". Im März 1974 wurden die „Grundsätze des Unternehmens" von der Geschäftsleitung verabschiedet und herausgegeben. Das geschah bereits, bevor es auch in anderen Betrieben üblich wurde, derartige Statements abzugeben. Diese „Grundsätze" sind im wesentlichen in gleicher Form heute noch gültig.

In der Zwischenzeit wuchs der Verlag weiter. 1972 wurde die 50 Millionen-Umsatzgrenze überschritten. Der Anteil des Spieleverlags lag bei über 75% am Gesamtumsatz, das Gewicht des Auslandes stieg an.

Willi Baumann, der Mann, dem der Verlag so unendlich viel zu verdanken hatte, trat 1976, 2 Jahre vor dem Erreichen des 65. Lebensjahres, in den Ruhestand, um ebenso intensiv, wie er im Verlag tätig gewesen war und hier den Aufbau schaffte, sich nun ein außerordentliches Domizil in Italien aufzubauen.

Im Rahmen des großen Abschiedsempfangs für Willi Baumann am 9.2. 1976 auf der Nürnberger Spielwarenmesse sprach er selbst in einer unvergessenen Rede das Credo seiner mehr als zwanzigjährigen Arbeit im und für den Otto Maier Verlag, aus dem dieses zitiert sei:

„Nach den während meiner Reisetätigkeit (in den 50er Jahren) gemachten Beobachtungen dürfte damals der Anteil des Spiele-Geschäfts am Insgesamt des Umsatzes einer durchschnittlichen Spielwarenhandlung kaum mehr als 1% betragen haben. Das „Spiel" war das Aschenputtel, das im Weihnachtsgeschäft beileibe nicht von der besser bezahlten Fachkraft, sondern nur von einer Aushilfe verkauft werden durfte. Und heute? Heute ist das Spiel einer der wichtigsten Umsatzträger im Handel und für die gesamte Branche der Aufreißer für vieles, was mit dem Begriff „Gutes Spielzeug" zusammenhängt. Diese Entwicklung ist untrennbar mit dem Namen des Otto Maier Verlages verbunden. Seit nahezu 100 Jahren heißt – mehr oder weniger laut publiziert, zu keinem Zeitpunkt aber irgendwo klarer konzipiert – die verlegerische Zielsetzung des Otto Maier Verlages:

Die spielerische Fähigkeit des Menschen ihm als tragende Kraft seines Lebens bewußt zu machen und durch Anstöße und Hilfen in den Ravensburger Büchern und Spielen zur denkbar größten Entfaltung zu bringen.

Wir verstehen unter dem Begriff Spiel die in einem kausalen Zusammenhang stehende Eigenschaft des Menschen, Geist und Material in spielerischem Drang miteinander in Einklang zu bringen ... Es waren zunächst die Intellektuellen, die Multiplikatoren im institutionellen Bereich, die Sozialarbeiter, die Kindergärtnerinnen und der sich seiner Verantwortung und nicht nur seines Geschäftes bewußte Handel, die uns trugen.

So gesehen schließt die Durchsetzung dieses Programms ein nur nach kommerziellen Gesichtspunkten ausgerichtetes Verhalten aus. Auch läßt es sich nicht allein durch Media-Werbung, noch durch bessere Konditionen, die mal so und mal so gehandhabt werden, verwirklichen. Was es braucht, ist das persönliche Engagement, das bei der Entwicklung der Produktion im Hause beginnt und über die Multiplikatoren – in der Publizistik, in den institutionellen Bereichen – und den verantwortungsbewußten Handel bis zum Endverbraucher reicht.

Nach diesen Gegebenheiten hatte sich die Vertriebspolitik des Otto Maier Verlages in der Vergangenheit zu richten, an ihnen wird sie sich auch in Zukunft orientieren müssen. Mit diesen Partnern ist auch künftig der Otto Maier Verlag verbunden."

Soweit Willi Baumann. Seine Nachfolge übernahm Dieter Breede.

1975 bereits hatte Josef Auffinger aufgrund eines schweren Augenleidens, ebenfalls vor dem 65. Geburtstag, seine Tätigkeit aufgeben müssen. Seine Nachfolge übernahm Bruno Müller.

Dies war eine Zeit der Wachablösung, eine Übergabe wichtiger Positionen aus den Händen derjenigen, die den Verlag aufgebaut hatten, in die Hände der Jüngeren. So schied auch 1978 Andreas Pollitz aus, der Mann, der als engster Mitarbeiter von Otto Maier die Kontinuität repräsentierte und viele Fäden in der Hand hielt. In den Dreißiger Jahren als junger Buchhändler zum Verlag gekommen, wurde er – wie früher ausführlich dargestellt – nach dem Krieg der engste Mitarbeiter Otto Maiers beim so erfolgreichen Aufbau der Fachbuch-Abteilung. Als später redaktionelle und vertriebliche Arbeit im Buchverlag in Funktionen getrennt wurde und die Fachbuch-Arbeit der Nachkriegszeit aufgrund von Marktgegebenheiten aufhörte, konzentrierte sich Andreas Pollitz in zunehmendem Maße und dann ausschließlich auf Aufgaben, die wachsende Bedeutung erhielten, nämlich Urheberrecht, Verlagsrecht, gewerbliche Schutzrechte, Preisbindung und die ganzen Fragen des Markenrechts. Dabei kamen ihm zwei Eigenschaften sehr zustatten bzw. sie konnten sich hier besonders entfalten: Seine unglaubliche systematische Genauigkeit und sein hervorragend, fast computerhaft arbeitendes Gedächtnis. Auch auf diesen Gebieten hat Andreas Pollitz Hervorragendes geleistet und aufgebaut. Das Wichtigste, was aufgrund seiner Initiative ermöglicht wurde, war die internationale Durchsetzung und Anerkennung des Markennamens „Ravensburger".

Daneben hatte Andreas Pollitz den Aufbau der Lizenzabteilung des Buchverlages betrieben und dem Verlag hierbei viele gute Freunde im Ausland gewonnen.

Die Arbeit im Bereich „Recht" übernahm zuerst von ihm Assessor Christian Auffhammer (bis 1980) und nach diesem Assessor Armin Liszka. Bei der Lizenzabteilung war es Frank Jakoby-Nelson, den er dort einführte, und der nach seinem Ausscheiden diese Abteilung übernahm.

Es sei auch Andreas Pollitz' Engagement für die Ausbildung des Nachwuchses im Verlag erwähnt. Bis 1974 lagen Auswahl und Betreuung aller Lehrlinge bzw. Auszubildenden bei ihm, dann übernahm Rudolf Sprank im Rahmen der Personalabteilung diese Aufgabe.

Durch kollegiales Vertrauen wurde Andreas Pollitz dreimal, d. h. ab 1967 bis 1976, in den Verleger-Ausschuß und in andere Gremien des Börsenvereins des Deutschen Buchhandels, Frankfurt, gewählt und vertrat damit den Verlag in dieser Verbandsarbeit. –

Zum 1. April 1977 wurde für die Programmbereiche Buch und Spiel die bisher nach Funktionen gegliederte Organisation in Sparten geordnet, d. h. Vertrieb und Redaktion wurden zusammengelegt. Einem Spartenleiter, der demnach die Gesamtverantwortung bis zum Betriebsergebnis hat, untersteht auf der einen Seite die Redaktion, auf der anderen Seite der Vertrieb.

Die Leitung der Sparte Buchverlag übernahm zunächst Dorothee Hess-Maier, die Leitung der Sparte Spieleverlag übernahm Dieter Breede, der bis dahin für den vertrieblichen Bereich des Buch- und Spieleverlages als Nachfolger von Willi Baumann verantwortlich gewesen war.

Erwin Glonnegger, der bisher für die redaktionelle Seite des Spieleverlages verantwortlich war, übernahm die Marketing-Betreuung und Programm-Koordination des Spieleverlages mit den Auslandstöchtern, die zu diesem Zeitpunkt eine immer größere Bedeutung für den Otto Maier Verlag bekam.

Die Werbeabteilung, die bisher dem Vertrieb unterstand, blieb weiterhin Dieter Breede, als dem Leiter des Spieleverlags, unterstellt, arbeitete aber in Dienstleistung für die Sparte Buch und auch für das Ausland. Die Abteilung Öffentlichkeitsarbeit wiederum blieb Dorothee Hess-Maier unterstellt und arbeitete, ebenfalls in Dienstleistung, auch für den Spieleverlag.

Was war der Grund oder die Ursache für diese Umorganisation? Neben den Gründen, die sich aus den Personen ergaben, war es einmal die größere Bedeutung des Auslands, zum anderen aber vor allem die Tatsache, daß die Geschäftsleitung bei der bisherigen funktionalen Gliederung immer der Schiedsrichter oder der Letztverantwortliche für alle Entscheidungen im Produktions- und Vertriebsbereich war und sein mußte. Sie mußte sich also im Grunde über alle Dinge ständig informiert halten, und das war bei dem Größerwerden des Betriebs und der Zunahme auch anderer Aufgaben auf die Dauer nicht mehr so zu erfüllen, wie dies von der Sache her notwendig gewesen wäre. Deshalb war es notwendig, „kleinere" Betriebseinheiten mit voller Deckungsbeitrags- bzw. Ertragsverantwortung zu schaffen und den Leitern dieser beiden Sparten die Entscheidung über die laufenden Geschäfte zu übertragen. Die mehr langfristigen, strategischen Entscheidungen von grundsätzlicher Bedeutung wurden seitdem im Einvernehmen zwischen Geschäftsleitung und Spartenleiter getroffen, während das tägliche Geschäft von den Spartenleitern betreut und entschieden wurde und wird.

Nach einigen Erfahrungen mit dieser Organisationsform zeigten sich aber auch ein paar Probleme, die nichts mit der Grundsatzfrage der Spartenorganisation zu tun hatten.

Das waren vor allem

a) Die Zusammenarbeit mit dem Ausland.

Nach dem 1. April 1977 war ein Auslandsbeirat gebildet worden, in dem Erwin Glonnegger, Dieter Breede, Dr. Dressendörfer als Kaufmann, Dr. Boekkeler als Personalverantwortlicher und gleichzeitig für Planung zuständig, und Otto Julius Maier saßen, und bei dem auch größtenteils Rainer Schulz, der für die Durchführung der vertrieblichen Arbeit im Ausland verantwortlich und Dieter Breede unterstellt war, teilnahm. Dieser Auslandsbeirat koordinierte alle Aktivitäten gegenüber den Auslandstöchtern und tagte monatlich. An sich bewährte sich diese Institution, aber sie war nicht optimal.

b) Das Fehlen eines effizienten Controlling, verbunden mit einer Unternehmensplanung.

Dabei ist Controlling nicht im Sinne von Kontrolle zu verstehen, sondern im Sinne von Steuerung der Unternehmenseinheiten durch vorausschauende Planung und laufende Soll-/Ist-Vergleiche.

Bei der Dezentralisierung der Entscheidungen, der Verlagerung auf die Sparten also, beim Größerwerden des Betriebs und auch der Risiken, war dies dringend notwendig geworden. Zudem zeigte sich, daß durch mangelnde Planung bei der Beteiligung an der Firma Hegi schwere Probleme entstanden waren, die für den Otto Maier Verlag bedrohlich wurden.

c) Bis zu diesem Zeitpunkt war die Ravensburger Graphische Betriebe Otto Maier GmbH zusammen mit dem Bereich Materialwirtschaft (Einkauf, Lager etc.) der kaufmännischen Leitung unterstanden. Das war auf der einen Seite eine zu große Belastung für Dr. Dressendörfer, auf der anderen Seite eine „Unterforderung" von Bruno Müller, dem damaligen Leiter der Ravensburger Graphischen Betriebe Otto Maier GmbH.

Aus diesen Gründen wurde zum 1. April 1980 eine Veränderung der Verantwortungsbereiche in der Form vorgenommen, daß Dr. Dressendörfer von Dr. Boeckeler den Bereich Planung übernahm und diesen zu einem effizienten Controlling ausbaute. Dr. Dressendörfer gab gleichzeitig den Bereich Materialwirtschaft (und die Hoheit über die Ravensburger Graphischen Betriebe Otto Maier GmbH) an Bruno Müller ab. Bruno Müller übernahm die Gesamtverantwortung für den Hauptbereich Technik.

Dr. Boeckeler schließlich, der den Bereich der Planung an Dr. Dressendörfer abgegeben hatte, übernahm gleichzeitig die Oberhoheit über die Auslandstöchter des Verlags.

Dorothee Hess-Maier, die bis dahin die Leitung der Sparte Buchverlag übernommen hatte, übergab diese Aufgabe zum 1. Januar 1978 an Claus Runge, der von Bertelsmann zum Otto Maier Verlag gekommen war. Sie konnte sich dadurch verstärkt Aufgaben der Geschäftsleitung widmen.

Am 16. September 1979 starb Karl Maier, wenige Monate, nachdem im Kreis der leitenden Mitarbeiter und vieler Freunde sein 85. Geburtstag gefeiert worden war. Er repräsentierte bis zuletzt den guten Geist des Hauses und hielt zeitlebens die Grundsätze hoch, die seinen Vater beim Aufbau des Verlags geleitet und die dem Verlag sein Wachstum erlaubt hatten.

Der Verlag hatte 1978 die 100-Millionen-DM-Umsatz-Grenze überschritten. Bemühungen um Diversifikation in Anbetracht der schwindenden Kinderzahlen und durch Denken in Wachstumsraten führten 1978 zu einigen Engagements, die sich im Nachhinein als Fehler herausstellten. Es waren dies die Übernahme des Union Verlags Stuttgart und eine maßgebliche Beteiligung am Herold Verlag Stuttgart, die 1981 wieder aufgegeben wurden. Es war dies auch eine 90prozentige Beteiligung an der Firma Hegi Schöneberg GmbH in Bünde. Die Fehleinschätzung der Marktgegebenheiten im Sektor des heutigen Modellbaues, einem dem Verlag trotz aller Basteltradition ganz fremden Gebiet, führten zu diesem, für das Unternehmen teuren Engagement, das schon 1979 wieder gelöst wurde.

Zum Schluß noch einiges zu der im Jahr 1981 vollzogenen Umstellung der Rechtsform in eine GmbH.

Der Otto Maier Verlag, der zu Lebzeiten der drei Brüder Maier in der zweiten Generation in der Form einer OHG geführt wurde, war seit dem Tode von Eugen Maier im Jahr 1945 eine Kommanditgesellschaft. Persönlich haftende Gesellschafter waren Karl Maier, später ebenfalls Otto Julius Maier und Dorothee Hess-Maier. Überlegungen für eine Umwandlung in eine GmbH liefen seit den 60er Jahren immer wieder einmal. Karl Maier wollte aber an dieses Problem nicht heran, weil ihm Entscheidungen zu grundsätzlichen Fragen einfach zuwider waren. Noch zu Lebzeiten von Karl Maier hatte ich, im Einverständnis mit Dorothee Hess-Maier, zur Beratung der geschäftsführenden Gesellschafter einen Beirat ins Leben gerufen, der nicht aufgrund der Bestimmungen des Gesellschaftsvertrages amtierte, sondern ein beratendes Gremium sein sollte. Die erste Sitzung des Beirats kam erst nach dem Tod von Karl Maier Ende 1979 zustande.

Nach dem Tod von Karl Maier hatten wir in einer der ersten Sitzungen mit dem Beirat die Frage aufgeworfen, ob nicht anstelle der Kommanditgesellschaft eine GmbH treten sollte. Der Beirat hat eine derartige Umgründung sehr empfohlen. Wir versicherten uns erst des grundsätzlichen Einverständnisses der Erben Karl Maiers und dann der übrigen Gesellschafter und begannen mit der Ausarbeitung der Verträge unter Mithilfe und Beratung durch die Rechtsabteilung der Schitag und Dr. Nörr, München, der schon den früheren Gesellschaftsvertrag von 1962 aufgesetzt hatte. So wurde im April 1981 mit Wirkung vom 1. Januar 1981 die Firma von einer KG in eine GmbH umgewandelt. Zu Geschäftsführern der GmbH wurden die bisher persönlich haftenden Gesellschafter Otto Julius Maier und Dorothee Hess-Maier bestellt. Die GmbH-Satzung sieht vor, daß der Beirat neben gewissen Kontrollrechten eine Reihe von Rechten hat, die sonst der Gesellschafterversammlung zustehen, unter anderem auch das der Bestellung eines Geschäftsführers, wenn dies einmal notwendig werden sollte. Vorsitzender des Beirats ist Dr. Nikolaus Kunkel (Leiter der Deutschen Bank AG Stuttgart). Weitere Mitglieder sind Dr. Franz Josef Dazert (Vorstandsvorsitzender der Salamander AG) und Dr. Bernhard Schmidt (Vorstandssprecher Dornier GmbH).

Was waren die Gründe für die Umstellung?

Sicher nicht der vordergründige Wunsch, die Haftung der gegenwärtigen persönlich haftenden Gesellschafter zu beschränken. Die Gründe waren einmal, mehr Abstand zwischen der Firma und der Familie zu bekommen. In einer Kommanditgesellschaft liegt die Geschäftsführung in den Händen eines persönlich haftenden Gesellschafters. Es ist bei keiner Familie sicher, daß es immer Personen gibt, die sowohl gewillt, als auch in der Lage sind, die persönliche Haftung und die Geschäftsführung zu übernehmen. Diesem Risiko wollten wir den Betrieb und die Mitarbeiter nicht aussetzen. Aufgrund der Satzung der Otto Maier Verlag GmbH übernimmt die Bestellung der Geschäftsführer der von der Gesellschaftsversammlung bestellte Beirat. Es ist also auch soweit wie möglich die Gewähr gegeben, daß die Wahl eines Geschäftsführers in Zukunft nicht nach Familieninteressen, sondern nach dem Grundsatz geschieht, „was ist gut für die Firma".

Mehr Eigenständigkeit hat die GmbH auch insofern, als bei der GmbH, im

Gegensatz zur KG, die Anteilseigner nur den Teil des Gewinns zu versteuern haben, der aufgrund eines Beschlusses ausgeschüttet wird. Der nicht ausgeschüttete Gewinn bleibt in der Firma und wird von der Firma versteuert. In der KG dagegen ist der Gewinn der Firma gleich dem Gewinn der Gesellschafter und muß von diesen versteuert werden, auch wenn sie ihn teilweise nie sehen. Das führte bisher zu keinem Problem. Eine solche Situation kann sich aber jederzeit ändern, wenn eines Tages reine Kapital-, bzw. Gewinninteressen bei den Gesellschaftern im Vordergrund stehen würden und nicht so sehr die Interessen an der Erhaltung des Unternehmens als solches. Alle derartigen Fragen und Umstellungen werden tunlichst zu einem Zeitpunkt gemacht, wo zwischen den Gesellschaftern hundertprozentige Einigkeit besteht. Dies ist zur Zeit der Fall; ob dies auch in 10 oder 20 Jahren noch so ist, bleibt zwar zu wünschen und zu hoffen, aber sicher ist es nicht.

Otto Julius Maier

8 Der Buch-Verlag 1963–1983

Unsere letzte Betrachtung des Buchverlages umfaßte das Jahrzehnt 1953–1962 (s. S. 190). Rückblickend auf die beiden jüngsten Jahrzehnte, das neunte und das zehnte in der bisherigen Geschichte des Otto Maier Verlages, wurde es deutlich, daß eine andere Art der Darstellung als früher hierfür gewählt werden mußte. Bevor wir uns aber darauf einlassen und wohl die verschiedenen Gründe dafür erkennen werden, ist doch einiges über die Gesamtentwicklung des Buchverlages voranzustellen.

Die Veränderungen zu Beginn der 60er Jahre waren wichtige Ereignisse für den Gesamtverlag, die die Verantwortungsbereitschaft der dritten Generation bezeugten, und denen wenig später – 1968 – die Übernahme der redaktionellen Leitung des ganzen Buch-Verlages durch Dorothee Hess-Maier folgte.

Die Frage nach einer Verantwortlichkeit für ein Programm des Buch-Verlages gab es zunächst noch nicht. Es nahm auch niemand einem anderen etwas weg, da die Jüngeren sich ihre neuen Aufgaben selbst stellten und diese erfolgreich zu erfüllen bemüht waren. Es gab später die zutreffende Feststellung: Alle waren verantwortlich, man saß in einem Boot.

Doch muß hier die ganz große Bedeutung von Willi Baumann für die sich ausweitenden Aktivitäten im Buch-Verlag nachdrücklich betont werden. Im Geschäftsjahr 1960/61, also gerade ein Jahr nach der Übernahme der Gesamtvertriebsleitung durch Willi Baumann, hatte der Umsatz des Spiele-Verlages mit 2 543 000 DM zum ersten Mal den des Buch-Verlages von 2 358 000 DM überflügelt. Willi Baumann wünschte aber und tat über seine unmittelbaren Aufgaben hinaus alles ihm Mögliche, auch dem Buch-Verlag zum weiteren Aufstieg zu verhelfen. Man rechnete auf seine dynamische Kraft, auch wenn man diese manchmal fürchtete. Neue Pläne richteten sich nach ihm, und er stimmte zu oder dagegen. Er hatte seine eigene Stärke und dazu das Urteil einer sicheren Vertretermannschaft im Hintergrund. Zum Teil wurde die Auswahl für ein neues Programm auf der Vertreter-Konferenz getroffen, und Programmpolitik wurde dort betrieben.

Erst ab Ende der 60er Jahre, als die Zahl der Mitarbeiterinnen und Mitarbeiter in den verschiedenen Redaktionen noch größer geworden war, gab es Programm-Konferenzen. 1972 artikulierte Otto Julius Maier die Notwendigkeit einer längerfristig gemeinsam schriftlich vereinbarten „Marketing-Konzeption", um die Vorstellungen der Redaktionen und des Vertriebs, wie es hieß, „besser zu kanalisieren und der Ausuferung Herr zu werden".

Aus dem Jahre 1965 berichtete Dorothee Hess-Maier: „Die Diskrepanz zwischen Populärem und Anspruchsvollem, schon damals in unserem Programm sichtbar, veranlaßte Otto Julius Maier im Anschluß an gezielte Beobachtungen von ihm selbst in wichtigen Sortimentsbuchhandlungen zu Überlegungen über das Marketing Buch-Verlag. Otto Julius Maier schilderte die Situation im Sortiment so, daß fachlich ausgerichtete Titel zum Thema Werken im Sortiment direkt neben- und durcheinander mit Hobbybüchern stehen würden ... und folgerte schließlich: „Voraussetzung ist natürlich, daß die Bücher marktgerecht aufgemacht sind. Deshalb sollten wir unter allen Umständen unsere in der letzten Zeit gemachten Überlegungen für eine marktgerechte Form weiter- und zu Ende bringen." Und Dorothee Hess-Maier kommentierte: „Unter marktgerechter Form verstanden wir damals vor allem auch die deutliche Trennung dessen, was für breite Vertriebswege geeignet ist, von jenem, was die Spezialisten interessiert."

Die Älteren wußten zwar noch, warum und für wen diese oder jene Ausgabe gemacht worden war, und konnten sich das „organische" Wachstum der Produktion noch vorstellen wie einen Baum, dennoch so manche Zufälligkeiten dabei gerne außer acht lassend. Es war aber eine gebührende Fragestellung der Jüngeren und aller, die neu dazukamen, – stellvertretend für das gesuchte Publikum, für „den Markt": Warum dieses oder jenes, für wen eigentlich, und warum so und nicht anders?

Tatsächlich ging es dabei um vorbereitende Überlegungen für eine deutlichere Trennung populärer von fachlicher Produktion, also auch um Vorüberlegungen für einen Fachverlag mit neuen Inhalten. Man versuchte, die Programme zu ordnen, um sie zielgruppengerecht weiterzuentwickeln und auch auszustatten und damit für Werbung und Vertrieb wie für die Arbeit im Handel transparent zu machen.

1966 dokumentierten sich die bisherigen Bemühungen um eine klare Gliederung des Buch-Verlages in der neuen Preisliste für den Herbst 1966. Diese erschien dreigegliedert in Jugendbuch-Verlag, Sachbuch-Verlag, Fachbuch-Verlag. Im gleichen Jahr noch ging es um die Neuordnung der Vertretergebiete, um die Trennung der Bearbeitung von Buchhandel und Spielwarenhandel. Und es gab, angeregt durch Beobachtungen in den USA, aber mehr als kritisch durch Willi Baumann beurteilt (der in diesem Jahre selbst die USA besucht hatte), erste Überlegungen für die Zusammenarbeit mit einer Werbeagentur. Der Umsatz des Spiele-Verlages hatte 1966 erstmals die 10-Millionen-DM-Grenze überschritten, der des Buch-Verlages die 5-Millionen-DM-Grenze, die Anzahl der Gesamtbelegschaft im Otto Maier Verlag war auf 285 angestiegen.

1967 kam es dann auch zu einer begrenzten Zusammenarbeit mit der Werbeagentur Foot, Cone & Belding in Frankfurt am Main, jedoch ohne besondere Auswirkung für den Buch-Verlag, bis schon 1968 der dort zuständige Mitarbeiter, Peter Heydt, zum Otto Maier Verlag überwechselte, um dann bis zu seinem Ausscheiden 1971 hier direkt für Werbung und Public Relations sowohl des Spiele-Verlages wie des Buch-Verlages sehr aktiv und für alle Beteiligte auch lehrreich tätig zu sein. Klaus Gröger, den er als zweiten Mann zum 1.1. 1969 in die Werbung geholt hatte, übernahm mit dem 1.7. 1971 die Leitung der Werbung.

Erstmals im Herbst 1970 wurde für den Buch-Verlag Werbung in Massenmedien, nämlich in weitverbreiteten Familien- und Kinderzeitschriften, gemacht.

Nach schon umfangreichen und alljährlichen Erfahrungen im Spiele-Verlag haben die Bemühungen von Vertrieb und Werbung um den Buch-Verlag den Entschluß gefördert, im Juni 1977 mit Erscheinen des Bandes 400 (der Taschenbuch-Ausgabe von La Farge „Die Welt der Indianer", 1961 als eines der „Großen bunten Bücher" erschienen) der Ravensburger Taschenbücher auch erstmalig Fernsehwerbung zu machen. Schon im Herbst dieses Jahres folgte weitere Fernsehwerbung für drei „Große Ravensburger Bücher" (Hobbybuch, Handarbeitsbuch und Mach es selber, Preis je 29,80 DM).

„Vorschulische Erziehung – pädagogisches Anliegen – pädagogischer Aufbruch – pädagogische Welle – pädagogische Bewegung", das sind Begriffe und Entwicklungen, die mehr als ein Jahrzehnt, etwa ab 1966, und darüber hinaus viele Geister gerade im Otto Maier Verlag, alle Gebiete des Buch-Verlages hier wie viele des Spiele-Verlages, bewegten und noch bewegen, – allerdings nicht nur hier, sondern vielfältig auch anderswo. Es war ja überhaupt eine Zeit pädagogischen Aufbruches, pädagogischer Reform-Versuche und Bemühungen, die sich im Otto Maier Verlag natürlich auf seine seit Jahrzehnten gepflegten Gebiete, also auf die vorschulische Erziehung mit Buch und Spiel im weitesten Sinne konzentrierten. Trotz vielen Überlegungen und Diskussionen, die sich während der Jahre immer wieder fortsetzten, ist man auf Dauer doch nicht weit darüber hinausgekommen. Die Statistik hatte schon Anfang der 70er Jahre den Geburtenrückgang signalisiert, und das war im Otto Maier Verlag sofort erkannt und verstanden worden, auch wenn es zuvor noch hohe Kinder- und Schülerzahlen geben würde. Doch vorher, Ende der 60er Jahre, waren die Redaktionen im Buch-Verlag – wie auch im Spiele-Verlag – schon erweitert worden. Es wurde darauf geachtet, schulisch und pädagogisch vorgebildete Mitarbeiter zu finden. Diese wachten auch scharf darüber, daß das Vokabular von Vertrieb und Werbung dem pädagogischen Anliegen ihrer Arbeit entsprach. Behalten wir diesen pädagogischen Aufbruch noch weiter im Auge, um in den nachfolgenden Darstellungen der drei Buch-Verlagsteile seine Auswirkungen auf die Programme und die praktische redaktionelle Arbeit jener Jahre zu erfahren.

1966 hatte Erwin Glonnegger in Anmerkungen zur Buchmesse sein Bedauern notiert, daß weder auf der Preisliste des Buchprogramms noch auf der Buchmesse selbst die für den Buchhandel geeigneten Spiele angemessen repräsentiert waren. Auch dieser Sachverhalt sollte sich im Zusammenhang der pädagogischen Bewegung gründlich ändern. Für Willi Baumann gehörten, seitdem er diesen Verlag kennen und lieben gelernt hatte, Buch und Spiel immer zusammen. Nun aber – 1970 – und nach vorangegangenen Versuchen und Bemühungen war es sein erklärtes Ziel, mit der geballten Kraft des Vertriebs die Ravensburger Spiele auch im Buchhandel weithin zu etablieren (wo diese Spiele zwar seit eh und je gute und treue, aber zu wenig Freunde hatten). Man konzentrierte sich auf diejenigen Spiele, von denen man annahm, daß sich der Buchhandel speziell dafür interessieren und einsetzen müsse, also zur vorschulischen Erziehung in grundständigen Themen, wie Lesen und Rechnen. Wenig später wurde ebenso um das Interesse des Buchhandels für die Ravensburger Erwachsenen-Spiele geworben.

Demgegenüber war der Spielwaren-Fachhandel schon länger ein wichtiger Abnehmer für die Produktion des Jugendbuch- und des Sachbuch-Verlages geworden. Im Bemühen, alles, was Kinder und Jugendliche interessieren könnte, anzubieten, hatten viele dieser Fachgeschäfte beachtliche und erfolgreiche Buch-Abteilungen eingerichtet, neben denen bald auch solche für Hobby- und Freizeit-Literatur entstanden.

Dieses muß vor dem Hintergrund der geradezu explosionsartigen Entwicklung des Umsatzes im Spiele-Verlag gesehen werden, der sich allein in den zwei Jahren 1971–1973 auf 54 Millionen DM mehr als verdoppelt hatte. Der Buchhandel sah es und wollte auch seinerseits daran teilhaben, und der Spielwarenhandel baute in seinem so berechtigten Vertrauen zum Otto Maier Verlag auch auf die Erfolgsmöglichkeiten der populären Buchproduktion dieses Hauses.

Es war ein gesunder Ehrgeiz der Redaktionen im Buch-Verlag, dabei mithalten zu wollen. 1971 galt als das Jahr der großen Programmfülle. Unzählige Buchpläne waren entstanden, und die Fülle der Themen, die durch die Redaktionen „angeschleppt wurden" – wie es einmal hieß –, konnte kaum erfaßt werden. Als organisatorische Hilfsmittel wurden in diesem Jahr intern – dank einer kollegialen Anregung des Klett-Verlages – die „Titelinformationen" eingeführt und außerdem Absatzschätzungen für jeden Titel auf den Programmlisten. Dazu sollten etliche Konferenzen die Abstimmungen im Programm des Buch-Verlages herbeiführen. Dabei wurde der Vertrieb verstärkt in die Programmarbeit miteinbezogen, weil die Programmfülle für ihn sonst zu groß und unerträglich geworden wäre. Immerhin umfaßte allein das Herbst-Neuheitenprogramm 1971 noch 45 Titel, die neuen Taschenbücher nicht mitgerechnet.

1972 umfaßte das Gesamtprogramm 554 Titel, davon 103 Neuerscheinungen; 1973 waren die entsprechenden Zahlen 659 Titel bzw. 136 Neuerscheinungen (jeweils einschließlich Taschenbücher).

Es mußte nun ausgelesen, d.h. manches verramscht werden. Und aus einer Marketing-Besprechung des Jahres 1973 wurde zitiert: „Das künftige Programm sollte ein ausgewogenes Verhältnis von problemvollen und problemlosen Titeln bringen. Gemessen an der Anzahl der Neuheiten müßten weniger vom Thema und von der Interpretation her schwierige Titel im Programm sein, als es jetzt der Fall ist. Für den Buchhändler waren wir bisher ein lieber Partner, der im großen und ganzen problemlose Bücher angeboten hat. Dieses Image sollten wir weiterhin aufrechterhalten, auch wenn wir das Bild dahingehend abgewandelt haben, daß wir ein Verlag werden oder geworden sind, der durchaus risikofreudig ist und sich vor zeitgemäß-problematischen Themen nicht scheut."

Nachdem der Otto Maier Verlag 1973 die Zuerkennung des Warenzeichens Ravensburger® und seine Registrierung erlangt hatte und 1974 auch das Dreieck in der rechten unteren Ecke mit Inschrift „Ravensburger" als neues Warenzeichen international eingetragen worden war, wurde beschlossen, diese Zeichen auch für die Produktion des Jugendbuch- und des Sachbuch-Verlages zu verwenden, nicht jedoch für die fachliche Produktion. Die seitdem gleichermaßen und deutlich so gekennzeichnete, vielfältige Spiele- und Buchproduktion erreichte damit das unverkennbare Bild der Zusammengehörigkeit mit ihrer gemeinsamen Herkunft.

Seitdem Andreas Pollitz sich ab Ende der 50er Jahre um die Lizenz-Arbeit in der Begrenzung auf die Vergabe, den Verkauf von Übersetzungsrechten für Original-Buchausgaben des Otto Maier Verlages international zu bemühen begonnen hatte, war daraus eine kleine Abteilung in seinem Bereich geworden. Mit dem Anwachsen der eigenen und originalen Produktion in den drei großen Gruppen des Buch-Verlages wuchs auch das Ausmaß dieses Geschäftes mit oft langwierigen Verhandlungen, vielen technischen Schwierigkeiten und der Durchführung von Coproduktionen. Nachdem Ulrich Meinerz, Verlagskaufmann aus der Bertelsmann-Schule, von 1968 an dabei mitgearbeitet hatte, aber 1972 in die USA gegangen war, fand Andreas Pollitz zum 1. 4. 1973 in Frank Jacoby-Nelson, in Berlin geboren und in Argentinien aufgewachsen, nun vom Verlag Schroedel in Hannover gekommen, den gescheiten und geschickten Mann von Welt für diese Aufgabe. Zunächst war er Mitarbeiter und dann Nachfolger darin für Andreas Pollitz, als dieser 1978 in den Ruhestand trat. Bis zum Herbst 1981 gab es – die inzwischen erloschenen nicht mitgezählt – von 244 Werken aus dem Buch-Verlag insgesamt 647 Lizenzausgaben rund um die Erde und diese oft in etlichen Auflagen. –

1974 wurde wie für den ganzen Verlag auch für den Buch-Verlag das Führungssystem „MbO" eingeführt. Das hieß „Management by Objectives" und sollte übersetzt bedeuten: Führung durch Zielvereinbarung. Die Vorbereitung und Einstellung darauf durch Seminare, Erstellung von Arbeitsplatz- und -aufgaben-Beschreibungen und mit Diskussionen darüber zog sich über mehrere Jahre hin. Nicht nur, aber auch damit hing es zusammen, daß ab diesem Jahr 1974 in vielen Besprechungen das Thema Rentabilität erschien, der artikulierte Versuch, auch die Arbeit des Buchverlages straff nach Kostenorientierung zu führen. Doch noch glaubte man, eine kräftige Preiserhöhung vornehmen zu können (die dann im Schnitt 10,7% betrug), und noch dachte man nicht so sehr an Kostenbeschneidungen im Hause.

Im Jahre 1975 wurde begonnen, die Trennung des Außendienstes in eine größere Gruppe von Vertretern für den Spiele-Verlag und eine kleinere für den Buch-Verlag zu überlegen, nachdem die Überforderung durch die Fülle des Gesamtprogramms von Spielen und Büchern für die einzelnen allzu deutlich geworden war. Es wurde damit, wie es hieß, „auch die Eigenständigkeit des Buch-Verlages und die Notwendigkeit zu seiner Profilierung neben dem so groß gewordenen Spiele-Verlag" ins Auge gefaßt als Vorbereitung auf die für die nächsten Jahre schon beabsichtigten organisatorischen Veränderungen. Die für 1976/77 auf 20 Millionen DM geschätzte Entwicklung des Buch-Umsatzes ließ ebenfalls solche Veränderungen richtig und dringlich erscheinen.

Im Frühjahr 1976 nahm Willi Baumann seinen Abschied. Dieter Breede übernahm, wie vorbereitet, die Gesamtvertriebsleitung Spiel und Buch mit der

Ankündigung, daß ab 1976 die überlegte Trennung des Außendienstes erfolgen würde.

Wie die letzten Jahre schon bei Willi Baumann nahm unter Dieter Breede Wolfgang Hartmann die Vertriebsleitung für den Buch-Verlag weiterhin wahr. Seine Mitarbeiter im Außendienst, die nun allein den Buch-Verlag vertraten, besuchten dafür die Buchhandlungen und die großen Spielwarengeschäfte mit Buch-Abteilungen.

1978 wurde dann das Jahr der so benannten „Sparten-Trennung". Zum Spartenleiter Buchverlag war Claus Runge Anfang 1978 bestellt worden. Damit wurde es ihm zuteil, 1979 den Fachverlag aufzulösen und danach – 1980/81 – den Buch-Verlag mit den Teil-Einheiten Jugendbuch-Verlag, Verlagsleiter Christian Stottele, Sachbuch-Verlag, Verlagsleiter Walter Diem, und Taschenbuch-Verlag, Verlagsleiter Wolfgang Hartmann, umzubilden. Die Vertriebsleitung Buch-Verlag hatte Roland Nieß übernommen. Seit 1978 war nicht nur die Lizenz-Abteilung unter Frank Jacoby-Nelson, erweitert um die Wahrnehmung aller Nebenrechte, in den Buchverlag eingegliedert worden, sondern auch die gesamte Buch-Herstellung unter Rudolf Göggerle. Eine entsprechende Aufteilung und Regelung für die Werbung erfolgte 1981.

8.1. Der Jugendbuch-Verlag 1963 – 1983[21]

Anders als für die vorangegangenen 80 Jahre der Verlagsarbeit, nicht mehr nach Jahren oder Jahrringen, sondern nach den einzelnen Buch- und Veröffentlichungs-Gruppen, ihrer Fortführung oder Entstehung und ihrem Wachstum, wollen wir hier die Entwicklung zum und im Jugendbuch-Verlag des Otto Maier Verlages während der folgenden beiden Jahrzehnte erfassen.

Mit dem Rückhalt in der ganzen damaligen Führungsgruppe – Otto Julius Maier, Willi Baumann, Erwin Glonnegger, Andreas Pollitz und Adolf Schädler –, direkt unterstützt durch Karl-Friedrich Maier in der Herstellung und durch Christian Stottele sowie Werner Schnebelt im Lektorat, war Dorothee Hess-Maier seit 1962 in die Arbeit für den „Allgemeinen Buchverlag", wie er damals noch genannt wurde, hineingewachsen. Unter ihren durchaus kritischen Augen vollzogen sich der Anfang und nun der weitere Ausbau der RTB durch Christian Stottele, wie auch die Fortsetzungsbemühungen bei den Jugend-Sachbüchern und den (Papier-)-Bilderbüchern durch Werner Schnebelt. Doch bei den Bilderbüchern begann sie schon bald selbst mitzuwirken, wie vor allem aber auch bei neuen Buchgruppen und -plänen im (erst später so benannten) Sachbuchbereich, denen sich teilweise auch bis 1968, ja noch darüber hinaus, Christian Stottele widmete.

Auch wenn wir uns dem Phänomen der geradezu stürmischen Umsatzentwicklung im Spieleverlag seit 1961 erst später zuwenden werden, können wir seine Ausstrahlung nun auf den Buchverlag nicht übergehen. Zwischen dem Lektorat und dem Vertrieb wurde immer wieder gefragt und überlegt, wie sich wohl Vergleichbares auch im Buchverlag erreichen ließe. Begriffe wie „populär", „problemlos", „marktgerecht" oder „breite Vertriebswege" tauchten stets dabei auf. Dennoch hielt Dorothee Hess-Maier, die solche Überlegungen immer wieder zur praktischen Auswirkung zu bringen versuchte, aus dem durch organisatorische Veränderungen im Buchverlag so wichtig gewordenen Jahre 1968 fest: „Auf der Vertriebsbesprechung in Nürnberg, Februar 1968, wurde klar, daß unsere bestehende Vertriebsorganisation mit speziellen Dingen sehr belastet ist und vielleicht eines Tages davon befreit werden sollte. Trotzdem wünschte man sich nicht nur leicht verkäufliche Dinge und akzeptierte nach wie vor die Bemühungen des Verlages mit fachlich ausgerichteter Produktion." Und weiter: „Im Juli 1968 wurde die Gliederung der Redaktion neu vorgenommen, die Zusammenfassung aller Kinderbuch- und Jugendbuchaktivitäten bei Christian Stottele und Übergabe aller Projekte an ihn, entsprechend an Dorothee Hess-Maier für Sachbuch und Fachbuch."

Wir werden hier etwas später noch einmal anknüpfen.

Wie schon seit den frühesten Jahren gab es in der Produktion des Otto Maier Verlages kaum ein Heft, eine Mappe, ein Buch, die keine Illustrationen gehabt hätten, und dieses galt noch verstärkt im Jugendbuch-Bereich und dort nicht nur für die Bilderbücher. Daraus ergaben sich besondere Anforderungen in der Zusammenarbeit mit Künstlern und Fotografen für die Lektorate und – kumuliert aus dem ganzen Buch-Verlag – noch mehr für die Herstellung. Doch überhaupt war die Herstellung ein immer wichtiger werdender Partner der Lektorate und später der Redaktionen. Karl-Friedrich Maier reagierte rasch auf die stürmische Entwicklung des Spiele-Verlages und seine entsprechend wachsende eigene Beanspruchung für die Spiele-Herstellung: es gelang, zum 1. 7. 1964 Rudolf Göggerle, Fertigungs-Ingenieur für Druck – wie seine Berufsbezeichnung genau lautete, aus Stuttgart stammend, und nun bei einer Ulmer Druckerei tätig gewesen –, für die Buchherstellung zu gewinnen, zunächst in der „Gesamtherstellung" unter Karl-Friedrich Maier, ab 1969 als Leiter der Buchherstellung.

Rudolf Göggerle standen für die Herstellung der Bilderbücher Helga Frenzel – in den 50er Jahren zur Verlagsbuchhändlerin im Otto Maier Verlag ausgebildet – und für die Herstellung der RTB Ursula Höhn – zum 15. 2. 1964 aus Berlin gekommen – zur Seite. Doch die Ausdehnung des Jugendbuch-Verlages verlangte schon einige Jahre später eine Verstärkung und Konzentration seiner Herstellung unter Herbert Eberle, Schriftsetzermeister, der zum 1. 4. 1970 vom Hauchler-Studio, Biberach, her im Otto Maier Verlag begonnen hatte. Alles, was wir noch vom Jugendbuch-Verlag erfahren werden, war auch ein Werk, waren auch Leistungen dieser Mitarbeiterinnen und Mitarbeiter in der Buch-Herstellung.

Demgegenüber dürfen auch die Helferinnen, später Assistentinnen, über viele Jahre bei Christian Stottele nicht ungenannt bleiben, Waltraud Glandien-Häfele (1968–1980) und Renate Hofmann-Schlegel (1968–1981). Sie ermöglichten es Christian Stottele auch, ab 1978 bis 1982 seine Wahl zum Vorsitzenden der Arbeitsgemeinschaft der Jugendbuchverleger im Börsenverein anzunehmen und dieses Amt zu führen. Dadurch gehörte er zugleich auch als Vertreter der Kinder- und Jugendbuchverlage dem Vorstand des Arbeitskreises für Jugendliteratur e. V., München, an.

Unter den in der Arbeitsgemeinschaft vereinigten Verlagen gab es natürlich Konkurrenz, doch ebenfalls gute Partnerschaft. Und diese bezog sich gerade auch auf den Otto Maier Verlag, der ja bei vielen von ihnen ein getreuer und in manchen Fällen sehr umfangreicher Lizenznehmer für seine RTB war.

Von ganz besonderer und immer wichtiger gewordener Bedeutung für die Jugendbuch-Arbeit im Otto Maier Verlag war seit 1966 die „Fiera del Libro per Ragazzi", die Internationale Kinderbuch-Messe, in Bologna. Der Otto Maier Verlag nahm die ersten vier Jahre in einem Gemeinschafts-Stand der „Bilderbücher der Sechs", 1963–1970 als Werbegemeinschaft zusammenwirkend, teil und ab 1970 mit einem eigenen Stand. Diese Messe wurde zu dem jährlichen Blick über die Kinder- und Jugendbuchproduktion rund um den ganzen Erdball, dafür bald noch viel wichtiger als die Frankfurter Buchmesse. Zum einen, um gutes Neues bei anderen Verlagen zur Übernahme in den Otto Maier Verlag zu entdecken, zum anderen, um Lizenzen für die eigene Originalproduktion in alle Welt anzubieten und frühzeitig, oft schon an Hand von Original-Blättern oder ersten Andrucken, Coproduktionen einzuleiten. Für die Mitarbeiterinnen und Mitarbeiter aus den Redaktionen war es harte Arbeit und doch auch stets ein Fest, die Messehallen kritisch zu durchstöbern. Da konnte aber auch Andreas Pollitz seit 1968 einiges für Lizenzen von Otto Maier-Kinder- und Jugendbüchern tun und seit 1973 noch mit ihm und dann ab 1979 nach ihm der polyglotte Frank Jacoby-Nelson. Das meiste, was in Bologna begonnen wurde, mußte danach noch vollends ausgehandelt werden, einerlei, ob es sich um durch den Otto Maier Verlag zu übernehmende oder vom Otto Maier Verlag zu vergebende Lizenzen drehte.

Die Kinderbuchmesse Bologna wurde so aber seit 1970 zu einem ganz wesentlichen Anfangs- oder Abschlußpunkt für die Lizenzvergabe. Nicht nur, aber gerade auch diese Messe hatte zu dem Ergebnis geholfen, daß bis Ende 1981 allein aus der Otto Maier Verlag-Jugendbuchproduktion

89 (Papp-, Karton- oder Papier-)Bilderbücher in 214 Lizenzausgaben und
84 andere Jugendbücher (auch Taschenbücher und „Spiel und Spaß") in
   213 Lizenzausgaben

in aller Welt erscheinen und verbreitet werden konnten. –

Während gleichzeitig soviel Neues in der Jugendbucharbeit sichtbar wurde, bedeutete das Ende des Jahres 1966 auch den Abschluß eines ganz alten Kapitels dieser Arbeit: mit den letzten noch etwa 70 Bändchen wurde die ganze Sammlung „Spiel und Arbeit" aus dem Programm genommen, nachdem sie über 60 Jahre weithin bekannt und für den Otto Maier Verlag ein Charakteristikum geworden war. Gründe dafür wurden in der Übersicht des vorangegangenen Jahrzehnts schon angeführt. Aber dieser Verlag vergißt ja seine Vergangenheit nicht. Und so darf es nicht wundern, daß anderthalb Jahrzehnte später in einem dann neu geschaffenen Rahmen und für den Bedarf eines veränderten Freizeit-Marktes auch gute Themen der alten Sammlung wieder aufgegriffen wurden.

Wie nach den anfänglichen Ausführungen dieses Abschnittes aus dem Jahre 1968 vorgesehen, knüpfen wir nun etwa dort noch einmal an. Dorothee Hess-Maier hatte früher (1964) berichtet: „Ein besonders kundiger Fachmann des breiten Marktes, dazu mit freundschaftlicher Gesinnung, war Oswald Boxer in Zürich, mit dem man auch über Vertriebsmethoden für diesen Markt sprach. Oswald Boxer war Geschäftsführer des Delphin-Verlages in Zürich, einer Tochtergesellschaft von Golden Press (Western Publishing), die uns damals sehr beunruhigte. Hatten wir seit der Nachkriegszeit eine ungestörte Zusammenarbeit mit Golden Press in Form von Lizenzübernahmen unserer „Großen bunten Bücher", so waren wir durch die Delphin-Gründung jetzt etwas ins Abseits geraten und bekamen – so unser Empfinden – die Abfallprodukte. Der Delphin-Verlag machte in Deutschland in diesen Jahren das, was wir auch gerne wollten: populäre Bücher für die breiten Vertriebswege." Und Dorothee Hess-Maier (1966) weiter: „Die Faszination populärer Vertriebswege und populärer Produktion hielt an und ist mit Sicherheit auch Anlaß gewesen, eine Beteiligung am Delphin-Verlag zu erwerben und für diesen eine Auslieferungsstelle in Ravensburg zu installieren. Die Vertreter des Otto Maier Verlages boten ab Herbst 1966 das Delphin-Programm mit an, das auch in die Otto Maier Verlag-Preislisten aufgenommen wurde." Dazu hieß es intern, daß Otto Julius Maier auf einem Rückflug aus den USA zufällig den ebenfalls aus den USA zurückkehrenden Oswald Boxer getroffen hätte. Dieser habe ihm die Kündigung der Beteiligung von Golden Press am Delphin-Verlag erzählt. Das führte dann zu Verhandlungen und zur Übernahme dieser Beteiligung durch den Otto Maier Verlag. Doch Ende 1968 fuhr Dorothee Hess-Maier fort: „Die vertriebliche Kraft wurde wieder auf das eigene Programm gelenkt, die Beendigung der Zusammenarbeit mit dem Delphin-Verlag erfolgte im Dezember 1968. Ab Januar 1969 verkauften die Vertreter des Otto Maier Verlages nur noch die eigene Produktion." Die Beteiligung am Delphin-Verlag wurde an interessierte britische Produzenten wieder verkauft.

Aber die Gedanken, die zu dieser Beteiligung geführt hatten, blieben weiter wach. 10 Jahre später – 1978 – berichtete Dorothee Hess-Maier: „Um ein Gegengewicht zur profilierten Jugendliteratur zu bekommen und möglicherweise damit den breiten Markt des Lesefutters zu bearbeiten, erwarb man den Union-Verlag, Stuttgart . . ." Es ist zu ergänzen: und eine Mehrheitsbeteiligung am Herold-Verlag Brück KG, ebenfalls Stuttgart. Beides fiel allerdings schon 1981 Rentabilitätsgesichtspunkten zum Opfer und wurde an den Spectrum-Verlag, Schmiden, weiterverkauft.

Nach der anderenorts berichteten „Sparten-Trennung" im Jahre 1978 folgte 1980/81 die „Neu-Klassifizierung" der verschiedenen Teile des Buchverlages. Seitdem gibt es eine eigene Rechnungseinheit „Jugendbuch-Verlag" unter der Leitung von Christian Stottele, zu der jedoch der große Block der „Ravensburger Taschenbücher" nicht mehr gehört.

Was aber bis dahin im Jugendbuch-Bereich während nahezu zwei Jahrzehnten tatsächlich doch erreicht worden war, soll nun betrachtet werden.

8.1.1. Die Ravensburger Taschenbücher (RTB) 1962 – 1983

In vorangegangenen Darstellungen gab es Andeutungen aus der Vorgeschichte dieses im Jahre 1962 beginnenden und im Verlauf von 20 Jahren so bedeutungsvoll gewordenen Kapitels der Ravensburger Taschenbücher für Kinder und Jugendliche. Wir erinnern uns, wie Erwin Glonnegger auch in seinen wachsenden Aufgaben für den Spieleverlag noch weiter im Bereich der Bilderbücher für den Buchverlag tätig blieb (s. S. 179). Er berichtete selbst: „Wir beobachteten etwa ab 1958 mit Interesse das Entstehen einer Taschenbuchreihe für Kinder in Holland, die unter dem Titel „Kern-Pockets" von dem Verlagsbuchhändler Jan van Heusden betreut wurde … (vgl. dazu S. 207) …, der uns immer wieder dazu zu ermuntern versuchte, ebenfalls Kinder- und Jugendtaschenbücher zu machen." Die bei den einsetzenden internen Gesprächen darüber aufgetauchte Vorstellung, die dafür erforderlichen Lektoratsaufgaben dem Verleger Herbert Stuffer zu übertragen, waren bei dessen Gesundheitszustand nicht zu verwirklichen (vgl. S. 189). Erwin Glonnegger weiter: „Der Verlag allerdings war lange Zeit für einen solchen Plan (der Kinder- und Jugendtaschenbücher) nicht zu begeistern, weil bereits zu viele andere Pläne verfolgt wurden, und weil man die zu hohen herstellerischen und vertrieblichen Investitionen fürchtete. Endlich, im Frühjahr 1962, waren Herr Otto Julius Maier und ich (also Erwin Glonnegger) uns einig, einen Versuch zu wagen. Wir erinnerten uns an unseren ehemaligen Mitarbeiter Christian Stottele (s. S. 179), der damals in Düsseldorf tätig war, und den wir für diese neue Aufgabe gewinnen konnten. Christian Stottele begann am 1.10. 1962 wieder bei uns. Im Frühjahr 1963 starteten wir auf der Spielwaren-Messe in Nürnberg mit der ersten Serie von 12 Bänden und der Ankündigung von weiteren 6 Bänden für 1963."

Zusatz:
1. Davon blieben der Band 1: „Der Drachenfisch" von Pearl S. Buck, und der Band 9: „Das Schloß des Erfinders" von Norman Dale, bis heute – 1983 – im Programm.
2. Erwin Glonnegger selbst trug dann 1964 den Band 29 „Die beliebtesten Sportspiele", 1965 den Band 49 „Spiel mit" und 1977 den Band 413 „Spiele, Spiele, Spiele" zu den „Ravensburger Taschenbüchern" bei.

Die Vorbereitungen in weniger als einem Jahr waren tatsächlich aber eine enge interne Zusammenarbeit, an der der Grafiker Manfred Burggraf und sein Atelier, ebenso die Herstellung unter Karl-Friedrich Maier, vor allen aber Willi Baumann für den Vertrieb, ihren mitentscheidenden Anteil hatten. Es fehlte bis zum Start nicht einmal das eigene Warenzeichen der RTB, das fünfflügelige Windrad aus den Dreieckzeichen des Verlages. Und dann wurden bis zum 31.12. dieses ersten Jahres von den 18 Bänden insgesamt 300 000 Stück verkauft.
Doch es gab auch noch eine andere entscheidende Voraussetzung: den guten Willen zur Zusammenarbeit bei den eigentlichen Jugendbuch-Verlegern, die für die RTB Lizenzen aus ihren Rechten – natürlich gegen angemessene Honorierung – vergaben. Denn der Otto Maier Verlag selbst verfügte ja nicht über solche Rechte z. B. der vornehmlich für die RTB benötigten erzählenden Literatur. Doch war es von Anfang an der Wunsch des Otto Maier Verlages, auch aus seinen Gebieten in die RTB aufzunehmen, was immer dafür geeignet

erschien. So befand sich unter den 12 Bänden des Starts im Frühjahr 1963 schon mit Band 4 „Zauberbuch für Kinder" von Ilse Keiler, neubearbeitet von Martin Michalski, eine erste Originalausgabe, der noch im gleichen Jahre mit Band 15 „Kinder, laßt uns Kasperle spielen" von Heinrich M. Denneborg und Silvia Gut eine weitere folgte. Im Jahre 1979 gab es in dem RTB-Programm von derzeit 402 lieferbaren Titeln 59 Originalausgaben, also annähernd 15%.

Es ist noch festzuhalten, daß, abgestimmt auf das angenommene Lesealter, die Texte für Leser bis zu 9 Jahren in einem großen Schriftgrad abgesetzt wurden, für ältere in einem sonst üblichen. Der Druck von Texten und Umschlägen erfolgte in den ersten Jahren nur im Buchdruck-Verfahren bei der Druckerei am Fischmarkt in Konstanz. Erst später wurde mehr und mehr das Offset-Verfahren bei verschiedenen anderen Druckereien verwendet.

Der Ladenpreis jedes Bandes war 2,40 DM.

Er betrug auch im Jahre 1972 erst 2,80 DM (für die vereinzelten Doppelbände 3,80 DM).

Erst 1979 waren in einem viel umfangreicheren und weiter gefächerten Programm – im November 1979 erschien der Band 660 –, nur noch in abnehmender Zahl der Ladenpreis 3,80 DM, mehrheitlich der von 4,80 DM, darüber hinaus aber auch 5,80 DM bis 8,80 DM in der Preisliste zu finden.

Christian Stottele selbst hebt aus den folgenden Jahren hervor:

„1964: Erstmals Original-Ausgaben von Autoren, die bald erfolgreiche Stammautoren auf verschiedenen Gebieten des Jugendbuchprogramms wurden: der Nürnberger Denksport-Spezialist und Zeichner Karl-Heinz Paraquin (kurz „para") und der Hamburger Karikaturist und STERN-Mitarbeiter Hans-Jürgen Press.

1965: Über die Vermittlung von Frau Ella Maier, Zürich, kam der Schweizer Autor Max Bolliger zu uns (mit Nacherzählungen aus dem Alten Testament). Die – ebenfalls Schweizer – Illustratorin Edith Schindler stattete sein erstes Buch „David" mit Zeichnungen (und Umschlag) aus. Im Rahmen des Deutschen Jugendbuchpreises 1966 wurde mit dieser Originalausgabe erstmals ein Ravensburger Taschenbuch als „bestes Kinderbuch des Jahres" ausgezeichnet.

1966: In diesem Jahresprogramm sind drei Autoren vertreten, die später zu den erfolgreichsten der Reihe gehören: Wolfgang Ecke mit der Originalausgabe „Wer knackt die Nuß?" (Band 86), einem Wagnis, Hörspiele in eine Taschenbuchreihe für Kinder aufzunehmen.

Hans Georg Noack mit der Lizenzausgabe „Das große Lager" (Band 74) und Gina Ruck-Pauquèt mit der Originalausgabe „Sandmännchen erzählt von seinen kleinen Freunden I" (Band 71).

1967: Vier Jahre nach dem Start der RTB erschien als Band 100: „Rätselzoo" von Lotte Weigl, mit über 200 vierfarbigen und vielen einfarbigen Foto-Abbildungen, Preis 2,50 DM. Eine echte Otto Meier Verlag-Leistung in eigener Regie."

1968 – Hier unterbrechen wir kurz, um festzuhalten, daß in diesem Jahr Christian Stottele die Programm-Verantwortung für den ganzen Jugendbuchbereich übertragen wurde, er dafür anderes, was er bisher mitbetreut hatte, abgab.

Christian Stottele fährt zu den RTB fort:

„1969: Auch die Taschenbücher sollten ihren Beitrag zur Früherziehung leisten: „Mein erstes Taschenbuch" bot die ersten deutschen Taschenbücher für Kinder von 5 bis 8 Jahren an, eine Übernahme aus dem Verlag Longmans, London, und in Kooperation mit dem Ernst Klett Verlag, Stuttgart. 1969 erschienen davon 4 Bändchen, denen 1970 5 weitere folgten.

Im Jugendbuch-Programm der RTB erschien Charles Dickens „Oliver Twist", 216 Seiten für nur 2,50 DM. Es war der achte Band einer Reihe klassischer Jugendbücher, ediert von Barbara Gehrts. Diese entsprachen einer Forderung fortschrittlicher Germanisten, die klassische Literatur in die Schule zu holen. Deshalb wählte die Herausgeberin die besten erreichbaren Textfassungen und Übersetzungen aus.

1971: Im Taschenbuch-Programm hat es von Anfang an Sachbücher gegeben, auch farbig illustrierte. Jetzt startete eine durchgehend farbig illustrierte Reihe mit 8 Bänden: „Farbiges Wissen", aus dem amerikanischen Verlag Western Publishing übernommen, zum nunmehrigen Ladenpreis der RTB von 2,80 DM."

1972: „Die neue Sonderreihe der RTB „diskussion" für aufgeschlossene junge Leute bringt Fakten, Berichte, Meinungen zu brennenden Themen der Gegenwart und schafft die Voraussetzung für sachliche Diskussionen". So hieß es in einer Ankündigung. Mit Irmela Brender und Frederik Hetmann als Herausgebern und zugleich für je einen Band als Autoren sowie mit Günther Stiller als Grafiker erschienen die ersten zwei Bände. 10 waren es schließlich bis 1974 geworden. Im Verlag heißer diskutiert als nach draußen erfolgreich, muß es unvergessen bleiben, daß es bei einem als „spaßige Provokation" gedachten Band zur Weigerung der OMV-Mitarbeiter in der Auslieferung kam, diesen zum Versand zu bringen. Die Meinungen im Verlag blieben geteilt, bis die Reihe Ende 1976 teils ausverkauft, teils aus dem Programm genommen worden war. –

Dem lebhaften Interesse der Schulen an dem immer noch neuen Medium „Taschenbuch in der Kinder- und Jugendliteratur" trug der Verlag Rechnung mit der an Lehrer in Praxis und Ausbildung kostenlos abgegebenen Schrift (in Taschenbuchform) „Das Taschenbuch im Unterricht", die weiterhin noch mehrfach – jeweils auf neuen Stand gebracht – erscheinen sollte.

1973: Als in diesem Jahr (bzw. 1974) der Verlag die Warenzeichen RAVENSBURGER® und RAVENSBURGER im Dreieck® zuerkannt bekam, fiel bald die Entscheidung, diese auch für die Taschenbücher mit ihrer großen Verbreitung ab sofort zu verwenden, das bisherige fünfflügelige Windrad aber nun im Innern der Bände anzubringen.

1974: Es erschien als Lizenzausgabe aus dem Signal-Verlag, Baden-Baden, die Taschenbuchausgabe „Rolltreppe abwärts" von Hans Georg Noack, die Geschichte eines Kaufhaus-Diebstahls, die bald – als Schullektüre eingeführt – einen regelmäßigen Jahresabsatz von über 100 000 Exemplaren erreichte.

1975: Ab diesem Jahr mußte der bisher noch einheitliche Ladenverkaufspreis von 2,80 DM (und für Doppelbände 3,80 DM) zugunsten der früher erwähnten individuelleren Preisskala aufgegeben werden.

Wer hatte dann wohl die Idee? Es war Eve Marie Helm, die damalige PR-Mitarbeiterin:

Wir verleihen unseren erfolgreichsten Taschenbuch-Autoren für eine Million ihrer verkauften Taschenbücher ein „Goldenes Taschenbuch" (wie es analog schon lange die „Goldenen Schallplatten" gab). Das haben dann ebenso oder ähnlich auch andere Taschenbuch-Verlage übernommen. Das erste Goldene Taschenbuch (der Welt) erhielt in diesem Jahr 1975 Wolfgang Ecke für eine Million seiner bis dahin 15 erschienenen Ravensburger Taschenbücher.

1977 bekamen Ecke das zweite und Gina Ruck-Pauquèt ihr erstes. 1981 waren Hans Georg Noack zum ersten Mal und Wolfgang Ecke zum dritten Mal die Empfänger.

1976: Nach den Sonderreihen „Mein erstes Taschenbuch" (1969) und „Farbiges Wissen" (1971) begannen nun gleich drei weitere neue Sonderreihen zu erscheinen, um das große Angebot und seine Erweiterung deutlicher zu gliedern: „Schmökerbacks" – dicke Bücher, 250–500 Seiten; „Jeansbücher" für Leser ab 13 Jahren, mit Themen, die diese Jahrgänge besonders beschäftigen; „Mein Hobby" – für Kinder von 9–12 Jahren.

1978: Für dieses Jahr wurden 80 Neuerscheinungen bei den Taschenbüchern angeboten, die im 2-Monats-Rhythmus erschienen und ausgeliefert wurden. Dazu gehörte eine neue Reihe „Wir entdecken und bestimmen", Sachbücher für Kinder ab 8 Jahren, mit Usborne, London, produziert.

Die Lizenz-Abteilung hatte die Rechte der englischen Sprache an Büchern von Hans-Jürgen Press und Wolfgang Ecke dem befreundeten Verlag Methuen Childrens Books, London, verkauft. Dann hatte der Otto Maier Verlag bei Methuen die Rechte erworben für die Mitverwendung der ausgezeichneten englischen Übersetzungen bei ersten fremdsprachigen RTB, also hier in englischer Sprache, mit hinzugefügtem Vokabular usw. Und schließlich wurde – nach früheren, anderweitigen und wieder abgeblasenen Versuchen – nun unter Mitarbeit des Verlages Jugend & Volk in Wien das „Ravensburger Schüler-Lexikon" in 6 Bänden veröffentlicht, je Band 192 Seiten, mit insgesamt 10 000 Stichworten und durchgehend schwarzweiß, 2farbig oder 4farbig, mit insgesamt 1 200 Abbildungen illustriert, zu einem Gesamtpreis von 49,– DM. Es wurde bestimmt und ausgearbeitet für Schüler von 10 bis 16 Jahren. Vertrieb und Auslieferung für Österreich lagen bei dem österreichischen Verlag.

1979: Wieder wurde die Entwicklung der letzten Jahre fortgesetzt durch weitere, neue Sonderreihen. „Ferien-Taschenbücher" wurden begonnen, ebenso die aus den USA stammenden, aber auf europäische Verhältnisse umgestellten, „Schüler-Taschenbücher" sowie die in einer internationalen Coproduktion entwickelten, etwas größerformatigen, ersten sechs Bände mit dem Reihentitel „Wissen für jeden" farbig illustrierte Lesesachbücher."

Soweit die zumeist von Christian Stottele hierfür skizzierte Entwicklung der immer größer und vielfältiger gewordenen Sammlung der „Ravensburger Taschenbücher" bis 1979. Dazu seien aus dem 1980 veröffentlichten „Werkstattbericht" noch diese Mitteilungen von Christian Stottele übernommen: „Genug engagierte Leute haben am Programm mitgearbeitet: Als Taschenbuchredakteure Jutta Gork-Kiesgen (1963–1966), Bärbel Baur (1966–1969), Hanna Bautze (1968–1978), Ulrich Störiko (seit 1976).

Aus anderen Redaktionen des Jugendbuch-Verlages: Almut Pahlke gründete „Mein erstes Taschenbuch", Hans Christian Kirsch u. a. gaben die Reihe „diskussion" heraus. Herbert Günther setzte die „Jeans-Bücher" durch. Bertrun Jeitner-Hartmann entwickelte die Reihe „Mein Hobby."

Im Jahre 1979 trat eine andere, im Otto Maier Verlag seit Jahren gewünschte Taschenbuch-Reihe gleich mit 30 Bänden an die Öffentlichkeit, die „Ravensburger Freizeit-Taschenbücher". Darüber wird im Zusammenhang des Sachbuch-Verlages zu berichten sein, wie auch anderweitig, daß dann 1980 die Ravensburger Taschenbücher aus dem Jugendbuchverlag und die Ravensburger Freizeit-Taschenbücher aus dem Sachbuch-Verlag herausgelöst wurden, um nebeneinander in dem neu gebildeten Taschenbuch-Verlag unter der Leitung von Wolfgang Hartmann fortgeführt zu werden.

8.1.2 Spiel- und Beschäftigungsbücher 1967

Schon wenige Jahre nach Beginn der Ravensburger Taschenbücher war es der gemeinsame Wunsch von Redaktion und Vertrieb, neben den preiswerten Taschenbuchausgaben solcher typischen Otto-Maier-Themen, die Originalausgaben waren und bei denen man sich deshalb direkt mit den Autoren darüber verständigen konnte, neue Geschenkbücher im größeren Format von 18,5 × 21,5 cm, fast doppelt so umfangreich wie ein Taschenbuch, und fest gebunden zu entwickeln, die damit auch ein Neuansatz von Spiel- und Beschäftigungsbüchern für die Jugend werden sollten. Als erstes dieser Art schuf Erwin Glonnegger in Abstimmung mit Christian Stottele „Das goldene Spielbuch", illustriert von Aiga Rasch-Naegele, 144 Seiten mit 130 Zeichnungen und 13 Fotos, laminierter Pappband, Ladenpreis 9,80 DM, erschienen im Herbst 1967. Schon 1968 folgten drei weitere, darunter „Spiel – das Wissen schafft" von Hans-Jürgen Press (entwickelt aus RTB Band 23). Dieses sollte mit den beiden späteren von Hans-Jürgen Press: „Der Natur auf der Spur" und „Geheimnisse des Alltags" – alle drei unter dem Gruppentitel „Bausteine des Wissens" – zum größten und andauernden Erfolg dieser ganzen Reihe werden, die als solche keinen Reihentitel hatte. Auch die beiden großen Sandmännchen- und Gute-Nacht-Geschichtenbücher von Gina Ruck-Pauquèt wurden beständige Erfolge. Und alle Jahre wieder das Weihnachtsbuch „Wir sagen euch an eine fröhliche Zeit", herausgegeben von Karlheinz Schaaf und Erno Seifriz im Jahre 1972. Insgesamt erschienen 15 Bände dieser Art, so ungewöhnlich: zuerst Taschenbuchausgaben und danach die großen Ausgaben, gerade umgekehrt wie meistens sonst.

8.1.3 Ravensburger Bilderbücher 1963–1983

Unter den anderweitig skizzierten Umständen waren die Lektoratsaufgaben für diesen Verlagsbereich, wie es sich im zurückliegenden Jahrzehnt so ergeben hatte, noch verteilt.

Den Pappbilderbüchern widmete sich weiterhin und bis 1966 Erwin Glonnegger mit Ausnahme derjenigen von Hilde Heyduck-Huth. Seitdem diese Künstlerin zuallererst auf einer Buchmesse Karl Maier angesprochen hatte und es sich erwies, daß sie Schülerin seines Autors und Freundes Prof. Ernst Röttger gewesen war, wurde sie in ihrem weiteren Schaffen sorgsam durch Karl Maier selbst vorangeführt.

1966 – so notierte Dorothee Hess-Maier – bat Erwin Glonnegger, die Betreuung der Pappbilderbücher in den Buchverlag zu übernehmen, in die zuständige Hand, die dort die (Papier-)Bilderbücher machte. Und diese Hand war – seit 1963 – diejenige von Dorothee Hess-Maier selbst. Dorothee Hess-Maier bemerkte dazu: „Da die Pappbilderbücher immer ohne (sehr nennenswerten) Text erschienen und auch ins Ausland exportiert werden konnten, insbesondere aber im Spielwarenhandel gern verkauft wurden, war die Zuständigkeit im „Spiele-Lektorat", wie es damals noch hieß, logisch gewesen."

Werner Schnebelt, der in den vorangegangenen Jahren bei seiner Arbeit für und mit Peter Maier viel zu der Entwicklung der zahlreichen neuen Papierbilderbücher beigetragen hatte – die Preisliste vom 1. 1. 1963 führt 44 Titel an –, wirkte zwar bis 1964/65 dabei noch weiter mit, aber in abnehmendem Maße, weil er mit Bearbeitungen und Eindeutschungen großer Sachbücher aus dem Ausland längerfristig eingedeckt war.

Aus den Neuheiten des Jahres 1963 muß ein Bilderbuch genannt werden: die „Borka" – das arme gefiederlose Gänsekind – von John Burningham, die selbst viele Jahre weiterleben sollte, aber hier ganz am Anfang der langen Zusammenarbeit mit diesem humorvollen englischen Geschichten- und Bildererzähler stand.

Doch wurde – angemahnt, gefordert durch Willi Baumann, den Vertrieb, – das Bewußtsein dafür wacher, daß für ein breiteres Publikum noch leichtere Kost gesucht und preiswert geboten werden mußte. Als die Neue Filmproduktion Thiess, Wiesbaden-Frankfurt/M., die die damals noch recht jungen Figuren der „Mainzelmännchen" des Grafikers Wolf Gerlach für die Werbespots des Zweiten Deutschen Fernsehens (ZDF) dirigierte, dem Verlag den Vorschlag für Mainzelmännchen-Bilderbücher machte, wurde deshalb dieser Vorschlag sofort aufgegriffen. Die ersten beiden Mainzelmännchen-Bilderbücher von Wolf und (Text) Lisa Gerlach – 24 Seiten mit vielen ein- und mehrfarbigen Bildern, Format 21 × 30 cm, laminierter Pappband, Ladenpreis je 5,80 DM – erschienen noch im Herbst 1964 und hatten bereits jedes vier Auflagen erreicht, als 1965 zwei weitere folgten, noch ähnlich erfolgreich. Für einen 5. und einen 6. Band, obgleich nach Ideen und mit Texten von Gina Ruck-Pauquèt, die erst 1968 aber ebenso ausgestattet und noch zum gleichen Preis erscheinen konnten, blieb dagegen der Erfolg aus, sicher vor allem, weil die wirksame Hervorhebung und Unterstützung in der Fernseh-Werbung selbst dafür nicht mehr wie bei den ersten Bänden zu erreichen war.

Der Herbst – noch immer Erscheinungstermin für neue Bilderbücher – des Jahres 1965 brachte ein „Rosinenbilderbuch", wie Dorothee Hess-Maier es selbst bezeichnete: „Pierrot und seine Freunde im Zirkus" von Walter Grieder, Basel. Dorothee Hess-Maier erwähnt daneben: „Der Vorschlag von Dorothee Hess-Maier, das amerikanische Buch von Maurice Sendak „Where the wild things are", das mit der „Caldecot-Medal" ausgezeichnet wurde, zu übernehmen, war jedoch von allen empört abgelehnt worden ... Der spätere große Erfolg beim Diogenes-Verlag tut uns immer noch leid."

Die Liste der Papier-Bilderbücher war sehr lang geworden, an die 50 Titel, und mußte deshalb zu Beginn des Jahres 1966 um 20 ältere Ausgaben reduziert werden, allerdings auch, um schon im Herbst-Programm 1966 für 9 Neuheiten oder Neuausgaben Platz zu haben. Unter diesen bedeuten die ersten Dick-Bruna-Bilderbücher wieder einen „Meilenstein." Es waren die vier kleinen Märchen-Bilderbücher von Dick Bruna, vielleicht nicht so typisch für ihn, aber damals neu und in Deutschland noch nicht veröffentlicht. Nachdem Dick Bruna – aus dem bekannten holländischen Verlag Bruna & Sons stammend – schon durch seine Bilderbücher im Parabel-Verlag, München, aber auch durch die neuen holländischen Verbindungen beim Otto Maier Verlag bekannt war und sein holländischer Verlag den deutschen Lizenzpartner wechseln wollte, erschien es ratsam, mit diesen Ausgaben zu beginnen. Es war in der Tat der Anfang einer langen und bis heute anhaltenden vielfältigen Zusammenarbeit mit Dick Bruna im Buchverlag wie auch im Spieleverlag.

Das Jahr 1966 bedeutete zugleich mit der Lizenzausgabe des populären Bilderbuches „A ist der Affe", den Beginn einer ebenfalls lang währenden Zusammenarbeit mit dem ganz andersartigen flämischen Künstler Max Velthuijs.

Dieses Jahr sah auch noch den Versuch, das 25 Jahre zuvor erstmals im Verlag erschienene Bilderbuch „Der Vogelbart" von Susanne Ehmcke wiederzuerwecken und auch wenigstens die drei ersten (und besten) „Babar-Bilderbücher" in reduziertem Format, Umfang und Preis weiterzuführen. Beides gelang nicht auf Dauer.

Aus dem Verlauf des Jahres berichtet Dorothee Hess-Maier: „Im Juni 1966 wandte sich ein gewisser Ali Mitgutsch (aus München) an den Verlag mit einer Anfrage, ob man nicht seine Bilderbücher aus dem „Münchner Bilderbuchverlag" übernehmen wolle, der nicht fortgesetzt wurde.

Herr Mitgutsch bekam einen Brief mit einer Absage dazu, der jedoch Interesse an einer anderweitigen Zusammenarbeit bekundete." Und diese Zusammenarbeit hat Dorothee Hess-Maier dann auch mit eigenen Vorschlägen begonnen, wie wir bald erfahren werden.

Der Umsatz des Spieleverlages überschritt im Geschäftsjahr 1966/67 erstmals die 10-Millionen-DM-Grenze. Die dafür erforderlichen redaktionellen Leistungen waren der Anlaß zu der früher zitierten Bitte von Erwin Glonnegger, nun seine bisherige Arbeit für die Papp-Bilderbücher in den Buchverlag zu übernehmen. Nach einer auch dabei vorgenommenen Bereinigung handelte es sich vorerst um ein Programm von nur 14 Titeln.

Mitgutsch: Die Vorschläge von Dorothee Hess-Maier an Ali Mitgutsch zielten auf „Anguckbücher" ohne Texte, aber mit ganz vielen Details, für die gerade Mitgutsch über köstlichen Humor und hervorragende Zeichenkunst verfügte. Sie sollten das Leben der Menschen jeglichen Alters, so vielfältig wie möglich, Leben – Arbeiten – Vergnügen, zeigen, zuerst in einer Stadt, in einem zweiten Buch auf dem Lande und in einem dritten am Wasser.

Im Juni 1967 schickte Ali Mitgutsch die Originale für das erste Anguckbuch „Rundherum in meiner Stadt", die im Verlag großen Anklang fanden. Es wurde eine erste Auflage von gleich 10000 Exemplaren in einer neuen Form als Karton-Bilderbuch, auf Kunstdruckkarton gedruckt, im Format 19 × 26 cm, mit einem Ladenpreis von 7,80 DM zum Erscheinen im Sommer 1968 geplant.

Damit es nicht als Einzelgänger erschien, wurden die zufällig gerade angebotenen, auch reizvollen Bilder einer Sonntagsmalerin, Maria de Posz, in einem parallelen Karton-Bilderbuch „Bunte Welt in Stadt und Land" zusammengestellt.

Und noch ein weiterer guter Griff gelang Dorothee Hess-Maier mit der Übernahme von Lizenzen – wieder aus dem Verlag Western Publishing Corp. – für die (ebenfalls Karton-) Bilderbücher „Ich bin die kleine Maus", „... der kleine Hase", „... das kleine Bärenkind" von Ole Risom, einem Freund des Otto Maier Verlages und damals noch selbst bei Western. Diese Bücher hatten das seltene, schlanke und hohe Format von 17 × 31 cm und boten – aufgeschlagen – über eine Doppelseite von 34 × 31 cm sehr schöne Schauflächen. Dorothee Hess-Maier vermerkte dazu: „Zunächst erschienen diese Titel für manchen im Verlag als amerikanische Massenware. Es zeigte sich jedoch bald, daß dies gute und vertretbare Wege zur stark ersehnten populären Produktion waren."

Wenn wir hier einhalten und unterbrechen, dann wegen eines neuen Wechsels auf dem Wege der „Ravensburger Bilderbücher": Im Juli 1968 wurde die Gliederung der Redaktionen neu vorgenommen durch die Zusammenfassung aller Kinderbuch- und Jugendbuchaktivitäten bei Christian Stottele und die Übergabe aller Projekte dafür an ihn, wie entsprechend aller Sachbuch- und Fachbuchaktivitäten an Dorothee Hess-Maier. (Es kann erst später dargestellt werden, daß Christian Stottele sich bis dahin auch mit solchen zu befassen hatte.)

Kurz danach, noch im Sommer 1968, erschien dann, wie durch Dorothee Hess-Maier geplant und vorbereitet, „Rundherum in meiner Stadt" von Ali Mitgutsch, überall begeistert aufgenommen. Die Zustimmung war so beträchtlich, daß dem Buch auch der Deutsche Jugendbuchpreis für das beste Bilderbuch des Jahres zuteil wurde. Gleich nach der frühzeitigen Bekanntgabe der Zuerkennung des Preises wurde die nächste Auflage auf das größere Format 24 × 32 cm umgestellt, um alles, war in den Bildern steckte, ganz deutlich herauszuholen und so ein wirkliches Anguckbuch damit zu machen. Auch die in Vorbereitung befindlichen Folgebände wurden nun für das große Format angelegt. „Bei uns im Dorf" erschien so im Jahre 1970 und als drittes „Komm mit ans Wasser" im Jahre 1971. Eine große Auflage folgte der anderen. Und da es sich wirklich um originelle Darstellungen von internationaler Gültigkeit handelte, fanden sie weltweit Interesse und Aufnahme. Mit großen Coproduktionsauflagen mußte die Herstellung bis nach Singapur gehen, um international akzeptable Druck- und Bindepreise zu erreichen. Dabei war es kein Spaß, sondern für die in Spanien noch tätige Zensur unerläßlich, daß für die spanische Ausgabe von „Wasser" den winzigen Nackedeis auf dem FKK-Strand schwarze Badehöslein und Bikinis übergedruckt werden mußten, wie zu noch größerem Erstaunen einige Jahre später auch genauso in den USA bei der amerikanischen Lizenzausgabe durch Western Publishing.

Alle – bei uns und in der Welt – hätten gerne noch mehr solcher Anguckbücher von Ali Mitgutsch gehabt, doch dieser war die so anstrengende „Miniatur-Malerei" satt, jedenfalls erst einmal.

Doch Mitgutsch schuf weiter für den Verlag einige Pappbilderbücher und andere, während er einem größeren Vorhaben beharrlich und mit ganzer künstlerischer Intensität nachging: neuen Jugend-Bildersachbüchern mit Darstellungen der technischen Mittel zur Fortbewegung auf dem Lande, zu Wasser und in der Luft. Es sollten moderne, künstlerische und humorvolle Darstellungen als Weiterentwicklungen der amerikanischen „Großen bunten Bücher" von einem Vierteljahrhundert vorher werden. Der Wunsch danach war von Western Publishing selbst ausgegangen, so daß auch die Entwicklungs- und Erstkosten zwischen Otto Maier Verlag und Western, wie vertraglich festgelegt, aufgeteilt wurden. Im Januar 1975 erschien als erstes „Rund ums Rad. Von Karren, Kutschen und schnellen Kisten." Und zwei Jahre später, 1977, folgte noch „Rund ums Schiff. Von Kanus, Koggen und großen Kähnen." Wunderschöne Bilderbücher, doch, wie sich schon nach dem ersten zeigen sollte, für den amerikanischen Markt zu schön und auch zu teuer. Western Publishing gab auf, stieg aus.

Es gab 1978 „Ravensburger Kinderposter" von Ali Mitgutsch und endlich, 1980, doch noch wieder ein neues Anguckbuch „Hier in den Bergen". In diesem Jahr 1980 hat der Otto Maier Verlag aber auch Ali Mitgutsch einen besonderen Wunsch erfüllt: „Das Riesenbilderbuch", als Vergrößerung von Bildern aus „Stadt", „Dorf" und „Wasser" und aus kräftiger Pappe, im Format 41 × 61 cm. Mitgutsch schrieb selbst dazu: „Dieses ungewöhnliche Buch widme ich all den Kindern, die – wie ich früher – sich wünschen, ein Riesenbilderbuch zu haben, auf das man sich drauflegen und hineinträumen kann. Für mich bedeutet dieses Riesenformat die späte Verwirklichung einer Lieblingsvorstellung meiner Kindheit." Ja, es sei dann dieser Spaß auch ein „Riesenerfolg" geworden – so hieß es (erst zu einem Preis von 38,– DM, später 42,– DM).

Der sehr große und über viele Jahre anhaltende Erfolg der Mitgutsch-Bilderbücher erleichterte neue Verbindungen zu anderen Bilderbuch-Autoren und -Künstlern: Befreundet mit Mitgutsch, doch in ganz anderem Stil und mit pädagogischer Führung schuf Wolfgang de Haën ab 1971/72 nach ersten Pappbilderbüchern auch sehr erfolgreiche Kartonbilderbücher und 1976 das Spiel-Bilderbuch „Die Uhr".

Doch Mitgutsch wollte es – mit gutem Recht – nicht gestatten, daß andere zu nahe seiner Art und seinem Stil im Otto Maier Verlag zu ähnliche neue Karton- und Bilderbücher brachten. Das zwar mit deutlichen Abweichungen 1976 erschienene „Alle gehen zur Schule" mußte deshalb vom Otto Maier Verlag aufgegeben und einem anderen Verlag überlassen werden.

20 Jahre nach jenem ersten, berühmten Bilderbuch „Die neue Arche Noah" von Alice und Martin Provensen im Otto Maier Verlag erschien 1975 mit „Unsere Tiere von der Ahornfarm" das erste von insgesamt 4 Bilderbüchern (1975–1982), die in Geschichten von der Ahornfarm berichten, einer einst auf-

gegebenen und dann von den Provensens seit 1947 mit Tieren neubelebten Farm im nördlichen Teil des Staates New York, nicht weit vom Hudson-River.

Seit 1971 gehörte das Grafiker-Ehepaar Rolf und Margret Rettich, vielseitig, voller Ideen und beweglich, zu den künstlerischen Stützen der Kinder- und Jugendbucharbeit des Otto Maier Verlages. Neben verschiedenen gemeinsamen Bilderbüchern, wie den weit verbreiteten Bildergeschichten ohne Worte, waren zunächst „Die Geschichte vom Wasserfall" (1974) und dann „Die Reise mit der Jolle" (1980) herausragende Leistungen von Margret Rettich.

Sie hat darin wahre Geschichten, von Kindern eines früheren Jahrhunderts erlebt, erzählt und mit eindrucksvollen Bildern, die die Umwelt und das Leben der jeweiligen Zeit schildern, dargestellt. Für „Die Reise mit der Jolle" wurde Margret Rettich mit dem Deutschen Bilderbuchpreis 1981 ausgezeichnet. Von besonderer und noch weiterwirkender Bedeutung war es wohl, daß schon die 1. Auflage der deutschen Ausgabe in Coproduktion mit vier ausländischen Lizenzausgaben in dänischer, englisch-amerikanischer, französischer und holländischer Sprache hergestellt werden konnte, was zugleich durch die Aufteilung der hohen Erstkosten einen Ladenpreis von nur 17,80 DM erlaubte. Bei weiteren Auflagen kamen noch finnische und norwegische Ausgaben dazu.

Antoinette Becker (einst mit ihrem Mann, Prof. Helmut Becker, „Nachbarin" in Kressbronn und mit dem Otto Maier Verlag seit vielen Jahren gut bekannt, nun in Berlin, Mutter und Lehrerin) und die Fotografin Elisabeth Niggemeyer machten 1971 den Vorschlag einer Foto-Sachbilderbuch-Reihe mit Themen, die in der demokratischen Gesellschaft jeweils aufgebrochen waren, und die Kindern helfen sollte, offenen Auges in diese Welt hineinzuwachsen. Unter dem Reihentitel „Ich und die Welt" erschienen 1972 die ersten zwei Bücher „Ich bin jetzt in der Schule" und „Ich bin jetzt im Krankenhaus". Sie hatten so beachtlichen Erfolg, daß bis 1980 weitere neun Titel sowie ein Großband „Meine Familie – Deine Familie" folgten. Aus dieser Reihe ragten heraus: 1975 das Thema behinderter Kinder „Ich bin doch auch wie ihr" und 1979 „Ich will etwas vom Tod wissen".

Die Fotografie, die in einem fantasievollen Bilderbuch kaum einmal überzeugen und wirken konnte, war hier ganz und gar die richtige Brücke realistischen Sehens und Erkennens geworden. Es waren nur drei Titel (von elf), die nicht über eine erste oder zweite Auflage hinauskamen.

Für den Spieleverlag hatte Erwin Glonnegger die Fotografin Gabriele Lorenzer entdeckt (1971 „Junior-Memory"). Seinen Empfehlungen folgend wurden 1974 zwei Papp-Bilderbücher nach Farbfotos von Gabriele Lorenzer veröffentlicht, „Drei Äpfel" und „Eingepackt – ausgepackt", denen im Laufe der nächsten Jahre noch vier weitere folgten. Bei ihrer Einführung hieß es auch: „Durch die vollkommene Realitätstreue lernen Kinder am besten Dinge und Zusammenhänge begreifen."

Während das Gesamtprogramm von Papp-Bilderbüchern bis 1981 auf über 60 Titel in fünf verschiedenen Preisgruppen (5,80 DM bis 10,80 DM) angewachsen war, kann nicht jeder Gruppe, jedem Titel nachgegangen werden. Doch seien die wichtigsten Künstlerinnen und Künstler wenigstens namentlich angeführt:

Albertine Maier-Dependorf (4 Titel), Hilde Heyduck-Huth (6 Titel), Stefan Lemke/Marie-Luise Pricken (4 Titel), Dick Bruna (5 Titel), Ali Mitgutsch (3 Titel), Wolfgang de Haën (5 Titel), Hermann Wernhard (8 Titel), Eva Scherbarth (6 Titel), Max Velthuijs (2 Titel), Helmut Spanner (3 Titel), Edith Witt (2 Titel). In der Reihenfolge ist annähernd der Beginn der Zusammenarbeit für Papp-Bilderbücher berücksichtigt.

Gisela Stottele, die schon seit den 60er Jahren als Übersetzerin und mit Bearbeitungen bei Bilderbüchern ihrem Mann an die Hand ging, wurde 1975 freie Bilderbuch-Redakteurin des Verlages. In diesem Jahr kam zu ihr eine junge, erfahrene Zeichnerin und Malerin und wollte gerne ein gut verkäufliches Bilderbuch, das viele Menschen ansprechen würde, machen. Es war Amrei Fechner. Gisela Stottele bot ihr die Arbeit für die hochformatige Kartonbilderbuch-Reihe an, die nach den immer weiter erfolgreichen drei amerikanischen Anfangsausgaben von 1968 noch keine Fortsetzung erfahren hatte. So erschien dann 1976 „Ich bin der kleine Löwe" und im Sommer 1978 „Ich bin der kleine Elefant" von Amrei Fechner. Dazwischen kam ein Papp-Bilderbuch. 1979 folgte das erste Papier-Bilderbuch „Tiere bei uns" mit Text von Christine Adrian und 1981 von den gleichen Autorinnen „Tiere in der weiten Welt".

Helmut Spanner, der sich schon als Kunststudent in München dem Thema „Bilderbuch" zugewandt hatte, und dem wir nur namentlich mit drei Papp-Bilderbüchern (seit 1977) begegnet sind, fügte 1981 der Karton-Bilderbuch-Reihe seinen Band „Ich bin die kleine Katze" hinzu, der gleich ganz großen Erfolg hatte.

Mit weiterhin bestehender alter, freundschaftlicher Verbundenheit zu Karl Maier und Frau Irmela wurde Hilde Heyduck-Huth inzwischen doch auch durch die Bilderbuch-Redaktionen betreut und zugleich ermutigt, sich mit ihrer Kunst nun Papier-Bilderbüchern zu widmen. Als erstes erschien 1976 „Ein Käfer in der Wiese", 1978 folgte „Der rote Punkt" und 1981 das Weihnachtsbilderbuch „Hannah an der Krippe".

Das Programm der „Ravensburger Bilderbücher" umfaßte zum Zeitpunkt dieser Darstellung 53 Karton- oder Papier-Bilderbücher und konnte nur in den über längere Zeit wirksamen Entwicklungen im Verlag und bei seinen Autoren und Künstlern erfaßt werden. Wer weiß, was sich auch aus nicht genannten Ansätzen noch entwickeln wird?

Doch wurde absichtlich eine ganze und wichtig gewordene Gruppe noch ausgespart, die „Preiswerte Reihe", weil diese seit 1971 abgeleitet wurde aus einem Komplex anderer Ausgaben, der vorher dargestellt und erfaßt sein sollte.

8.1.4 Ravensburger Spiel und Spaß 1964–1983

Als Otto Julius Maier 1964 wieder in die USA reiste, wurde er begleitet durch Christian Stottele, der sich dort nach Anregungen für weitere Kinder- und Jugendbuch-Aktivitäten umsah. Christian Stottele war besonders beeindruckt durch das vielseitige Angebot zumeist dickleibiger und großformatiger Beschäftigungsbücher für Kinder, das er bei Rand McNally fand, mit vorgedruckten Anregungen und Anstößen für gedankliche und manuelle Betätigung. Anhand der mitgebrachten Muster machte die noch kleine Beratungsrunde im OMV sich Gedanken über eine eigene ähnliche Reihe und über deren Vertrieb durch den Zeitschriftenhandel an Kioske usw. Breite Vertriebswege für problemlose Ausgaben erschienen nach den Anfangserfolgen der Ravensburger Taschenbücher als gewünschtes Ziel. Und man war sich einig, daß dabei solche Ausgaben durchaus in den Rahmen des Otto Maier Verlages passen würden.

Christian Stottele machte sich auf die Suche nach dafür geeigneten Mitarbeitern, und mit der Herstellung wurden erste Modelle und ihre Kalkulationen gebastelt. In Lotte Weigl, die aus dem Burda-Verlag kam, fand Christian Stottele eine journalistisch und in der Thematik (Rätselecken usw.) erfahrene wie auch als Grafikerin gewandte Mitarbeiterin. Sie erarbeitete den Stoff für vier erste und programmatische Themen: „Zum Zeitvertreib", „Zum Gesundwerden", „Für Regentage", „Für Ferientage", wobei der inzwischen gewählte Reihentitel „Ravensburger Spiel und Spaß" jeweils vorangestellt wurde. Christian Stottele hatte das weitere Glück, von dem Autor Hans-Jürgen Press, dessen erstes Taschenbuch „Spiel, das Wissen schafft" gerade erfolgreich gestartet war, Vorschläge für erste Hefte zum Zeichnen, Malen und Raten „Mit 1 000 Punkten ..." in der neuen Reihe zu bekommen. Wie der Autor selbst wußte auch Christian Stottele, daß dieses System zwar von Kunsterziehern, also wichtigen Kreisen und Anhängern der Arbeit des Otto Maier Verlages, als „kreativitätshemmend" noch beargwöhnt wurde, doch hat der bis heute anhaltende millionenfache Erfolg gerade dieser Hefte, von denen nach und nach 8 verschiedene, fallweise auch neu bearbeitete erschienen, wohl eher die kleinen Hände gelockkert und die Fantasie beflügelt als gehemmt. Bis Frühjahr 1968 hatten die 1 000-Punkte-Hefte schon eine Gesamtauflage von 200 000 Exemplaren erreicht.

Anfang 1966 erschienen die ersten 8 Hefte, 4 von Lotte Weigl und 4 von Hans-Jürgen Press. 32 Seiten, 2farbig mit Zeichnungen und Texten bedruckt, in einem 4farbig bedruckten festen Kartonumschlag, zum Ladenpreis von je 2,– DM. Zu beziehen in Verkaufskassetten mit 25 Stück oder mit 50 Stück gemischt, Einzelhefte nur ab 10 Stück (erst 1967 ab 5 Stück).

Wer im Verlag die amerikanischen Beispiele gesehen hatte, war erstmal enttäuscht über diese „Heftle", und fand es unglaubhaft, sie auch noch als „Bücher" zu bezeichnen und von einzelnen „Bänden" zu schreiben und zu sprechen. Aber man konnte auch nicht ganz der Argumentation widersprechen, daß für die Kinder und Altersgruppen, an die sich die „Spiel und Spaß"-„Bücher" wandten, ein solches „Heftle" durchaus ein „Buch", ihr Buch, sein konnte. Im Laufe der späteren Jahre wurde dieses weitgehend bereinigt, die Hefte trugen nur noch die Bezeichnung „Ravensburger Spiel und Spaß" und wurden zumeist als „Hefte" bezeichnet. Nicht nur, aber auch als „Spiel und Spaß" diese beiden Zitate: Christian Stottele schrieb 1982: „Diese 32-Seiten-Hefte sind heute eine typische Erscheinungsform des farbigen, preiswerten Kinderbuches, wie das Taschenbuch mit Lizenzen und Original-Rechten arbeitend."

Dorothee Hess-Maier schrieb 1981: „Die große Hoffnung, die man auf die

Spiel- und Spaßbücher setzte, erfüllte sich nicht sofort, aber nach manchen Umgestaltungen später in um so höherem Maße und dies bis heute."

Wie in anderem Zusammenhang weitergehend berichtet wurde, begann in diesem Jahre 1966 das Thema „Vorschulische Erziehung" auch im Otto Maier Verlag seine Kreise zu ziehen. Doch in den beiden nächsten Jahren 1967/68 vollzieht sich die Fortführung der Reihe „Ravensburger Spiel und Spaß" wie geplant mit weiteren Heften von Lotte Weigl und Hans-Jürgen Press, sowie erstmals von para (Karl-Heinz Paraquin). Im Sommer 1969 waren es bereits 25 Titel.

Lotte Weigl arbeitete zunächst noch weiter mit, war aber auf eigenen Wunsch aus ihrer Anstellung im Otto Maier Verlag ausgeschieden. Als Nachfolgerin war Almut Pahlke (aus Bremen), die als Schul-Bibliothekarin Erfahrungen mit Kindern und Büchern gesammelt hatte, Anfang 1969 gekommen. Und sie widmete sich nun vor allem dem intensiven Ausbau eines vorschulischen Programms und dieses im Rahmen der Reihe „Ravensburger Spiel und Spaß". Im Sommer 1969 erschienen als Hefte 24 und 25: „Spielen – Sehen – Denken 1" und „Spielen – Sehen – Denken 2", jedes „ein Beitrag zur Intelligenzförderung im Spiel", wie es damals hieß, eine gemeinschaftliche Entwicklung von Franz Otto Schmaderer mit Thomas und Wanda Zacharias. Im Frühjahr 1970 folgten „Spielen – Sehen – Denken" 3 und 4, im Sommer 5 und 6. Den beiden ersten Heften wurde die Prämie des Deutschen Jugendbuchpreises 1970 zugesprochen. Bis 1972 waren schließlich 8 Hefte dieser Folge erschienen, die bis 1975 in einer Gesamtauflage von rund 800 000 Exemplaren verkauft wurden.

Doch standen diese Hefte nicht für sich allein neben der „Spiel und Spaß"-Grundreihe. Erstmals hieß es in den Informationen der Verlages für Herbst 1970: „Pädagogische Reihe". Und dort wurden dazu neu angezeigt: „Spielen – Sehen – Lesen 1" (Grafik: Hermann Wernhard), weiter „Spielen – Sehen – Rechnen 1" (Grafik: Margret Rettich) und „Malen und Zeichnen 1" wie auch von 2 von Hilde Heyduck-Huth. Im weiteren Verlauf kamen „Lesen" 2–4, „Rechnen" 2–6, „Malen und Zeichnen" 3–6, sowie ganz neu „Verkehrserziehung" 1–4.

Da der Verlag das Warenzeichen „didacta" innehatte, erhielten diese Ausgaben vorübergehend die Reihenbezeichnung „didacta". Aus Kulanzgründen gegenüber dem Deutschen Lehrmittel-Verband, dem Veranstalter der didacta-Schulmessen, wurde auf den Gebrauch für diese Serien (nicht aber für die damit schon länger bezeichnete bestimmte Gruppe von Puzzles) verzichtet: Dafür wurde einerseits die neue Bezeichnung „Spielen und Wissen" und andererseits für „Malen und Zeichnen" und ähnliches „Spielen und Gestalten" gewählt.

Wie sich damit zeigte, bot die Reihe „Ravensburger Spiel und Spaß" ein weites Dach und mit ihrer Ausgabenform der Hefte flexible, wie auch bei sorgfältiger Ausarbeitung rasch zu verwirklichende Lösungsmöglichkeiten.

Dazu darf nicht vergessen werden, daß inzwischen der Verlag verschiedene Verkaufsständer entwickelt und in größerer Zahl bei seinen Kunden untergebracht hatte, die Platz und Halt für immer weitere Hefte boten. (Die anfänglichen, versteifenden Karton-Umschläge der Reihe hatten aus Kostengründen schon längst aufgegeben werden müssen).

Es lag für den Jugendbuchverlag nahe, diesen so erfolgreich gewordenen Weg nun auch zu beschreiten, um endlich die seit Jahren vom Vertrieb geforderten schönen Bilderbücher zu niedrigen Preisen herauszubringen. Im Juni 1972 erschienen die ersten 6 Hefte der „Reihe Bilderbücher", wie sie zunächst genannt wurde, mit einem Ladenpreis von je 2,80 DM. Ab Sommer 1974 bekam diese Reihe nicht nur mit laminierten, 4farbig gedruckten Karton-Umschlägen eine verbesserte Ausstattung (nun zum Ladenpreis von je 4,– DM), sondern auch die neue Bezeichnung „Ravensburger Bilderbücher – Preiswerte Reihe". Ein Jahr später umfaßte sie 14 Ausgaben. 1981 waren es 29 Ausgaben zu einem Ladenpreis von je 5,80 DM. Mit dieser Entwicklung hatte die „Preiswerte Reihe" das Dach der Reihe „Ravensburger Spiel und Spaß" verlassen, um an die Seite aller anderen „Ravensburger Bilderbücher" zu treten.

Mit dem Abklingen des seit etwa 1966 aufgetretenen und weite Kreise erreichenden großen Interesses für die vorschulische Erziehung und für pädagogische Fragen überhaupt, nun ein Jahrzehnt später, war es geboten, die pädagogischen Reihen von „Spiel und Spaß" auslaufen zu lassen. Das war Ende 1976 soweit.

Es bedeutete zugleich eine schöpferische Pause für die eigentliche, ursprüngliche „Ravensburger Spiel und Spaß"-Reihe. Zum Herbst 1977 wurden 12 Titel in neuer Ausstattung angeboten, davon 6 erfolgreichste aus dem früheren Programm. Bis 1981 waren es wieder 24 Titel.

8.1.5 Bücher für Kinderbeschäftigungen 1970–1983

Ein vorangegangener kürzerer Abschnitt befaßte sich mit den Spiel- und Beschäftigungsbüchern, die, angeregt durch Originalausgaben erfolgreicher Ravensburger Taschenbücher, ab 1967 entwickelt und veröffentlicht wurden. Man konnte nun ab 1970 einen ähnlichen Vorgang im Gefolge der üppiger Blüte in der Reihe „Ravensburger Spiel und Spaß" beobachten, der hier allerdings doch deutlicher in der alten und so verzweigt gewachsenen Tradition des Otto Maier Verlages für Kinderbeschäftigungen wurzelte. Es dauerte ein paar Jahre, bis zu erkennen war, daß diese neuen Ausgaben zwar zuerst von „Spiel und Spaß" ausgingen, sich dann aber mehr und mehr anderen Themen zuwandten und über die Hand- und Werkarbeit für Kinder bis weit ins Musische reichten. Es war auch erst ab 1975 zu sehen, daß hier zwei Gruppen neben- und doch auch miteinander entstanden: einmal Beschäftigungsbücher für Kinder, für die Hände der Kinder selbst, und zum anderen „Ratgeber zur Kinderbeschäftigung", also für die Eltern, für die in Vorschulen und Kindergärten, in Kinderheimen und -gruppen usw. Tätigen.

Dabei wurden diese beiden Buchgruppen nicht auch noch (wie damals so viel anderes) in die Zwangsjacke einer Reihe gesteckt. Es war die erfreuliche Entwicklung individueller Ausgaben, die dennoch auf einer Linie lagen.

Die Beschäftigungsbücher für Kinder hatten vornehmlich das Format von 21 × 29 cm und schon damit wie auch durch ihre vielen, immer mehr farbigen

Illustrationen den Charakter von Bilderbüchern und waren für Kinder ab 6 oder ab 8 Jahren bestimmt. Als erste erschienen 1971 die „Ravensburger Kindermalschule" und 1973 die „Ravensburger Kinderwerkstatt", beide von Lothar Kampmann und anschließend an seine Spiel- und Spaß-Hefte in der Reihe „Spielen und Gestalten". Doch schon mit dem 1974 erschienenen „Ravensburger Kinder-Handarbeitsbuch" von Jutta Lammèr (von der wir hier zum ersten Mal erfahren, der wir aber noch oft begegnen werden) wurde der thematische Rückhalt bei „Spiel und Spaß" verlassen. Mit Themen wie dem „Ravensburger Gartenbuch für Kinder" (1976, Lizenz aus England), dem „Ravensburger Kinder-Handwerkerbuch" (von Jutta Lammèr, 1977), dem „Ravensburger Kochbuch für Kinder" (von Sibyl Gräfin Schönfeldt mit Dorothea Desmarowitz, 1979) und dem „Ravensburger Haustierbuch für Kinder" (von Christine Adrian und Dieter Jonas, 1980), sehen wir schon den Gang aus vertrauten Verlagsgebieten hinaus. Noch weiter wurde gegriffen mit dem „Ravensburger Lieder-Spielbuch für Kinder" (1978) sowie dem „Ravensburger Instrumenten-Spielbuch für Kinder" (1981, beide von Dorothee Kreusch-Jacob, einer Konzert-Pianistin und Musikpädagogin) und schließlich dem „Ravensburger Theater-Spielbuch für Kinder" (1981, Lizenz aus England).

Als man sich 1976 entschlossen hatte, eine ganze Serie von sehr populär gehaltenen Beschäftigungsbüchern schon für Ältere (ab 10) aus einer erfolgreichen Coproduktionsverbindung in England zu übernehmen und den eigenen Kinderbeschäftigungsbüchern anzuhängen, blieb der Erfolg aus. Es erschienen tatsächlich in den zwei Jahren 1977 bis 1979 acht Bände unter dem gleichen Obertitel „Tolle Sachen", also z. B. „Tolle Sachen aus Papier". 1981 waren nur noch drei davon im Angebot, während 16 „echte Ravensburger" Beschäftigungsbücher für Kinder das eigentliche Programm dieser Gruppe darstellten.

Die „Ratgeber zur Kinderbeschäftigung" wurden 1975 auch in alter Tradition – wie bald darzustellen sein wird –, aber doch in ganz neuer Form begründet. Zu den drei ersten gehörte „Das Musikbuch für Kinder", das auch das erste Buch von Dorothee Kreusch-Jacob war, und dem 1976 „Das Fotografierbuch" von Barbara und Siegfried Remann folgte. 1976 erschien aber auch „Das große Ravensburger Buch der Kinderbeschäftigungen", herausgegeben von Bertrun Jeitner-Hartmann mit Beiträgen verschiedener anderer Autorinnen.

Über 40 Jahre, seit 1929 und bis etwa 1973, war „Das Buch der Kinderbeschäftigungen" von Johanna Huber (schließlich in 13. Auflage von 1971) das Standardwerk dieses vielseitigen Themas im Otto Maier Verlag und in der Welt der Kindergärten geblieben. Schon als Bertrun Jeitner-Hartmann 1971 das Programm zur Kinderbeschäftigung als Redakteurin übernahm, war ihr die große Aufgabe der Neubearbeitung gestellt worden, die sie nun erfüllt hatte.

In den nächsten Jahren folgten noch weitere Ratgeber, durchwegs Lizenzen aus dem Ausland, darunter aber auch drei Bücher von Susanne Stöcklin-Meier, die original in der Schweiz mit Texten in Schwyzerdütsch erschienen waren, und für die der Otto Maier Verlag die Rechte der hochdeutschen Sprache übernahm.

Es erklärt sich wohl vor anderen, etwa organisatorischen, Gründen aus der fachlichen Kompetenz der Therapeutin und Psychologin Bertrun Jeitner-

Hartmann, daß im Jugendbuch-Verlag neben den Beschäftigungsbüchern für Kinder auch die für die Hand von Erwachsenen bestimmten „Ratgeber zur Kinderbeschäftigung" angesiedelt wurden und blieben.

8.1.6   Jugend-Sachbücher 1963–1983

Obgleich damals noch nicht als solche bezeichnet, entsprach die Gruppe der „Großen bunten Bücher" – in Lizenz übernommen aus dem amerikanischen Verlag Golden Press (= später: Western Publishing Corporation) und 1955 mit der „Lebendigen Geographie" begonnen – diesem erst später gebräuchlich gewordenen Begriff. Diese Gruppe trat mit elf Titeln und einem Auflagenrest des 8bändigen Werkes „Die Erde – unsere Welt" in das neunte Jahrzehnt der Verlagsarbeit ein. Sie wurde, wie früher erwähnt, noch weiterhin durch Werner Schnebelt im einstweiligen Wirkungsbereich von Dorothee Hess-Maier betreut. Unter besonderen lizenzrechtlichen Umständen, die in anderem Zusammenhang angeführt wurden, mußte der Otto Maier Verlag 1964 die „Lebendige Weltgeschichte" an den Delphin-Verlag abgeben. Doch führte eine andere neue Zusammenarbeit, nämlich mit der deutschen Walt-Disney-Merchandising-Firma in Frankfurt/M. in diesem Jahre 1964 zu einem ersten Ergebnis, dem Buch „Wunder der Natur" unter der Autorschaft von Walt Disney. 1965 und 1967 folgten zwei weitere Wunder-Bücher unter dem Namen von Disney. (Dabei war es ebenso mühsam wie lehrreich, die sehr komplizierten amerikanischen Vertragsbedingungen allmählich auf europäische und deutsche Rechtsgrundlagen umzustimmen; doch blieb es noch lange dabei, daß jedes Jahr ein neuer Vertrag angefordert und abgeschlossen, sowie vierteljährliche Vorauszahlungen geleistet werden mußten.)

Aber es war noch weiter und praktisch bis heute so, daß achtunggebietende, eindrucksvolle Werke mit hervorragendem Bildmaterial – nicht nur Fotos, sondern auch Grafiken – auf dem Gebiet der Sachbücher vornehmlich in den angloamerikanischen Ländern entstehen oder initiiert werden. Es sind doch wohl die weltweiten Verbindungen aus alter englischer Empire-Zeit und aus dem jüngeren amerikanischen Weltmacht-Status wie auch die hervorragende englische Tradition der grafischen Darstellung, die hierzulande mit eigenen Mitteln kaum zu erreichen, geschweige denn zu überbieten sind.

Der Otto Maier Verlag hatte sich aus solchen Gründen, aber auch unter dem Eindruck des Erfolges mit „Die Erde – unsere Welt", 1962 zur deutschsprachigen Beteiligung an einem großen, vielbändigen Coproduktions-Projekt entschlossen, das Aldus Books in London vorbereitet und angeboten hatten, wo vor allem Frederick Ullstein ein Bürge für die Qualität war. Denn zum Ansehen, Lesen und Prüfen gab es ja erstmal nur delikate Umschläge, Einbanddeckel und 16–24 Probeseiten sowie ein „Summary" des geplanten Inhalts.

Die verlangte Mindestauflage betrug 20 000 Exemplare je Band. Die Herstellung der Coproduktion erfolgte auch bei Mondadori in Verona. Die Anordnung, Stellung und Größe der vielen Illustrationen lagen für alle Beteiligten unabänderlich fest. Mitteleuropäische Abweichungen waren nur im Text möglich. Zur Verringerung des eigenen Risikos vergab der Otto Maier

Verlag Unterlizenzen für den Gesamtvertrieb in Österreich an den Verlag Jugend & Volk, Wien, und in der Schweiz an den Verlag Sauerländer in Aarau. Über solche Einschränkung war der Vetrieb nicht glücklich, mit der Reduzierung seiner Verkaufsverpflichtung auf je 15 000 Exemplare aber war er zufrieden.

Im September 1964 erschienen unter dem monströsen Reihentitel „Die farbige Sachbuchbibliothek aus Forschung und Wissenschaft" die ersten drei Bände: „Auf den Spuren alter Völker" (24,– DM), „Erforschungsgeschichte der Erde" (24,– DM) und „Astrophysik und Astronautik" (19,80 DM). Anfangs sehr beachtet und gelobt, wurden sie bald ein schwieriges Verkaufsobjekt. Es folgte – für 1965 angekündigt, aber erst 1966 erschienen – noch der Band „Naturvölker – gestern und heute". Danach wurden alle Beteiligten sich einig, das Projekt nicht mehr fortzusetzen. Im Otto Maier Verlag wurde 1967 noch der neue Obertitel „Lebendige Welt der Forschung" dafür gewählt, unter den auch die Disney-Titel gestellt wurden. Aber im Juni 1970 wurden die vier ursprünglichen Titel aus dem Programm genommen, um dann durch eine Buchgemeinschaft ausverkauft zu werden.

1966 aber gab es unter der Redaktion von Dorothee Hess-Maier eine erfreuliche und schöne Bereicherung der weiterhin erfolgreichen „Großen bunten Bücher": es erschien „Fabeln des Äsop", nacherzählt von Rudolf Hagelstange zu Illustrationen von Alice und Martin Provensen. Dorothee Hess-Maier hatte – auch von Western Publishing – dann noch das bedeutende Buch von Rachel Carson „Wunder des Meeres" geholt, das, eingereiht neben die Disney-Bücher, im Juni 1968 erschien, bevor dann gleich danach Christian Stottele auch die Jugend-Sachbücher in seine redaktionelle Obhut übernahm.

Christian Stottele ging bald ans Werk und hoffte, nun aus eigenen Kräften Ebenbürtiges dem Vorhandenen anschließen zu können. Ohne die getreue, über viele Jahre während Zusammenarbeit des Grafiker-Teams Stefan Lemke und Marie-Luise Pricken mit dem Otto Maier Verlag bisher besonders gewürdigt zu haben, verdient dieser Versuch von ihnen nun eine Hervorhebung: das – als solches bezeichnete, aber den „Großen bunten Büchern" zugeordnete – „Sachbilderbuch vom Zirkus für Kinder und Könner" mit dem Titel „Tiere, Clowns und Akrobaten". Es lebte später in der „Preiswerten Reihe" weiter. Aber damals, 1970, ermunterte der begrenzte Erfolg nicht zur Fortsetzung.

Dennoch blieb das Gebiet „Jugendsachbuch" eine so wichtige Aufgabe für den Jugendbuch-Verlag, daß dafür der erfahrene und pädagogisch versierte Verlagsfachmann Richard Schaeffer zum 1.4. 1971 als Redakteur gewonnen wurde. Er hat die weitere, im Folgenden dargestellte Entwicklung bis ins Jahr 1975 mit großer Sorgfalt und persönlicher Anteilnahme betrieben. So führte er eine andere, von Christian Stottele begonnene Sachbuch-Reihe ab dem 2. Band weiter, über die Christian Stottele seinerseits berichtete: „Der pädagogische Aufbruch dieser Jahre setzte auch im Bereich des Kinder- und Jugend-Sachbuches einiges in Gang. So beim Otto Maier Verlag die Reihe „Information heute". Sie erklärte Orte und Vorgänge der technischen Umwelt in Fotos, Schaubildern und informativen Kurz-Texten". Es erschienen die 6 Ausgaben: „Bahnhof" (1971), „Autowerk" (1971), „Computer" (1972), „Seehafen"

(1973), „Kunststoffe" (1974) und „Papier" (1974). Die laminierten Pappbändchen im Format 21,5 × 21,5 cm enthielten 38 Seiten mit 100–150 zumeist vierfarbigen Abbildungen und kosteten anfänglich je 9,80 DM, später je 12,80 DM.

Christian Stottele fuhr fort: „Um die Verwendung in der Schule zu unterstützen, wurden zu den einzelnen Bänden Arbeitshefte für die Hand der Lehrer zur Verfügung gestellt.

Der erforderliche beträchtliche Aufwand für die Herausgeber und Grafiker, Dietrich Kirsch und Jutta Kirsch-Korn, sowie für den Fotografen, Sigwart Korn, und für die jeweiligen Fach-Autoren verlangte bei jedem Band Sponsoren aus dem betreffenden Wirtschaftszweig, ein mühsames Arbeiten, das schließlich zum Abbruch dieser Reihe führte." Mit dem 1.1. 1978 wurden die restlichen Bestände aus dem Angebot genommen.

Die von Christian Stottele erklärte Unterstützung der einzelnen Bände hatte die Kehrseite, daß das Bild- und sonstige Material ganz oder doch weit überwiegend aus der deutschen Industrie und Wirtschaft stammten. Das Interesse ausländischer Verlage an Lizenzen für diese Reihe war zunächst sehr groß. Der englische Verlag Collins, Glasgow, interessierte sich z. B. für den Band „Seehafen" und wußte den Hinweis auch zu schätzen, daß das Hafenbild auf der Einbandtitelseite groß das Heck eines in Glasgow beheimateten Schiffes zeigte. Als sich dann aber bei näherer Prüfung erwies, daß fast alle Fotos nur aus dem Hamburger Hafen und alles Zahlen- usw. Material nur aus deutschen Seehäfen stammten, war das Interesse aus und vorbei, und das war ausnahmslos so.

Erinnern wir uns an die im Anfang dieses Kapitels versuchte Begründung für die so erfolgreiche Entwicklung von Kinder- und Jugend-Sachbüchern in anglo-amerikanischen Verlagen. Hier darf noch hinzugefügt werden, daß in den letzten drei Jahrzehnten die Bereitschaft nicht nur bei deutschen Verlagen, sondern auch im deutschen Publikum zur Aufnahme internationaler Informationen, auch wenn diesen nur wenige oder gar keine deutsche Lichter aufgesetzt oder hinzugefügt waren, weitaus größer war und blieb, als in den meisten anderen westlichen Ländern. Eine Wandlung zu einer der deutschen entsprechenden Haltung war seit Jahren noch am ehesten in Frankreich zu erkennen.

Doch es gab noch einen weiteren Versuch, um auf einem wiederum anderen, neuen Wege mit eigenen Originalausgaben sich den erwünschten größeren Raum auf dem Gebiet des Jugendsachbuches zu gewinnen. Dieser kam mit Vorstellungen und Vorschlägen des dafür sehr erfahrenen Eberhard Hungerbühler, Stuttgart, im Winter 1973/74 auf die Tische der Jugendbuch-Redaktion. Er wurde akzeptiert und so in Angriff genommen, daß im Januar 1975 unter dem Reihentitel „Themen der Zeit" die Bände 1 und 2 und schon im Juni 1975 die Bände 3 und 4 erscheinen konnten. Es ging um die Themen: (1) „Rettet uns die Sonne vor der Energie-Katastrophe?", (2) „Wie löst die Wirtschaft ihre Probleme?", (3) „Ich in der Gruppe" und (14) „Neuer Rohstoff Müll-Recycling".

Die reich illustrierten, laminiert-kartonierten Ausgaben im Format 17,2 × 23,5 cm und im Umfang von jeweils 128 Seiten kosteten 16,– DM bzw. 18,– DM. Es hieß dazu: „eine Jugendsachbuchreihe neuen Stils; keine herkömmlichen „Bildungsbücher", sondern wertende, wägende Argumentations-hilfen". Der Erfolg war so enttäuschend, daß bereits 1976 auf eine Fortsetzung verzichtet wurde. Es war wohl noch zu führ dafür gewesen, um junge Men-schen mit diesen, ihren eigenen, aber erst danach ganz aktuell gewordenen Themen und Problemen anzusprechen und zu konfrontieren. Was im Taschen-buch schon möglich erschien, wurde dem Otto Maier Verlag mit Ausgaben dieser Art und Preislage nicht abgenommen. Mag es dem Verlag dennoch zu-gute gehalten werden, daß er sich eher zu früh als gar zu spät im Jugendbuch-Bereich diesen „Themen der Zeit" gestellt hat.

Neben und zwischen diesen Versuchen konnte Western Publishing endlich dem Otto Maier Verlag die deutschsprachigen Rechte eines Sachbuches anbie-ten, das eine 20 Jahre jüngere Auffassung und Darstellung der immer noch im Programm befindlichen „Großen, bunten Bücher" zu sein versprach und Fol-gebände bekommen sollte: „Mein erstes Technikbuch" von Joe Kaufman. Kaufman hatte dieses Buch behutsam und sorgfältig entwickelt, „mit dem si-cheren Gespür für den richtigen und stets auch humorvollen Einstieg in die Dinge und Erscheinungen, über die informiert wird." Es war nur weniges da-bei, was abgestimmt auf unsere Umwelt geändert werden mußte. Im Herbst 1976 folgte des zweite Buch von Joe Kaufman, „Mein erstes Buch vom Körper. Unser Körper – wie er wächst, wie er arbeitet, was er braucht", und Anfang 1979 das dritte, „Mein erstes Buch von Himmel und Erde. Von der Erde, der Sonne, dem Mond und den Sternen".

Alle drei hatten und haben großen Erfolg.

1975 hat dann Micha Ramm, aus einem Schulbuchverlag in den Otto Maier Verlag gekommen, die Redaktion für Kinder- und Jugendsachbücher über-nommen und also schon die letztgenannten Ausgaben betreut.

Bevor wir abschließend für dieses Kapitel über ein hervorragendes Werk aus diesen Jahren zu berichten haben, sei noch eine neue Sachbuch-Verbin-dung zum Ausland erwähnt. In England hatte sich Mitte der 70er Jahre ein neues Team von Sachbuch-Machern zusammengefunden, das die Entwick-lung neuer Sachbücher für Verlage und mit diesen in anderen Ländern und de-ren Herstellung in Coproduktionen betrieb: Usborne Publishing. Als erstes übernahm der Otto Maier Verlag ein Buch, das er „Ravensburger Kinderatlas. Unsere Erde in Bildern und Karten" nannte, und das im Januar 1977 erschien. Es sollte in den nächsten Jahren die seit 1955 im Programm befindliche „Le-bendige Geographie" aus den „Großen bunten Büchern" nach so vielen Ver-änderungen dieser Welt in den letzten zwei Jahrzehnten ablösen.

Und man erwartete weitere fruchtbare Zusammenarbeit mit Usborne für neue Kindersachbücher.

Ab dem Jahre 1969 hatte Christian Stottele mit dem Biologie-Professor des Ravensburger Spohn-Gymnasiums, Eberhard Weismann, Gedanken und Vor-stellungen für ein neuartiges naturkundliches Sammelwerk diskutiert und for-muliert, das junge Menschen faszinieren und Erwachsene nicht weniger inter-essieren sollte. Schon bald war Weismanns Freund und Fachkollege, Andreas Bertsch, Professor für Botanik an der Universität Marburg, zugezogen wor-den. Er war der Enkel von Karl Bertsch, dem Autor jener vielgerühmten sechsbändigen „Lebensgemeinschaften in der Natur", die Karl Maier zu Beginn seiner Nachkriegsarbeit in den Jahren 1948–1950 herausgebracht hatte.

Die Planung des neuen Werkes wurde soweit vorausschauend wie möglich unter der Redaktion durch R. Schaeffer festgelegt. Es sollte 10, möglicherweise sogar 12 Bände umfassen, jeder mit einem bestimmten Thema aus der Entwicklung und vom Verhalten der Tiere, teils auch von Pflanzen, ganz abweichend von der hergebrachten Ordnung nach Tiergattungen. Alles sollte unter dem Obertitel des Gesamtwerkes „Dynamische Biologie" stehen.

Herausgeber würden E. Weismann und A. Bertsch sein. Auch der Umfang (je Band 144 Seiten), das Format (18,5 × 26 cm), die gewünschte reiche, meist farbige Illustrierung mit Fotos und Grafiken wurden vorgesehen. Der Kalkulationsrahmen sollte den Einzelpreis von 26,– DM und bei Abnahme des Gesamtwerkes den Bandpreis von 22,– DM erlauben. Nach sehr eingehenden Prüfungen und Diskussionen wurde im April 1972 die Verwirklichung dieses großen Planes beschlossen und genehmigt. Es brauchte Zeit und viele Versuche, um für die verlangte äußerste Qualität Autoren, Illustratoren, Fotografen, Grafiker und Layouter zu finden und zu einem – dabei örtlich getrennten – Team zusammenzuführen. Und so erschienen dann die 10 Bände, auf die man sich verständigt hatte:

1975 1. E. Weismann „Partnersuche und Ehen im Tierreich"
2. A. Bertsch „Blüten – lockende Signale"
1976 3. W. Schwoerbel „Zwischen Wolken und Tiefsee"
4. E. Weismann „Entwicklung und Kindheit der Tiere"
1977 5. K.-H. Scharf „Pflanzen und Tiere schützen sich vor Feinden"
6. A. Bertsch „In Trockenheit und Kälte"
1978 8. E. Weismann „Revierverhalten und Wanderungen der Tiere"
10. W. Schwoerbel „Evolution – Strategie des Lebens"
1979 7. H. Schmid „Wie Tiere sich verständigen"
1980 9. A. Bertsch „Wie Pflanzen und Tiere sich ernähren".

Die Herausgeber hatten also selbst je drei Titel übernommen, während vier von drei anderen Autoren stammten. Die Preise wurden bis 1979 gehalten und erst ab dem vorletzten Band auf 29,– bzw. 25,– DM erhöht.

Wer die gerade bei den Jugendsachbüchern begonnenen und dann wieder aufgegebenen Versuche kannte, bewunderte die der „Dynamischen Biologie" gewidmete Ausdauer und Unermüdlichkeit des seit 1975 dafür wirkenden Redakteurs Micha Ramm, die allerdings durch einige Tausend Vorbesteller des Gesamtwerkes gestützt wurde. Für diesen Verlag und seinen Vertrieb war die lange „Inkubationszeit" einer solchen Reihe allerdings schon längst ungewohnt, und die Möglichkeiten zu neuen Werbeanstößen beim Erscheinen jedes neuen Bandes waren kalkulatorisch immer mehr eingeschränkt. Im letzten Jahr der Arbeit an diesem gleichwohl bedeutenden und sehr schönen Werk wurde es auch offiziell anerkannt durch die Auszeichnung mit dem Deutschen Jugendbuchpreis 1980 für das beste Jugendsachbuch.

8.1.7 Für Vorschule und Kindergarten 1967–1983

Innerhalb der hier aufeinanderfolgend berichteten Entwicklung der verschiedenen Buchgruppen sind wir schon wiederholt auf Bemühungen im Verlag um seine Mitwirkung in der seit Mitte der 60er Jahre auch bei uns in Europa aufgebrochenen Bewegung für die Früh- und Vorschul-Erziehung von Kindern gestoßen: so 1969 die Sonderreihe „Mein erstes Taschenbuch" in den Ravensburger Taschenbüchern, ebenfalls 1969 die Folgen „Spielen – Sehen – Denken" usw. in der Reihe „Ravensburger Spiel und Spaß" und 1971 auf die „Ravensburger Kindermalschule" bei den neuen Büchern für Kinderbeschäftigungen. Doch den eigentlichen Anfang zu diesen Bemühungen im Buchverlag können wir erst hier darstellen, weil er in einer Zusammenarbeit zwischen Spiel und Buch begründet wurde, also interredaktionell.

Nach mehrjährigen Untersuchungen hatte Prof. Dr. Heinz-Rolf Lückert, Direktor des Instituts für Jugendforschung und Unterrichtspsychologie an der Pädagogischen Hochschule der Universität München, in seinem Institut ein neues Leselernspiel entwickelt. Er wandte sich damit an den Ernst Klett Verlag, Stuttgart, und dieser wiederum schlug dem Otto Maier Verlag – wegen des zugehörigen Spiels – eine Zusammenarbeit vor: Redaktion und Buchherstellung durch Klett, Spiel(Kärtchen)-Herstellung, Vetrieb und Auslieferung durch Otto Maier Verlag. Der Vorschlag wurde mehrfach begrüßt. Es gefiel im Otto Maier Verlag, daß alle Illustrationen durch die Künstler Klaus Winter und Helmut Bischoff ausgeführt werden sollten, die 1958 ihr schönes Bilderbuch „Die Sonne" im Otto Maier Verlag herausgebracht hatten. Wichtiger noch war es, daß der Klett Verlag seinen anerkannten Namen und Ruf als Schulbuch-Verlag für dieses Vor-Schulwerk und seine pädagogische sorgfältigste Vorbereitung einbrachte. Ein gewisser Schreck über die Zahl von ursprünglich 12 vorgesehenen Teilen löste sich mit der Reduzierung auf 3 Bände, von denen der 1. Band im August 1968, der 2. Band im November 1968 und der 3. Band verspätet im Herbst 1969 erschienen, jeweils unter dem Titel „Lesen – ein Spiel mit Bildern und Wörtern" 1 bzw. 2 bzw. 3.

Es hieß dazu: Jeder Band 96 Seiten, Format 20 × 22,6 cm, mit zahlreichen vierfarbigen Illustrationen, mit Lernspiel und Elternbrief. („Der Elternbrief gibt wichtige pädagogische Hinweise und Anleitungen.") Das Werk war für Kinder ab 3 Jahren bestimmt. Jeder Band kostete einzeln 14,80 DM. Alle drei Bände zusammen bei Abnahme des Gesamtwerkes kosteten 39,60 DM (späterhin 16,80 bzw. 45,– DM). Die Bände 1 und 2 erlebten mehrere Auflagen, Band 3 hinkte deutlich hinterher.

Die Zusammenarbeit dafür im Otto Maier Verlag vollzog sich vornehmlich zwischen Christian Stottele und Erwin Glonnegger. Dabei zeigte sich die Notwendigkeit, eine Redaktionsgruppe aus Redakteuren des Spieleverlags und des Buchverlags zu bilden, um die vielen anstehenden pädagogischen Projekte zu bündeln. Hier arbeiteten besonders Maria Soecknick (aus dem Spieleverlag) und Almut Pahlke (aus dem Jugendbuch-Verlag) erfolgreich und gerne zusammen. Beide hatten einerseits durch Spiele (die wir noch kennenlernen werden), andererseits durch „Spielen – Sehen – Denken" und durch Bilderbücher Verbindung zu dem Münchener Schulmann Dr. Franz Otto Schmaderer und zu dem Münchener Grafiker Hermann Wernhard. Sie wurden durch Dr. Schmaderer auf die Dissertation „Vorschule des Lesens" von Gertraud E. Heuss (1971) hingewiesen, auf die gleichzeitig deren Verleger, Dr. Rudolf Oldenbourg, München, den ja mit ihm befreundeten Otto Julius Maier aufmerksam gemacht hatte. In ihrer Dissertation hatte Gertraud E. Heuss ganze Reihen neuartiger Spiele für das Vorschulalter entwickelt und dargestellt. Und diese hatten ihr Verleger wie ebenso Dr. Schmaderer dem Otto Maier Verlag zur Prüfung und etwaigen Verwirklichung als Spiele zugedacht, wofür Erwin Glonnegger auch das Spielmaterial von der Autorin übernahm. Doch es war in jenen Jahren bei anderen Verlagen schon eine neue Produktform aufgetaucht: Mappen mit Blättern aus Karton oder Papier für Vorschulen und Kindergärten. Durch Beobachtungen auf den Schulausstellungen jener Zeit und durch Empfehlungen aus fachlichen Kundenkreisen des Otto Maier Verlages kam nun der Gedanke auf, aus dem reichen und trefflich kindgemäßen Material von Dr. Gertraud E. Heuss mit Hilfe des von allen Beteiligten geschätzten Grafikers Hermann Wernhard zwei solche Mappen zu gestalten. Der Gedanke von Andreas Pollitz, diese Mappen unter den Obertitel „Ravensburger Spiel- und Arbeitsmappe" zu stellen (und damit die Rechte an diesem alten und so typischen Otto Maier Verlag-Titelwortlaut „Spiel und Arbeit" aufrechtzuerhalten), wurde vergnügt aufgenommen. Im April 1973 erschienen die beiden Mappen „Sehen Hören Sprechen" Stufe 1 und 2: Faltmappen im Format 19 × 26 cm mit je 8 vierfarbigen Kartonblättern, 24 vierfarbigen Papierblättern und 24 zweifarbigen Papierblättern, je Mappe zum Preis von 7,80 DM. Dazu erschien ein ausführliches Begleitheft mit methodischen Hinweisen für die Gruppenarbeit und Anregungen für motivierende und zusätzliche Spiele. Dorothee Hess-Maier berichtete: „Diese Arbeitsmappen waren sofort ein großer Erfolg und ermöglichten uns in späteren Jahren manche Aktivitäten im Kindergarten. Gleich nach ihrem Erscheinen erkannte man die Notwendigkeit von Nachfolgeprodukten, also Artikeln, die speziell für die Arbeit im Kindergarten geeignet sein würden." Die interredaktionelle Arbeitsgruppe Kindergarten war deshalb weiter tätig und bemühte sich nun um ein ganzes Kindergarten- und Vorschulprogramm.

In diesen Jahren wurde, wie an anderer Stelle noch darzulegen sein wird, der Fachverlag im Otto Maier Verlag neu formiert, und in ihn wurde auch der Kindergartenbereich eingegliedert. So erschien das Ergebnis der oben genannten Bemühungen im Herbst 1975 innerhalb des Fachverlages. Es wurde „Kindergarten- und Vorschulprogramm zur emotionalen und sozialen Erziehung" unter dem Obertitel „du – ich – wir" benannt und bestand aus einem Handbuch, zwei Spielen und drei Mappen. 1980 jedoch kehrte der Kindergartenbereich, inzwischen wesentlich weiterentwickelt, wieder in den Jugendbuch-Verlag zurück. Er umfaßte nun die drei Hauptgruppen:
Vorschul- und Sozialpädagogik (18 Ausgaben),
Behindertenpädagogik (18 Ausgaben),
Spiel- und Arbeitsmittel (19 Ausgaben).

8.1.8 Ravensburger Junge Reihe 1972–1983

Erzählende Jugendbücher hatten zwar gleich nach dem Anfang mit zu den ersten Säulen des Otto Maier Verlages gehört, erfuhren aber im Laufe der späteren Jahrzehnte – abgesehen von den schon berichteten, bescheidenen neuen Ansätzen vor 1933 und Anfang der 50er Jahre – keine geplante und bemühte Fortsetzung und eigene weitere Entwicklung. Ab 1963 wurden statt dessen die Ravensburger Taschenbücher zum erfolgreichen Leseangebot des Otto Maier Verlages an Kinder und Jugendliche. Die erzählenden Bücher – nunmehr international als „fictions" (wie die eigentliche Belletristik) gehandelt – wurden, wie wir wissen, aus den darauf spezialisierten Jugendbuch-Verlagen des In- und Auslandes in Lizenz erworben. Nun, in den späten 60er und zu Beginn der 70er Jahre, hatte sich daran nichts, aber in mancher anderen Beziehung vieles geändert. Christian Stottele erklärte dazu: „Durch den Aufbruch der Jugend und der Pädagogik waren jetzt Themen gefragt, die Kinder und Jugendliche persönlicher, direkter angingen. Das motivierte viele Autoren für die Aufnahme solcher neuen Themen, auch manche, die bisher nur Erwachsenen-Literatur geschrieben hatten. Verlage wurden mutig, damit neue Programme zu beginnen, so der Otto Maier Verlag seine neue ‚Ravensburger Junge Reihe'."

Christian Stottele konnte Hans-Christian Kirsch – unter dem Pseudonym Frederik Hetmann selbst einer der erfolgreichsten Jugendbuch-Autoren – als freiberuflichen Lektor und Herausgeber (1972–1978) dafür gewinnen. Und im Sommer 1973 war der Start mit den ersten 6 Bänden. Eine so großzügige Einführung wie für die „Junge Reihe" in den Ankündigungen und mit einer Serie von Pressekonferenzen und Vorlesungen hatte es im Otto Maier Verlag bis dahin noch nicht gegeben. Die Einführung stand unter der Erklärung: „Weil Kinder nicht von gestern sind ... mögen sie Bücher mit Realitätsbezug. Frische, lebendige, zeitnahe Lektüre, die ihren Erfahrungsbereich erweitert, ihre soziale Fantasie anregt, zu selbständigem Denken und zum Erfassen komplexerer Zusammenhänge einlädt." Das paßte in die Grundhaltung des Verlages.

Alle Bände hatten das gleiche Format 13 × 20,5 cm und waren in Polyleinen dauerhaft gebunden. Die mehrfarbig bedruckten Einband-Überzüge waren vornehmlich durch fotografische Mittel gestaltet. Die Preise lagen zwischen 9,80 und 14,80 DM, im Mittel bei 11,47 DM. Zwei Titel waren für Leser ab 9 Jahren, je einer ab 10, 11, 13 und 14 Jahren gedacht.

Da solches ja nicht zu planen war, war es nur zu hoffen und erfüllte sich: Aus diesen ersten Bänden der „Jungen Reihe" erhielt das Buch von Judith Kerr, London, „Als Hitler das rosa Kaninchen stahl" 1974 den Deutschen Jugendbuchpreis für das beste Kinderbuch. Das führte zu einem großen Erfolg für dieses Buch bis heute, es gab der jungen „Jungen Reihe" enormen Auftrieb und bewirkte zudem – also auch in anderen Verlagen – eine Welle von neuen Kinder- und Jugendbüchern, die sich mit der NS-Zeit auseinandersetzten.

Bis einschließlich 1981, also in neun Jahren, sind in der „Jungen Reihe" 62 Bücher erschienen, jährlich zwischen 6 und äußerst 8. Davon befanden sich 1981 noch 26 im Angebot und 14 Titel waren inzwischen in den Ravensburger Taschenbüchern, also in Taschenbuch-Ausgaben, erschienen. Das war für geeignete und erfolgreiche Titel von Anfang an so gedacht und wurde auch durch die Kostenentwicklung für gebundene Ausgaben mitbewirkt. Der Preis für die gebundenen Ausgaben der „Jungen Reihe" lag 1981 im Mittel bei 16,75 DM.

Die Reihe fand und findet weiterhin viel Beachtung und Anerkennung. Dreimal wurde einem Buch der bedeutende Jugendbuchpreis „Buxtehuder Bulle" verliehen: 1975 dem Vietnam-Buch „Zwischen den Feuern" von Gail Graham, 1976 dem zweiten Band von Judith Kerr „Warten, bis der Frieden kommt", 1978 dem dritten Buch in der Reihe von Gudrun Pausewang „Die Not der Familie Caldera".

Eine zunächst geplante und auch begonnene Gruppe von Kinderbüchern ab 6–8 Jahren und dann noch ab 9–11 Jahren innerhalb der „Jungen Reihe" wurde aufgegeben oder doch sehr reduziert. Auch wenn solche Lesealter-Bestimmungen relativ bleiben, war es für die „Junge Reihe" charakteristisch, daß für die Leser ab 14 oder 15 insgesamt 24 Titel erschienen, mehr als ein Drittel und der größte Anteil an der ganzen Reihe.

Seit 1972 lag die redaktionelle Betreuung der „Jungen Reihe" in der Jugendbuch-Redaktion von Christian Stottele bei Herbert Günther, einem jungen Buchhändler, der selbst bereits Jugendbuch-Autor war (in einem anderen Verlag, später in den RTB) und in den weiteren Jahren bis 1978 auch Mit-Herausgeber der Reihe wurde.

Die Konzeption für die dann sehr vielseitige und abwechslungsreiche Einbandgestaltung stammte von Hans-Peter Willberg, Mainz.

Bei solchem Bemühen um eine kurzgefaßte Übersicht vom Wesen und von der Entwicklung der „Jungen Reihe" konnte es kaum deutlich gemacht werden, wie sehr es versucht wurde, keiner Frage, keinem Problem der jungen Menschen heute auszuweichen, sofern es gelang, eine dafür befähigte und überzeugende Darstellung zu finden. Kein Wunder, daß Otto Julius Maier und Dorothee Hess-Maier auch als Eltern ihrer Kinder die vorgeschlagenen Texte persönlich interessiert verfolgten. Als 1977 ein schriftstellerischer Versuch, auch die Terroristenszene zu erfassen, ihnen völlig ungenügend und unangemessen erscheinen mußte, legten sie ihr Veto ein. Das Buch erschien nicht in der „Jungen Reihe" und im Otto Maier Verlag.

Nachdem 1978 Hans-Christian Kirsch die Herausgeberschaft niedergelegt hatte, um sich wieder ganz seiner eigenen schriftstellerischen Arbeit widmen zu können, folgte 1979 auch Herbert Günther aus dem gleichen Grunde diesem Beispiel.

Erfreulicherweise war es rechtzeitig gelungen, mit Elisabeth Raabe eine Nachfolgerin für die Herausgeberschaft und die Redaktion zu gewinnen, die beste Voraussetzungen dazu mitbrachte. Sie eröffnete in der Nachbarschaft der „Jungen Reihe" die neue Reihe „Mädchen & Frauen – Erlebtes – Erzähltes" und brachte im Frühjahr 1980 darin – als erstes Buch und programmatisch – von Roswitha Fröhlich „Ich und meine Mutter. Mädchen erzählen". Und im August 1980 folgte, nach geduldiger und sorgfältigster Vorbereitung, von Hermann Vinke „Das kurze Leben der Sophie Scholl. Mit einem Interview von Ilse Aichinger". Dieses erschütternde Buch wurde 1981 mit dem Deutschen

Jugendsachbuch-Preis ausgezeichnet und fand einen ganz großen Widerhall.

Und Elisabeth Raabe wurde noch ein anderer Erfolg zuteil: sie konnte 1981 in Fortsetzung der „Jungen Reihe" die deutsche Ausgabe des Buches „Eine Kindheit in Warschau" von Isaac B. Singer, 1978 Nobelpreisträger für Literatur, herausgeben.

Das wurden Maßstäbe.

8.2 Der Sachbuch-Verlag 1963–1983 [22]

Auch die Entwicklung zum und im Sachbuch-Verlag, den es unter dieser Bezeichnung 1963 noch gar nicht gab, wollen wir rückblickend, etwa vom Jahre 1981 aus, darzustellen bemüht sein. Er ging hervor aus dem, was 1963 noch „Allgemeiner Buchverlag" genannt wurde, und umfaßte alles, was einerseits nicht zu Kinder- und Jugendbüchern zählte, und was andererseits nicht im Rahmen der Fachbuch-Abteilung erschienen war. Es war wesentlich die seit Jahren von Karl Maier selbst redigierte und geförderte Buchproduktion.

Aus dem vorangegangenen Jahrzehnt (vgl. S. 198) gehörten die noch neue Ravensburger Reihe (mit alten Titeln) „Werk und Spiel" dazu, wie auch die großen Werkbücher, also das „Werkbuch für Mädchen" von Ruth Zechlin, das „Werkbuch für Jungen" von Rudolf Wollmann, das „Mach es selber", das erste Schachenmayr-Strickbuch, die Bücher aus dem Paul Haupt Verlag, Bern, und auch die erst begonnenen Reihen von Ernst Röttger und Dieter Klante. Ebenfalls die vereinzelten pädagogischen Schriften zählten dazu, wie die – damals größte – Gruppe, die Kunsttechnischen Handbücher mit den restlichen der einst so zahlreichen Zeichen- und Schriftvorlagen, und nicht zuletzt die naturkundlichen Werke, also die Blumenatlanten und noch die „Lebensgemeinschaften in der Natur" von Karl Bertsch.

Im Verlauf der annähernd zwei Jahrzehnte, seit Anfang 1963, hat die Bezeichnung der einzelnen Buchgruppen dieses Verlagsteils ebenso häufig gewechselt wie deren Reihenfolge in der Preisliste und anderen Arbeitsunterlagen. Das entsprach vielen Anregungen des Vertriebs und seiner Vertreter, wie Wünschen aus dem Lektorat bzw. den Redaktionen. Es sollte dadurch auch deutlich gemacht werden, daß sich die jeweils dazu gehörende Produktion sehr weitgehend verändert hatte. Zeitweilig wurden Abgrenzungen zum Jugendbuch-Verlag einerseits und zum Fachbuch-Verlag andererseits eher verdeckt, zeitweilig und zunehmend aber deutlich betont. Erstmals im Sommer 1966 stand in den Preislisten zwischen dem Jugendbuch-Verlag und dem Fachbuch-Verlag unter der großen Überschrift „Sachbuch-Verlag" dessen ganze Produktion.

Die Thematik dieser Produktion haben wir in der Geschichte des Verlages schon seit Beginn des 20. Jahrhunderts nach und nach beobachtet und kennengelernt. Wenn wir nachstehend die Gruppentitel des Sachbuch-Verlages aus den Jahren 1963, 1973 und 1981 gelesen und verglichen haben, dann blieben es bis heute die traditionellen Themen, freilich mit etlichen Variationen der inzwischen populär gewordenen Begriffe „Hobby" und „Freizeit" bezeichnet.

September 1963

September 1963	Titelzahl
Ravensburger Reihe „Werk und Spiel"	20
Kleine Beschäftigungsbücher	5
Werken und Basteln mit den Röttger-Reihen	23
Bücher für Modellbau und Sport	5
Basteln, Werkarbeiten, Handarbeiten	4
Pädagogische Schriften	6
Verschiedenes	4
Zeichnen für alle	4
Kunsttechnische Handbücher	38
Zeichenvorlagen	19
Schriftvorlagen	9
Naturkundliche Werke	16
gesamt	153

Juni 1973

Juni 1973	Titelzahl	
Sachbuch-Verlag		
Praktische Bücher für Haus und Garten	5	
Bücher für die praktische Frau	7	
Heimwerker Bibliothek	13	25
Basteln, Werkarbeiten, Handarbeiten	15	
Die Hobbywerkstatt	10	
Ravensburger Hobbybücher	33	
Basteln mit Kindern	4	62
Zeichnen und Malen als Hobby		26
Kindererziehung, Kinderbeschäftigung	14	
Ravensburger Elternbücher	24	38
Spiel und Unterhaltung		
Welt der Natur		4
Ravensburger Naturbücher in Farben		16
gesamt		171

Juni 1981

Juni 1981	Titelzahl	
Ravensburger Sachbuchprogramm		
10 Ravensburger Gartenbücher	6	
11 Bücher für Hobby und Freizeit		
11A Die großen Ravensburger Bücher	17 (4)	
11B Ravensburger Hobbybücher	43	
11C Basteln, Werken, Kunsthandwerk	26 (1)	
11D Spielbücher	2	88 (5)
12 Zeichnen, Malen, Gestalten		
12A Zeichnen und Malen als Hobby	13 (6)	
12B Bibliothek des Freizeitmalers	16	29 (6)
13** Freizeit-Taschenbücher	98 (1)	
14*** Kunst und Gestaltung	24 (5)	
15 Kunsterziehung	34 (2)	
Werk- und Technikunterricht mit Röttger-Reihen	9 (5)	43 (7)
16 Workshop-Reihen		
Schulpädagogik	14	
17 Lehr- und Lernmittel	12	
gesamt		314 (24)*

---

* Die in Klammern genannten Zahlen bezeichnen Titel, die sich mit früheren Auflagen oder in früheren Ausgaben bereits im Programm des Jahres 1963 befanden.

** Die Gruppe 13 wurde in diesem Jahr in den neu gebildeten Taschenbuch-Verlag übertragen.

*** Die Gruppen 14–17 wurden 1979 nach der Auflösung des getrennten Fach-Verlages dem Sachbuch-Verlag (teils wieder) angeschlossen.

Karl Maier war weiterhin im Sachbuchbereich tätig und überraschte nicht nur den darüber hoch erfreuten Vertrieb, sondern auch ein sehr interessiertes Publikum durch die Fortsetzungen der Röttger-Reihen, durch neue Bücher aus dem Paul Haupt Verlag, durch neue kunsttechnische Bücher und manches andere. Seine Hauptthemen waren nun Werken, Zeichnen und Malen, während das alte, eigentliche „Basteln" auch für ihn, den nun fast 70jährigen, und trotz weiterer guter Freundschaft mit Rudolf Wollmann auszulaufen begann.

Dorothee Hess-Maier, die schon früher die „Männerlastigkeit" der Produktion empfunden und festgestellt hatte, sah im Abgehen davon – und, wie sich bald zeigte, mit Recht und Erfolg – eine Chance. Sie schrieb: „Die ‚neuen Medien', damals Zeitschriften und das Fernsehen, zeigten uns, wie die Stoffe sein müssen, aus denen die Träume sind." Es war die 1960 durch Andreas Pollitz angebahnte und dann von Otto Julius Maier aufgegriffene Verbindung zu Jutta Lammèr (s. S. 198), die Dorothee Hess-Maier nun zu erster Zusammenarbeit mit ihr verdichtete, die aber auch weitere Verbindungen und eigene Buchpläne in der vielseitigen und lebhaften Zeitschriften-Szene Hamburgs eröffnete.

Nachdem Dorothee Hess-Maier 1962 z. B. noch als Fotografin am „Spielbuch für alle" von Erwin Glonnegger mitwirkte, dann nach neuen Formen und Beispielen der Kunsttechnik-Darstellung suchte, vermerkte sie selbst: „Die Lust auf Neues, Andersartiges war auch die Triebfeder, ein Bändchen der amerikanischen Peanuts-Serie von Charles M. Schulz ‚Happiness' herauszubringen." (Das war 1964 und so erfreulich wie erfolgreich, daß noch zwei weitere davon nachfolgen sollten.) Die Verwirklichung der ersten Früchte ihrer persönlichen neuen Vorstellungen in der Reihe „Ravensburger Hobbybücher" überließ sie jedoch, wie früher angedeutet und noch auszuführen, vorerst Christian Stottele.

Dorothee Hess-Maier bekam Anfang 1964 in Frau Birgit Dahrens, zuvor Redaktions-Sekretärin einer Zeitschrift, eine erste Helferin und bereitete mit ihr für 1965 ein erstes größeres Buch vor, mit dem eine Reihe „für praktische Leute" begonnen werden sollte.

Gleichzeitig, und im ganzen Verlag willkommen geheißen, hatte Christian Stottele die Betreuung der neuen Reihe „Ravensburger Naturbücher in Farben" übernommen.

Dorothee Hess-Maier suchte und fand durch ihre Hamburger Kontakte die Möglichkeit zur Vereinbarung mit dem Verlag Gruner & Jahr für die Übernahme von Materialien aus der Zeitschrift „Schöner Wohnen" in die dann ab 1966 erschienene Reihe „Schöner Wohnen-Bücher".

Da so das Sachbuch-Programm umfangreicher wurde und ein neues Profil bekam, wurden 1966 auch kräftige Abstriche möglich und vorgenommen: die Reihe „Werk und Spiel", die kleinen Beschäftigungsbücher, die Bücher für Modellbau und Sport sowie Zeichenvorlagen und Schriftvorlagen fielen als eigene Programmgruppen weg, soweit nicht einzelne Longseller daraus in eine kleine neue Gruppe „Spiel – Sport – Kurzweil" übertragen wurden.

Dorothee Hess-Maier berichtete aus diesem Jahr 1966: „Noch eine andere Entwicklung bahnte sich an. Durch die Gespräche mit PELIKAN – Günther Wagner, Hannover –, wo man seit einigen Jahren regelmäßig Kunsterzieher-

Rundbriefe machte, wurden wir immer wieder darauf hingewiesen, das Thema ‚Kunst und Gestaltung' konkret auf die kunsterzieherische Praxis auszurichten und den Kunsterzieher selbst anzusprechen in Werbung und Vertrieb." In einer gewissen Cooperation und unter Einbeziehung der von Günther Wagner produzierten und vertriebenen Artikel für den Schulbedarf wurde so die neue Reihe „Pelikan-Bücher für bildnerisches Gestalten" unter der Autorschaft von Prof. Lothar Kampmann geplant, deren erste Bände 1967 erschienen.

Aber auch das Thema Zeichnen, Malen, Gestalten für den Laien wurde intensiv verfolgt. Während der deutsche Markt für große Ausgaben solcher Art, wie sie in der angloamerikanischen Literatur zahlreich und weit verbreitet waren, noch nicht reif zu sein schien, entschloß man sich, die populäre Reihe aus dem Verlag Studio Vista, London, zu übernehmen. Im Frühjahr 1968 erschienen erste drei Bändchen „Zeichnen/Malen als Hobby".

1968 brachte – wie beim Jugendbuch-Verlag schon erklärt – nicht nur dort eine Konzentration, sondern auch bei Dorothee Hess-Maier für Sachbuch und Fachbuch, ein Einschnitt, der äußerlich auch durch die Umbenennung der bisherigen „Lektorate" in „Redaktionen" sichtbar wurde.

In der Redaktion des Sachbuch-Verlages gab es inzwischen Fräulein Räber, aus einem anderen Verlag gekommen, Fräulein Stahl, aus einem Bonner Sortiment, und Dr. Peter Simon, einen jungen Philologen. Als die beiden Damen im Winter 67/68 den Verlag verlassen wollten, holte Dorothee Hess-Maier Barbara Pollitz (spätere Pohle) – nach deren abgeschlossener Buchhändler-Ausbildung in der Dorn'schen Buchhandlung – zunächst als Redaktionsassistentin, während Brigitte Eppler (spätere Matejek) nach Abschluß ihrer Ausbildung im Otto Maier Verlag zur Sekretärin von Dorothee Hess-Maier heranwuchs.

Auf Grund vieler Überlegungen innerhalb der Redaktionen, wie nicht weniger zwischen den Redaktionen und dem Vertrieb, wurde zum 1.1. 1969 eine weitere wichtige Entscheidung getroffen: nun sollten im Sachbuch-Verlag nur noch Bücher verbleiben und erscheinen, die für das breite Publikum, für Laien, bestimmt waren, während alle Bücher für „Spezialisten", also z. B. auch für Kunsterzieher, Werklehrer, Pädagogen, Künstler, im Fachbuch-Verlag vereinigt wurden. Hier, für den Sachbuch-Verlag, bedeutete es das Ausscheiden aller Bücher unter der Gruppenbezeichnung „Kunst und Werkerziehung" einschließlich der Röttger-Reihen und der neuen Pelikan-Bücher von Lothar Kampmann.

Nicht zuletzt sollten dem Vertrieb, den Vertretern und der Werbung die Anforderungen durch die Programme erleichtert werden. „Spiel und Buch gehören zusammen" war ein Slogan nach innen wie nach außen geworden. Der enorme Aufschwung im Spiele-Verlag sollte auch die für breite Käuferkreise bestimmten Ausgaben des Jugendbuch- und des Sachbuch-Verlages mitreißen und tat das auch. In den 10 Jahren von 1968/69 bis 1978/79 vervierfachte sich der Umsatz dieser Buchverlagsgruppen.

Nachdem in den Jahren 1968/69 die neue Gruppe „Praktische Bücher für Haus und Garten" im Sachbuch-Programm etabliert worden war, wurde 1969 die neue Reihe „Die Hobbywerkstatt" (später: „Ravensburger Hobbywerkstatt") begonnen. Indessen hatte Dorothee Hess-Maier mit der vielseitigen, so überaus geschickten wie gescheiten, dabei fantasie- und geschmackvollen Autorin Jutta Lammèr „Das große Ravensburger Hobbybuch" konzipiert und begonnen, an dem dann Barbara Pohle noch mitwirken sollte, um in den folgenden Jahren eine ganze Gruppe „Die großen Ravensburger Bücher" daraus zu entwickeln. „Das große Ravensburger Hobbybuch" erschien 1970. Dorothee Hess-Maier kommentierte selbst: „Es war erstmals wieder ein großes Bastelbuch des Verlages nach dem ‚Werkbuch für Mädchen' (aus dem Jahre 1932) und durchaus auch als dessen Konkurrenz gedacht für das junge Publikum. Sorgfältig wurde auf die Preis-Umfang-Relation geachtet, und der damals absolute Idealpreis 19,80 DM wurde mit einem (aber auch nur anfänglich) kalkulatorisch zugedrückten Auge erreicht."

Daneben war ein anderer Plan gereift und mit ersten 6 Folgen auch 1970 realisiert, die „Ravensburger Hobbykarten". Nach dem erfolgreichen Muster der Kochkarten anderer Verlage erwartete man ähnliches von diesen Hobbykarten mit betont modischen, jugendlichen und leichten Basteleien. Aber das war eine Fehlrechnung gewesen. 1971 kamen noch 3 Folge-Mappen, dann war es damit aus.

Ein weiterer Kommentar von Dorothee Hess-Maier: „Reiz und Fülle des gesamten OMV-Anliegens in einer Taschenbuchreihe unterzubringen, war eine Aufgabe, die wir uns seit 1969 in den Planungen stellten. Dabei sollte ganz stark auf das Wort ‚Ravensburger' abgehoben werden (in Anlehnung an die bereits erfolgreiche Reihe der Ravensburger Taschenbücher). Es sollte eine praktische Reihe sein aus Otto-Maier-Verlag- und verwandten Themen. Sogar Kochen war nicht ausgeschlossen. In den Taschenbuchreihen anderer deutscher Verlage hat man damals schon andeutungsweise Sachthemen gefunden, die auf unserer Linie lagen. Was dann schließlich aus den zahlreichen Gesprächen um diese Reihe herauskam, waren die ‚Ravensburger Elternbücher'. Rückblickend zeigt sich klar, daß wir uns stark (zu stark?) von der pädagogischen Bewegung der 60er Jahre beeindrucken ließen und die größte Chance im erzieherischen Bereich sahen."

Wir merken uns diesen Kommentar, um später wieder daran anzuknüpfen, während wir hier feststellen, daß im Laufe des Jahres 1971 bereits 9 Titel der neuen Reihe „Ravensburger Elternbücher" erschienen.

Dorothee Hess-Maier konstatierte dazu: „Viele Neuerscheinungen des Jahres 1971 im Buchverlag kamen in Reihen. Die Faszination der ‚Reihe' war groß und die Dehnbarkeit für alle möglichen Themen erschien noch größer." Im Sachbuch-Verlag gab es nun die Reihen: Ravensburger Hobbybücher, Ravensburger Hobbykarten, Ravensburger Elternbücher, Ravensburger Naturbücher in Farben und die Anfänge der „Ravensburger Hobbywerkstatt". Und da der Otto Maier Verlag nach dem Übergang des Verlages Gruner & Jahr in den Bertelsmann-Konzern den weiteren Reihentitel „Schöner-Wohnen-Bücher" aufgeben mußte, wurde daraus ab 1971 noch die „Heimwerker-Bibliothek".

1973 erschienen in der Nachbarschaft der „Ravensburger Hobbybücher" die ersten vier Hefte einer umfangmäßig kleineren (und dadurch billigeren) Reihe „Basteln mit Kindern".

Vor wie nach 1963 gab es ja schon die kleine Gruppe „Pädagogische Schriften". 1973 hieß sie „Kindererziehung, Kinderbeschäftigung". Es war und bleib eine Gruppe, nicht auch eine Reihe, der zwar die „Ravensburger Elternbücher" zu-, doch nicht eingeordnet waren.

Darin waren bis 1973 nur vereinzelt neue Bücher erschienen. Dann aber kamen gleich mehrere, trotz und neben den „Ravensburger Elternbüchern". Dorothee Hess-Maier meinte danach: „Neben den Elternbüchern erschienen auch Elternratgeber, Lizenzausgaben aus den USA mit sehr problematischen Themen – wie Grundlagen der Kinderpsychiatrie – und von prominenten Namen aus der USA-Pädagogikszene. Damit überschätzte man jedoch die Theorie allgemein wie das pädagogische Bewußtsein der deutschen Eltern im besonderen, die in diesen Jahren mit Pädagogik-Literatur überfüttert wurden und Wissenschaftlich-Ernsthaftes in dieser Richtung aus dem Otto Maier Verlag kaum akzeptierten." (Es war im Otto Maier Verlag selbst nicht mehr bekannt, es wurde also auch von ihm nicht darauf hingewiesen, und es hätte wenig genützt, daß zu seinen frühesten Veröffentlichungen vor mehr als 80 Jahren gerade solche des Dr. med. J. L. A. Koch, Direktor der Anstalt Zwiefalten, zu verschiedenen Themen der Psychiatrie gehört hatten.)

Doch blieb diese Gruppe des Sachbuch-Verlages, die 1976 die Bezeichnung „Ravensburger Bücher für Eltern und Erzieher" (auch nur vorübergehend) erhielt, weiter bedeutungsvoll: 1976 wurden nicht nur das im Jugendbuch-Verlag durch Bertrun Jeitner u. a. neu bearbeitete, traditionsreiche „Große Ravensburger Buch der Kinderbeschäftigungen" – einst und für Jahrzehnte durch Johanna Huber verfaßt –, sondern auch alle anderen im Jugendbuch-Verlag erschienenen „Ratgeber für Kinderbeschäftigung" hier, also nun im Sachbuch-Verlag, vereinigt, sondern es ging auch aus den „Ravensburger Elternbüchern" das, was dafür geeignet erschien, in diese Gruppe über, während die Reihe der Elternbücher, die 1975 noch 20 Titel umfaßt hatte, im übrigen ganz aufgegeben wurde. Wenige Jahre später aber – 1979/80 – finden wir alles, was sich auf Kinder, ihre Eltern und Erzieher bezog, erneut im Jugendbuch-Verlag wieder.

Als weitere Reduzierung des Programms wurde in diesem Jahre 1976 auch die bisherige „Heimwerker-Bibliothek" – wie eben dargestellt: bis 1970 als „Schöner-Wohnen-Bücher" erschienen – aus dem Angebot genommen. Der Herausgeber, Bearbeiter oder selbst Autor dieser Bücher war Walter Diem, ein Schöner-Wohnen-Redakteur, gewesen, zu dem sich seit 1965 eine vielseitige Verbindung entwickelt hatte. Diese reichte von den Hobbybüchern bis in den Fachbuch-Verlag und wurde ab 1969 wesentlich und gerne im Sachbuch-Verlag durch die Redakteurin Barbara Pohle betreut. Daneben bestand und wuchs die Hoffnung, Walter Diem nach Ravensburg zu holen. 1975 war es soweit, daß er als Redaktionsleiter für den Sachbuch-Verlag nach Ravensburg kam.

Aus sehr persönlichen Gründen nahm Barbara Pohle ihren Abschied vom Verlag auf Ende 1976, und ging – zunächst noch als Mitarbeiterin – 1975 nach München. Walter Diem hatte also die dargestellten Veränderungen des Jahres 1976 im Sachbuch-Programm bereits mitgemacht. 1977 begann er mit einer neuen Serie den alten Wegen des Verlagsgründers zu folgen: „Ravensburger Vorlagenmappen" für verschiedene populäre Malthemen, wie „Bauernmalerei" oder „Hinterglasmalerei" (zum nicht gerade populären Preis von je 15,– DM) unter dem Hinweis: „Vom Nacharbeiten vorskizzierter Modelle – zu eigener schöpferischer Form". Von aus England geholten bunten „Ideen-Büchern" erschienen gleich vier Titel.

Für 1978 hatte der Verlag eine neue Programmgruppe „Ravensburger hobby-studio" – bestehend aus Werkkästen, Modellpackungen, Arbeitsmitteln, Anleitungen und Büchern – also quer durch das Spiele- wie speziell das Sachbuch-Programm vorbereitet. Das bedeutete konkret, daß viele bisherige und neue „Ravensburger Hobbybücher" nun unter dem Schild und Titel „Ravensburger hobby-studio" liefen. Doch die Hobbybücher bewiesen ihre eigene Ausdauer, während die übrigen Teile dieser Gruppe weitgehend eingestellt werden mußten, und hießen bald wieder wie früher.

Aber das Jahr 1978 brachte andere und programmatische Fortschritte und Erfolge: Im Januar 78 erschien „Das große Buch vom Leben auf dem Lande. Ein praktisches Handbuch für Realisten und Träumer" von John Seymour, einem Engländer, das genau und praktikabel den Sehnsüchten dieser Zeit entsprach. „Handfeste Rezepte: für eine Rückbesinnung auf ein ursprüngliches Leben, für die Selbstverwirklichung bei naturbewußter Arbeit", hieß es dazu. Das Buch stand nicht nur auf der Sachbuch-Bestseller-Liste, es wurde auch tatsächlich ein Bestseller.

Und noch mehr, im Sommer 1978: der Start einer „Bibliothek des Freizeitmalers" mit zunächst 4 großformatigen und reich illustrierten kartonierten Ausgaben, ganz und gar im Sinne des Otto Maier Verlages. Der amerikanische Kunstpublizist, der sich hinter dem Autoren-Pseudonym Wendon Blake verbirgt, hatte schon zwölf Jahre zuvor im Otto Maier Verlag und dann in der internationalen Literatur nach solchen Ausgaben mit „Schritt für Schritt"-Darstellungen vergeblich gesucht, um sie schließlich selbst zu verwirklichen. (Er war damals der erste gewesen, der amerikanische Lizenzausgaben von „Ravensburger Hobbybüchern" herausbrachte.)

Und noch ein drittes Ereignis dieses Jahres, als solches aber noch nicht proklamiert und nur den direkt Beteiligten bekannt: es erschienen drei Spielbücher in neuen Ausgaben „wie ein Taschenbuch", darunter der Band „Patiencen" des Oberst a. D. Hermann Kühne, den Karl Maier 1950 – in der Nachfolge eines noch viel älteren Spielbuches – erstmals herausgebracht hatte. Was bedeutete das?

Nun knüpfen wir an den Kommentar von Dorothee Hess-Maier (s. S. 257) zur Entstehung der „Ravensburger Elternbücher" über eine „praktische Taschenbuchreihe aus Otto-Maier-Verlag- und verwandten Themen" wieder an. Dorothee Hess-Maier meinte, daß es das Drängen des Buchverlags-Vertriebsleiters Wolfgang Hartmann – auf Grund seiner anderweitigen früheren Erfahrungen – im Verein mit den Wünschen von Walter Diem gewesen sei, nun die Verwirklichung dieser 10 oder mehr Jahre zurückreichenden Überlegungen im Verlag zu betreiben. Die drei erwähnten Spielbücher waren Modelle dafür und wurden auch tatsächlich die ersten Titel der neuen „Ravensburger Freizeit-

Taschenbücher". Das Grund-Layout sowie die Umschlaglösung mit unerschöpflicher Variations-Möglichkeit, die Seriengestaltung also, hatte Manfred Burggraf entworfen. Nicht weniger wichtig war es, daß mit Dr. Jörg Hubert Knapp ein versierter und fantasiereicher Redakteur im Jahre 1978 dafür gefunden wurde, der im Rahmen des Sachbuch-Verlages ein erstes überzeugendes Programm schon für 1979 und weitere geradezu hinzauberte. So kamen 1979 zu den drei vorausererschienenen noch 23 hinzu, und bis Ende 1981 waren es bereits 100 Freizeit-Taschenbücher. Erstaunlich war es, daß 35 davon, also mehr als ein Drittel, Originalausgaben waren, die schon früher oder eben jetzt original im Otto Maier Verlag erschienen. Darunter stammte z. B. je eines aus der früheren „Heimwerker-Bibliothek" und aus den bisherigen „Ravensburger Naturbüchern in Farben".

In dem großen Einführungsprospekt von Frühjahr 1979 waren diese vier Themengruppen angekündigt:
1. Hobby- und Kunsthandwerk (1981: Basteln und Werken)
2. Handarbeiten
3. Natur erleben (1981: Natur und Garten)
4. Spiel und Unterhaltung.

Doch vermutlich wird diese Klassifizierung auf Dauer nicht ausreichen, die Vielfalt der denkbaren Themen aufzunehmen. Nach dem erfolgreichen Beginn im Sachbuch-Verlag wurde im Winter 1980/81 die Reihe der „Ravensburger Freizeit-Taschenbücher" ebenso wie diejenige der „Ravensburger Taschenbücher" in den neu gebildeten Taschenbuch-Verlag des Hauses unter der Leitung von Wolfgang Hartmann überführt.

In diesen Jahren wurde, wie noch genauer zu berichten, der bisherige Fachverlag als solcher aufgelöst und seine Produktion teilweise dem Jugendbuch-Verlag und mit anderen Teilen dem Sachbuch-Verlag angegliedert. So gehörten ab 1979/80 die bedeutenden Gruppen „Kunst und Gestaltung" und „Kunsterziehung im Werk- und Technikunterricht", darin auch wieder die Röttger-Reihen, zum Sachbuch-Verlag. Gleichzeitig kamen, wie schon berichtet, die vorübergehend im Sachbuch-Verlag angesiedelten „Ratgeber zur Kinderbeschäftigung" in den Jugendbuch-Verlag zurück.

1980 wurde eine neue Reihe zunächst unter dem Titel „Mein Garten – mein Hobby" im Sachbuch-Verlag begonnen, deren Bände jedoch schon gleich die Bezeichnung „Ein Ravensburger Gartenbuch" trugen. So wurden sie auch als „Ravensburger Gartenbücher" fortgeführt, obgleich sie aus sehr ehrenwerter englischer Garten-Tradition hervorgegangen sind.

Entsprechend den Hinweisen beim Jugendbuch-Verlag und fast wörtlich übereinstimmend damit ist auch hier zu berichten: 1980/81 erfolgte die „Neu-Klassifizierung" der verschiedenen Teile des Buchverlages. Seitdem gibt es eine eigene Rechnungseinheit „Sachbuch-Verlag" unter der Leitung von Walter Diem, zu der jedoch der Block der „Ravensburger Freizeit-Taschenbücher" nicht mehr gehört.

Auch der Sachbuch-Verlag und alles, was dort neu geplant und begonnen wurde, bedurfte dazu der überlegten und fantasievollen Beratung und Unterstützung durch Rudolf Göggerle, seit 1964 in der Herstellung und wenig später Leiter der Buchherstellung. Bei ihm war es schon vor 1963 und bis 1981 Helga Frenzel – uns bereits vom Jugendbuch-Verlag (für die Bilderbücher) bekannt) –, die auch eine beständige, verläßliche und innerlich beteiligte Herstellerin für den Sachbuch-Verlag wurde. Sie hat nicht nur alle „Großen Ravensburger Bücher" und was daneben noch entstand, in guter Zusammenarbeit mit der Redaktion herstellerisch betreut, sondern 1978/79 auch den bravourösen Start der Ravensburger Freizeit-Taschenbücher mitgemeistert und danach die Herstellung der weiteren im Taschenbuch-Verlag übernommen. Neben ihr war ein Junior herangewachsen, Hans Rack. 1971–1974 im Otto Maier Verlag zum Industrie-Kaufmann ausgebildet, führte ihn sein persönliches Interesse und die Bereitschaft, dort mit Verstand und Können weiterzulernen, in die Herstellung. Von 1976–1980 war er Hersteller für den Fachverlag, um als solcher auch die letzten Bücher aus der Arbeit von Karl Maier und mit Karl Maier fertigzustellen. Er war dort schon zuständig für die Buchgruppe „Kunst und Gestaltung", mit der er ab 1980 in den Sachbuch-Verlag wechselte. Mit ihm zusammen übernahm auch der 1980 in den Verlag gekommene Peter Färber, Druck-Ingenieur, die früheren Herstellungsaufgaben von Helga Frenzel für den Sachbuch-Verlag.

Soweit haben wir also den zeitlichen Ablauf der Entwicklung zum und im Sachbuch-Verlag seit 1963 verfolgt. Aber wir haben vorerst zumeist nur ziemlich summarisch von neuen Gruppen und Reihen – es waren tatsächlich 17 verschiedene – erfahren und noch kaum, was unter deren Namen oder Bezeichnungen dann entstand. Das soll in den nachfolgenden Abschnitten genauer dargestellt werden. Wir halten uns dafür an die Gruppierung und deren Bezeichnungen im „Gesamtverzeichnis 1981", während die Reihenfolge sich nach der zeitlichen Entwicklung richten soll.

8.2.1 Bücher für Hobby und Freizeit

Abgesehen von den Buchgruppen, die nach der Auflösung des eigenen Fach-Verlages 1979/80 dem Sachbuch-Verlag angegliedert wurden, könnte die ganze Produktion des Sachbuch-Verlages unter diesen Obertitel gestellt werden. Trotzdem nehmen wir Unterscheidungen vor, wie sie sich aus mancherlei Gründen in diesem Programm erhalten oder entwickelt haben.

8.2.1.1 Die „Ravensburger Hobbybücher" 1963–1983

Erste Vorschläge für eine Zusammenarbeit von Jutta Lammèr an den Verlag auf Grund ihrer Vorstellungen aus den Erfahrungen als „Basteltante" der damals führenden Frauen-Zeitschrift „Constanze", Hamburg, begegneten im Verlag den Wünschen des Vertriebs – Willi Baumanns und seiner Vertreter – und den frischen Vorstellungen von Dorothee Hess-Maier wie Otto Julius Maier, preisgünstige Anleitungen im Hobby-(Bastel-)Bereich herauszubringen. Die guten Erfahrungen mit den noch neuen Ravensburger Hobby-Taschen und das große Interesse dafür in allen Kundenkreisen unterstützten diesen Plan und gaben ihm auch den Namen. Christian Stottele erhielt den Auftrag, neben dem Start der „Ravensburger Taschenbücher" 1963 die ersten Ra-

vensburger Hobbybücher von Jutta Lammèr für das Frühjahr 1964 vorzubereiten. Ihm selbst, wie Manfred Burggraf im Graphischen Atelier und der Buchherstellung, machte es Spaß, mit der humorvollen Jutta Lammèr ihre Vorstellungen reizvoll zu verwirklichen.

Dorothee Hess-Maier schrieb darüber: „Im Frühjahr 1964 wurden die ersten
Ravensburger Hobbybücher vorgestellt, ‚Stoffdruck' und ‚Modeschmuck' von
Jutta Lammèr. Für die ‚neue Art von Lesern' bediente man sich der Erfahrun-
gen von Zeitschriften-Redaktionen. So lehrte Jutta Lammèr die staunenden
Otto Maiers das Basteln in Bildern, mit lockerem Layout, lesbaren Texten und
appetitlicher Aufmachung. Es war für ältere ‚werktechnische' Autoren des
Verlages fast blasphemisch, wie man mit den Materialien umging, und mit
welchen Materialien man, z. B. beim Modeschmuck, arbeitete."

Da zufällig, aber noch rechtzeitig genug, dem Verlag aus Japan die Beteiligung an einer Coproduktion von drei nahezu gleichformatigen Anleitungen
für Origami-Faltarbeiten angeboten wurde, ergriff man die Gelegenheit zu deren (nur vorübergehenden) Einschluß in die neue Reihe. Und nachdem die
flinke, dabei doch sehr genaue Jutta Lammèr noch eine dritte Anleitung „Ge-
schenke selbst gemacht" fertiggestellt hatte, konnte die Reihe mit 6 Büchern in
ihrem ersten Jahr gleich richtig eingeführt werden.

1965 folgten vier weitere Hobbybücher, drei von Jutta Lammèr und als vier-
tes eine Neuausgabe der „Schnellen Küche" von Marianne Fischer (Pseudonym von Frau Ella Maier). Aber es stellte sich heraus, daß die vielen Kunden,
die die Hobbybücher begeistert aufgenommen hatten, weil sie dazu auch die
Materialien führten und verkaufen konnten, eine solche kulinarische Einmi-
schung gar nicht gut fanden und deshalb ablehnten.

Die Zahl der alljährlichen Neuerscheinungen betrug meistens 4, gelegentlich auch 5 oder 6 Hobbybücher. Insgesamt erschienen 1964–1981, also in
18 Jahren, 81 verschiedene Titel, dazu einige Neubearbeitungen. Sie stammten
von 44 Autorinnen oder Autoren.

Am stärksten beteiligt war die Anregerin und auch erste Autorin, Jutta Lammèr, mit 22 verschiedenen Titeln, von denen 1981 noch 10 Titel im Programm
waren.

Von Christel Claudius erschienen ab 1972 7 Hobbybücher. Von Ilse Ströbl-
Wohlschläger stammten seit 1966 5 Titel, von Isolde Schmitt-Menzel seit 1967
und von den Grafikern Dietrich Kirsch und Jutta Kirsch-Korn seit 1968 je 4 Titel. Nach der Übergabe der Hobbybücher 1968 durch Christian Stottele in die
Sachbuch-Redaktion hat dort Barbara Pohle bis 1975 29 neue Hobbybücher betreut. Danach übernahm Walter Diem diese Aufgabe.

Lizenzausgaben von (ausgewählten) Hobbybüchern erschienen in England,
Frankreich, Holland, Italien, Norwegen, Spanien und USA.

Wenigstens drei besondere Verdienste sind Hobbybüchern und ihren Autorinnen bisher zuzuschreiben:

Durch die erwähnten 3 japanischen Origami-Bändchen am Anfang der Reihe kam es zu der Verbindung mit der deutschen Origami-Spezialistin Irmgard
Kneißler, von der (seit 1966) das Hobbybuch „Origami-Papierfalten" (und das
weitere große „Origami-Buch") stammte. Dadurch wurde diese japanische

Faltkunst auch bei uns bekannter gemacht, besonders, nachdem der Otto Maier Verlag die Herstellung und Lieferung des dazu benötigten schönen Faltpapiers aufgenommen hatte.

Ein weiteres war die Wiedereinführung des Makramee-Knüpfens durch die in Deutschland lebende Amerikanerin Bonny Schmid-Burleson und ihr 1971 erschienenes Hobbybuch „Makramee-Knüpfereien".

Und als Drittes darf die Neubelebung des Klöppelns durch Jutta Lammèr mit ihrem Hobbybuch „Klöppeln und Occhi" (1976) als glückliche und gute Tat gewürdigt werden.

8.2.1.2 Basteln, Werken, Kunsthandwerk mit „Ravensburger Hobbywerkstatt" 1968–1981

Es waren, wie meistens, verschiedene Gründe, die schon wenige Jahre nach der erfolgreichen Entwicklung der Ravensburger Hobbybücher den Wunsch der Sachbuch-Redaktion weckten, der auch die Zustimmung des Vertriebs fand, einen über die format-, umfang- und preisbedingten engen Grenzen der Hobbybücher hinausreichenden Rahmen für größere und intensivere Darstellungen von Themen, die solches verlangten und rechtfertigten, zu schaffen. Dieser Grund und dazu die Beobachtung, wie viele Menschen inzwischen sich eigene Hobby- und Arbeitsräume, ja Heimwerkstätten, eingerichtet hatten und nun meist mehrere Hobbies beinahe schon professionell betrieben – wofür der Vertriebschef Willi Baumann selbst ein Beispiel war –, führten zum Anfang und Namen einer neuen Reihe, „Die Hobbywerkstatt", die unter der etwa dreijährigen Betreuung durch Dr. Simon ab 1969 erschien. Und gleich die beiden ersten, in Lizenz aus England übernommenen Bände, „Buchbinderarbeiten" von John Corderoy und „Keramikarbeiten" von Kenneth Drake, zeigten einen weiteren Anlaß für diese Reihe. Unter über 80 erschienenen Ravensburger Hobbybüchern war keine einzige Lizenzausgabe aus dem Ausland, weil es zu viele technische und rechtliche Schwierigkeiten verursacht hätte, eine ausländische Ausgabe auf den durchaus flexiblen, aber doch klaren Charakter der Hobbybücher umzustellen. Das war nun in der Hobbywerkstatt möglich geworden.

Von den fünf durch Dr. Simon redigierten Bänden waren weitere drei, die aus alten Autoren-Verbindungen des Otto Maier Verlages stammten. Davon sei hervorgehoben das „Peddigflechten" von Christoph Will (1970). Christoph Will war viele Jahre Leiter und Inspirator der einzigen deutschen Korbmacher-Fachschule in Lichtenfels/Bayern gewesen.

Die erfreulichen neuen oder wiederaufgenommenen alten Korbflechtformen des (selten gewordenen) heimischen Korbmacher-Handwerks gehen fast ausschließlich auf ihn zurück. In den Kriegsjahren stand Otto Maier mit ihm in Verbindung, um einmal ein Korbmacher-Fachbuch von ihm zu bringen. Es entstanden sogar Probezeichnungen und –texte, aber es kam doch nicht dazu. Nun hatte Karl Maier die Verbindung wieder hergestellt, die dann den originellen Hobbywerkstatt-Band hervorbrachte.

Nachdem Barbara Pohle die Betreuung dieser Reihe 1970 auch übernommen hatte, erschienen bis 1975 weitere 6 Bände der „Hobbywerkstatt", darunter deren erfolgreichste: „Bauernmalerei" von Walter Diem (1972) und „Holzschnitzen" von Walter Sack (ebenfalls 1972).

Walter Diem hat dann seinerseits das schon Eingeleitete, darunter die schöne „Hinterglasmalerei" von Fride Wirtl, fertiggestellt, und neue Themen und Bände gefunden. 1981 hat er – mit Michael Bieberstein – wieder selbst den Band „Buntpapiere selber machen" verfaßt und veröffentlicht.

Damit waren insgesamt 20 Bände der Reihe, die ja seit 1976 „Ravensburger Hobbywerkstatt" hieß, erschienen und davon noch 12 im Programm.

Doch wurde 1981 bei den „Büchern für Hobby und Freizeit" die neue Gruppe „Basteln, Werken, Kunsthandwerk" gebildet und dort neben verwandten Einzelgängern aus anderen Gebieten auch die „Ravensburger Hobbywerkstatt" eingefügt.

8.2.1.3 1963: Basteln und Werken –
       1965: Handbibliothek für praktische Leute –
       1970: Die großen Ravensburger Bücher – 1983

Einiges davon war 1963 schon da, Vieles kam dazu, Manches ging daneben oder wieder dahin, Bedeutendes blieb bis heute und bleibt hoffentlich noch viel länger. Das Überkommene von vor 1963, das beachtlich und dauerhaft erneuert auch heute noch da ist, wurde einleitend zur Darstellung des Sachbuch-Verlages (s. S. 253) schon angeführt. Die Verwirrspiele mit dem Neuen, seiner Gruppierung und Gruppenbezeichnung wurden dort auch bereits erwähnt. Doch kann das, was zwischen 1963 und 1970 durch namhafte Autorinnen und Autoren zumeist in Verabredung mit Dorothee Hess-Maier geschaffen wurde, nicht übergangen werden, da es das neue Profil dieses nun frisch und jugendlich bestimmten Verlages weithin im Handel und vor allem unter seinen Freundinnen und Freunden in einem immer breiteren Publikum verdeutlichte. Dazu wies Dorothee Hess-Maier allerdings selbst darauf hin, daß das Drängen des Vertriebs – also Willi Baumanns – solche neue Produktion geradezu erzwang, und daß diese dann auch wesentlich durch die Anstrengungen des Vertriebs dem gesuchten breiten Publikum bekannt gemacht wurde. Man bedenke, daß es nicht mehr Hunderttausend, sondern alljährlich zunehmende Millionen von Menschen aller Art waren, die in diesen Jahren – 1963–1970 –, soweit nicht lange vorhanden, dann eine neue Beziehung zum Otto Maier Verlag und seinen Ravensburger Erzeugnissen, den Spielen, Hobbys, Puzzles, den Taschenbüchern, Hobbybüchern und anderem, knüpften.

Es sind also zu nennen: 1965 Ilse Döring – schon allseits bekannt aus der „Brigitte" – mit ihrem „Mein Haushalt – ganz perfekt" und 1966 Ines Ruebel mit ihrem „Selbstgeschneidert – ganz perfekt". Dann war es der Wunsch, diesen großen Büchern (je 304 Seiten mit 250–460 Abbildungen und zum Preis von über 20,– DM) kleinere, aber delikate „Bücher für die praktische Frau" folgen zu lassen. Davon erschienen 7 Titel zwischen 1968 und 1972, 2 von Ilse Döring (1968 und 1969), einer von Ines Ruebel (1968), einer von Walter Diem (1970), einer von Gisela Gramenz (1968) und zwei von Renate Zanner (1970 und 1972), je 100 Seiten mit hervorragenden Zeichnungen als Pappband zum Preis von 9,80 DM. Es gab – wie bei den vorangegangenen großen Büchern – auch Zweitauflagen, aber keinen Dauererfolg. Sie waren reizend und sehr gut und gelten bei Kennern auch heute noch viel, – aber vielleicht waren sie einfach nur im Format (17,5 × 21 cm) zu groß und ungeschickt? Oder – vielleicht – hätte man auch länger damit durchstehen sollen?

Neben diesen, vornehmlich für Leserinnen bestimmten Büchern, aber immerhin für das ganze Jahrzehnt 1966–1976 waren die an Leser und Benutzer gerichteten „Schöner-Wohnen-Bücher", also die spätere „Heimwerker-Bibliothek", angesiedelt. Es wurde schon im einleitenden Text über den Sachbuch-Verlag davon berichtet (vgl. S. 255, 257). Als 1968 das vorher zweibändige „Strick- und Häkelbuch" von Schachenmayr neu bearbeitet und nun in einem Band „Das neue Strick- und Häkelbuch" erschienen war, konnte dieses nur im Zusammenhang mit den vorangegangenen und gleichzeitigen Büchern für praktische Frauen gesehen und angekündigt werden. Erst später erschien es als Brücke zu den neuen Standardwerken des Otto Maier Verlages im Sachbuch-Verlag, die als „Die großen Ravensburger Bücher" inzwischen längst ein Herz-Stück der Buchverlagsarbeit hier geworden sind.

Im Rückblick auf die Entstehung der ersten großen „Werkbücher" vier Jahrzehnte zuvor (s. S. 117) war die so ähnliche Entwicklung jetzt doch überraschend: 1967 – es waren bereits 19 „Ravensburger Hobbybücher", dabei 9 von Jutta Lammèr selbst, erschienen – begann Dorothee Hess-Maier diese Autorin dafür zu gewinnen, nun „Das große Ravensburger Hobbybuch" zusammenzustellen und zu schreiben. Es wurde gleich vorgesehen, auch „Kostproben" aus den kleinen Hobbybüchern und auch von anderen Autorinnen (mit deren Zustimmung, Namhaftmachung und Honorierung) in das große Hobbybuch aufzunehmen. Schon im September 1970 erschien „Das große Ravensburger Hobbybuch", „herausgegeben von Jutta Lammèr" (vgl. S. 261). Als es 1977 mit seiner 12. Auflage völlig neu bearbeitet erschien, war es auch neu mit 170 Farbfotoabbildungen neben den vielen Schwarzweißfotos und Zeichnungen ausgestattet. Der Preis dafür betrug 29,80 DM.

Während noch die Herstellung der 1. Auflage des großen Hobbybuches lief, war Jutta Lammèr – im Verlag nun ganz in der Zusammenarbeit mit Barbara Pohle – schon längst am nächsten Werk, „Das große Ravensburger Handarbeitsbuch", das im September 1971 erschien.

Zum gleichen Zeitpunkt war – nach schwierigen Zwischenspielen und Aufhalten durch andere Aspiranten –, endlich von Walter Diem sachkundig und geschmackvoll völlig neu bearbeitet, als dessen 11. Auflage (nun insgesamt über 250 000 Exemplare) „Das neue Mach es selber" fertig und erschienen, auch dieses in Zusammenarbeit mit Barbara Pohle. Als für 1976 wieder eine Neubearbeitung anstand, hat Walter Diem diese schon in und von Ravensburg aus selbst bewältigt, und von da an hieß es auch „Das große Ravensburger Mach es selber".

Als nächstes wurde in einer Parallelarbeit der beiden Autorinnen Sybil Gräfin Schönfeldt (fürs Backen, Kochen und Feiern) und Ilse Ströbl-Wohlschläger (fürs Basteln) „Das große Ravensburger Weihnachtsbuch" vorbereitet. Es erschien im Sommer 1972. Es war eine längst gewünschte Zusammenfassung aller weihnachtlichen Aktivitäten für die Familie und wurde durchaus auch als Fundgrube von Anregungen für den ganzen Jahreslauf verstanden.

Damit war aber der Stoff für Bücher solcher Art noch nicht „aufgearbeitet". In Ursula Kaiser, Weingarten, war eine kompetente Autorin gefunden worden für „Das große Ravensburger Buch für Hobbymaler", das im September 1973 erschien. Es hieß im Untertitel „Malen, Zeichnen, Erkennen und ein Lexikon für Material, Technik und Fachbegriffe", wahrhaftig also auch ein typisches Ravensburger Buch.

Das Ravensburger Buch des Jahres 1974 war „Das große Ravensburger Spielbuch", herausgegeben von Erwin Glonnegger und bearbeitet von Walter Diem. „Das neue Standardwerk für Kinder, Jugendliche und Erwachsene mit über 400 Spielideen" hieß es in der Werbung dazu. Und hier jedenfalls sei auch die so instruktive Illustrierung durch Hermann Wernhard hervorgehoben. Dieses große Spielbuch war nicht nur für den Vertrieb, für Willi Baumann, sondern für viele im Verlag ein seit langem geäußerter Wunsch gewesen.

Im September 1975 kam in der von Jutta Lammèr und Barbara Pohle miteinander entwickelten Konzeption „Das große Ravensburger Werkkunstbuch" mit dem Untertitel „Historisches und Traditionelles, Modernes und Experimentelles". Barbara Pohle formulierte dazu: „Im Blickpunkt dieses Arbeits- und Ideenbuches stehen alte historische Beispiele und neue kreative Wege der Werk-, Handarbeits- und Handwerkstechniken. Jede Technik wird unter vier verschiedenen Aspekten vorgestellt: Als exakt ausgearbeiteter Grundkurs – in Informationen aus Geschichte und Tradition – in einem Interview mit einem Meister – und in Bildbeispielen zur Inspiration."

Das Jahr 1976 bot Anlaß dafür, hier, in diesem Bericht, zweier bedeutender Frauen besonders zu gedenken, die als Autorinnen mehr als ein halbes Jahrhundert die Arbeit des Otto Maier Verlages und deren Auswirkung von Grund auf wesentlich mitbestimmten und die gerade auch soviel wie Mütter der hier dargestellten Großen Ravensburger Bücher gewesen waren: Ruth Zechlin und Johanna Huber. Ruth Zechlin war 1967 in Wiesbaden gestorben. Sie war nie verheiratet gewesen und hinterließ keine eigenen Kinder, sondern vermachte alle ihre Rechte und Ansprüche der Erbengemeinschaft ihrer vielen Nichten und Neffen, und das waren schon um die 30 Personen (zehn Jahre später schon um die 40), vertreten erfreulicherweise durch einen umgänglichen Juristen unter diesen. Honorare wurden von allen erwartet und gerne in Empfang genommen, aber niemand war dabei, auch nicht eine selbst publizierende Nichte, bereit, die Bücher der Tante im Geist der veränderten Zeit neu zu bearbeiten und weiter fortzuführen. Da kam in den frühen 70er Jahren, vom Vertreter der Erbengemeinschaft ausgehend, der Vorschlag an den Verlag, gegen eine einmalige hohe Abfindungszahlung sämtliche bisherigen Rechte und Ansprüche der Erbengemeinschaft zu übernehmen. Das wurde vom Otto Maier Verlag akzeptiert und geleistet.

Nach früheren vergeblichen Ansätzen, zuerst durch die Sachbuch-Redaktion, dann auch noch durch Karl Maier, eine Neubearbeitung vornehmen zu lassen, war nun der Weg frei dafür, dem Buch unter behutsamster Rücksichtnahme auf seine Autorin, ihre Vorstellungen und Arbeiten, doch von Grund auf inhaltlich, textlich und illustrativ eine neue Gestalt zu geben.

Im Frühjahr 1976 erschien die 35. Auflage des „Werkbuch für Mädchen" unter dem Namen seiner ursprünglichen Autorin Ruth Zechlin. Wer alle 35 Auflagen in 44 Jahren – mit vielen Veränderungen und mehrfachen Neubearbeitungen – erlebt hatte, mußte feststellen: „So schön und vielfältig ist das ‚Werkbuch für Mädchen' noch nie gewesen." Damit verabschiedete sich auch Barbara Pohle aus ihrer Arbeit im Otto Maier Verlag.

Das gleichzeitige Ereignis 1976 war das Erscheinen der Neubearbeitung „Das große Ravensburger Buch der Kinderbeschäftigungen", herausgegeben von Bertrun Jeitner u. a. in der Nachfolge von „Das Buch der Kinderbeschäftigungen" von Johanna Huber. Darüber wurde zwar im Zusammenhang des Jugendbuch-Verlages, wo diese Neubearbeitung entstanden und veröffentlicht worden war, genauer berichtet (s. S. 243). Es blieb dort auch weiter bis heute unter die anderen Ratgeber zur Kinderbeschäftigung eingereiht. Aber wenn hier von allen anderen „Großen Ravensburger Büchern" die Rede ist, dann muß auch dieses genannt sein, dessen ursprüngliche Fassung ganz am Anfang aller dieser Bücher (1929, s. S. 119) gestanden hatte.

Schon in der einleitenden Darstellung der Entwicklung im Sachbuch-Verlag wurde das besondere Ereignis des Jahres 1978, als „Das große Buch vom Leben auf dem Lande" von John Seymour erschien, hervorgehoben und gewürdigt (s. S. 259). Es war ein ganz neuer Klang in der Folge der „Großen Ravensburger Bücher", der gleich 1979 fortgesetzt wurde mit „Selbstversorgung aus dem Garten". Wie man seinen Garten natürlich bestellt und gesunde Nahrung erntet", wieder vom gleichen Autor John Seymour und wieder wie das erste rein grafisch zwei- oder vierfarbig bestechend illustriert.

Dagegen ganz auf der Linie der originalen „Großen Ravensburger Bücher" (und in deren Format von 17,5 × 24 cm) erschien 1980 „Das große Ravensburger Buch der Feste und Bräuche. Durch das Jahr und den Lebenslauf" von Sybil Gräfin Schönfeldt, die ja schon durch ihre Beteiligung am „Weihnachtsbuch" im Kreise dieser Bücher beheimatet war.

1981 folgte von dem getreuen Ravensburger Autor und Meister-Magier des Otto Maier Verlages, Martin Michalski, „Das große Ravensburger Zauberbuch", die Spitze dessen, was von den Geheimnissen der Zauberei verraten und vermittelt werden kann.

Und im gleichen Jahr überraschte Jutta Lammèr mit einem Buch ihres ganz persönlichen Hobbys, das auch den Großen Ravensburger Büchern zugeordnet wurde, obgleich es nicht so betitelt ist, das „Handbuch für Puppensammler. Porzellankopfpuppen erkennen, erwerben, erhalten.", und die Gedanken schweifen darüber zurück zur Puppen-Vergangenheit im Otto Maier Verlag, als es einst noch „Puppenmütterchens Nähschule" mit einer Porzellanpuppe darin gab.

Zum Abschluß dieser Darstellung der bisherigen Entwicklung der „Großen Ravensburger Bücher" sei nur noch erwähnt, daß 1982 auch eine vollständige Neubearbeitung des bisherigen „Werkbuch für Jungen" durch vier Nachfolgeautoren von Rudolf Wollmann erschien. –

8.2.1.4 „Ravensburger Naturbücher in Farben" 1965–1979
„Ravensburger Gartenbücher" 1980–1983

Es war eine Entdeckung, als 1963 dem Verlag die deutschsprachige Beteiligung an der Coproduktion einer Reihe von naturkundlichen Bestimmungsbüchern angeboten wurde, die unter Federführung von Politikens Forlag A/S, Kopenhagen, und unter Mitwirkung eines schwedischen und eines englischen Verlages, hergestellt noch in den Niederlanden, dort schon zu erscheinen begonnen hatte. Es waren also bereits erste fertige Bücher zu sehen und zu prüfen. Im Bewußtsein der eigenen Produktion von Blumenatlanten waren die Betrachter entzückt von der grafischen Darstellung und dem sehr guten Offsetdruck. Hier wurden nicht nur Blumen und Blätter gezeigt, sondern, wo immer möglich, auch Darstellungen der Gesamterscheinung, der Lebensgemeinschaft, ja, bei den Bäumen und Sträuchern sogar, wie deren Holz verarbeitet aussah, und was etwa daraus gemacht werden konnte. Nach sehr positiver Beurteilung durch kompetente wissenschaftliche Sachkenner wurden die Vereinbarungen abgeschlossen. Daran schon beteiligt gewesen, sollte Christian Stottele die Lektorats-Betreuung der deutschsprachigen Ausgaben auch ganz übernehmen. Er konnte sich dafür weitgehend zunächst auf die Beratung, später die Herausgabe durch Hans Joachim Conert, Mitarbeiter des Senckenberg-Museums, Frankfurt am Main, stützen, der auch die Spezialisten kannte und gewann, die für manche Bände herangezogen werden mußten.

Während die Auswahl und Anordnung der Farbtafeln wegen der Coproduktion unveränderlich festlagen, mußten Ergänzungen, die für den mitteleuropäischen Raum einschließlich der Alpen- und anderer Berggebiete erforderlich waren, alle im Text vorgenommen werden. So handelte es sich bei diesen Texten denn auch nicht um Übersetzungen, sondern um originale Neufassungen. Seit dem Erscheinen der ersten drei Bände „Bäume und Sträucher", „Flora" und „Steine" im Lauf des Jahres 1965 wurden so bis und einschließlich 1976 insgesamt 24 Bände veröffentlicht, herausgegeben durch Hans Joachim Conert und im Verlag redaktionell betreut durch Christian Stottele. Davon verdienen es die fünf Flora-Bände des in London tätigen deutschen Naturwissenschaftlers Edmund Launert, die vier Insekten-Bände von Heinz Schröder und die drei Vogelwelt-Bände von D. Stefan Peters sicher, besonders hervorgehoben zu werden.

Die Reihe erschien von Anfang an unter dem Titel „Ravensburger Naturbücher in Farben". Die für eine populäre Reihe und für das sprachlich eingegrenzte Verbreitungsgebiet geeigneten Themen waren nach kompetentem Urteil damit erschöpft. Die Naturbücher, von denen etliche bis zu 5 Auflagen erlebten, blieben bis 1980 so im Programm. Und nun sollen die für weite Verbreitung besonders geeigneten in der neuen Sammlung der Ravensburger Freizeit-Taschenbücher wieder erscheinen, womit im Frühjahr 1980 schon begonnen wurde: als Band 37 „Bäume und Sträucher" von Helga Vedel und Johan Lange. –

Für das, was hier noch angeschlossen werden soll, gab es keinen konkreten Zusammenhang mit den Naturbüchern, es sei denn vielleicht den der Lücke, die durch das Ausscheiden der Naturbücher im Programm des Sachbuch-Verlages entstanden war. Aber um „Lückenbüßer" handelte es sich dennoch nicht. Auch ein Zusammenhang mit den großen Büchern von John Seymour (1978–1979) war, wie glaubhaft versichert, nicht gegeben. Allerdings wurde durch ihren großen Erfolg erst bewußt, daß in diesem Programm bisher das große Hobby „Garten" fast ganz gefehlt hatte. Und so erfolgte im Sommer 1980 die erste Ankündigung als „die neue Reihe ‚Mein Garten – mein Hobby'", leider nicht gut, weil ein berühmter ähnlicher Titel eines anderen Verlages längst da war. So hieß es dann, umgehend geändert, und weiterhin „Ravensburger Gartenbücher". Die Bücher waren durch die Royal Society für Gartenbau in England entwickelt, ganz knappe Texte, viele treffliche, teils zweifarbige Zeichnungen, preiswert. In drei Jahren erschienen 8 Bände mit genau umrissenen Themen. Es war eine schöne und wichtige Ergänzung des Programms „Bücher für Hobby und Freizeit".

8.2.2. Zeichnen, Malen, Gestalten

Im anfänglichen Überblick über die Entwicklung des Sachbuch-Verlages waren als dessen größte Gruppe die „Kunsttechnischen Handbücher" genannt worden. So hießen sie seit sechs Jahrzehnten und noch weiter bis zum Sommer 1966. Vielen erschien diese Bezeichnung schon lange als zu anspruchsvoll und zugleich indifferent. So stand ab 1. 7. 1966 darüber: „Zeichnen, Malen, Gestalten", doch vorerst nur bis zum 31. 12. 1968.

Karl Maier fuhr fort, Neues darin zu bringen, wie eine Neubearbeitung der „Wandmalerei" von Kurt Wehlte (1963), einen weiteren Band „Gegenständliches Zeichnen" von Gerhard Gollwitzer (1967) oder „Siebdruck auf Papier und Stoff" von Heinrich Birkner (1968). Vor allem aber siedelte er hier auch das große Werk an, um das er sich mehr als ein Jahrzehnt innig bemühte, bis es endlich 1968 erscheinen konnte: „Werkstoffe und Techniken der Malerei" von Kurt Wehlte, „Format 17,5 × 24 cm, 952 Seiten mit 9 Musterkarten, 30 Abbildungen im Text, 32 Farbtafeln und 64 s/w Tafeln". Es war somit und blieb bis heute das größte je im Otto Maier Verlag erschienene Buch und war für den Verleger Karl Maier nicht weniger der Gipfel seiner Lebensarbeit als für den Autor selbst. Nur wenig später freuten sich beide über die fertige amerikanische Lizenzausgabe, die sozusagen in Simultan-Übersetzung nach dem Fahnensatz der deutschen Ausgabe durch Ursus Dix, einen Sohn des Malers Otto Dix und früheren Schüler von Wehlte, in Kanada entstanden, in Deutschland gedruckt und in New York bei Van Nostrand-Reinhold erschienen war.

Die schon früher erwähnten Bemühungen von Dorothee Hess-Maier um neue Formen und Beispiele der Kunsttechnik-Darstellung führten 1964–1968 zu deutschen Ausgaben von drei größerformatigen Büchern aus England, wie z. B. „Tiefdruckgraphik" von Julian Trevelyan, wie aber auch zu den ab 1968 erschienenen Bänden „Zeichnen/Malen als Hobby".

Nun war die Diskrepanz innerhalb dieser Gruppe wirklich nicht mehr vertretbar und ein Anlaß (neben anderen), den größten Teil der Gruppe in den ab 1. 1. 1969 neu formierten und benannten Fachverlag – über den ja noch zu berichten sein wird – zu übertragen. Sie hieß dort „Kunst- und Werkerziehung, Kunsttechniken, Kunsthandwerk". Im Sachbuch-Verlag blieben nur acht alte Titel, die zusammen mit den bisherigen und mit den in diesem Jahre neu erschienenen nunmehr fünf „als Hobby"-Titeln die neue Gruppe „Zeichnen und Malen als Hobby" bildeten. Im Sachbuch-Verlag sollten ja (s. S. 256) nur noch Bücher „für das breite Publikum, für Laien," bleiben und neu erscheinen.

8.2.2.1 Zeichnen und Malen als Hobby 1968 bis 1983

Zwischen 1968 und 1973 erschienen 10 „als Hobby"-Titel in Lizenz nach den englischen Originalausgaben aus dem Verlag Studio Vista, London. Dazu entstand nur eine einzige entsprechende deutsche Originalausgabe, das „Landschaftszeichnen als Hobby" von Ruth Baeßler (1971).

Karl Maier konnte nichts dagegen einwenden, daß auch das 1971 erschienene amüsante Buch von Manfred Limmroth „Karikaturen zeichnen. Mittel, Formen und Spielregeln des Cartoon" dieser Gruppe zugeordnet wurde. Es stand ja darauf, daß es für Leute sei, die „vorzüglich, gut, ganz gut, ein wenig und überhaupt nicht zeichnen können und wollen".

Im Herbst 1973 kam dann zu dieser Gruppe „Das große Ravensburger Buch für Hobbymaler" von Ursula Kaiser hinzu, von dem schon berichtet wurde (s. S. 266).

Mehrere Jahre danach erhielt die Gruppe keinen neuen Zuwachs, was es jedoch nicht erlaubt, auf mangelnden Erfolg oder gar auf mangelndes Interesse zu schließen. Im ganzen Verlag und nun besonders im Spiele-Verlag war „Zeichnen und Malen als Hobby" ein bedeutendes Thema geworden. Walter Diem seinerseits suchte und fand die neue große Möglichkeit, vom Sachbuch-Verlag aus das Thema wiederum anzupacken, er mußte allerdings noch zuwarten.

Ab 1976 gab es das Zwischenspiel der „Ravensburger Vorlagenmappen", von denen die ersten im Januar 1977 erschienen. Es wurden bis Herbst 1978 insgesamt sieben, dann vorerst nicht mehr fortgesetzt. Daneben aber war das neue Projekt gereift.

8.2.2.2 Bibliothek des Freizeitmalers 1978–1983

Es wurde schon im Gesamtüberblick festgestellt, daß die Originalausgaben dieser Bibliothek in den USA erschienen, und wer der Autor mit dem Pseudonym Wendon Blake war. Hatte sich die Welt und ihre Malerei wirklich so wenig geändert, seitdem Otto Robert Maier genau 75 Jahre zuvor – im Jahre 1903 – die „Kunsttechnischen Handbücher" zu verlegen begonnen hatte? Dort standen (vgl. S. 83) eine „Ölmalerei" und eine „Aquarellmalerei" am Anfang. Die neue „Bibliothek" begann wiederum mit einem „Grundkurs Ölmalerei" und einem „Grundkurs Aquarellmalerei". Doch es stand gleich daneben noch der „Grundkurs Acrylmalerei". Jeder Band war tatsächlich ein „Kurs" und jeder Band hatte an die 80 farbige und nur 50 s/w Illustrationen. Das gab es vor 75 Jahren doch alles noch nicht. Ja, die Acrylfarben und das Malen damit waren bei uns noch so neu, daß Kurt Wehlte sich nicht mehr damit befreunden wollte.

Der Aufbau dieser Bibliothek ging rasch voran: von 1978 bis 1982 erschienen 18 Bände. Der bisher neunte mit dem ebenso aktuellen wie populären Thema „Malen und Zeichnen nach Fotos" stammte überraschend nicht vom amerikanischen Urheber der anderen 17 Bände, sondern war eine Originalausgabe der Autorin Ursula Kaiser, der der Verlag auch sein „Großes Ravensburger Buch für Hobbymaler" und inzwischen noch anderes verdankte.

8.2.3. Kunst und Gestaltung 1979–1983

Was im Fachverlag 1969–1978 schließlich zur Gruppe 8 = Fachbuch Kunst (Theorie/Technik/Gestaltung), 9 = Fachbuch Farbe und 10 = Fachbuch Fotografie/Design gehört hatte, wurde 1979 dem Sachbuch-Verlag zugeordnet unter der Gruppenbezeichnung „Kunst und Gestaltung". Es waren das Buch von Hermann Rhein und der große Wehlte aus der Arbeit von Karl Maier, es waren die Werke von Giedion, Hickethier, Itten, Matthaei und Tschichold aus der Fachbuch-Arbeit von Andreas Pollitz, und es waren zehn weitere große Bücher aus der jüngeren Produktion im Fachverlag. Dieser Fundus war nicht nur durch Größe und Umfang oder durch die Höhe der Preislage, sondern vor allem durch die Namen der Autoren und die Bedeutung ihrer Werke gekennzeichnet. Weil die seit 1974 darum bemühte Redakteurin, Dr. Elisabeth Nowak, mit in den Sachbuch-Verlag versetzt wurde, gab es nur im Jahre 1979 eine gewisse Pause. Aber schon 1980 erschienen 6 neue Titel.

Die Werke von Johannes Itten wurden durch eine Studienausgabe „Elemente der bildenden Kunst" – nach dem 1930 im Verlag der Itten-Schule Berlin veröffentlichten „Tagebuch" – wesentlich bereichert. (Mit dem dafür zunächst angekündigten Titel „Kunst der Form" war Frau Anneliese Itten nicht einverstanden.)

Es wurde eine neue „Bibliothek der Gestaltungstechniken" mit einem Band „Linolschnitt" und einem Band „Radierung – Lineare Verfahren" begonnen, denen 1981 und 1982 drei weitere folgten.

In diesem Jahre 1980 erschien auch das neue große Werk von Ursula Kaiser „Kreatives Sehen und Werken. Vom Material zur Form", was nun innerhalb des Sachbuch-Verlages es auch endlich erlaubte, „Das große Ravensburger Buch für Hobbymaler" der gleichen Autorin einstweilen daneben einzugliedern.

Das Erscheinen des großen, schönen Werkes „Geschichte der Textilkunst", herausgegeben von Harriet Bridgeman und Elizabeth Drury, 1981, brachte eine aus dem Sachbuch-Verlag herausgewachsene Bereicherung der Gruppe.

Nachdem es Dr. Nowak im Herbst 1981 doch wieder in ihre salzburgische Heimat zurückgezogen hatte, von wo aus sie als freie Mitarbeiterin weiter für den Otto Maier Verlag tätig war, übernahm Dr. Jörg Hubert Knapp die Fortführung ihrer Arbeit wie auch die Betreuung der anderen Gruppen fürs Zeichnen, Malen und Gestalten im Sachbuch-Verlag.

9 Der Fachverlag 1963–1979
1963–1965 Fachbuch-Abteilung
1966–1973 Fachbuch-Verlag
1973–1979 Fachverlag

9.1. Fachbuch-Abteilung 1963–1965

Es waren noch nicht ganz drei Jahrzehnte vergangen, seitdem Otto Maier diese Bezeichnung für die Produktion seiner großen neuen Fachbücher und das, was dazu gezählt wurde, eingeführt hatte. Nun, im Januar 1963, waren es dort 54 Titel, denen wir früher und zuletzt in dem Bericht über die Jahre 1953–62 (s. S. 190–201) begegnet sind. Es war vor anderem, was Andreas Pollitz mehr und mehr in Anspruch nahm, noch immer seine Aufgabe, diese Produktion fortzuführen und die persönlichen Verbindungen zu den spezialisierten Kunden im Fachbuchhandel wie im Reise- und Versandbuchhandel neben der Vertriebsleitung durch Willi Baumann zu pflegen.

Nach dem jungen Verlagsbuchhändler Reinhold Busch aus Hamburg kam im Frühjahr 1963 der (im Westermann-Verlag, Braunschweig, ausgebildete) Verlagsbuchhändler Hero Schiefer als Helfer zu Andreas Pollitz.

Von den Anfängen der Zusammenarbeit mit dem amerikanischen Verleger George Braziller war in den Vorjahren die Rede. In den Jahren 1963–65 erschienen die restlichen 8 Bände der „Große Zeiten und Werke der Architektur" und daneben die fünf Bände einer neuen und letzten Reihe „Architekten von heute".

Wichtiger war 1963 das Erscheinen des zweiten Buches „Mein Vorkurs am Bauhaus" von Johannes Itten, das seit seiner Neuausgabe im Jahre 1975 den Titel „Gestaltungs- und Formenlehre" tragen sollte.

Das Thema „Farbe" fand weiterhin ein so vielfältiges Interesse, daß 1963 auch erstmals das kleine „1 × 1 der Farbe" mit einer Kurzfassung des eingängigen Systems seiner Farbenordnung von Alfred Hickethier erscheinen konnte, um das sich schon Jahre zuvor Peter Maier bemüht hatte. Dieses System, in dem mit einer dreistelligen Zahl zwischen 000 und 999 jeder für das menschliche Auge sichtbare Farbton in seiner Zusammensetzung aus Anteilen von Gelb, Rot und Blau fixiert werden kann, dient der Verständigung beispielsweise zwischen einem Drucker, wie Hickethier selbst einer war, seinen Auftraggebern und der Farbenfabrik. Es erhält seine besondere Bedeutung in der internationalen Kommunikation. Deshalb war es ein wichtiger Erfolg, als in Coproduktion mit der zweiten deutschen Auflage 1969 auch dänische, englische, französische, holländische, spanische und amerikanische Ausgaben erscheinen konnten.

Ermutigt durch das Farben-Interesse und unter aktiver Mitwirkung von Rudolf Göggerle und Manfred Burggraf wurde für 1964 auch eine neue, zweite

Ausgabe der ja erstmals schon 1947 veröffentlichten „Ordnung und Harmonie der Farben" von Paul Renner vorbereitet und bewerkstelligt.

Aber noch in anderer Hinsicht gelangte Farbe in die Produktion der Fachbuch-Abteilung. Schon 1959/60 war es zu einer Zusammenarbeit mit dem (einst österreichischen) Verleger G. G. Görlich in Milano gekommen, bei dem etwa 20 durchwegs farbig illustrierte Fach- und Publikums-Zeitschriften erschienen, darunter solche für Innenarchitektur und -einrichtung sowie für Gartengestaltung in modernem, oft auch modischem italienischem Design. Görlich selbst lud den Otto Maier Verlag ein, mit ihm Bücher aus seinen großen Vierfarbklischee-Beständen zusammenzustellen und räumte dafür freie Wahl ein. So erschien bereits 1962 das Buch „So wohnt man heute" (mit 340 Farbfoto-Abbildungen). 1963 folgte „Schöne Gärten" in deutscher Bearbeitung durch Christa Ketzner und Jo Hagel (mit 300 Farbfotos und 300 s/w Abbildungen), und 1966 noch „Wie wohnt man heute?", dessen deutscher Bearbeiter nun Walter Diem war, der sich eben anschickte, auch für den Sachbuch-Verlag tätig zu werden.

Auf einer ähnlichen Linie, aber umfassender und tiefer greifend, lag 1965 das aus England übernommene und nicht unwesentlich mit deutschen, österreichischen und schweizer Arbeiten angereicherte Werk „Erlesener Schmuck. Ein internationales Handbuch von der Entwicklung der Goldschmiedekunst" von Graham Hughes, Art Director der traditionsreichen Worshipful Company of Goldsmiths, London. Es war übersetzt und bearbeitet von Herta Jalkotzy-Due, Wien. In der Biographie dieser Goldschmiedemeisterin (in dem Buch selbst) hieß es: „1940 erste Planung eines Schmuckbuches für den Otto Maier Verlag Ravensburg, das wegen des Krieges nicht verwirklicht werden konnte. Dafür übernahm Frau Jalkotzy-Due die Übersetzung und Bearbeitung dieses Werkes."

In diesem Jahre 1965 erschien auch von Ben Rosen, New York, „TYPOS. Das große Buch der Druckschriften", herausgegeben, bearbeitet und gestaltet von Kurt Weidemann, Stuttgart. Es stammte aus dem Verlag Van Nostrand-Reinhold, New York, wo schon seit der Übernahme der amerikanischen Rechte der Bücher von Ernst Röttger und Johannes Itten der (aus Dänemark stammende) begeisterte Publisher Jean Koefoed ein treuer Freund und Berater wie beständiger Interessent für die Arbeit des Otto Maier Verlages war.

Und dazu erschien endlich auch die lange angekündigte 2., neu bearbeitete Auflage des „Meisterbuch der Schrift" von Jan Tschichold (wenig später mit den englischen Weltrechten auch bei Van Nostrand-Reinhold).

Wenn dann noch ein weiteres ganz großes und ebenso bedeutendes Werk in diesem Jahr erscheinen konnte, dann war auch dieses nur unter der umsichtigen und sorgfältigen Mitarbeit von Hero Schiefer zu bewältigen. Es war „Raum, Zeit, Architektur. Die Entstehung einer neuen Tradition" von Sigfried Giedion, Zürich/Cambridge, Mass./USA. Es war original teils noch im 2. Weltkrieg, teils gleich danach in englischer Sprache bei der Harvard University Press erschienen, als Giedion in der Harvard University eine Professur hatte. Es war eine der ersten amerikanischen Auflagen, die Otto Maier im Frühjahr 1952 im Zusammenhang der Zeitschrift „Bauen und Wohnen" aus Zürich bekommen hatte und gleich an Andreas Pollitz zur Durchsicht und Stellungnahme gab. Andreas Pollitz Meinung etwa: „Das ist noch zu viel und zu hoch für uns." So lautete auch die Entscheidung wenige Wochen, bevor dann Otto Maier so plötzlich starb.

Andreas Pollitz wurde 1962 irgendwo aufmerksam darauf, daß nun, also 10 Jahre später, immer noch keine deutsche Ausgabe davon existierte, obgleich es – inzwischen wohl in 14. Auflage – längst zur „Pflichtlektüre" jedes amerikanischen Architektur-Studenten gehören sollte. Otto Julius Maier stimmte dem Vorschlag einer direkten Anfrage von Andreas Pollitz bei Giedion in Zürich zu, und dieser äußerte sich – auch unter dem Eindruck der großen „Kunst der Farbe" von Johannes Itten – so schnell und zustimmend, daß bald alles klar und vereinbart war. Die Übersetzung war erst noch im Entstehen, und auch ein ganz neues Kapitel über die Entwicklung des jüngsten Jahrzehnts wollte Giedion noch verfassen. Aber eben nun, im Sommer 1965, war es geschafft.

Im Frühjahr 1966 flog Andreas Pollitz nach USA und brachte dabei auch die Unterlagen des neuen Kapitels für die Harvard University Press mit, das dann der amerikanischen Ausgabe ebenfalls hinzugefügt werden sollte.

9.2. Fachbuch-Verlag 1966–1973[23]

Im Jahre 1966 erfolgte, wie schon beim Jugendbuch- und beim Sachbuch-Verlag dargestellt, auch für die Fachbucharbeit die Umbenennung und die Aufgliederung in ihre deutlich bezeichneten speziellen Gebiete. Der Fachbuch-Verlag, wie er nun hieß, umfaßte:

„Architektur und Bauwesen" mit 41 Ausgaben,
„Typographie, Gebrauchsgraphik, Druck" mit 8 Ausgaben,
„Gestaltungslehre für Farbe und Form" mit 7 Ausgaben.

Trotz aller Skepsis bei Andreas Pollitz und Otto Julius Maier wegen der inzwischen eingetretenen und so tiefgreifenden Veränderungen im Bauwesen (s. S. 187) hatte man dem Drängen des in den frühen 50er Jahren so erfolgreich gewordenen Autors A. C. Behringer in Ravensburg nach vollständig neu bearbeiteten Ausgaben seiner Fachbücher nicht ausweichen können. In den letzten Jahren herangereift und unter Mitarbeit von Ing. Kurt Haeberlen für die einst von Franz Rek verfaßten Teile – im Verlag wesentlich durch Hero Schiefer betreut – erschien im Sommer 1966 „Das neue Maurerbuch" von A. C. Behringer, F. Rek und K. Haeberlen" als 10. Auflage des ‚Maurerbuches'. 416 Seiten mit 1 241 Abbildungen und 116 Tabellen. Preis DM 120,–" und 1968 folgte „Neuzeitliche Putzarbeiten – innen und außen" von A. C. Behringer und M. Ruetz, 2., bearbeitete und erweiterte Auflage, Preis DM 65,–. Es waren „Abgesänge" für diese Art großer handwerklicher Fachbücher, die der Hauptautor jedoch nicht mehr als solche erleben sollte.

Problemlos war es dagegen, für 1967 die 4. Auflage des großen Werkes „Hochbaukonstruktion" von Heinrich Schmitt vorzubereiten, da es ja nicht für Bauhandwerker, sondern vor allem für angehende Architekten und Bau-Ingenieure bestimmt war.

Hero Schiefer hatte im Sommer 1966 den Otto Maier Verlag wieder verlassen, um in einen kleineren evangelischen Verlag in Konstanz einzutreten. Andreas Pollitz fand schon kurz darauf in Peter Schmitt M.A., aus München-Fürstenfeldbruck, den Nachfolger, der musische wie technische Befähigung mitbrachte und sich bald gründlich in redaktionelle Aufgaben eingearbeitet hatte, wie es sich gerade bei der „Hochbaukonstruktion" schon erwies. Das zeigte sich ebenso bei der Vorbereitung einer völligen Neubearbeitung des großen Werkes „Metall – Werkformen und Arbeitsweisen" (1. Auflage 1950) von Wilhelm Braun-Feldweg zum Erscheinen im Sommer 1968.

Für die Gruppe „Typographie, Gebrauchsgraphik, Druck" im Fachbuch-Verlag hatte Andreas Pollitz von Van Nostrand-Reinhold aus den USA ein Sammelwerk „Typomundus 20" mitgebracht, das 1966 erschien, und ebenso für 1967 die große Monographie des einstigen Bauhaus-Schülers und –Lehrers „Herbert Bayer – Das Werk des Künstlers in Europa und USA". Daneben konnte 1967 auch die 3. Auflage der großen „Kunst der Farbe" von Johannes Itten erscheinen, wenige Monate nachdem Itten in Zürich gestorben war. –

Aus der andernorts dargestellten Entwicklung in Vertrieb und Werbung muß hier nun der Name des Verlagsbuchhändlers und Werbungsfachmannes Volkmar Kalki genannt werden, der von Benziger, Köln-Einsiedeln, in den Vertrieb des Otto Maier Verlages gekommen war und neben vielem anderen sich auch speziell, so z.B. durch erste Direkt-Werbungen, für die Fachbuch-Produktion einsetzte.

Dorothee Hess-Maier berichtete über die Entwicklung im Fachbuch-Verlag bis Anfang 1967: „Je mehr die sogenannte populäre Produktion des Buchverlages, nämlich Jugendbuchprogramm und Sachbuchprogramm, in den Sog des sich sprunghaft ausweitenden Spieleprogrammes geriet und die Chancen und Möglichkeiten breiter Vertriebswege hatte, desto mehr geriet das Fachbuch alter Prägung und mit neuen Ansätzen in Schwierigkeiten. Die beiden Hauptproduktionsgruppen „Architektur und Bauwesen" und „Farbe, Graphik, Typographie" forderten eine Entscheidung zugunsten der einen oder anderen."

Am 19.1.1967 fand eine „Marketing-Besprechung: Fachbuch" statt mit den Teilnehmern Karl Maier, Otto Julius Maier, Dorothee Hess-Maier, Willi Baumann, Erwin Glonnegger, Andreas Pollitz und Volkmar Kalki.

Aus dem Bericht von Otto Julius Maier darüber: „Anschließend entsteht eine ausführliche Diskussion, deren Fazit für den Bereich Fachbuch folgendes bedeutet: Konzentration auf die Gruppe mit den Fachrichtungen Farbe, Grafik, Typographie.

a) Diese Fachrichtung kann als Oberstufe und Weiterführung unserer Buchproduktion für Laien und für die Hand des Lehrers betrachtet werden.

b) Auf diesem Sektor haben wir zum jetzigen Zeitpunkt noch keine eigentliche Konkurrenz.

... Das Gebiet ‚Architektur und Bauwesen' soll vorläufig nicht weiter ausgebaut, Planungen und Überlegungen nicht weiter verfolgt werden. Neuauflagen gängiger bewährter Titel werden durchgeführt. Die schlechtgängigen Titel dieser Gruppe werden verramscht."

Man hielt sich daran. Andreas Pollitz bemühte sich in diesem Jahr noch um das große, aus den Niederlanden stammende und nun von Georg Kurt Schauer in die deutsche Sprache übersetzte und herausgegebene, Werk „Internationale Buchkunst im 19. und 20. Jahrhundert", das im September 1968 erschien. Aber daneben überlegten und planten nun die Jüngeren, in diesem Fall Volkmar Kalki und Peter Schmitt mit Dorothee Hess-Maier, wie es im Fachbuch-Verlag in der Produktion und mit dem Vertrieb, der Werbung, weitergehen sollte, in guter Freundschaft mit Andreas Pollitz, jedoch durchaus eigenständig, während Andreas Pollitz sich ganz seinen anderen Aufgaben widmete.

„Im August 1968 hatte", wie Dorothee Hess-Maier berichtete, „Otto Julius Maier erstmals den Fachverlag skizziert, in dem Volkmar Kalki in vertrieblicher Selbständigkeit und Peter Schmitt für die Redaktion zusammen mit Dorothee Hess-Maier Pläne für einen Ausbau 1969 bis 1973 erstellen sollten, um zu prüfen, ob eine selbständige Einheit Rentabilität erbringen kann. Auf Grund dieser Ergebnisse sollte nochmals überlegt werden, ob wir den Fachverlag tatsächlich weiter ausbauen."

Dorothee Hess-Maier hielt weiter fest: „Die ersten Gedanken, den Kindergarten- oder Schulmarkt etwas systematischer zu bearbeiten, werblich und möglicherweise auch mit Produkten, kamen aus der Zusammenarbeit im Jugendbuch-Verlag mit Professor Lückert und dem Klett-Verlag. Hier hatte man von den Schulbuchverlagen gelernt, die ganz klar die Chancen der vorschulischen Erziehung nutzen wollten. Doch die Ansätze blieben zunächst nur Ansätze. Das Vorantreiben in Richtung Spezialverlag erfolgte vom Fachbuch-Verlag aus. Dort wurde noch 1968 Volkmar Kalki mit Vertrieb und Werbung beauftragt. Dadurch war die Tür offen, um verstärkt Pläne für Kunsterziehung und schulisch-pädagogisch orientierte Produktion innerhalb des Fachbuchprogrammes zu verfolgen. Die spezielle vertriebliche und werbliche Pflege schien dies zu rechtfertigen. So kamen auch 1968 schon die ersten Ansätze, nicht nur das Zeichnen und Malen in Richtung Kunsterzieher zu erweitern, sondern auch das Werken und Basteln in Richtung Werkpädagogik und Technikunterricht. Das von Peter Schmitt herangeholte und betreute Buch „Pop-Art in der Schule" von Florian Merz, erschienen im Oktober 1968, wurde so etwas wie ein Prototyp dessen, was man sich vorstellte.

1969 formierte sich der Fachverlag in den Planungspapieren von Volkmar Kalki und Peter Schmitt. Dabei wurde schon zum ersten Mal die Richtung „Universitätsverlag", also wissenschaftliche Produktion, angesprochen, der Versuch, die Produktion nicht nur auf die Schule, sondern auch auf das Studium auszuweiten."

Zum 1.1. 1969 erfolgte nicht nur die früher angeführte Begradigung im Sachbuch-Verlag (dort nur noch Bücher für Laien), sondern dadurch auch die Arrondierung im Fachbuch-Verlag mit der neuen Gruppe

    „Kunst und Werkerziehung,

    Kunsttechniken, Kunsthandwerk"

und darunter die

    „Pelikan-Bücher für bildnerisches Gestalten"

    Röttger, „Das Spiel mit den bildnerischen Mitteln"

    Röttger, „Das Spiel mit den Bildelementen"

und ganz neu
          „Werken – instruktiv".
Dazu die verändert benannte Gruppe
          „Gebrauchsgraphik, Typographie, Gestaltungslehre"
und schließlich
          „Architektur und Bauwesen",
wo die Reste der Reihe „Große Zeiten und Werke der Architektur" bereits herausgefallen waren.

Hervorzuheben waren der endlich und posthum erschienene Band „Die Fläche" von Ernst Röttger, die neue von Karl Maier begonnene Reihe „Werken – instruktiv" mit zunächst zwei Bänden, eine Art Folgeserie zu Röttger, und das sehr eindrucksvolle (und erfolgreiche) Buch „Bildaufbau. Gestaltung in der Fotografie" von Harald Mante, von dem schon bald amerikanische, englische, französische, holändische und schwedische Lizenzausgaben erschienen. 1970 folgte vom gleichen Autor „Farb-Design in der Fotografie. Eine Farbenlehre", noch schöner und ähnlich erfolgreich.

Dieses Jahr 1970 brachte darüber hinaus schon ein beachtliches Programm von Neuerscheinungen, aus dem noch dieses hervorgehoben sei:

Nach fast zehnjährigen Bemühungen von Andreas Pollitz hatte Peter Schmitt es mit wesentlicher Unterstützung durch die Buchherstellung vollbracht, die von Prof. Dr. med. Rupprecht Matthaei ausgewählte und erläuterte große Ausgabe von „Goethes Farbenlehre" in der seit langem festgelegten Anordnung, Typographie und Illustrierung fertigzustellen. Die Verbindung zu dem auf dieses Thema über Jahrzehnte spezialisierten Physiologen Rupprecht Matthaei, em. Professor der Universität Erlangen, hatte seinerzeit Kurt Wehlte hergestellt. Der Verlag hatte als Vorbedingung der Veröffentlichung das gleichzeitige Zustandekommen einer amerikanischen Ausgabe (zwecks Erstkosten-Teilung) gefordert und festgelegt. In einer hervorragenden Übersetzung durch Herb Aach, Professor of Art an der City University of New York, und unter Hinzufügung einer vollständigen Faksimile-Reproduktion der englischen Übersetzung des „Didaktischen Teils" der Farbenlehre aus dem Jahre 1840 von Charles Look Eastlake, wie die deutsche Ausgabe bei R. Oldenbourg, München, gesetzt und bei O. Brandstetter in Wiesbaden gedruckt, wurde diese Forderung erfüllt. Wieder hatte das große Interesse und die Freundschaft von Jean Koefoed dieses bei Van Nostrand-Reinhold, New York, ermöglicht. Die deutsche wie die amerikanische Ausgabe dieses Werkes waren der Abschluß des persönlichen redaktionellen Wirkens von Andreas Pollitz im Otto Maier Verlag.

Doch vollzog sich auch die Entstehung der ebenfalls 1970 erschienenen „Kunst der Farbe – Studienausgabe" von Johannes Itten in der Redaktion von Peter Schmitt noch unter der Beratung durch Andreas Pollitz, der die Skizzierung dieser Ausgabe durch Itten selbst zehn Jahre zuvor in Ravensburg gesehen und miterlebt hatte. In den nun folgenden Jahren erschienen davon Lizenzausgaben in Dänemark, Frankreich, Großbritannien, Japan, Jugoslawien, den Niederlanden, Schweden, Spanien, Ungarn und USA in einer Gesamtauflage von 153 769 Exemplaren. –

Nach dem Beispiel dieser Studienausgabe erschienen 1975 „Gestaltungs-
und Formenlehre" und 1981 „Elemente der Bildenden Kunst" von Johannes
Itten, auf Grund der Wertschätzung von Frau Anneliese Itten ebenfalls durch
Peter Schmitt betreut.

Im Frühjahr 1970 kehrte Hero Schiefer – bis 1966 Vorgänger von Peter
Schmitt – in den Otto Maier Verlag zurück, um hier im Sachbuch-Verlag die
ihm angebotene Redaktion, den Aufbau und Ausbau der neuen Reihe „Ravensburger Elternbücher" zu übernehmen. Wir erfahren gleich noch mehr
dazu.

Für 1971 hatten Peter Schmitt und Volkmar Kalki ein Fachbuch-Programm
von etwa 12 Neuerscheinungen vorbereitet. Davon erregte das im Februar
1971 erschienene revolutionär aussehende, broschierte Buch „Gegen den
Kunstunterricht. Versuche zur Neuorientierung" von Heino R. Möller auch re-
volutionäre Wirkung und beachtlichen Erfolg.

Neben dem überraschenden großen Werk „Buchstabenbilder und Bildal-
phabete" des Franzosen Massin begann Peter Schmitt unter dem Reihentitel
„Strukturen des Bildnerischen", zusammengestellt und herausgegeben von
Klaus Bodemeyer, Eberhard Brügel und Hermann Burkhardt, die Entwicklung
von „Dia-Reihen für den Kunstunterricht", mit zunächst drei Serien.

Und im Sommer 1971 wurde bekanntgegeben, daß in das Programm des
Fachbuch-Verlages aus dem Verlag Frech, Stuttgart-Botnang, sowohl die
„werkpädagogische hefte. Zeitschrift für Werken, technische Grundbildung
und Arbeitslehre" wie auch 6 Bücher dieser Thematik übernommen wurden.
Nach 20 Jahren wieder eine Zeitschrift im Otto Maier Verlag!

Dabei bedeutete es in diesem Jahr für die neue Entwicklung im Fachbuch-
Verlag einen tiefen Einschnitt, als sich Volkmar Kalki entschloß, die ihm ange-
botene Leitung des in Gründung befindlichen UNI-Taschenbücher-Verlages in
Stuttgart zu übernehmen und den Otto Maier Verlag zu verlassen. Nun war es
Hero Schiefer, der neben der Fortführung seiner Aufgaben im Sachbuch-
Verlag die Redaktionsleitung Fachbuch übernahm.

Dorothee Hess-Maier sah die Veränderungen so: „1971 wurde der Fachbuch-Bereich um Gruppen aus dem Sachbuch-Bereich erweitert, die mit El-
ternpädagogik oder Pädagogik zu tun hatten. Dieses waren zunächst nicht viele Titel, aber der für die Fachbuchgruppe nun zuständige Redaktionsleiter
Hero Schiefer benützte sie als Samenkorn, um Pädagogik im Fachbuch-Bereich
zu etablieren. Der Redakteur Peter Schmitt blieb in dieser Gruppe als Zustän-
diger für Kunst- und Werkerziehung, und für den (neuen) Bereich ‚Technisches Werken' wurde Peter Hille M.A. (aus Freiburg/Br. gekommen) eingestellt. Die bisherige vertriebliche Betreuung durch Volkmar Kalki ging auf
Wolfram Schröter (Dipl.-Volkswirt) über, der jedoch die Aufgaben von Volkmar Kalki nur teilweise übernehmen konnte. Aus Kapazitätsgründen kamen
also gewisse Aufgaben wieder zum Redaktionsleiter, d.h. die Programmplanung wurde wieder stärker von dort gemacht, wohingegen das bisherige Modell stark vom Vertriebsleiter geprägt war als demjenigen, der den Spezial-
markt kannte."

Infolge dieser Veränderungen und damit verbundener vielfältiger Überlegungen und Diskussionen über weitere Aufgaben und Pläne sah das Jahr 1972 nur ein sehr begrenztes Neuheiten-Angebot im Fachbuch-Verlag. Immerhin wurde die übernommene Gruppe der „Bücher zum Technikunterricht" durch Peter Hille um 5 nun „OMV-eigene" Neuerscheinungen vermehrt. Und Peter Schmitt stellte unter entscheidender Mitwirkung von Rudolf Göggerle aus den von Alfred Hickethier selbst gedruckten und bei seinem Tode hinterlassenen Farbtonbogen mit einer Einleitung von Prof. Dr. Siegfried Rösch, dem wissenschaftlichen Prüfer und Berater Hickethiers, das immense und nie wiederholbare Werk „Die große Farbenordnung Hickethier" fertig.

Otto Julius Maier notierte von einer Vertreterbesprechung im Juni 1972: „Alle Beteiligten waren sich einig darüber, daß die fachliche Produktion, unter der wissenschaftliche Titel und auch Bücher für die Hand des Schülers verstanden werden, unter allen Umständen vom Verlag weiter gefördert und ausgebaut werden muß. Dabei ist zunächst absolut im Vordergrund das Gebiet der Erziehungswissenschaften sowie die Kunst- und Werkerziehung, sowohl im musischen als insbesondere im technischen Bereich. Abgesehen von dem dafür notwendigen weiteren Ausbau und der Stärkung der Redaktion ist vorgesehen, eine Zweiteilung im Vertrieb Buchverlag vorzunehmen und einen Herrn einzustellen, der sich nur um diese Produktion und damit auch um alle für diese Produktion in Frage kommenden Kunden kümmert, der aber gleichzeitig auch die vertrieblichen Kontakte zu Ministerien, Schulen und Kindergärten betreut und die entsprechenden Direktwerbeaktionen bei den Endkäufern durchführt."

Was alles in diesem Jahre 1972 nicht nur diskutiert, sondern mit vielen neugeknüpften Verbindungen tatsächlich vorangebracht wurde, begann sich bereits im Jahre 1973 zu zeigen: 27 Neuerscheinungen, davon 15 in drei neuen Reihen, und eine weitere Zeitschrift.

Doch zunächst noch einige Zitate aus Aufzeichnungen von Dorothee Hess-Maier:

„1973 wurden viele Planungspapiere für den Elementarbereich erstellt. Und das Projekt „Pädagogischer Fachverlag" gewann Gestalt. Die Arbeitsgruppe, jetzt mit Peter Hille als Projektleiter, wurde im Mai 1973 mit konkreten Aufträgen bedacht. Parallel dazu arbeitete eine interredaktionelle Arbeitsgruppe Kindergarten an einem Kindergarten-Programm . . .

Gleichzeitig erkannte man, daß ohne Repräsentanten-Stab, also mehrere Damen und Herren, die draußen am Markt arbeiten würden, nicht viel gewonnen werden könnte. Der neue Vertriebsleiter Wolfgang Einholz selbst unternahm jetzt zahlreiche Reisen zu Institutionen, um dort das OMV-Programm gesamt vorzustellen . . .

Auch die Sonderschule wurde als (anderweitig noch kaum beachtete) ‚Nische' erkannt. Hier wurde die Möglichkeit gesehen, ebenfalls nahezu das ganze Otto Maier Verlags-Programm anzubieten, werblich und vertrieblich, und gegebenenfalls auch Produkte für die Sonderschule herauszubringen."

Im Frühjahr 1973 schied nach 7jähriger Mitarbeit Peter Schmitt aus seiner Anstellung im Otto Maier Verlag aus, um allerdings weiterhin in freier Mitarbeit für den Otto Maier Verlag tätig zu sein, im übrigen aber eigenen neuen

Plänen folgen zu können. Nach einer personellen Überbrückung wurde erst für Sommer 1974 in der jungen österreichischen Kunsthistorikerin Dr. Elisabeth Nowak seine richtige Nachfolgerin gefunden.

Zum 1.5. 1973 kam aber für den neuen Redaktions-Bereich „Erziehungswissenschaften" wie zugleich noch im Sachbuch-Verlag für die Eltern-Pädagogik und die „Ravensburger Elternbücher" Dr. Herbert Neumeyer aus München.

9.3. Fachverlag 1973–1979

Im Sommer dieses Jahres 1973 wurde der Name „Fachbuch-Verlag" offiziell verändert in „Fachverlag", weil schon zu sehen war, daß es hier nicht mehr nur um Veröffentlichungen in Buch-Form, sondern um vielerlei verschiedene andere Artikel und Materialien gehen sollte.

Es lag ja auf der Hand, für die neuen Pläne Verbindungen auch in der lebhaften Pädagogischen Hochschule des benachbarten Weingarten zu suchen, womit der Jugendbuch-Verlag schon vor Jahren begonnen hatte. So fand Hero Schiefer dort in Professor Dr. Wilhelm H. Peterßen den Herausgeber und auch Autor mit der Konzeption für die Reihe „EGS-Texte. Erziehungs- und gesellschaftswissenschaftliche Studientexte", deren erste drei Bände 1973 erschienen. Es hieß dazu:
„Sie bringen Beiträge zur allgemeinen Erziehungswissenschaft, Schulpädagogik, pädagogischen Psychologie, pädagogischen Soziologie;
sie wollen zur Diskussion relevanter erziehungs- und gesellschaftswissenschaftlicher Probleme anregen;
sie legen theoretische und praxisbezogene Texte in- und ausländischer Autoren vor;
sie zeigen den Stellenwert des dargestellten Problemkreises in der gegenwärtigen Diskussion jeweils in titelbezogenen Einleitungen auf."

Bis 1979, als die ganze Reihe in den Ehrenwirth-Verlag, München, überging, erschienen darin 28 Titel.

Hero Schiefer entdeckte 1971/72 – nicht in, aber auch durch die PH Weingarten – ebenfalls eine Anzahl von einfachst selbsthergestellten und -veröffentlichten Schriften von Autoren der PH Freiburg, die auch wie von selbst ihren Weg in andere PHs gefunden hatten, und es gelang ihm, diese zur weiteren Veröffentlichung und Verbreitung für den Otto Maier-Fachverlag zu gewinnen. Die Reihe bekam den Titel „Workshop-Schulpädagogik. Materialien." Es waren kartonierte Hefte im Umfang von 56–58 Seiten, im Format 29,7 × 21 cm quer und im Prinzip so einfach hergestellt wie zuvor. Der Preis betrug zuerst nur 4,– DM, ab 1974 4,50 DM, ab 1976 6,– DM.

Dazu hieß es: „Diese Materialien bieten Studenten und Lehrern eine Einführung in schulpädagogische Probleme mit dem Ziel, Unterrichtsgestaltung kritisch angehen zu können. Die schulpädagogische Diskussion wird durch repräsentative Literaturausschnitte zugänglich gemacht; dadurch erfolgt gleichzeitig die Anregung zu eigenem Literaturstudium. Die Hefte zeichnen sich aus durch: einsichtige didaktische Konzeption, klaren Aufbau, Einbeziehung von Quellen und Beispielen aus der Schulpraxis."

Davon erschienen bis 1980 insgesamt 28 Hefte, die eine schnelle, ganz große Verbreitung fanden und schließlich eine Gesamtauflage von 775 000 Exemplaren erreicht hatten. Wie nichts anderes verbreiteten sie in den gesuchten Interessentenkreisen eine Vorstellung vom Otto Maier-Fachverlag und die Beziehung zu ihm.

An den beiden genannten Reihen wirkte Dr. Herbert Neumeyer bis zu seinem Ausscheiden aus dem Otto Maier Verlag zum 31. 12. 1975 wesentlich mit.

Die dritte neue Reihe des Jahres 1973 hieß „Materialien zur ästhetischen Erziehung" und brachte gleich 5 Titel. Nach wenigen Fortsetzungen in den nächsten Jahren wurde sie aufgegeben, ein Ausdruck auch der wechselnden redaktionellen Betreuung im Fachverlag.

Während die meisten neuen Ausgaben im Detail unberücksichtigt bleiben müssen, ist eine hervorzuheben: „Technik im Unterricht der Primarstufe" von Dieter Klante und Heinz Ullrich, Mitherausgeber bzw. Autor in den Reihen von Ernst Röttger und so auch dieses in der Redaktion durch Karl Maier. Karl Maier, der nun 79 Jahre alt war, fand nach einem ganzen Leben für das Basteln damit auch noch den Weg in den neuen Bereich des Technik-Unterrichts und hatte die Freude, daß davon dann sogar französische und spanische Lizenzausgaben erschienen.

Die 1971 übernommene Zeitschrift „werkpädagogische hefte" lief inzwischen unter dem neuen Titel „TWU. Technik und Wirtschaft im Unterricht", jährlich 4 Hefte und ein Sonderheft.

Dazu kamen nun ab 1973 die „BDK-Mitteilungen", die „Fachzeitschrift für den Kunstpädagogen. Mitteilungen des Bundes Deutscher Kunsterzieher", auch jährlich 4 Hefte. Dorothee Hess-Maier hielt fest: „Bei beiden Zeitschriften entstanden durch zahllose Diskussionen mit den Herausgeber-Teams Schwierigkeiten, so daß beide mit Ende des Jahres 1975 wieder aufgegeben wurden."

Die TWU ging an den Neckar-Verlag, Schwenningen, über, um als „TU" dort weiterzuerscheinen. Die BDK-Mitteilungen blieben offenbar ohne Nachfolge.

Doch auch noch viel ältere Schicksale erfüllten sich in diesen Jahren 1973/ 74: Nach 65 Jahren im Otto Maier Verlag wurden die Rechte an den Zimmerei-Fachbüchern von Fritz Kress an seinen Nachfolger Ewald Maushake zurückgegeben, eine weitgehend fertige Neubearbeitung des „Zimmerpolier" sollte nicht mehr erscheinen.

Und das große Werk „Hochbaukonstruktion" von Prof. Dr. h. c. Heinrich Schmitt wurde mit Bedauern des Autors über die Trennung vom Otto Maier Verlag nach weit gediehener Neubearbeitung für seine 5. Auflage an den Bertelsmann-Fachverlag (heute Vieweg, Wiesbaden) verkauft. Es war 20 Jahre im Otto Maier Verlag beheimatet gewesen.

Warum diese großen Fachwerke abgegeben wurden, das sei – wie Dorothee Hess-Maier ausführte – auch die Frage einer Zielgruppen-Ökonomie gewesen. Man konnte nicht zu viele verschiedene Berufsgruppen mit Direktwerbe-

Aktionen erreichen, vor allem nicht solche, für die der Fachverlag nur Alt-Programm und kein neues Nachfolge-Programm aufzuweisen hatte. –

Das junge Team im Fachverlag hatte sich indessen mit anderen und auch nicht kleineren Projekten sehr viel vorgenommen.

Aus dem Jahre 1974 ist zu nennen das große „Handbuch des Kindergartens. Organisation – Curriculum – Lehrmethoden" von Catherine Read, amerikanischen Ursprungs, das 1980 mit der Gruppe „Vorschul- und Sozialpädagogik" dem Jugendbuch-Verlag eingegliedert wurde (3. Auflage 1977).

Auch das große Werk „Die Gestalt des Menschen. Handbuch der Anatomie für Künstler" von Gottfried Bammes, aus dem DDR-Verlag Die Kunst in Dresden übernommen, ist nach mühsamen Vorbereitungen 1974 erschienen und 1980 mit der Gruppe „Kunst und Gestaltung" dem Sachbuch-Verlag zugeordnet worden.

Ein ganz großes Projekt begann nach Jahren der Vorarbeit 1974 zu erscheinen: „UDIS – Unterrichtsdifferenzierung in der Sekundarstufe I". Es hieß auch „Material für fächerübergreifende Unterrichtsprojekte im 5. und 6. Schuljahr aus Gesellschaftslehre mit Polytechnik und Naturkunde", herausgegeben vom Arbeitskreis UDIS mit Sitz in Frankfurt/M. Der Initiator-Urheber war Prof. Hans Rauschenberger. Es umfaßte vielerlei Material, vor allem für die Hände der Schüler, aber auch 1 Tonkoffer, 1 Fischertechnik-UDIS-Koffer, 2 Elektrokoffer, 2 Fotografiekoffer, 2 Schreibmaschinen. Die mit dem Erscheinen 1974 angebotenen zunächst 5 Koffer hatten einen Preis von zusammen 1425,– DM.

Die Hoffnung auf eine bundesweite Einführung und Verbreitung erfüllte sich zwar nicht. Aber die Gesamtauflage der gedruckten Materialien, bei denen 1975 und 1976 noch 15 sog. Schülerprojekte hinzukamen, wurde im Lauf weniger Jahre vollständig und regulär verkauft. Schauen wir, nun im Jahre 1975, auf die Gliederung im Fachverlag. Er hatte diese Gebiete:

Erziehungswissenschaft
dazu EGS-Texte,
   Workshop-Schulpädagogik
Kunstpädagogik – Visuelle Kommunikation
dazu Arbeitshefte Kunstpädagogik
Kunsttheorie – Gestaltungslehre
Arbeitslehre – Technisches Werken
dazu Arbeitshefte Arbeitslehre
Verkehrsunterricht für Grundschüler
Fallstudien zur Verbraucherbildung
Arbeits- und Wirtschaftslehre – Sozialkunde
Dia-Serien für den Kunstunterricht
Kindergarten- und Vorschulprogramm
UDIS.

Das Buch-Neuheitenprogramm 1975 umfaßte 37 Einheiten, Bücher oder Hefte. Davon halten wir hier nur fest: „Lehrbuch der heilpädagogischen Übungsbehandlung" von Alexander Sagi und Clara Maria von Oy, das später in den

Jugendbuch-Verlag übernommen wurde; sowie das große Werk „Generative Fotografie. Theoretische Grundlegung, Kompendium und Beispiele einer fotografischen Bildgestaltung" von Gottfried Jäger und K.M. Holzhäuser.

Zu den großen neuen Unternehmen, die in diesem Jahr veröffentlicht oder doch begonnen wurden, gehörte einmal das erste Ergebnis der interredaktionellen Arbeitsgruppe Kindergarten, das „Kindergarten- und Vorschulprogramm du – ich – wir zur emotionalen und sozialen Erziehung". Es bestand aus dem Handbuch dazu von Antoinette Becker, Ilse Keppler und Elizabeth Conolly-Smith, aus zwei Spielen, dem „Helferspiel" sowie „Vertragen und nicht schlagen" und drei Mappen mit Fototafeln. Dieses Programm kam später teils in den Jugendbuch-Verlag, teils in den Spieleverlag.

Das andere große Objekt waren die „Situationen im Straßenverkehr 1. Verkehrsunterricht für Grundschüler" von Ottmar Ludwig und Einhard Lerch. Es wurde begonnen mit einem Lehrerband, einem Schülerarbeitsblock, einer Mappe Arbeitsmaterial für Schüler, den Arbeitsfilmen 1–3 und einer Kassette mit 48 Kleinbild-Dias, also ein „Multimedia-Paket". Es wurde in den folgenden Jahren mit gleichartigen Programmen 2 und 3 für die Klassen 2–4 fortgesetzt. 1980 hat der Verlag Mildenberger, Offenburg, diese allgemein bekannt und erfolgreich gewordenen Programme zur Weiterführung käuflich übernommen.

Anknüpfend an das Zitat aus Aufzeichnungen von Dorothee Hess-Maier aus dem Jahre 1973 über einen Stab von Repräsentanten (s. S. 279) sei wiederum Dorothee Hess-Maier, aber nun aus dem Jahre 1975, zitiert: „Tatsächlich hatte man für den pädagogischen Fachverlag mehrere Repräsentanten angestellt. Diese wurden aber 1975 dem (hauptsächlich für den Spiele-Verlag wirkenden) Referat Schulung unterstellt, weil man sie – aus Informations- und Kommunikationsgründen – nicht allein in der Regie der vertrieblichen Fachverlagsarbeit lassen wollte." Und weiter: „1975 wurde die vertriebliche Arbeit für den Fachverlag pädagogischer Ausrichtung und den sich formierenden Schulverlag schwieriger. Wolfgang Eichholz mußte sich hauptsächlich externen Kontakten widmen. Es wurde deshalb gezielt nach einem erfahrenen Schulbuch-Vertriebsfachmann gesucht und als solcher Roland Nieß, der aus dem Verlag F. Kamp kam, eingestellt."

Im Jahre 1976 brachte der Fachverlag 61 Neuerscheinungen, verteilt über die – auch noch vermehrte – Vielfalt seiner Arbeitsgebiete.

Dabei war ein weiteres Großprojekt, um das sich Hero Schiefer schon seit mehreren Jahren unter schwierigen Kompetenzen sehr bemüht hatte, und das nach Vorankündigung mit Subskriptionsangebot im Sommer dieses Jahres zu erscheinen begann:

Anton Makarenko – Gesammelte Werke.
Marburger Ausgabe. Zweisprachige Werkausgabe.
Erste Abteilung. 13 Bände.
Herausgegeben von L. Froese, G. Hillig, S. Weitz, J. Wiehl (Makarenko-Referat der Forschungsstelle für Vergleichende Erziehungswissenschaft, Philipps-Universität, Marburg) Subskriptionspreis je Band zwischen 80,– und 128,– DM.

Parallel dazu die Einsprachige Studienausgabe. Preis je kart. Band 10,– bis 12,– DM.

Es erschienen zunächst die Bände 1, 7 und 13. Anton Makarenko (1888–1939) war russischer Schriftsteller und Pädagoge. Seine wichtigsten Werke waren inzwischen in 60 Sprachen weltweit bekannt geworden, lagen aber nur in fragmentarischer, knapper Auswahl auch in deutscher Sprache vor.

In den folgenden Jahren erschienen noch die Bände 2 und 9. 1979 gingen die hier unvollständig gebliebenen Werke zur Fortführung und Vollendung an den Klett-Verlag, Stuttgart, über.

Dorothee Hess-Maier schrieb dazu: „Im Frühjahr 1976 wurde die große Ausgabe Makarenko angekündigt. Die Vorstellung, auch ein Grundlagenwerk der Pädagogik im Hause zu haben, stand Pate bei der Zustimmung zur Herausgabe der Makarenko-Werke. Allerdings machte uns schon am Anfang die anzunehmende sozialistische Ausrichtung dieses Pädagogen zu schaffen (die Werke selbst lagen ja noch nicht in deutscher Sprache zur Prüfung vor). Es war für unsere pädagogische Arbeit kaum der richtige Start." –

Und: „Im April 1976 wurde der sogenannte Institutionelle Bereich nach Abschluß der Projektarbeit in den Fachverlag eingegliedert, und sogar Spiele – gezielt auf die Verwendung in der Institution ausgerichtet – sollten in dieser Programmgruppe erscheinen. Gleich zu Beginn tauchten die vertrieblichen Schwierigkeiten auf in der Abgrenzung zwischen Spielen aus dem Spiele-Verlag und Spielen aus dem I. B.-Bereich. Die Buchverlags-Vertreter wurden in zunehmendem Maße hilflos."

Im Programm des Jahres erschienen die ersten „Ravensburger Vorschul-Poster" – von Ali Mitgutsch. Als Redakteur für den I. B.-Bereich wurde der Sozialpädagoge Hubert Kneipp gewonnen, der dort noch in diesem Jahr tätig wurde.

Fast unauffällig aber schieden nach diesem Jahr die Veröffentlichungen zur Arbeitslehre aus dem Programm aus, um an den Verlag B. Franzbecker KG, Didaktischer Dienst, Bad Salzdetfurth, überzugehen. –

Im Jahre 1977 wurde die so schnell gewachsene Produktion des Fachverlages, deren Fülle selbst für die Mitarbeiter kaum klar zu überschauen war, noch einmal neu gegliedert. Nun gab es einen „Programmbereich Fachbuch" mit 10 Gruppen und den zweiten „Programmbereich Lehr- und Lernmittel" mit diesen Gruppen:

Ravensburger Programm für Kindergärten, Vorschulen, Eingangsstufen und Sonderschulen.
Ravensburger Lehr- und Lernmittel – Primarstufe
Grundschule (Klassen 1–4)
Sonderschule (Klassen 3–5)
Ravensburger Lehr- und Lernmittel – Sekundarstufe I
Allgemeinbildende Schulen (Klassen 5–10).

Im September 1977 erschien ein Gesamtverzeichnis Fachverlag. Darin waren 178 Ausgaben für den Bereich „Fachbuch" (davon 29 Neuerscheinungen 1977) aufgeführt und 46 für den Bereich „Lehr- und Lernmittel" (davon 21 Neuerscheinungen 1977), jedoch ohne UDIS.

Von den Neuerscheinungen „Fachbuch" sei nur das größere Werk „Malerische, graphische und räumlich-plastische Techniken – Handbuch für den Kunstunterricht" von Lothar Kampmann, Professor an der PH Ruhr, Abt. Dortmund, hervorgehoben. Dieser ideen- und kenntnisreiche Autor begegnete uns seit einem Jahrzehnt erst im Jugendbuch-Verlag, dann im Sachbuch-Verlag und auch schon im Fachverlag. Hier war er zuerst mit seinen „Pelikan-Büchern für bildnerisches Gestalten", später auch mit anderem vertreten. Dieses große Handbuch umfaßte, nun teils konzentriert, teils erweitert, die ganze früher auf 9 Pelikan-Bücher aufgeteilte Thematik. Es ging 1979 in den Sachbuch-Verlag über.

Erwähnung verdient es aber auch, daß 1977 eine 2. Auflage des Werkes „Die Gestalt des Menschen" von Gottfried Bammes (Preis jetzt 98,– DM) und zur Freude von Karl Maier schon die 3. Auflage des größten Verlagswerkes, der „Werkstoffe und Techniken der Malerei" von Kurt Wehlte (Preis 178,– DM) erscheinen konnte.

Bei den Neuerscheinungen „Lehr- und Lernmittel" stand im Vordergrund das weitere, neue „Paket für Kindergarten und Vorschule": „Umwelt unter der Lupe". Es bestand aus einem Handbuch dieses Titels von Ingrid Bergmann, dem Kooperationsspiel „Wir bauen unsere Stadt" von Olaf Olsen, aus einer großen Experimentier-Lupe, aus dem Geschichten-Buch „Wie mag das wohl weitergehen?" von Barbara Schwindt und aus zwei Schubern mit Fototafeln und Begleitheft und kostete etwa 160,– DM. Teile davon wurden später im Spiele-Verlag und im Jugendbuch-Verlag weitergeführt.

Es ist bedauerlich und wird der tatsächlich vollbrachten vielfältigen Leistung im Fachverlag nicht gerecht, wenn hier nicht mehr davon berichtet wurde. Aber wir werden gleich ganz anderes dazu erfahren.

Noch im Sommer 1977 zog der Fachverlag wohlgemut aus weitverstreuten Büros der Marktstraße um in das frei gewordene Hochparterre-Geschoß des alten Maier'schen Wohnhauses in der Gartenstr. 10. Die Abtrennung vom übrigen Verlag ließ sich überbrücken, und hier waren alle vom Fachverlag nahe beieinander.

Nun folgen wir wieder erklärenden Texten von Dorothee Hess-Maier: „Schon ab 1977 zeigte sich aber, daß das neue Gebilde Fachverlag (Fachbuch sowie Lehr- und Lernmittel) wohl nicht lebensfähig sein würde. Man überdachte die Programmgestaltung und begann, die Kostenstruktur – über die dafür organisatorisch festgelegten und fortlaufenden Prüfungen hinaus – zu durchleuchten. Die Planungsrechnungen versprachen jedoch keine steile Kurve nach oben, und man diskutierte die Frage: entweder die ‚Flucht nach vorn' oder eine radikale Einschränkung zugunsten einer Ergebnisverbesserung.

1977 begannen deshalb Vertrieb und Redaktionen, sich über eine Umorientierung im Programm zu unterhalten: der zu starke Wissenschaftsbezug wurde kritisiert, der Praxisbezug wurde gefordert. Aber man wurde sich nicht einig. Der Fachverlag hatte keinen eigenen Außendienst, und sein Vertriebsleiter, Roland Nieß, mußte versuchen, sich mit Wolfgang Hartmann, dem Vertriebsleiter der populären Buchverlagsteile, über die Fragen der Vertreter und der Bearbeitung des Handels zu einigen. Hartmann hatte andere Vorstellungen von der Programmausrichtung, so daß auch dort keine Einigkeit zustande kam."

Und Dorothee Hess-Maier fuhr fort: „Im Februar 1978 ging man konkret an die Problemlösung: der selbständig operierende Fachverlag wurde aufgegeben. Sein Vertrieb und seine Redaktionen werden wieder in den Buchverlag integriert. Der bisherige Vertriebsleiter Fachverlag, Roland Nieß, wird als Spezialist für die Programme Kindergarten und Schule aus dem Gesamtprogramm des Verlages Buch und Spiel für den Vertriebsweg Kindergarten-Fachhandel und Lehrmittelhandel arbeiten. Peter Hille wird die Redaktionsleitung für alle noch weitergeführten Fachbuch-, Lehr- und Lernmittel-Aktivitäten übernehmen und Hero Schiefer eine Stabsstelle bei der Leitung Buchverlag."

Für das Jahr 1978 brachte der Fachverlag noch ein kräftiges Abschiedsprogramm: 24 neue Ausgaben im Bereich „Fachbuch" und 23 neue Ausgaben im Bereich „Lehr- und Lernmittel", dazu noch 13 Neuauflagen erfolgreicher Fachbücher.

War es nur Zufall oder mehr, daß eine seiner letzten Neuerscheinungen den Titel trug: „Kannst du lachen – kannst du weinen?"

10. Der Spiele-Verlag 1963–1983

Was zuletzt von der Entwicklung des Spiele-Verlages bis 1962 berichtet wurde (s. S. 203), sollte sich als weit vorausblickende intensive Erkundung der inländischen und vieler ausländischer Märkte sowie des Angebots und Wettbewerbs auf diesen Märkten erweisen und zugleich als glückliche menschliche Formierung und geschickte technische Vorbereitung für den Aufbruch zu noch fernen Horizonten.

Otto Julius Maier war nun zu Karl Maier an die Spitze des Unternehmens getreten und sah sich vor allem durch Erwin Glonnegger, den Spielmacher, einerseits und durch Willi Baumann mit seiner unermüdlichen Tatkraft für den Vertrieb andererseits begleitet, unterstützt durch Adolf Schädler und Andreas Pollitz.

In diesem Jahr 1963 wurde der Bauabschnitt II an der Robert-Bosch-Straße mit neuen Hallen für die Druckerei in Angriff genommen, die dort 1964 einzog und damit auch eine weitere, große 2-Farben-Offsetpresse bekam.

Andere schon in den letzten Jahren angestellte Überlegungen waren zur Ausführung gekommen. So hatte das Jahr 1960 im Rahmen der Überarbeitung des gesamten Spiele-Programms eine wichtige Umstellung gebracht: Das Sortiment der Spieleschachteln wurde von bis dahin über 50 verschiedenen Formaten auf 15 Modelle reduziert, eine Maßnahme, die sich bis heute auswirken sollte. Gleichzeitig wurde wie für alle anderen Gruppen des Verlages auch für diejenigen des Spiele-Verlages eine neue 5stellige Artikel-Numerierung eingeführt, die es ermöglichte, das Programm des Spiele-Verlages nach Spielarten und Themengruppen zu gliedern, während bisher – seit dem Anfang durch Otto Robert Maier – die Spiele ungegliedert nur in der Reihenfolge ihres ersten Erscheinens fortlaufend numeriert worden waren.

In diesen frühen 60er Jahren wurde auch eine neue technische Lösung eingeführt, die das traditionell-buchbinderische Aussehen im Innern der Kastenausgaben des Spiele-Verlages so sehr veränderte, daß sie hier erwähnt werden muß. Ausgelöst durch die Schachtel-Normung und durch die weitere Entwicklung der Fließbandarbeit im V. B. wurden – zuerst für das erfolgreiche „Original-Memory" – tiefgezogene Plastikeinsätze aus vakuumverformtem, schlagfestem Polystyrol an Stelle der bis dahin in Handarbeit gefertigten „Bänke" aus Pappe oder Karton für die Aufteilung der Schachteln konstruiert und von einem Spezialwerk für Kunststoff-Verarbeitung bezogen. Es gab später Jahre, in denen ein weit überwiegender Prozentsatz aller Ravensburger Spiele so ausgestattet war. Erst nach 1973 und dem großen Preisauftrieb für Kunststoffe, aber auch unter neuen ökologisch bestimmten Gesichtspunkten des Marktes, wurde diese technische Lösung wieder stark reduziert.

Die Produktion von Malbüchern, Modellierbogen und Ausschneidebogen war inzwischen ganz eingestellt, noch vorhandene Bestände waren verramscht oder makuliert worden.

So umfaßte die Produktion im Spiele-Verlag nun – 1963 – ein Sortiment „Spiele", nämlich Kinderspiele, Lernspiele sowie Familien- und Erwachsenenspiele mit insgesamt 71 Ausgaben und ein Sortiment „Hobby", nämlich Kinderbeschäftigungen in Kästen, sowie die Ravensburger Hobbys mit insgesamt 93 Ausgaben.

Doch schon im nächsten Jahre, 1964, beginnt sich dazwischen ein neues, drittes Sortiment zu etablieren: die Ravensburger Puzzles.

Es vergingen einige mit ihren teils stürmischen Entwicklungen später noch darzustellende Jahre, bis im Herbst 1967 mit den Planungen und Vorbereitungen für ein weiteres neues Programm begonnen wurde: ein außergewöhnliches Spielzeugprogramm. Erwin Glonnegger berichtete davon: „Rasseln und Greiflinge für Babys, Tiere und Fahrzeuge für Klein-Kinder, Bausätze mit Figuren für einen Bauernhof, Möbel und Bausätze für ein Bauernhaus nach Entwürfen des wohl bekanntesten Spielzeug-Disigners der Schweiz, des Bildhauers Antonio Vitali. Der Verlag sah in diesem Projekt nicht nur im Sinne der immer wieder bedachten „Diversifikation" eine interessante Ergänzung seines Programms, sondern auch eine Herausforderung an alle Beteiligten, stellten für ihn Produkte dieser Art doch völliges Neuland dar." Es handelte sich um überaus reizvolles Spielzeug aus Naturhölzern, maschinell vorbearbeitet, manuell fertiggestellt, naturbelassen oder gefärbt, in einheitlich gestalteter Verpackung. Nach einem fehlgeschlagenen Versuch in armen Dörfern des Tessiner Maggia-Tales erfolgte die Fertigung bei einer durch den Verlag dafür ausgestatteten Schreinerei in Alttann (Kr. Ravensburg). Peter Heydt, damals Werbeleiter des Verlages, sorgte für eine eindrucksvolle Präsentation und Einführung des neuen Programmes „Ravensburger Toys Vitali" auf der Spielwarenmesse in Nürnberg im Februar 1969.

Aber trotz der sehr beachteten Gesamtkonzeption und der nachhaltigen Zustimmung und Unterstützung durch Willi Baumann und seine Herren im Außendienst war dieses Programm „mit hohem Anspruch, aber auch mit hohen Preisen" gegen das unendlich große und in jeder Hinsicht billigere internationale Holzspielwaren-Angebot auf Dauer nicht durchzusetzen. Auf seinem Höhepunkt 1970 umfaßte es 42 verschiedene Gruppen oder Stücke. 1980 wurde das letzte, das immer noch neugefertigte „Klangspiel", ausverkauft.

Das Vitali-Programm war ein so hervorragendes Beispiel für gemeinschaftliche Anstrengung und Leistung aller daran Beteiligten, daß es hier wenigstens soweit festgehalten werden mußte.

Daneben – weil zeitlich und thematisch verwandt – sei erwähnt, daß 1969 die Firma Fritz Löhmann in Wildberg/Schwarzwald erworben wurde, eine Herstellerin von Holzspielwaren und -spielgeräten wie Schachspielen und vor allem Billard-Spieltischen. Diese Firma wurde nicht in den Verlag integriert, sondern weitgehend selbständig fortgeführt. Sie wurde aber einige Jahre später nach Ravensburg verlegt und mit ihrer Fertigung in dem Bauabschnitt I, dem einstigen ersten Produktionsbau des V. B., untergebracht. 1982 wurden ihre Produktion und Aktivitäten eingestellt.

Schon lange zuvor und zwar bereits mit seinen ersten Einblicken in den amerikanischen Markt, hatte Erwin Glonnegger „Basis-Informationen" über eine Produkt-Palette gesammelt, die dem Otto Maier Verlag zwar weniger im Prinzip, aber um so mehr in den verwendeten Materialien und Mitteln ganz nahe lag: ein populäres Mal-Programm. Ab dem Sommer 1973 wurde die Verwirklichung von „Malen nach Zahlen" im Redaktionsbereich „Beschäftigungen und Hobbys" betrieben. Im Jahresprogramm 1975 war ein erstes Angebot von 12 Ausgaben enthalten, das schon 1976 auf 34 Ausgaben anstieg.

1960 bis 1968 lag die ganze Programmplanung und -vorbereitung für Spiele, Puzzles und Beschäftigungen bei Erwin Glonnegger im Lektorat „Spiele-Verlag", der dafür allein durch seine Sekretärin, Elfriede Hofmann, später verheiratete Frau Hörmann, unterstützt wurde. Frau Hörmann betreute neben ihren Sekretariatsaufgaben zunächst viele Ravensburger Hobbys und Kinderbeschäftigungen. Später wurde ihr das Referat „Gesellschaftsspiele" übertragen, womit sie sich zur ersten Redakteurin des Spiele-Verlages entwickelte, bis sie zum 31. 12. 1972 ausschied.

Der Trend zur Bildung und Benennung von Redaktionen, wie er solche 1968 im Buch-Verlag bewirkte, galt für den Spiele-Verlag angesichts seiner enormen Entwicklung (Umsatz 1968: 17 Millionen DM) um so mehr. Doch hielt Erwin Glonnegger an der Bezeichnung „Referat" hier für die Untergliederung fest.

1966/67 waren durch den Buch-Verlag Verbindungen zur Hobbybuch-Autorin Ilse Ströbl-Wohlschläger und zu ihrem Mann, A. Luis Ströbl, Bilderbuch-Lektor und freischaffender Grafiker, in München geknüpft worden, die zur Übersiedlung der Familie nach Ravensburg und zum Eintritt von A. Luis Ströbl in den Otto Maier Verlag führten.

Am 1. 1. 1968 übernahm A. Luis Ströbl als Redakteur im Spiele-Verlag das Referat „Hobbys und Beschäftigungen" und im Jahre 1969 dazu den Programmbereich „Puzzles". Zusammen waren das an die 250 verschiedene Ausgaben, davon 68 Neuheiten des Jahres 1969. Im Jahre 1971 wurde A. Luis Ströbl die Leitung der Redaktion „Beschäftigungen" übertragen, die damals die Referate „Puzzle", „Hobby" und „Spielzeug" (dieses 1973 durch das „Malprogramm" abgelöst) umfaßte. Nebenamtlich übernahm A. Luis Ströbl gleichzeitig die Beratung aller Redaktionen des Spiele-Verlages in künstlerischen Gestaltungsfragen und ab 1977 die gesamte Design-Koordination im Spiele-Verlag.

Den weiteren Redakteurinnen und Redakteuren, die ab etwa 1969 in den Redaktionen und Referaten des Spiele-Verlages äußerst kreativ und erfolgreich tätig wurden, werden wir in den Einzel-Darstellungen noch begegnen.

Hier ist jedoch noch der Dipl.-Volkswirt Werner Schlegel zu nennen. Er hatte als Abnehmer des Verlages von wichtigen Spiele-Lizenzausgaben für eine große Buchgemeinschaft die Arbeit im Spiele-Verlag kennen und so schätzen gelernt, daß er 1972 selbst zum Otto Maier Verlag wechselte und ab 1. 1. 1973 das Referat „Erwachsenenspiele" von Frau Hörmann übernahm. Und schon am 1.10. 1973 wurde ihm die Leitung der Redaktion „Spiele" mit den dazugehörigen Referaten übertragen, der er sich seither mit Elan widmete.

Die „Gesamtherstellung", dieser wichtige Aufgabenbereich mit seiner Brückenfunktion zwischen allen Redaktionen und dem eigenen Technischen Betrieb wie allen fremden Fertigungsbetrieben, wirkte, (s. S. 186) seit 1961 unter der Leitung von Karl-Friedrich Maier. Ihm stand für die Buchherstellung seit 1964 Rudolf Göggerle zur Seite. Die dann in kurzer Frist so enorm angestiegene Produktion von Spielen, Hobbys und Puzzles, wie auch die dafür erforderlich gewordene neue Redaktionsstruktur des Spiele-Verlages, zwangen 1969 zur Trennung der Herstellung Spiel und Buch. Mit der neuen Bezeichnung „Produkt-Entwicklung" unter der Leitung von Karl-Friedrich Maier entstand so ein eigener Bereich im direkten Zusammenhang mit und unter der Gesamtredaktion Spiele-Verlag.

Karl-Friedrich Maier, im gleichen Jahr zum Gesamtprokuristen bestellt, war selbst so sehr Heimwerker und Tüftler, daß er mit seinem dann herangezogenen Stab sich der technischen Verwirklichung aller weiteren Pläne im Spiele-Verlag gewachsen zeigte und darüber hinaus auch noch eigene, neue Spiel-Ideen beitragen konnte. Fügen wir hier noch hinzu, daß Kamilla Beuter, die 1948 in der Herstellung für Karl Maier begonnen hatte, 1957 in die Buchherstellung und 1961 in die Gesamtherstellung unter Karl-Friedrich Maier gekommen und ihm nun auch in die neue Produkt-Entwicklung des Spiele-Verlages gefolgt war. Ihre große und immer weiter anwachsende Aufgabe blieben dort die Vor- und Nachkalkulationen für den gesamten Spiele-Verlag, bis sie nach über 30-jähriger Mitarbeit zum 31.12. 1978 in den Ruhestand trat.

Die Entwicklung im Spiele-Verlag machte es gleichzeitig unumgänglich, aber auch wirtschaftlich möglich, neben den früheren Neubauten an der Robert-Bosch-Straße einen weiteren Bauabschnitt III zu planen, der 1968 begonnen und 1970 bezogen wurde. Das ganze unterste Geschoß umfaßte umfangreiche Pack- und Versandflächen; im mittleren Geschoß war das Auslieferungs-Handlager installiert; und auf der zuerst gar nicht geplanten dritten und obersten Ebene ein Großraumbüro mit etwa 120 Arbeitsplätzen für die ganze Kaufmännische Verwaltung einschließlich Auftragsbearbeitung und EDV.

Als damit begonnen wurde, glaubte man, nachher auf Jahre allen Anforderungen gerecht werden zu können. Doch weit gefehlt! Allein der Umsatz des Spiele-Verlages verdoppelte sich in den Jahren 1970–1973 von 25 Millionen auf über 50 Millionen DM. Diese stürmische Entwicklung brachte in allen Bereichen des Verlages schwere Probleme. So ergaben sich 1971/72 zahlreiche Lieferungsengpässe, die nicht nur viele Rückstände und damit aufwendige Nachlieferungen bewirkten, sondern auch den Verlag dazu zwangen, fremde Fertigungsbetriebe im In- und Ausland für die Produktion in Anspruch zu nehmen.

Am 1.6. 1971 nahm Bruno Müller, Ingenieur für Papier- und Pappeverarbeitung, seine Tätigkeit auf, um zunächst vor allem bei der Planung des Bauabschnittes V, eines nun dringend benötigten Großbaues für die gesamte Fertigung, mitzuwirken. Am 16.8.1971 konnten dafür weitere ausgedehnte

Grundstücke, anschließend an die seitherigen, auf der Gemarkung Ravensburg-Weißenau, erworben werden. Im Jahre 1974 lief die Produktion in dem fertiggestellten Bauwerk an.

Doch in diesen drei Jahren waren die wirtschaftlichen Aussichten nicht so gut geblieben wie zuvor. Die Aufhebung der Preisbindung für Markenartikel 1973 bezog sich auch auf die Ravensburger Spiele, weil diese Ende der 50er Jahre als Markenartikel und nicht als Verlagserzeugnisse, die sie ja zugleich waren, beim Bundeskartellamt angemeldet wurden. Und dort wurde nun die Umklassifizierung abgelehnt. Doch lernte sich das Arbeiten ohne Spiele-Preisbindung leichter und schneller als befürchtet, obgleich dadurch für den Vertrieb wieder andere, neue Probleme entstanden.

Viel tiefergreifend und nachhaltiger, ja bis heute nicht mehr nachlassend, wirkte sich die Ölkrise 1973 aus, die weltweit zu verstärkter Inflation, zu Preissteigerungen und zu lange nicht mehr gekannter Arbeitslosigkeit führte. Auch der Spiele-Verlag mußte nach fast zwanzig Jahren 1973/74 erstmals eine, wenn auch geringfügige, Umsatzeinbuße hinnehmen, die, wie es hieß, vor allem Puzzles und Erwachsenenspiele betraf. Doch durch wohlüberlegte rasche Anpassungen an den veränderten Markt, ganz besonders auch durch den – anderweitig noch darzustellenden – Ausbau der Auslandsbeziehungen und des Exports, und nicht zuletzt durch die rationellere Fertigung in dem großen Neubau, gelang es allen daran Beteiligten, „die Stagnation rasch zu überwinden und die Steigerungsraten wieder positiv zu gestalten", wie Erwin Glonnegger feststellte. Der Umsatz des Spiele-Verlages stieg so auf über 70 Millionen DM im Jahre 1980 weiter an.

Dabei vollzogen sich auch die bereits dargestellten weitgehenden menschlichen und organisatorischen Veränderungen in diesem Jahrzehnt von 1970 bis 1980.

Ende des Jahres 1976, also bereits für 1977, wurde der Außendienst geteilt: die – weitaus größere – Gruppe S besuchte nur noch die Kunden des Spiele-Verlages, die – kleinere – Gruppe B besuchte nur die Kunden des Buch-Verlages.

1977 war, wie er selbst feststellte, „Erwin Glonnegger letztmals für das Spieleprogramm verantwortlich und zog sich mehr und mehr von der persönlichen Arbeit in den Redaktionen zurück; er betätigte sich nun vorwiegend als Berater und Anreger, der seine vielfältigen Erfahrungen, vor allem aus seiner Auslandsarbeit, einbrachte."

Dieter Breede, bereits 1971 mit Einzelprokura betraut, übernahm, wie wir wissen, zum 1.4.1977 die Spartenleitung Spiele-Verlag.

Schon 1976/77 war auf dem großen Gelände zwischen der Robert-Bosch-Straße und dem Ortsteil Weißenau, unmittelbar anschließend an die Produktionshallen (Bauabschnitt V), der Bauabschnitt VI mit Hochregalanlagen zur Konzentrierung der bisherigen weit verstreuten Fertiglager errichtet worden. Dem folgte gleich 1978/79 der Bauabschnitt VII, der nicht nur das Auslieferungslager sowie die Pack- und Versandhallen, sondern auch die ganze Auftragsbearbeitung und die EDV-Anlagen aus dem Bauabschnitt III aufnahm. Das alles waren Voraussetzungen dafür, um nach Um- und Ausbauten der frei gewordenen großen 2. Geschoßebene unterhalb des Großraumbüros der Kaufmännischen Verwaltung im Bauabschnitt III nun, im März 1980, den ganzen Spiele-Verlag aus dem beengten Altstadt-Komplex Marktstraße/Burgstraße herauszulösen und hierher, in die Robert-Bosch-Straße, umzusiedeln. Die Sparten-Trennung war damit auch äußerlich vollzogen.

10.1 Verlagsgruppe Spiel 1963–1983[25]

Auch in diesem Kapitel sei, wie in den Darstellungen der vorangegangenen acht Jahrzehnte, wieder eine zahlenmäßige Übersicht des Programms der Spiele in den folgenden Jahren an den Anfang gestellt. Zumindest wird damit deutlich, wie sich ab dem Jahre 1968 zunächst das Gesamtprogramm und ab dem Jahre 1972 auch die Anzahl der Neuheiten so vermehrten, daß sie sich schließlich bis 1977 verdoppelt hatten. Wer sich der dazu schon genannten Umsatz-Entwicklung erinnert, erkennt auch, daß es der Markt war – der faszinierte Einzelhandel wie auch der Großhandel, die immer breiter angesprochenen Kreise des Publikums und das wachsende Interesse im Ausland –, der diese Ausweitung verlangte und abnahm, während im Verlag der Ausbau und die verstärkte personelle Besetzung der Redaktion zur Bewältigung dieser Ausweitung eher zögernd erfolgten.

Und noch anderes in dieser Übersicht, das im weiteren zu erklären sein wird, ist auffällig: Anstieg und Rückgang der Zahlen von Kinderspielen, das sehr starke Anwachsen der Lernspiele bis 1973, die deutliche Wiederzunahme der Zahlen von Familien- und Erwachsenenspielen seit 1973.

Damit es hier nicht unbedacht bleibt, sei im voraus auf die später folgenden entsprechenden Übersichten für die anderen großen Gruppen des Spiele-Verlages hingewiesen (s. S. 301 u. 306).

Nunmehr werden wir uns nicht nur auf Zahlen, sondern weitgehend auf Texte von Erwin Glonnegger stützen mit seinen persönlichen Erinnerungen und Erkenntnissen aus einem Vierteljahrhundert seiner Mitarbeit, dann seiner verantwortlichen Gestaltung und Verwirklichung im Programm Spiele.

Das bereits vorgestellte Lektorat Spiele-Verlag hatte in den vorangegangenen Jahren schon begonnen, das gesamte Sortiment von Spielen systematisch zu überarbeiten: die meisten Spielregeln wurden neu getextet oder ergänzt, viele Titel wurden Zug um Zug neu ausgestattet. Daneben begann Erwin Glonnegger, systematisch nach Ursprung, Herkunft und Entwicklung der verschiedenen Spielformen zu forschen. Das von ihm in zahlreichen Büchern, Museen, Antiquariaten usw. gefundene aufschlußreiche Material trug er in einem Archiv zusammen. „Besonders interessante Funde waren dabei die Geschichte des „Pachisi" ... oder die Geschichte des „Puff-Spiels", das in den Folgejahren eine Renaissance unter dem Titel „Backgammon" erleben sollte, oder die Wiederentdeckung zahlloser Brettspielvarianten von „Mühle", „Dame", „Halma", „Go", „Belagerung" oder „Solitaire"." Es war ein erster sichtbarer Erfolg dieses Bemühens, als im Jahre 1963 mit dem Neuheitenprogramm die Sammlung „Schöne alte Spiele" veröffentlicht werden konnte, die Nachdrucke

Spiele-Verlag: Verlagsgruppe SPIEL · Zahl der Ausgaben (davon Neuheiten des Jahres)
1963–1976

	1963	1964	1965	1966	1967	1968	1969
Kinderspiele	20 (2)	22(2)	19 (2)	26 (7)	27 (2)	28 (2)	31 (3)
Lernspiele	11 (2)	12(1)	14 (2)	15 (1)	14 (1)	19 (5)	24 (5)
Familien- u.	40 (4)	42(3)	37 (1)	35 (3)	36 (4)	40 (6)	38 (2)
Erwachsenenspiele							
SPIELE gesamt	71 (8)	76(6)	70 (5)	76(11)	77 (7)	87(13)	93(10)

	1970	1971	1972	1973	1974	1975	1976
Kinderspiele	31 (2)	29(1)	24 (2)	23 (1)	24 (3)	24 (6)	23 (2)
Mitbringspiele	-	-	-	-	6 (6)	10 (4)	13 (3)
Lernspiele	30 (7)	36(6)	43 (7)	50 (7)	47 (3)	48 (7)	41 (1)
Familien- u.	40 (2)	40(2)	40 (8)	49(11)	54(11)	58 (7)	59(14)
Erwachsenenspiele							
SPIELE gesamt	101(11)	105(9)	107(17)	122(19)	131(23)	140(24)	136(20)

(nach Erwin Glonnegger)

	1977	1978	1979	1980	1981	1982
Elektronik	-	-	-	1 (1)	1 (–)	2 (1)
Kinderspiele	27 (4)	31 (4)	30 (2)	32 (3)	31 (2)	34 (3)
Mitbringspiele	14 (2)	13 (1)	13 (1)	14 (1)	17 (3)	20 (3)
Lernspiele	44 (4)	40 (1)	43 (4)	40 (1)	42 (2)	41 (2)
Familien- u.	52 (8)	61(13)	62 (7)	59 (5)	54 (7)	59 (7)
Erwachsenenspiele						
SPIELE gesamt	137(18)	145(19)	148(14)	146(11)	145(14)	156(16)

(nach Dieter Breede)

besonders reizvoller, jahrhundertealter Originale enthielt und über viele Jahre ein Aushängeschild für das ganze Spieleangebot blieb.

„Die große Auktion", eine andere Neuheit 1963, war eine erste Lizenz des bisherigen Konkurrenten Carlit in Zürich, der Beginn einer später so bedeutungsvoll gewordenen Verbindung.

Im Neuheitenprogramm 1964 wurde ein so noch nie gebotenes Experiment gebracht: unter dem Titel „Sieben neue Spiele" erschien eine preiswerte Sammlung ganz neuer Würfel- und Brettspiele, verbunden mit einem Wettbewerb, was davon wohl am beliebtesten sei. Darin waren die beiden Spiele „Schubs" und (das von Karl-Friedrich Maier erfundene) „Remmidemmi" am erfolgreichsten und Sieger, die dann im Jahre 1965 als Einzelausgaben erschienen.

Unter den Neuheiten 1965 befanden sich zwei weitere Lizenzausgaben aus der Firma Carlit, Zürich. Der Leiter dieses Hauses, Herbert Pinthus, war einer der ersten Spielmacher, die die Farbfotografie sehr konsequent für die Ausstattung von Spielen verwendeten. So auch bei dem nun in Lizenz übernommenen neuen Lotto „Tiere aus aller Welt" und dem gleichzeitig erschienenen, von Herbert Pinthus in Zusammenarbeit mit dem World-Wild-Life-Fonds entwickelten Spiel „Wild Life", das mit Tierfotos des Schweizer Fotografen Emil Schultheiss ausgestattet war. Beide Spiele wurden auch als Ravensburger Spiele überdurchschnittliche Erfolge, die bis heute zum Programm gehören.

Die auch 1965 erstmals erschienene Ravensburger Kinderspiele-Sammlung „Beliebte Spiele", (mit „Fang den Hut", „Pachisi", „Leiterspiel" und „Gänsespiel") ist bis heute beliebt geblieben und wurde erst 1982 neu ausgestattet.

Aus den Neuheiten 1966 – es waren insgesamt 11 in der Gruppe „Spiele" – erreichten zwei einen Dauererfolg: Es war zum einen das Farbwürfel-Spielemagazin, also für Kinder, die zwar Farben unterscheiden, die sonst üblichen Augen auf Würfeln aber noch nicht sicher zählen können – „4 erste Spiele", das gelegentlich in der grafischen Gestaltung verändert wurde und in der neuesten Fassung, durch den (beim Buch-Verlag schon oft genannten) Grafiker Hermann Wernhard (der allerdings zuerst und dann weiter vielfältig für den Spiele-Verlag tätig war) gestaltet, bis heute zum Programm gehört.

Und es war zum anderen das zweite Spiel des Zaubermeisters Martin Michalski „Der Zauberlehrling" mit 60 Tricks für Kinder ab 8 Jahren, das ebenfalls noch heute im Programm ist.

Auch unter den Neuheiten von 1967 waren zwei Spiele mit solchem anhaltenden Erfolg:

Erstmals erschien das „Natur-Memory" mit Farbfotos von Tieren, Blumen und Früchten, von da an nicht mehr wegzudenken aus der „Familie" der Memory-Spiele.

Und erstmals erschien ein Wirtschaftsspiel, noch ohne Beispiel im Ravensburger Programm, „Das Börsenspiel". In den USA unter dem Titel „Broker" am Rande des dortigen Marktes entdeckt, wurde es als Ravensburger Spiel – für Erwachsene – ein großer Erfolg.

In den Darstellungen des Buch-Verlages und dort speziell auch des Jugendbuch-Verlages wurde ausführlich von den Auswirkungen der pädagogischen Bewegung dieser 60er Jahre auf den Otto Maier Verlag berichtet. Es wurde die Zusammenarbeit zwischen Erwin Glonnegger und Christian Stottele bei dem 3bändigen Werk „Lesen" von H. R. Lückert in den Jahren 1967/68 angeführt. Hier sei ergänzt, daß Erwin Glonnegger es war, der die ersten Signale dieser Bewegung für die vorschulische Entwicklung 1965/66 in den USA auffing, mitbrachte und im Spiele- wie im Buch-Verlag zur Überlegung stellte.

1967 fand Erwin Glonnegger im Institut von Prof. Lückert den Dr. Franz Otto Schmaderer, den er beauftragte, ein neues Spiel zum Lesenlernen zu entwickeln. Dieses erschien, von Agnes Gaensslen gestaltet, im Jahre 1968 unter dem Titel „Komm, wir lesen" und wurde auf Anhieb ein großer Erfolg. Allerdings wurde der Titelwortlaut durch einen Schulbuchverlag angeschossen, der denselben schon für eine Schulfibel verwendet hatte. Nicht ohne die Absicht, damit die Vergleichbarkeit von Buch- und Spiele-Titeln in seinem Sinne zu statuieren, daß also ein Spiele-Titel nicht ungenehmigt auch für ein Buch gewählt werden dürfe, ging der Otto Maier Verlag auf die Forderung der Titel-Änderung ein: ab Frühjahr 1969 hieß sein Spiel nur noch „Wir lesen", und es heißt so bis heute.

Dr. Schmaderer wurde auch der Autor weiterer, in den Folgejahren erschienener Lernspiele, so der „Wörterschlange", eines Leselern-Dominos, und des bis heute erfolgreich gebliebenen „Ravensburger Lesetelefon". Ebenso wichtig und erfolgreich waren seine Autorschaft und Mitwirkung auch im Jugendbuch-Verlag (s. S. 241).

Als 1968 die Zahlen der Neuheiten auf 13 und die des gesamten Spiele-Angebots auf 87 angestiegen waren, war die fachliche Verstärkung der Redaktion, wie eingangs betont, unerläßlich geworden.

So wurde am 1. 5. 1969 bei der „Redaktion Spiele" das „Referat Kindergarten" gebildet und von Elke Müller-Heffter übernommen. Ursprünglich Beschäftigungstherapeutin und in der Arbeit für behinderte Kinder tätig, sammelte sie dann Erfahrungen als Verkaufs- und Beratungskraft in dem großen Spielwaren-Fachgeschäft Obletter, München. Dort hat Erwin Glonnegger sie entdeckt und praktisch vom Fleck weg engagiert.

Die Arbeit von Elke Müller-Heffter hat, wie Erwin Glonnegger erklärt, ein Jahrzehnt, bis 1979, das Kinderspiele-Programm geprägt, teilweise auch durch erfolgreiche Titel, für die sie selber als Herausgeberin zeichnete. Ihr lag die Entwicklung von Spielmaterial für Randgruppen ebenso am Herzen wie von neuen Spielen, die dazu beitrugen, sich und andere besser zu verstehen.

Gleichzeitig wurde es erforderlich, ein eigenes Referat „Lernspiele" zu schaffen und mit einer kompetenten Fachkraft zu besetzen. Dafür konnte zum 1. 6. 1969 die Realschullehrerin Maria Soecknick gewonnen werden, die also gleich in die sich weiter entwickelnde Zusammenarbeit mit Dr. Franz Otto Schmaderer eintrat und damit die schon genannten sowie andere Leselernspiele betreute. Sehr bald setzte daneben die „Reformierung" des Rechenunterrichts ein mit der Diskussion und Einführung der Mengenlehre, auf die der Otto Maier Verlag mit ansprechenden Spielen reagierte. Maria Soecknick war auch an der interredaktionellen Zusammenarbeit mit dem Jugendbuch-Verlag beteiligt bei den dort schon genannten Spiel- und Arbeitsmappen von Dr. Gertraud Heuß mit ihren außerordentlichen Erfolgen. „Meilensteine" nannte Erwin Glonnegger die von Maria Soecknick bearbeiteten großen Lernspielkästen dieser Jahre, von denen noch zu berichten ist. Maria Soecknick gehört auch heute mit ihrer Redaktion „Spielen und Lernen", der 1980 einiges aus dem Fachverlag zugewachsen ist, zum Team der Spielemacher der Verlages.

Zum 1. 2. 1970 wurde Frank Soecknick, Studien-Assessor, ein Bruder von Maria Soecknick, mit dem damaligen Referat, der heutigen Redaktion „Gesellschaftsspiele" betraut. Er entwickelte sich, natürlich mit dem guten Vorbild durch Erwin Glonnegger, aber auch dank seiner guten Fremdsprachenkenntnisse, gerade in der internationalen Zusammenarbeit mit ausländischen Autoren und Lizenzgebern zum längst anerkannten Spieleexperten. Heute gehört auch das früher eigenständige Referat „Erwachsenenspiele" mit den entsprechenden Ausgaben zum Aufgabenbereich seiner Redaktion.

Doch schließen wir im Jahre 1968 noch einmal an. In diesem Jahr erschien nämlich eine „Studio-Serie", bestehend aus den Spielen „Fang den Hut", „Pachisi", „Malefiz", „Dame-Mühle" und „Halma", in einheitlichem Format, zum gleichen Preis (je 7,80 DM) und in derselben exquisiten Ausstattung durch den hervorragenden Grafiker Herbert Leupin, der mit einem Raben (für „Ravens-burg") und wechselnden Spielfiguren die unterschiedlichen Titelbilder schuf. Es war die erklärte Absicht, eine erwachsenengerechte Ausstattung zu suchen, die nicht kindlich anmutete und trotzdem lustbetont und spielgerecht sein sollte, gedacht für Liebhaber und Sammler, also ganz besonders auch für Geschenkzwecke. Sehr schön – zu schön. Die Serie wurde 1972 abgelöst durch anderes.

Von den Neuheiten 1969 erwies sich das Erwachsenenspiel „Cartino" als bis heute erfolgreich und ebenso das „Lottino", das demgegenüber für die Jüngsten bestimmt war. Mit seiner Ausstattung des „Lottino" begann der uns durch seine Bilderbücher schon bekannte holländische Grafiker Dick Bruna auch die nun nicht mehr abreißende Mitarbeit in der Produktion des Spiele-Verlages, die nicht nur für das Inland, sondern besonders auch bei den internationalen Aktivitäten bedeutend und erfolgreich wurde: 1982 war Dick Bruna in fast allen Produktgruppen und mit insgesamt 22 verschiedenen Ausgaben vertreten (seine Bilderbücher nicht mitgezählt).

Ab dem Jahre 1970 wurde die Tätigkeit der verstärkten Redaktion immer deutlicher sichtbar. In diesem Jahr erschien so neben dem „Ravensburger Lese-Telefon" die erste große, gleich zweiteilige (also in zwei Kästen aufgeteilte) Lehrspiel-Sammlung „Omnibus" mit der 1. Stufe für das Vorschulalter und der 2. Stufe fürs erste Schulalter.

Eine weitere, wichtige Neuerscheinung dieses Jahres war das Spiel „Farben und Formen" von Annedore Spellenberg, das dem Verlag den „Bundespreis Gute Form" aus dem Bundeswirtschaftsministerium eintrug, eine Auszeichnung für die Lernspielarbeit des Verlages, die sich bis heute förderlich auswirken sollte.

Diese Arbeit blieb auch 1971 fruchtbar: es kamen erstmals das „Lese-Memory", die „Lustige Mengenlehre" und als weitere große Sammlung „Schritt für Schritt. Ravensburger Vorschule. Für Kindergärten, Vorschulen und Sonderschulen". Diese Sammlung enthielt über 60 Spielideen, bestimmt für 1–10 Kinder, und kostete 38,– DM (diese drei Ausgaben wieder betreut durch Maria Soecknick). Dazu das „Schau genau" (Redaktion Elke Müller-Heffter), das auch zu einem bis heute anhaltenden Erfolg wurde.

Im Jahre 1972 gab es zum einen weitere Lernspiele: „Junior-Mathe" (Maria Soecknick); „Mix-Max" (Elke Müller Heffter), ganz neu nach einem ganz alten Beispiel aus dem Otto-Maier-Fundus, und „Quips", ein Farbwürfelspiel für die Jüngsten, nach Ideen und Entwürfen des aus Holland stammenden und bei Tel Aviv lebenden Autoren- und Designer-Ehepaares „Theora" Koster, von denen zuvor wie später auch andere Spiele stammten, bearbeitet durch Elke Müller-Heffter, ein Welterfolg bis heute.

Zum anderen brachte dieses Jahr 1972 den Start von gleich zwei neuen Serien mit Erwachsenen-Spielen. Es war die „Casino-Serie" mit zunächst vier Ausgaben: „Backgammon", „Börsenspiel", „Lingua" und – aus Anlaß der Olympiade 1972 in München – das offizielle „Olympia-Spiel". Diese Serie war die Reaktion auf das Angebot eines neuen Mitbewerbers aus den USA auf dem deutschen Markt. Die Ausstattung war gewollt „bücherähnlich": mit Leinen überzoqene Packungen, die einen Schutzumschlag besaßen und hochkant ins Bücherregal gestellt werden konnten. In dieser Serie erschienen bis zu ihrem Auslaufen im Jahre 1980 15 verschiedene Spiele, die mit insgesamt über eine Million Exemplaren verbreitet wurden.

Und daneben wurde die neue „Traveller-Serie" mit Ausgaben von „Reversi", „Isola" und „3 × 16" begonnen.

Dafür wurden die Vorzüge herausgestellt: das einheitliche, handliche Kleinformat und das besonders stabile Spielmaterial, für das vornehmlich Kunststoff verwendet wurde, wozu der Serientitel signalisierte, daß diese Spiele besonders praktisch zur Mitnahme auf Reisen wären. Bis 1980 erschienen so in dieser Serie 19 Spiele, die mit insgesamt fast drei Millionen Exemplaren allein im Inland Verbreitung fanden. Während der Serientitel inzwischen nicht mehr herausgestellt wurde, befinden sich bis heute fünf solcher Spiele noch im Programm, zwei weitere in veränderter Ausstattung. Das erfolgreichste davon war und blieb diese Ausgabe von „Reversi" (seit 1972), gefolgt von „Go + Gobang" (seit 1973) und fast aufgeholt durch „Tangram" (seit 1976). Die redaktionelle Betreuung beider Serien hatte seit 1973 Frank Soecknick.

Damit schon wurde deutlich, daß infolge der stagnierenden und wenig später immer mehr zurückgehenden Geburtenzahlen das Angebot von Erwachsenen-Spielen vermehrt und auch vielfältiger gestaltet werden mußte. So erschienen denn 1973 nicht nur je vier weitere Spiele in der Casino-Serie wie in der Traveller-Serie, sondern auch die ersten Spiele einer neuen „Präsent-Serie": auf extrem starke Pappe aufgezogene Spielpläne im Stil der „Schönen, alten Spiele", in einen Holzrahmen eingespannt, dazu besonders exquisite Spielfiguren aus Holz in einem hölzernen Aufbewahrungskasten. Die Attraktive und kostspielige Serie mußte nach einigen Jahren auslaufen, blieb aber ein gesuchtes Sammelobjekt.

Die Entwicklung der Ravensburger Taschenbücher, um deren Begründung und Start sich 10 Jahre zuvor Erwin Glonnegger auch besonders bemüht hatte, und bei denen inzwischen über 300 Bände erschienen waren, wurde im Spiele-Verlag wohlwollend verfolgt und mit der Frage, ob und wie es möglich zu machen sei, auch Spielepackungen im Kleinformat herauszubringen, um diese selbstbedienungsgerecht in Verkaufsständern anbieten zu können. Nach einem Vorversuch im Jahre 1972 mit 5 Spielen unter der Bezeichnung „Compact-Serie", der vom Markt sehr positiv aufgenommen wurde, brachte das Jahr 1974 die neue Serie „Mitbringspiele", gleich mit 6 – teils neuen, teils alten – Spielen in Schachteln des Formats 12 × 18 × 4 cm und mit einem speziellen Verkaufsständer dazu. Dieses Angebot preiswerter und ansprechender Ausgaben paßte in das Sortiment aller Kunden. Bis 1980 waren darin 20 Ausgaben erschienen und in über 4 Millionen Exemplaren verkauft. 13 Ausgaben davon (und weitere 7 neue) gehören heute noch zu diesem auch im Ausland sehr erfolgreichen und begehrten Angebot.

Die starken Geburtenjahrgänge näherten sich ihrer Schulzeit oder waren nun in der Vorschule oder schon in der Grundschule. Die sorgfältig entwickelten Lernspiele des Verlages erwiesen sich immer wieder als eine wirtschaftlich solide Gruppe, die noch weitere Ergänzungen erlaubte. So erschien nun, 1975, nach mehrjähriger interredaktioneller Vorarbeit (Buch: Almut Pahlke; Spiel: Elke Müller-Heffter) das Programm „du – ich – wir. Zur emotionalen und sozialen Erziehung." Es umfaßte: ein Handbuch dieses Titels von Antoinette Becker – Ilse Keppler – Elizabeth Conolly-Smith, „Das Helferspiel" und das Spiel „Vertragen und nicht schlagen" einer Hamburger Pädagogengruppe sowie die drei Mappen mit Fototafeln „Weinen, Wüten, Lachen", „Ich bekomme einen Bruder" und „Ich bin doch auch wie ihr". Davon unabhängig erschienen noch zwei neue „Sprechlernspiele".

Mit viel Liebe und Sorgfalt, aber auch mit viel technischer Tüftelei (durch Karl-Friedrich Maier und die Produkt-Entwicklung) vorbereitet, erschien 1975 ebenfalls das „Elexikon" (mit Schaltteil und Leuchtstift sowie 24 beidseitig bedruckten Bildtafeln, d. h. zu 120 Themen), dem zwei Jahre später das „Junior-Elexikon" für Kinder, die noch nicht lesen können, folgte. Beide Spiele wurden im heutigen Programmbereich „Spielen und Lernen" eingereiht. Wie es die vorangestellte Übersicht zeigt (s. S. 293), war in diesem Jahr 1975 mit 140 Ausgaben das in der bisherigen Geschichte des Verlages umfangreichste Programm der Verlagsgruppe Spiele erreicht.

Das Jahr 1976 zeigte demgegenüber eine deutliche Zurückhaltung bei den Kinderspielen und den Lernspielen, während die Familien- und Erwachsenenspiele einerseits eine kräftige Reduzierung im älteren Programm und andererseits eine ebenso beträchtliche Vermehrung um Neuheiten erfuhren. Den größten Erfolg erzielte darunter das (in Holland) wiederentdeckte alte chinesische Geduldspiel „Tangram", das in der Traveller-Serie erschien, die in diesem Jahr auf 18 Ausgaben anwuchs.

Aus dem Neuheiten-Programm 1977, für das Erwin Glonnegger letztmals verantwortlich zeichnete, hat er selbst das dann sehr erfolgreich gewordene Kinderspiel „Blinde Kuh", daneben das Wirtschaftsspiel „Playboss" (das unter diesem Titel schon von seinem Erfinder gestartet worden war) und das „Ur-Spiel" hervorgehoben. „Ur-Spiel", weil es bei Ausgrabungen der sumerischen Stadt Ur (oder Urun) aus dem 3. Jahrtausend v. Chr. gefunden wurde (heute im Britischen Museum, London). Seine kostbare Ausführung war hierfür sorgfältig „nachempfunden" worden.

Mit der Spartentrennung war auch ein personeller Wechsel verbunden, Dieter Breede übernahm die Leitung des Spiele-Verlages. Wir folgen den dazu von Dieter Breede gegebenen Hinweisen:

Es wurde davon ausgegangen, daß der Konkurrenzkampf sowohl durch die ausländischen (vornehmlich amerikanischen) als auch durch die deutschen Mitbewerber weiter zunehmen und sich neben Puzzles und anderen Segmenten besonders auf Spiele konzentrieren würde.

Zielsetzung war nun, den Umsatz nicht durch ein verstärktes, sondern durch ein verringertes Neuheiten-Angebot zu erhöhen. Dies erschien notwendig, weil sich auch in der zweiten Hälfte der 70er Jahre die langjährige Erfahrung und Handhabung des Otto Maier Verlages erneut bestätigte, daß Neuheiten in diesen vom Wettbewerb besonders bedrängten Segmenten nur dann überlebten, wenn sie über lange Jahre werblich immer wieder betreut wurden.

Die Reduzierung der Neuheiten – und dies traf nicht nur auf die Segmente Familien- und Erwachsenenspiele zu – war aber auch aus Kostengründen notwendig geworden und hatte die positive Wirkung, die Sortimente damit transparenter zu machen.

1978 erschien „Hase und Igel", das 1979 die Auszeichnung als „Spiel des Jahres" erhielt und ebenso liebenswürdig wie auf Dauer erfolgreich blieb. Die gleiche Auszeichnung „Spiel des Jahres" bekam 1982 das „Sagaland".

Ein zweiter erfolgreicher Titel war „Shogun", Neuheit 1979, ein Lizenzprodukt aus Japan, das sich seine Spielzüge durch eine sich laufend ändernde Magnetanzeige auf den Spielsteinen vorschreiben läßt.

1979 feierte „Fang den Hut!" sein 50jähriges Jubiläum und brachte es mit einer knapp kalkulierten Jubiläumsausgabe, die unter 10,– DM im Handel verkauft werden konnte, zu hohen Stückzahlen.

1980 startete der Spiele-Verlag dann sein erstes elektronisches Spiel „Galaxis", welches auch das erste in Deutschland entwickelte Elektronik-Spiel war. Der Verlag war der Meinung, daß die Elektronik neue Spielformen schaffen kann, die mit traditionellen Materialien nicht zu erreichen sind. Mit „Galaxis" errang der Spiele-Verlag in der bis dahin ganz von den USA aus beherrschten Elektronik-Szene einen Achtungserfolg, kam jedoch nicht auf die Stückzahlen, die notwendig gewesen wären, die hohen Entwicklungskosten kurzfristig zu amortisieren.

Daß aber nicht nur Neuheiten erfolgreich sein können, zeigen rechtzeitige Neuausstattungen bewährter Titel. So wurden zwischen 1979 und 1981 alle Reisespiele – „Europa-", „Welt-" und „Deutschlandreise" – sowie das „Original-Memory" neu ausgestattet. Verbunden mit Verkaufsaktionen erreichten diese Spiele deutliche Absatzzunahmen.

Aber es gab natürlich nicht nur Erfolge in diesen beiden Segmenten. Auch das 1981 mit viel Vorschußlorbeeren ins Sortiment genommene „Sympathie" erfüllte nicht die Hoffnungen des Verlages.

Die Segmente „Lustige Kinderspiele" und „Spielen und Lernen" führten daneben durchaus kein Mauerblümchendasein. Nach dem Ausscheiden von Elke Müller-Heffter übernahm 1979 Dorothy Garrels die Redaktion Kinderspiele. 1978 gab es mit „Hardy's Zauberspiele" den ersten Kasten mit Fertigtricks für die kleinsten Zauberer, mit begeisterten Kritiken.

Das Angebot der Mitbringspiele – bis 1982 im Handel unter 10,– DM verkauft – wurde erweitert und überschritt 20 Titel. Die Thematik wurde auf die Zielgruppe der Familien- und Erwachsenenspiele ausgedehnt.

Im Bereich „Spielen und Lernen", nach wie vor eine Ravensburger „Spezialität", wurden in den letzten Jahren die bewährten „Klassiker" neu ausgestattet: „Wir lesen", „Schau genau", „Erstes Rechnen", „Verkehrszeichen-Memory", „Colorama", „Rechenlotto", „Ravensburger Lesetelefon", „Spielgarten", „Zahlen-Domino", aktualisierten das Angebot und brachten gute Erfolge.

10.2 Verlagsgruppe Puzzles 1963–1983[25]

Zum ersten Mal war im Programm 1960 für zwei Ausgaben diese Bezeichnung „Puzzle" aufgetaucht (s. S. 206). Vorher gab es in großen zeitlichen Abständen – 1891, 1914, 1930 – nur ganz vereinzelt „Geduldspiele", die etwas Ähnliches waren. Wohl nur diejenigen Deutschen, die in Großbritannien oder in den britischen Kolonien gelebt hatten, konnten sich unter Puzzles jenen Zeitvertreib vorstellen, aus dem die Briten in einer weit zurückreichenden Tradition fast soviel wie eine eigene Kunstfertigkeit entwickelt hatten. Die USA-Fahrer aus dem Otto Maier Verlag mußten das, was sie unter Spielen verstanden, drüben zumeist erst suchen, während sie über Puzzles, in allen nur denkbaren Formen, Größen und Themen in den Häusern und Läden jeder Handelsform, zu Stößen und Türmen gestapelt, geradezu stolperten. Erwin Glonnegger berichtete schon 1961 (s. S. 207) von Informationen durch Milton Bradley über die moderne Produktion von Puzzles, nicht mehr aus Holz, sondern auf Pappe kaschierte Kunstdrucke, die mit Bandstahl-Stanzen in riesigen Auflagen „puzzle-like" gefertigt wurden. Eine Technik, die die Briten selbst schon übernommen, wenn nicht sogar überhaupt entwickelt hatten, und die auch dem V. B. – durch vielerlei verschiedene Stanzarbeiten für Spiele – durchaus vertraut war.

Als dann noch die kollegialen Spiele-Freunde des Verlages in Holland und Skandinavien ihr Interesse an Puzzles und sogar an der Puzzle-Produktion für den Otto Maier Verlag bekundeten, wurde beschlossen, erste Versuche damit zu beginnen. Erwin Glonnegger berichtete darüber: „Tord Hasselquist ließ für den Verlag in Schweden eine erste „World Wide-Serie" von Holz-Puzzles sägen. Jan van Heusden machte erste Versuche in Holland, Puzzles von einem Hersteller stanzen zu lassen, der über eine geeignete Stanze verfügte. Schließlich wurden auch aus der Produktion von Milton Bradley einige Puzzle-Serien importiert, um diese im Rahmen des Verlagsprogramms zu vertreiben und damit Erfahrungen zu sammeln. Hausintern kursierte erst noch eine bissige Bemerkung über diese „idiotische Beschäftigung für Analphabeten".

Doch der Vertrieb ließ sich auf Grund rasch einsetzender Verkaufserfolge überzeugen und bald sogar für das „Puzzeln" begeistern, so daß 1964 die erste unter großen Mühen selber produzierte Serie von Erwachsenen-Puzzles mit 500 Teilen (auch) unter dem Titel „World Wide-Serie" einen guten Start für eine Produktgruppe hatte, die sich in den Folgejahren zu einer der wichtigsten Säulen des Hauses entwickeln sollte."

Dazu mußte hier noch festgehalten sein, daß es Erfahrungen, Flexibilität und Fantasie der Männer an der Spitze des V. B., vor allem des Meisters Hans Mezler jun., waren, die die erwähnten großen Mühen der Eigenproduktion bewältigten. Eine alte Prägepresse, mit der früher Titel auf Bucheinbanddecken geprägt worden waren, wurde so umgebaut, daß man nun darauf mit Bandstahl-Werkzeug Puzzles stanzen konnte. Die Weiterentwicklung, an der auch Eugen Hildebrand beteiligt war, erfolgte mit einer Maschinenbau-Firma und erbrachte die erste Hydraulik-Stanz-Presse, die 1968 in Betrieb genommen werden konnte. Heute arbeiten neun Stanzpressen unterschiedlicher Konstruktion und Größe für die Puzzle-Produktion.

Doch sollte auch hier wie in den anderen Darstellungen des Spiele-Verlages noch am Anfang ein zahlenmäßiger Überblick der Entwicklung des Puzzle-Programms seit 1963/64 nicht fehlen. Darin fällt als Höhepunkt der Zahlen des Gesamtprogramms und der Neuheiten das Jahr 1973 auf. Doch wird in den folgenden Jahren deutlicher, daß die Zahl der Neuheiten jeweils weiter wächst im Verhältnis zum Gesamtprogramm. Man kann einiges daraus schließen: viele Puzzles haben ein nur kurzfristiges Leben und müssen bald gegen neue Bilder und Themen ausgewechselt werden; es heißt aber auch, daß viele beständige Puzzler ebenso einen Verbrauch wie dadurch einen Bedarf an neuen Puzzles haben.

Aus der Übersicht bis 1982 wollen wir aber auch noch herauslesen, daß in 20 Jahren insgesamt 1057 verschiedene Puzzles erschienen sind.

Spiele-Verlag: Verlagsgruppe PUZZLES Zahl der Ausgaben (davon Neuheiten des Jahres) 1963–1976

	1963	1964	1965	1966	1967	1968	1969
Kinder-Puzzles Holz	-	-	12(12)	18 (6)	18 (3)	20 (8)	20 (3)
Kinder-Puzzles Karton	5 (1)	8 (3)	18(10)	19 (4)	25 (6)	30 (6)	42(18)
Puzzles ab 500 Teile	-	4 (4)	6 (2)	7 (1)	29(22)	37 (8)	36(21)
PUZZLES gesamt	5 (1)	12 (7)	36(24)	44(11)	72(31)	87(22)	98(42)

	1970	1971	1972	1973	1974	1975	1976
Kinder-Puzzles Holz	13 (–)	21(11)	19 (3)	23(11)	20 (3)	14 (4)	23(10)
Kinder-Puzzles Karton	57(19)	79(27)	77(17)	100(25)	86(29)	87(29)	96(37)
Puzzles ab 500 Teile	53(21)	74(25)	83(22)	130(38)	111(48)	91(40)	101(50)
PUZZLES gesamt	123(40)	174(63)	179(42)	253(74)	217(80)	192(73)	220(97)

(nach Erwin Glonnegger)

Spiele-Verlag: Verlagsgruppe PUZZLES Zahl der Ausgaben (davon Neuheiten des Jahres) 1977–1982

	1977	1978	1979	1980	1981	1982
Kinder-Puzzles Holz	30(11)	31(11)	16 (6)	14 (2)	-	4 (4)
Kinder-Puzzles Karton	79(21)	83(25)	98(32)	102(17)	99(18)	130(40)
Puzzles ab 500 Teile	93(44)	97(40)	97(34)	114(45)	141(56)	149(43)
PUZZLES gesamt	202(76)	211(76)	211(72)	230(64)	240(74)	283(87)

Die Serientitel, die verwendet wurden, waren nur bedingt aussagekräftig. Sie dienten mehr verlags- und handelsintern der Gliederung und Zuordnung. Für das Publikum waren das Bild, die Bildgröße und die Anzahl der Puzzleteile maßgeblich.

Trotzdem mußte auch für die Darstellung hier auf die Serientitel zurückgegriffen werden.

Die vorher genannte „World Wide-Serie" im Jahre 1964 brachte je ein Bild von New York, Paris, Venedig und Hamburg als Puzzle mit 500 Teilen. Sie wuchs bis 1971 auf 19 Ausgaben.

1965 kamen eine „Sportserie" (je 238 Teile) und die Serie „Entdeckungen und Erfindungen" (je 360 Teile) dazu. Noch war der Otto Maier Verlag technisch nicht so ausgestattet, um selbst in den Ausmaßen und der Teilezahl größere Puzzles zu fertigen. Da aber der Markt und der Handel solche verlangten, wurde eine erste 1 000teilige Serie „Big Ben" aus den USA von Milton Bradley importiert und ins Programm 1967 genommen.

Dann aber, im Jahre 1968, konnte der Verlag erstmals mit den Titeln „Admiralschiff" (bis heute im Programm) und „Blumenstrauß" (nach einem Bild von Albertine Maier-Dependorf bis 1981) – in Europa unter eigener Regie gefertigt – eigene Puzzles mit 1 000 Teilen anbieten. Der holländischen Tochtergesellschaft Otto Maier Benelux war es gelungen, die dafür notwendige Stanzkapazität ausfindig zu machen. Erwin Glonnegger stellte dazu fest: „Die angelsächsische und amerikanische Vorherrschaft auf dem Gebiet der Puzzle-Produktion war damit endgültig gebrochen." Das konnte um so gewisser erklärt werden, als nun die eingangs erwähnte wichtige Verstärkung der eigenen technischen Möglichkeiten sichtbar und tätig wurde. Zugleich war der wachsende Programmbereich „Puzzles", wie auch schon bekannt, von A. Luis Ströbl übernommen worden, um, gefordert und bedrängt durch die stürmisch wachsende Nachfrage, doch zugleich sensibel für eine differenzierte Bildauswahl, tatkräftig ein großes, erfolgreiches Angebot weiter auszubauen. Die Zahlen der Jahre 1969–1973 zeigten dieses schon summarisch an.

1969 wurden gleich drei neue Serien begonnen: die „Country-Serie" mit je 500 Teilen, charakterisiert als „malerische Farbfotos von den schönsten Fleckchen der Erde", die „Galerie-Serie" mit je 750 Teilen, „prachtvolle Gemälde", und die „Royal-Serie" mit je 1 000 Teilen, „majestätische Schlösser Europas". Im Jahre 1970 kamen nicht nur Fortsetzungen, sondern neu die „Rondo-Puzzles", eine in den USA weit verbreitete Gattung kreisrunder Puzzles, hier mit je 500 Teilen und vorerst mit Darstellungen historischer oder folkloristischer Überlieferung, so (1971) auch vom Blutritt zu Weingarten. Und es erschien das erste der „Super-Puzzles" mit je 1 000 Teilen und von besonderer Schwierigkeit, im Format 50 × 70 cm.

Schon am Anfang der Entwicklung verschiedenartigster neuer Lernspiele wurde auch die Gruppe der Kinder-Puzzles dafür vorgesehen. Unter der Redaktion von A. Luis Ströbl entwickelt, erschienen 1970 die ersten Rahmen-Puzzles der „didacta-Serie" im Format von 38 × 30 cm mit 35–62 Teilen, gestaltet durch Hermann Wernhard, den Münchener Grafiker, dem wir ja bereits oft bei Spielen und Büchern begegnet sind. Diese wie die verwandten Einlegepuzzles der Serie „Mein erstes Puzzle" sind heute noch mit 29 Ausgaben im Programm. Allein die Puzzles von Hermann Wernhard, der auch noch in anderen Serien vertreten ist, erreichten bis einschließlich 1981 eine Gesamtauflage von über 7 Millionen Exemplaren.

1971 kamen aber auch die ersten „De-Luxe-Puzzles" mit Bildgröße 60 × 85 cm und erstmals je 1 500 Teilen, darunter die großartige „Alexanderschlacht" nach dem Gemälde von A. Altdorfer. Und es kamen die „Super-Rondo-Puzzles" mit je 1 000 Teilen. Im Jahre 1972 wurde die Serie „Senior-Puzzles" mit 800 extra großen Teilen für altersgeschwächte Augen und Hände begonnen, und es erschienen die „Gala-Puzzles", erstmals mit 2 000 Teilen. So sah es nun – 1972 – bei den Erwachsenen-Puzzles aus:

World Wide	– 500 Teile:	23 Ausgaben
Country	– 500 Teile:	16 Ausgaben
Rondo	– 500 Teile:	4 Ausgaben
Galerie	– 750 Teile:	6 Ausgaben
Super	– 1 000 Teile:	7 Ausgaben
Royal	– 1 000 Teile:	10 Ausgaben
Super-Rondo	– 1 000 Teile:	5 Ausgaben
De-Luxe	– 1 500 Teile:	6 Ausgaben
Gala	– 2 000 Teile:	3 Ausgaben
Senior	– 800 Teile:	3 Ausgaben
Gesamt		83 Ausgaben

Innerhalb der vier Jahre, seitdem der Otto Maier Verlag in seinen Graphischen Betrieben selbst 1 000- und mehr-teilige Puzzles fertigen lassen konnte, war der Anteil dieser großen und anspruchsvollen Ausgaben im Programm der Erwachsenen-Puzzles auf mehr als ein Drittel gestiegen. Bei der – gegenüber Büchern und Spielen – doch wesentlich knapper bemessenen Zeit für Entscheidung, Vorbereitung, Herstellung und Marketing eines Puzzles, war es also möglich gewesen, kurzfristig auf die Marktentwicklung zu reagieren. Diese aber hatte in den 6–7 Jahren der Verbreitung des Puzzlens in der Bundesrepublik und den vom Otto Maier Verlag schon bearbeiteten anderen europäischen Märkten zu einem beträchtlichen Anstieg der Ansprüche aller begeisterten Puzzler geführt. Soweit es ihnen ihre Zeit und ihre Wohnverhältnisse erlauben, strebten sie nach immer noch größeren Puzzles.

Wenn sie dann nach Tagen oder Wochen so ein großes Puzzle fertig zusammengesetzt hatten, wollten viele es sich gerne erhalten oder es anderen schenken – aber wie? Damit war die Produkt-Entwicklung schon bald konfrontiert. In Zusammenarbeit mit Spezial-Herstellern wurden durch K.-F. Maier der „Ravensburger Puzzle-Conserver" als Spezialfestiger für fertig gelegte Puzzles und wenig später auch das „Ravensburger Thermo-Fix", spezialbeschichtete Papierbogen zum leichteren Legen und Fixieren von Puzzles, entwickelt und dem Puzzle-Handel und -Publikum angeboten. So war nun die Möglichkeit gegeben, jedes fertig gelegte Puzzle sich selbst und der Nachwelt zu erhalten.

Ermutigt durch die glänzenden Erfolge seiner Puzzles in diesen Jahren zeigte der Otto Maier Verlag für 1973 allein ein Neuheiten-Programm von 74 Puzzles und damit ein Gesamt-Programm von 253 Puzzles an. Darunter waren erstmals solche mit 3 000 Teilen und der Bildgröße von 121 × 80 cm. Doch in diesem Jahr der ersten Ölkrise (s. S. 291) gab es unerwartet auch für Puzzles

Rückschläge, die jedoch bald überwunden werden konnten. Hier sei dazu noch auf die kurz zuvor angedeutete Herstellungs-Flexibilität bei Puzzles verwiesen. Es war leichter und schneller möglich, die Puzzle-Produktion zu drosseln und das Programm zu reduzieren, als diese auszuweiten. So wurde (vgl. S. 301) für 1974 zwar die Zahl der Neuheiten sogar auf 80 gesteigert, das „alte" Programm aber um 42 Puzzles, d. h. fast 25%, gekürzt. Und diese Reduzierung wurde für 1975, wenn auch in geringerem Umfang, noch einmal fortgesetzt.

Die Arbeit des Puzzle-Bereiches blieb wichtig genug. Als A. Luis Ströbl 1973 die Redaktionsleitung „Beschäftigungen" übernommen hatte und sich 1974 mit den Vorbereitungen für das neue Mal-Programm befassen mußte, wurde der Grafiker Joachim Rangnick mit dem Referat „Puzzles" betraut. Als dieser 1977 die redaktionelle Verantwortung für das neue „hobby-studio"-Programm übernahm, folgte ihm der Grafiker Gerhard Mittel, der bis heute und wieder mit A. Luis Ströbl dafür zusammenarbeitet.

In diesen und allen folgenden Jahren fällt neben der weiteren sorgfältigen Pflege der erfolgreichen Serien – durch Ergänzungen und den Austausch mancher Bilder gegen eindrucksvollere neue – die mehr gezielte Erweiterung des Programms durch neue Themen und auch durch Experimente auf. Es waren sowohl manche begeisterte Puzzler, die, direkt oder über den Handel, Wünsche und Anregungen dafür an den Verlag richteten, wie Autoren und für den Verlag tätige Künstler, die auch im Puzzle-Programm vertreten sein wollten, und es waren nicht zuletzt die redaktionellen Mitarbeiter, die vielfältige Vorschläge dafür machten.

Nachdem bisher der Blick weitgehend auf die Entwicklung der Erwachsenen-Puzzles ab 500 Teile gerichtet wurde, boten gerade diese 70er Jahre Anlässe, auch auf die Kinder-Puzzles zu schauen.

Da gab es seit 1968 die Serie „Bambino-Puzzles", die jeweils in einer Packung zwei (Karton-)Puzzles mit je 20 Teilen und einer Bildgröße von 18 × 26 cm enthielten. Diese boten sich an für zwei Szenen mit denselben Darstellern, und als solche wurden die „Mainzelmännchen" (ab 1968) und das „Sandmännchen" (ab 1970) besonders erfolgreich; sie erreichten bis 1980 eine Gesamtauflage von 2,5 Millionen und sind mit anderen Ausgaben dieser Serie bis heute im Programm.

Ähnlich war es bei den „Kinder-Puzzles", die seit 1973 in einer Packung drei (Karton-)Puzzles mit je 49 Teilen und einer Bildgröße von 18 × 18 cm enthielten, also Darstellungen in drei Szenen erlaubten. Sie waren so besonders geeignet, z. B. Folgen aus Walt Disneys' Märchendarstellungen zu zeigen, wie Dornröschen, Schneewittchen oder Aschenputtel, und allein diese erreichten bis 1980 eine Gesamtauflage von über 1 Million und sind auch bis heute im Programm.

Als ab 1971 Bilder des beliebten Bilderbuchmalers Ali Mitgutsch als Kinder-Puzzles erschienen, hatte jedes 280 Teile bei einer Bildgröße von 49 × 36 cm. Es hieß dazu: „Die ‚große' Kinderserie für alle, die das Puzzlen raus haben." Auch ihre Gesamtauflage hatte 1980 schon 1 Million erreicht, und sie gehören ebenfalls bis heute zum Programm.

Aus dem Jahre 1975 sind drei neue Kinderpuzzle-Ideen und -Serien zu nennen. Bis heute fortgeführt und gehalten haben sich die „Boden-Puzzles" mit je 24 Teilen – „jedes Puzzleteil so groß wie eine Kinderhand" – und einer Bildgröße von 68 × 48 cm.

Nach Vorschlägen des so erfolgreichen Kinder-Krimi-Autors Wolfgang Ecke erschienen drei „Krimi-Puzzles", die aber keine Fortsetzung erfuhren. Und auch die 1975 erschienenen beiden „Malpuzzles" mit je 96 Teilen wurden nicht fortgesetzt.

In diesen Jahren zeigte sich auch bei den Erwachsenen-Puzzles ganz Neues: Es erschien erstmals (1975) ein „Ravensburger Puzzle-Magazin", das je ein 500teiliges, 750teiliges und 1 000teiliges Puzzle enthielt.

Und es erschienen (1974 und 1975) erste „Graphic-Puzzles", doppelseitig, mit 600 Teilen. Die dafür gewählte moderne Grafik bewirkte in den doppelseitig bedruckten Teilen einen sehr hohen Schwierigkeitsgrad.

Zweifellos kam dann im Jahre 1977 ein Höhepunkt in der ganzen Puzzlearbeit des Otto Maier Verlages und darüber hinaus für alle begeisterten Puzzler: zur Spielwaren-Messe erschien das damals „größte Puzzle der Welt" mit 5 000 Teilen und einer Bildgröße von 153 × 101 cm; ausgewählt wurde dafür die Reproduktion des berühmten Werkes „Die Nachtwache" von Rembrandt. Diese außerordentliche Leistung der Puzzle-Herstellung fand in den folgenden Jahren Fortsetzungen, so daß sich im Programm 1982 sieben solcher Riesenpuzzles befanden. Für diese großformatigen Puzzles wurde auch ein spezieller Puzzle-Conservierer entwickelt.

Es darf getrost erklärt werden, daß diese und alle weiteren Entwicklungen der Puzzlearbeit in den jüngsten Jahren ganz wesentlich durch die Tochter- und Beteiligungsfirmen im Ausland mitbestimmt wurden.

So gelang es den Editions Ravensburger, sich und allen anderen OM-Firmen die Exklusivrechte zur Verwendung von Motiven des überall beliebten Fotografen David Hamilton für Puzzles zu sichern, die zuerst mit großem Erfolg am französischen Markt eingeführt und dann ebenso ein neuer Zweig im Puzzle-Programm des Otto Maier Verlages selbst wurden.

Wenn dennoch 1980 die Sonderserie „Schönes Deutschland" aufgenommen und danach fortgesetzt wurde, so entsprang dies lokalen Wünschen wichtiger Kunden oder des Fremdenverkehrs. Es wurden über 20 Puzzles mit 1 000 Teilen und einer Bildgröße von 70 × 60 cm.

Als das Material und die Herstellungskosten für die seitherigen Kinder-Puzzles aus Holz zu teuer geworden waren, tauchte ab 1981 in den Angeboten des Verlages ein grafisches Zeichen „durabord" bei Kinderpuzzles auf. Es hieß dazu: „Spezialverleimte und extra dicke Pappe, die besonderen Belastungen standhält. Ein Ravensburger Puzzle in durabord-Qualität ist mit seiner robusten Materialstärke das ideale Legespiel für das erste Spielalter des Kindes." durabord-Puzzles lösten damit die Kinderpuzzles aus Holz ab.

1981 wurde auch die neue Serie „Weihnachts-Puzzles" mit volkstümlichen Darstellungen von „damals" begonnen, bestimmt für Weihnachtsgrüße und -geschenke.

Ein glanzvoller Höhepunkt dieser jüngsten Jahre wurden die „Exquisit-Puzzles", zu denen auch solche nach Aufnahmen von David Hamilton gehören. Sie und viele Neuheiten in den anderen Serien sind europäischen Geistes und bereiten überall Freude.

So bot nun – 1982 – das Programm der „Ravensburger Puzzles" 14 Kinderpuzzle-Serien mit 114 Ausgaben und Erwachsenen-Puzzles mit 500, 600, 750, 800, 1 000, 1 500, 2 000, 3 000 oder 5 000 Teilen in 149 Ausgaben.

10.3 Verlagsgruppe Hobby und Freizeit 1963–1983

Seitdem im Jahre 1894 mit „Puppenmütterchens Nähschule" von Agnes Lucas ein erstes „Beschäftigungsspiel" im Otto Maier Verlag erschienen war, hatten sich – dann allerdings vornehmlich durch Froebel'sche Vorstellungen angeregte, ganz andersartige – Beschäftigungsspiele ab der Jahrhundertwende (mit Unterbrechung nur in den Jahren des Ersten Weltkrieges und der nachfolgenden Inflation) zu der vielfältigen, schönen Kollektion der 30er Jahre (vgl. S. 111) und einem wesentlichen Sektor des Spiele-Verlages entwickelt. Nach dem Zweiten Weltkrieg waren der Wiederaufbau und die neuzeitliche Erweiterung der Beschäftigungsspiele sowie ihre Bereicherung ab 1960 mit den neuen „Ravensburger Hobby"-Ausgaben (s. S. 206) vor allem durch Karl Maier mit großem Erfolg betrieben, ab Ende der 50er Jahre und gerade für die Hobbys unter wesentlicher Mitwirkung von Erwin Glonnegger.

Bevor wir uns auch hierfür mit der Entwicklung bis in die jüngste Zeit befassen, sei wieder eine zahlenmäßige Übersicht dazu vorangestellt.

Spiele-Verlag: Verlagsgruppe HOBBY Zahl der Ausgaben (davon Neuheiten des Jahres 1963–1976

	1963	1964	1965	1966	1967	1968	1969
Kinderbeschäftigungen in Kästen	24 (2)	22 (–)	20 (1)	17 (–)	17 (2)	17 (1)	19 (2)
Ravensburger Hobbys	69 (17)	85 (18)	99 (15)	111 (19)	122 (17)	128 (16)	125 (24)
HOBBY gesamt	93 (19)	107 (18)	119 (16)	118 (19)	139 (19)	145 (17)	144 (26)

	1970	1971	1972	1973	1974	1975	1976
Kinderbeschäftigungen in Kästen	18 (2)	20 (3)	19 (3)	23 (4)	22 (2)	19 (3)	19 (2)
Ravensburger Hobbys	116 (20)	102 (15)	88 (8)	95 (15)	56 (7)	47 (44)	56 (12)
Malen nach Zahlen	-	-	-	-	-	12 (12)	34 (22)
HOBBY gesamt	134 (22)	122 (18)	107 (11)	118 (19)	78 (9)	78 (59)	109 (36)

(nach Erwin Glonnegger)

10.3.1 Kinderbeschäftigungen in Kästen

Die Verleger selbst und ihre Mitarbeiter, seit 1924 auch der eigene Verarbeitungsbetrieb und seine Fachleute waren spezialisiert auf den Umgang und die Fertigung mit Papier, Karton und Pappe. Zugleich waren es diese Werkstoffe – nicht zuletzt aus Preisgründen – auch, mit denen über Jahrzehnte in Kindergärten, Schulen, Gruppen, Heimen und Familien vornehmlich gespielt und gebastelt wurde. Die Möglichkeiten des Otto Maier Verlages konnten somit den Wünschen der Interessenten und Abnehmer weitgehend entsprechen, zumal sich Autoren und Mitarbeiter immer wieder Neues dafür einfallen ließen. Klebeblättchen, Flechtblätter, Faltblätter sowie vorgestanzte Ausnähkarten und alles, was man damit machen konnte, bestimmten deshalb seit jeher und nun noch weiterhin die Inhalte und Themen der meisten Beschäftigungsspiele des Verlages. Für etwa ein Jahrzehnt waren noch die Ravensburger Alu-Folien und für eine kürzere Zeitspanne ab Ende der 60er Jahre das Stabifix-Material (wie für Zigarettenfilter verwendet) dazugekommen. Unter der Redaktion durch A. Luis Ströbl wurden als wesentliche Neuheiten ab 1970 verschiedene Stempelspiele erfolgreich eingeführt.

Die Frage: Warum kamen die Beschäftigungsspiele trotzdem nicht mehr so recht auf einen grünen Zweig? – sie muß hier nicht beantwortet werden. Die zehn Spiele aus dieser mehr als 80jährigen Tradition, die teils in der Gruppe „Spielen und Lernen", teils im Malprogramm 1982 noch zu finden waren – darunter „Erstes Kleben" und „Bunte Klebearbeiten", obgleich neu ausgestattet, doch zu den ältesten gehörend –, werden vielleicht eines Tages Ansätze für Neues sein.

10.3.2 Ravensburger Hobby

Es waren sicher die nach dem Zweiten Weltkrieg entstandenen lebhaften Beziehungen zwischen den USA und Europa, die direkte Einflußnahme amerikanischen Denkens und Handelns auf die Europäer und besonders auf die Deutschen, die hierzulande auch die Bezeichnung und im weiteren den Begriff „hobby" in die Sprache und das Denken einführten.

In einem Duden aus dem Jahre 1932[32] war ein „hobby" überhaupt noch nicht enthalten, während es inzwischen längst als englisch-amerikanische Bezeichnung für „Liebhaberei" oder „Steckenpferd" identifiziert und sogar zu einem allseits bekannten Begriff der deutschen Umgangssprache geworden ist. Literaturfähig wurde „hobby" vor allem durch die von Dänemark her in Stuttgart bereits Mitte der 50er Jahre begründete Zeitschrift „hobby". Aber auch das Deutsche Patentamt hatte keine Bedenken, dem Otto Maier Verlag schon mit Urkunde vom 21.8.1961 das Wort-Warenzeichen „Ravensburger Hobby®" zuzuerkennen und einzutragen.

Unter den genannten amerikanischen Beziehungen und Einflüssen hatten sich auch Formen und Arbeitsweisen des Einzelhandels zu verändern begonnen, zuerst in den neutralen und weitgehend vom Krieg verschont gebliebenen Ländern, wie der benachbarten Schweiz oder in Schweden. Dort waren den Besuchern aus Ravensburg schon, wie wenig später erst recht in den USA, die Läden mit Selbstbedienungsregalen und -verkaufsständern aller Art begegnet. „Dort lernte der Verlag", wie Erwin Glonnegger berichtete, „die in Zellophan- oder Plastikfolien verpackten Produkte kennen, die durch entsprechende Bilder und Texte so ausgestattet waren, daß sie sich von selber verkauften, d.h. man brauchte kein Verkaufspersonal mehr dafür, diese Produkte zu erklären. Kennzeichen dieser Produkte waren meist einheitliche Formate und auch einheitliche Preise, damit sie reihenweise präsentiert werden konnten. Oft war der Inhalt der Packung offen sichtbar; gleichzeitig hatte man den Eindruck, daß man nicht zuviel Verpackung verkauft bekäme."

Und diesen Gesichtspunkten genau entsprechend waren die Ravensburger Hobby-Taschen ausgestattet. Im V.B. entstand eine eigene Abteilung, die die farbig bedruckten, präsentierenden und erklärenden Taschen-Rückwände, die Plastik-Taschen und alles einzulegende, teils noch weiter zu bearbeitende Material so weit vorbereitete, daß es den Heimarbeiterinnen zugefahren werden konnte. Diese nahmen alle noch fehlenden Arbeiten, das Einfüllen und das Festnähen der Plastiktaschen auf den Rückwänden vor. Daran waren bald auch Behinderten-Werkstätten und Therapie-Abteilungen benachbarter Krankenhäuser beteiligt.

Dazu hatte der Vertrieb Verkaufsständer bereitgestellt, die man sowohl auf dem Ladentisch wie auch auf dem Fußboden plazieren konnte.

Zunächst gab es kleine, mittlere und große Taschen. Die kleinen Taschen waren vornehmlich aus den früheren Beschäftigungsspielen in Mappenausgaben (der 1400er Serie) hervorgegangen und enthielten die Froebel'schen Techniken, wie Papierflechten, -kleben, -ausschneiden, -falten oder -ausnähen. Unter den mittleren und großen Taschen gewannen die „Mobiles" in immer neuen Abwandlungen besonders große Zustimmung und Verbreitung.

Im Jahre 1968 erreichte das Angebot von Ravensburger Hobby-Taschen nach deren Anzahl (vgl. S. 306) seinen Höhepunkt. Erwin Glonnegger hat dazu nachgewiesen, daß mehr als 80% davon im Verlag selbst entwickelt wurden – mit Karl Maier, Erwin Glonnegger, Elfriede Hoffmann-Hörmann, unter wesentlicher Mitwirkung des Graphischen Ateliers, der Herstellung und des V.B.

Die Ravensburger Hobbys waren zunächst noch alleine, dann neben den etwas später folgenden (und von den Hobby-Vertriebserfahrungen schon profitierenden) Ravensburger Taschenbüchern und Ravensburger Puzzles die Produkte des Verlages, die seinen Namen und seine Marke am weitesten verbreitet und popularisiert haben. Sie brachten erstmals wirkliche Großauflagen: von 1960 bis 1968 wurden insgesamt bereits rund 20 Millionen Hobby-Taschen ausgeliefert. Das waren für den Verlag, wie auch für den Handel, außergewöhnlich große Mengen. Der überragende Erfolg in jenen Jahren hing sicher auch mit dem günstigen Verhältnis von Preis und Leistung zusammen. Man bewegte sich im Bereich des damals doch noch bescheidenen „Taschengeldes". Die kleinen Ausgaben kosteten 1,50 DM, die großen 2,80 DM. Für diesen Preis erhielt man das Material zu Arbeiten, die im fertigen Zustand wesentlich teurer waren. So wurden die Ravensburger Hobbys rasch nicht nur bei Kindern, sondern auch bei Jugendlichen und Erwachsenen außerordentlich beliebt.

Der Vertrieb hatte mit dieser preisgünstigen Serie, die sich mit ihren Verkaufsständern in jedem einschlägigen Geschäft plazieren ließ, ein ideales und von keiner Saison abhängiges Angebot in der Hand. Und die enorme Verbreitung lag denn auch ganz entscheidend an der motorischen Kraft der Vertriebsarbeit unter Willi Baumann und den von ihm genutzten Möglichkeiten.

Darüber hinaus waren die Ravensburger Hobbys die erste konsequent „international" ausgestattete Serie des Verlages, d.h. alle Texte waren mehrsprachig – deutsch, französisch, englisch, holländisch –. Damit konnten die Hobby-Taschen auch exportiert werden. Allein die älteste Auslandstochter, Otto Maier Benelux, bezog und verkaufte von 1964 bis in die 70er Jahre hinein über 2 Millionen Taschen.

1968 hatte A. Luis Ströbl die Redaktion für die Hobbys übernommen. Er mußte nicht nur Neues einleiten, sondern auch unter dem älteren auslichten und auswechseln.

1974 erfolgte eine weitere große „Sortimentsbereinigung", um dann 1975 eine umfassende Neuausstattung bringen zu können. Diese ging für die großen Ausgaben von den bisherigen Taschen ab und auf Schachteln über, die nun für Geschenkzwecke noch wirkungsvoller erschienen.

Der (unverbindlich empfohlene) Verkaufspreis für die Taschen lag 1975 zwischen 3,80 DM und 7,80 DM, derjenige für die größeren „Hobbypackungen", wie sie nun genannt wurden, zwischen 8,80 DM und 12,80 DM.

Schon ab 1973 bemühte sich auch die Redaktion des Sachbuch-Verlages durch Barbara Pohle um neue, ganz große Kästen mit reichem Material, die als Serie unter dem Titel „Ravensburger Hobbywerkstatt" erschienen mit dem Ziel, auch dem Erwachsenen-Publikum attraktives Arbeitsmaterial für attraktive Modelle zu bieten. Denn, wie schon aus den Erfahrungen mit den Ravensburger Hobby-Taschen erkannt wurde, es waren die Hobby-Abteilungen der Spielwarengeschäfte und die speziellen Hobbygeschäfte, es war aber vor allem auch ein Publikum herangewachsen, das dem kreativen und musischen Hobby einen Markt eröffnete.

Ab dem Jahr 1975 überlegte und prüfte dann eine interredaktionelle Projektgruppe, wie der Verlag seine vielfältigen Erfahrungen mit Basteln und Werken in einem umfangreichen Programm für Freizeit-Hobbys mit den verschiedensten Materialien und Techniken so aktivieren könne, daß keines der vielen Fachgeschäfte, keine der noch zahlreicheren Fachabteilungen darauf verzichten würde.

1976/77 wurde unter redaktioneller Verantwortung durch Joachim Rangnick, Produktvorbereitung durch Fred Klar und vertrieblicher Regie durch Ernst Pohle das schöne, große Programm des „Ravensburger Hobby-studio" auf die Beine gestellt: etliche von den Ravensburger Hobbybüchern wurden darauf umgemodelt, neue Kästen quasi in der Nachfolge der vorangegangenen „Ravensburger Hobby-Werkstatt" wurden geschaffen, neue Materialpackungen wurden zusammengestellt.

Auf der Spielwaren-Messe 1978 erlebte es mit verlockenden Demonstrationen aller vertretenen Hobbyangebote seine Uraufführung.

Was dafür und damit geschah, hat Otto Julius Maier selbst so festgehalten:

„Am 12.9.1978 wurde mit einer Beteiligung von 90% die Firma Hegi-Modellbau Schöneberg GmbH in Bünde/Westf. gegründet. Herr Schöneberg, früher leitender Mann bei Revell, war dort mit einem Restprogramm von Revell, und wir waren der Meinung, daß dieses für uns eine gute Erweiterung sei. Diesem Programm technischer Ausrichtung wollten wir unser „hobby-studio" beifügen, mit dem wir vertriebliche Probleme hatten, da es mit der normalen Vertretermannschaft im Fach- und Spielwarenhandel nicht unterzubringen war.

Hegi ging jedoch nicht wie erwartet. Nachdem die Firma laufend Darlehen und Zuschüsse verlangt und erhalten hatte, wurde im August 1979 beschlossen, das Programm bzw. unsere Anteile wieder abzugeben.

Dr. Boeckeler und Dr. Dressendörfer waren an der Durchführung dieser kostspieligen und zeitraubenden Abgabe und Auflösung der Firma Hegi maßgeblich beteiligt."

Das Ravensburger hobby-studio-Programm kehrte damit zwar wieder in den Schoß des Verlages zurück, aber nur, um hier sukzessive auszulaufen. Die Programmgruppe hatte insgesamt nicht reüssiert. Nach anfänglicher Akzeptanz im Handel wurden die als zu hoch empfundenen Preise der Produkte vom Publikum abgelehnt. Es hieß, „daß ein nicht auf die Situation des Handels abgestimmtes Konzept im Marketing und im Umfang des Programms ein Umdenken erforderte". Wegen Unklarheiten über die weitere Ausrichtung des Programms und im Zuge der Trennung von Hegi verließ zudem Ernst Pohle nach 10jähriger Mitarbeit den Verlag.

Das Programm der Ravensburger Hobbys wurde indessen sorgsam mit neuen Ideen oder Variationen, fortgesetzt, obgleich durch die stetig steigenden Kosten für die zur Ausführung unerläßlichen Materialeinlagen die Kalkulation immer schwieriger wurde. Das Angebot aber wurde noch reizvoller und umfaßte 1982 51 verschiedene Ausgaben, davon 9 Neuheiten des Jahres.

10.3.3 Ravensburger Malprogramm 1973–1983

Schon zur gleichen, frühen Zeit – 1961 –, als die USA-Fahrer aus dem Verlag drüben erste Informationen über das Produkt Puzzle und erste Eindrücke vom Markt dafür erhielten, wurde ihre Aufmerksamkeit auch auf Produkte und Markt für das „painting by numbers" gelenkt. Mehr als zehn Jahre später – das Puzzle-Programm des Otto Maier Verlages war seit geraumer Zeit glänzend etabliert – konnte man z.B. auf regionalen Messen das Auftauchen ausländischer Angebote für das „Malen nach Zahlen", mit Elan und offensichtlichen Erfolgen vorgetragen, beobachten. Erwin Glonnegger konstatierte später, daß sich der Otto Maier Verlag erst „nach heftigen internen und externen Auseinandersetzungen" dazu durchringen konnte, nun bald ein eigenes Programm „Malen nach Zahlen" zu beginnen.

Freilich war der Otto Maier Verlag durch zahlreiche und wichtige Veröffentlichungen und andere Handreichungen der modernen Werk- und Kunsterziehung eng verbunden. Es schien so, daß er alle seine Freunde dort mit dem

„Malen nach Zahlen" verprellen müsse. Aber hatte der Verlag nicht auch mehr als ein halbes Jahrhundert viele Zeichenvorlagen, die Sammlung „Zeichenkunst" u. a. m., herausgebracht? Hatte er nicht ebenso lange eine große Kollektion von Malbüchern (zum Ausmalen mit Buntstiften oder Wasserfarben) für Kinder gehabt? Und erwies sich nicht auch die Begeisterung fürs Puzzeln als eine Möglichkeit der Vertiefung ins Detail und des Aufbaues eines „Ganzen" aus solchen Details? Gerade allen, denen, weil sie erwachsen und älter waren, eine Schule nicht mehr dazu helfen konnte, sich mit dem Selber-Malen zu befassen, konnten so doch Mittel und Wege dafür eröffnet werden. Derart etwa waren die Diskussionen.

Man wurde sich nicht einig, aber die Inangriffnahme eines solchen Programms wurde beschlossen. Natürlich sollte es so gut wie möglich werden, aber keinesfalls zu „hoch", sondern thematisch volkstümlich.

Seit 1971 war Ingrid Büchler-Vetter schon in der Redaktion des Spiele-Verlags, ausgebildete Designerin, die auch Verlagserfahrungen aus Südamerika und den USA mitgebracht hatte. Zuerst widmete sie sich in einem neuen Referat „Spielzeug" dem früher dargestellten Vitali-Holzspielzeug und ähnlichem. Nach dessen Aufgabe wurde ihr im Sommer 1973 der Auftrag zuteil, im Bereich der von A. Luis Ströbl geleiteten Redaktion „Beschäftigungen und Hobbys" ein neues Programm „Malen nach Zahlen" aufzubauen. Dieser Aufgabe widmete sie sich mit großem Erfolg, bis sie sich 1976 entschloß, anderweitig eine neue Designer-Tätigkeit zu übernehmen.

Doch zuvor, auf der Spielwaren-Messe 1975, hatte das neue Ravensburger Malprogramm seinen Start mit ersten 12 „Bildern", denen schon 1976 22 weitere folgten. In diesem Jahr übernahm Joachim Rangnick die redaktionelle Betreuung und den Ausbau des Malprogramms, assistiert durch Heide Hörner, die bis dahin Sekretärin von Willi Baumann gewesen war und nun ihrem Hobby-Spaß des Malens folgen konnte.

Das „Malen nach Zahlen" war in vier Serien gegliedert nach Bildgrößen zwischen 68 × 49 cm und 35 × 17 cm. Ähnlich wie bei den Puzzles – zu denen es hier mehr als nur eine Parallele gab – mußten die Bildmotive nach begrenzter Laufzeit gegen neue ausgewechselt werden. 1982 umfaßte das Programm „Malen nach Zahlen" 53 verschiedene Bilder, davon 14 Neuheiten des Jahres.

Aber man war ja längst nicht bei diesem Anfänger-Programm geblieben. 1977 waren die „Keramikteller zum Bemalen" und die „Hinterglasmalerei" dazugekommen, 1979 die „Bauernmalerei" (wie die beiden zuvor genannten teilweise aus dem „hobby-studio" übernommen).

Wichtiger waren die bezaubernden Bilder der „Kleinen Galerie", die, 1978 begonnen, seither auf 16 verschiedene, auch in unterschiedlichen Formen und Größen, dabei stets mit einem Rahmen dazu, vermehrt wurden.

Bei den vielen Voraussetzungen dafür konnte es gar nicht ausbleiben, daß 1979 dem ganzen Programm die Serie „Malspaß für Kinder" (mit jeweils 2 Bildern im Format 31 × 22 cm und mit 9 verschiedenen Wasserdeckfarben dafür) vorangestellt wurde.

1981 kam dann die bisher „höchste" Serie „Ölmalerei auf farbiger Maltafel" dazu.

Die für das Malprogramm zu lösenden technischen Aufgaben waren anfänglich kaum geringer als die der Entwicklung geeigneter Darstellungen und die Auswahl der Themen. Nicht alles war in den eigenen Graphischen Betrieben möglich, z. B. nicht die Herstellung der Farbnäpfchen, deren Füllung und ihr Verschließen, und zu jedem Bild gehören 8 – äußerst sogar 34 – verschiedene Farben. Dafür bedurfte es der Mitwirkung von Spezialfirmen.

Schon seit 1977 war auch das Angebot von Bilderrahmen zum Selbermachen zwangsläufig erforderlich geworden. Das Ravensburger Malprogramm erfreut sich des besonderen Vertrauens vieler von denen, die es einmal begonnen und sich dann damit angefreundet haben. Das bewies nicht nur der enorme Rücklauf von Interessenten-Fragekarten, die über geraume Zeit jeder Packung beigefügt waren, sondern auch die sonstige tägliche Post mit ihren vielen Wünschen und Themen-Vorschlägen. Es zeigte sich dabei immer wieder, daß die namhaften Hilfestellungen für den Gebrauch und die Behandlung von Pinseln, Farben und Malgrund durchaus als Wegleitung zu eigener, freier malerischer Betätigung verstanden, genutzt und geschätzt wurden.

Es war nicht geplant und abgesprochen, sondern es war zufällig und doch der Tradition und dem Streben des Verlages gleichermaßen verbunden, daß hier im großen Rahmen des Spiele-Verlages das Malen zu einem wichtigen Thema wurde, wie es das immer im Buch-Verlag gewesen war und nun – zur gleichen Zeit – dort mit der „Bibliothek des Freizeitmalers" im Sachbuch-Verlag auch neuen Ausdruck und verstärktes Gewicht bekam.

11 Die Tochtergesellschaften des Otto Maier Verlages[27]

Wegen der sich immer mehr verstärkenden Auslandskontakte des Spiele-Verlages wurde es Mitte der 60er Jahre notwendig, dort eine Stelle zu schaffen, die für diese Aufgaben zuständig war: das „Büro Ausland". Es hatte neben dem normalen Export des Spiele-Verlages in alle Welt die erste Tochtergesellschaft „Otto Maier Benelux" in Amersfoort zu betreuen. Eine weitere wichtige Aufgabe begann 1967 durch die Zusammenarbeit mit der Firma „Educa" in Sabadell/Spanien, die ab diesem Zeitpunkt eine Auswahl des Ravensburger Spieleprogramms in Exklusivlizenz für Spanien übernahm, einschließlich des Rechtes zur Verwendung der Warenzeichen des Otto Maier Verlages.

Ab Januar 1969 übernahm dieses Büro unter der neuen Bezeichnung „Vertrieb Ausland" zusätzlich die Verantwortung für die ins Ausland vergebenen Lizenzen des Spiele-Verlages sowie für die Auslands-Sonderfertigungen. Zuständig dafür war Rainer Schulz, der – von der Fertigungsplanung gekommen – damals außerdem alle Industrie-Sonderfertigungen zu bearbeiten und daneben noch einen Teil des Redaktionsbereiches „Familienspiele" zu betreuen hatte.

Ab Januar 1972 wurde der „Vertriebsbereich Ausland" organisatorisch zum Hauptbereich erhoben und seine Leitung von Dieter Breede übernommen. Dieter Breede schrieb dazu:

„Hintergrund dieser Maßnahmen waren die Überlegungen, die einseitige Ausrichtung auf den deutschen Markt im Laufe der Zeit abzubauen – ohne ihn deshalb zu vernachlässigen –, neue Märkte zu erschließen, um so auch im international operierenden Wettbewerb innerhalb der EG und besonders natürlich in den deutschsprachigen Ländern mitzuhalten.

Absicht war es natürlich auch, über einen sich schneller erhöhenden Umsatz im Ausland die Losgrößen der nach wie vor in Ravensburg konzentrierten Produktionen zu steigern, um so durch erweiterten Mengenabsatz das Preis-/Leistungsverhältnis zu verbessern. Ein in der ersten Hälfte der 70er Jahre nicht einfaches Problem, weil sich in diesem Zeitraum fast alle EG-Währungen gegenüber der DM kräftig abschwächten und so die Waren aus Deutschland gegenüber der Konkurrenz, die auf ausländischen Märkten produzierte, deutlich verteuert wurden.

Dem Verlag war von Anfang an bewußt, daß seine Produkte, die der Unterhaltung oder Förderung und Weiterbildung dienen, dem Benutzer helfen sollten, zur Entfaltung seiner Fähigkeiten und Anlagen und zur Selbstverwirklichung zu kommen, nur dann auch auf ausländischen Märkten einen ähnlichen Erfolg wie in Deutschland erreichen würden, wenn diese Unternehmensgrundsätze auch im Ausland Inhalt der Marketingstrategie würden.

Dies setzte voraus, daß man die ausländischen Märkte durch Mitarbeiter bearbeiten läßt, die diese Grundsätze sich zu eigen machen, um sie so aktiv in ihrem Heimatland zu verbreiten.

Dies geht in der Regel nur über eigene Vertriebsgesellschaften, die als Tochterunternehmen mit dem Otto Maier Verlag in Ravensburg verbunden sind.

Aus dieser Erkenntnis heraus wurden in den 70er Jahren Tochter- oder Beteiligungsgesellschaften in der Schweiz, in Frankreich, Italien und Österreich, gegründet, gekauft oder anteilig erworben, die zusammen mit der ältesten Tochter, Otto Maier Benelux, die Voraussetzungen für ein stetiges Wachstum und eine intensive Marktbearbeitung in Zentraleuropa schufen."

Anläßlich der Spartentrennung im April 1977 wurde unter der Bezeichnung „Marketing International" eine Stelle unter der Leitung von Erwin Glonnegger geschaffen, die sich vor allem im Programmbereich um die Betreuung der Auslandstöchter sowie um die Intensivierung der Koordination und Kooperation untereinander und mit der Muttergesellschaft bemüht.

Ab diesem Zeitpunkt fand jährlich – abwechselnd jeweils in einem anderen Land – eine internationale Sommerkonferenz aller Tochtergesellschaften sowie eine jährliche Winterkonferenz in Ravensburg statt.

11.1 Benelux
Otto Maier Benelux b. v., Amersfoort/Niederlande 1963–1983

Dem holländischen Verlagsbuchhändler Jan van Heusden und seiner Zusammenarbeit mit Erwin Glonnegger waren wir schon seit 1958 sowohl bei den Taschenbüchern (s. S. 229) wie bei den Spielen (s. S. 207) und später den Puzzles (s. S. 300 und 302) begegnet. Als dieser 1963 seine damalige Tätigkeit für einen holländischen Verlag nicht mehr fortsetzen konnte, machte er dem Otto Maier Verlag den Vorschlag zur Gründung einer ersten Tochtergesellschaft im Ausland. Am 9. Dezember 1963 wurde in Arnheim die Firma Otto Maier Benelux n. v. (später: b. v.) gegründet.

Jan van Heusden berichtete selbst dazu:

„Per 1. Januar 1964 startete die Firma in einem kleinen Haus der Altstadt von Amersfoort, mittelalterlich wie in Ravensburg, im Herzen von Holland. Aus transporttechnischen Gründen und auch weil dort billig ein Haus zu kaufen war, fing man im Frühjahr 1964 an, mit null Kunden und einer so gut wie unbekannten Marke. Wichtig dabei war es, daß sowohl der Otto Maier Verlag als auch Jan van Heusden sich von der Gründung ab und vor allem in den ersten Aufbaujahren unterstützt wußten durch den Chefvertreter von „Egelspelen", J. W. Wognum.

Er hatte mit Jan van Heusden zugleich die Firma Egelspelen verlassen und dann mit seinen zehn Jahren Verkaufserfahrung im niederländischen Spielwarenmarkt wesentlich zum Aufbau von Otto Maier Benelux beigetragen.

J. W. Wognum hat eine so wichtige Rolle im Marketing von Otto Maier Benelux gespielt, daß er 1970 zum Verkaufsdirektor ernannt wurde, eine Funktion, die er noch immer erfüllt.

Bald stellte sich heraus, daß 19 Jahre nach dem Zweiten Weltkrieg die Ressentiments gegen deutsche Waren noch nicht ganz verschwunden waren, und daß Ravensburg oft verwechselt wurde mit dem Konzentrationslager Ravensbrück, in der Nähe von Berlin, wo Tausende niederländischer Frauen von den Nazis ums Leben gebracht worden waren. Sehr oft mußte man erklären, daß die friedliche Stadt Ravensburg in Schwaben nichts damit zu tun gehabt hätte.

Die ersten Jahre des Aufbaus waren nicht einfach, weil das zur Verfügung stehende Kapital sehr bescheiden war und praktisch keine Mittel für Werbung zur Verfügung standen. Jedoch hatten sowohl Otto Maier Benelux als auch Otto Maier Verlag den Vorteil, daß die wirtschaftliche Entwicklung in Westeuropa in den 60er Jahren sehr positiv war. Die Kaufkraft wurde in 10 Jahren vervielfacht und damit auch das Interesse für Spiele, Puzzles und Hobbys.

Bemerkenswert war dann die Entwicklung von Puzzles. Dabei wurde deutlich, daß Deutschland, kulturell zwischen 1933 und 1948 praktisch von der westlichen Welt abgeschlossen, die enorme Entwicklung von Legepuzzles in England und Amerika nicht mitgemacht hatte.

Auf Wunsch und Antrieb von Otto Maier Benelux begann man 1965 mit dem Stanzen von Puzzles mit 1 000 Teilen („Admiralschiff" und „Wiesenblumen"). Diese Puzzles wurden in Amersfoort auseinandergebrochen in einer selbst entwickelten und gebauten hölzernen Brechmaschine.

Die Entscheidung, ein Tochterunternehmen im Ausland zu gründen, ist in der Geschichte des Otto Maier Verlages ein wichtiges Ereignis gewesen, nicht nur weil es eine Entwicklung der Internationalisierung in Gang gesetzt hat, die ihr Ende noch nicht gefunden hat, aber viel mehr noch, weil eine Mentalitätsveränderung stattfand, die die Verlagsarbeit, insbesondere die des Spiele-Verlages, stark befruchtete."

Die Umsätze von Otto Maier Benelux haben sich aus bescheidenen Anfängen (1964 hfl. 350 000,–, 1966 hfl. 790 000,–) bis in die 80er Jahre auf fast hfl. 10 Mio. entwickelt. Beschäftigt werden zur Zeit 18 Personen, davon 5 Vertreter. 90% des Umsatzes macht Otto Maier Benelux mit Produkten, die aus Ravensburg bezogen werden. Regelmäßig holen große Sattelschlepper die Ware beim Otto Maier Verlag ab und bringen sie in die 1971 im Industriegebiet von Amersfoort gemieteten neuen Gebäude, wo sich auf rund 2 800 qm Büros, Lager, Packerei und Auslieferung befinden.

Otto Maier Benelux vertreibt außerdem im Spielwarenhandel auch die Kinder- und Jugendbuchproduktion einiger bekannter holländischer Verlage, darunter von Cantecleer, dem mit über 100 holländischen Ausgaben von Ravensburger Büchern wichtigsten holländischen Lizenznehmer des Otto Maier Verlages.

Otto Maier Benelux konnte im Laufe der Jahre zu den führenden Spiele- und Puzzleanbietern auf dem niederländischen Markt aufrücken und die Marke „Ravensburger" dort fest verankern. Unsere Produkte sind dort in jedem guten Fachgeschäft und in allen maßgebenden Warenhäusern zu finden.

Viele Ravensburger Titel erhielten auch niederländische Auszeichnungen, so z. B. 1972 „Original-Memory", 1974 „Benelux-Reise", 1976 „Tangram", 1977 „Erkennst du mich", 1979 „Shogun", 1981 „Hase und Schildkröte" und 1982 „Babuschka" als „Spiele des Jahres" sowie Pressepreise 1976 „Shopping-Center", 1977 „Holland-Memory", 1978 „Magnet-Taschenspiele", 1981 „Hase und Schildkröte".

Holland ist ein interessanter Markt für Spiele; die Holländer gelten als häuslich, das Familienleben spielt eine große Rolle. Das Land weist mit 14 Mio. Einwohnern die größte Bevölkerungsdichte der Welt auf: 373 Menschen pro qkm.

Von Amersfoort aus wird auch der belgische Markt beliefert, der von der Großhandlung Editions Sablon in Wauthier-Braine betreut wird. Das Interesse für Spiele, Puzzles und Hobbys ist in Belgien nicht so groß wie in den Niederlanden, weshalb sich dort auch der Fachhandel für Spielwaren noch nicht so gut entwickeln konnte. Neben der unterschiedlichen Entwicklung in der Wirtschaft spielen aber auch teilweise krasse Gegensätze in der Bevölkerungsstruktur dieses zweisprachigen Landes eine große Rolle: von 10 Mio. Einwohnern sind 6 Mio. Flamen und 4 Mio. Wallonen. Dennoch hat sich die Marke „Ravensburger" auch auf diesem schwierigen Markt etablieren können.

11.2 Schweiz
Carlit + Ravensburger Spielevertriebs AG Zürich 1970–1983

Die Geschichte des Verlages spiegelte an vielen Stellen die engen Kontakte mit dem Nachbarland Schweiz und die daraus entstandenen vielfältigen Einflüsse auf die Verlagsarbeit wider. So richtete sich denn auch in den Jahren nach dem Zweiten Weltkrieg weiterhin die besondere Aufmerksamkeit des Verlages auf diesen vor der Tür liegenden Markt, nicht zuletzt auch deshalb, weil er in mancher Beziehung richtungsweisend sein konnte.

Im Jahr 1938 hatte der aus Nürnberg ausgereiste Willi Pinthus in Zürich den Spiele-Verlag „Edition Carlit" gegründet. Willi Pinthus starb 1956. Sein Sohn und Nachfolger, Herbert Pinthus, nahm schon 1957 erste Kontakte mit dem Otto Maier Verlag auf. Er schrieb darüber:

„Bei meinem ersten Besuch der Nürnberger Messe 1957 stellte ich mich als Branchenneuling auf dem Ravensburger Stand vor und wurde dort herzlich von Otto Julius Maier und Erwin Glonnegger begrüßt. Die alljährlichen Messekontakte wurden durch gegenseitige kollegiale Informationsbesuche vertieft. Mit einem ungeschriebenen Gentleman-Agreement versprachen sich beide Firmen, sich gegenseitig über geplante Neuheiten zu orientieren, um Doppelspurigkeiten auf dem Schweizer Markt möglichst zu vermeiden. Dies führte bereits in den frühen Sechzigerjahren zur Zusammenarbeit beider Firmen mit gegenseitig eingeräumten Lizenzen" (vgl. S. 293).

Herbert Pinthus fuhr fort:

„Aus der Schweiz trafen, von mir an Ravensburg empfohlen, auch immer wieder Spieleerfinder ein. Unter anderen William Hurter, der Sohn des eigentlichen Erfinders Heinrich Hurter, mit seinem Vorschlag eines Memory-Spiels (Carlit glaubte, für dieses Objekt kein geeignetes Bildmaterial zu besitzen!).

Das bei aller Konkurrenz bestehende freundschaftliche Verhältnis betonte man auch gegenüber der Schweizer Kundschaft. So führte man die erste zentrale Verkäuferinnen-Schulung für das Franz-Carl-Weber-Verkaufspersonal 1964 im Restaurant Du Pont in Zürich gemeinsam durch. Es war für die beiden Referenten Erwin Glonnegger und Herbert Pinthus wohl ein besonderer Spaß, zuzuhören, wie die andere Seite ihr Neuheitenprogramm vorstellte.

Ende der Sechzigerjahre verstärkte Ravensburg seine vertrieblichen Aktivitäten auf dem Schweizer Markt erheblich. Dies führte zu meinem Besuch in der Marktstraße im Oktober 1968 mit dem Vorschlag zur Suche nach einer Zusammenarbeit mit firmenmäßiger Bindung. 1969 stand im Zeichen entsprechender Verhandlungen, die dann zur Gründung der C + R per 1. 1. 1970 führten."

Ein anderer, nicht minder wichtiger Aspekt im Rahmen der Zusammenarbeit mit Carlit wird alsbald gesondert dargestellt werden.

Über die Entwicklung der „C + R" in Zürich schrieb Herbert Pinthus: „Anfang 1970 wurden die Schweizer Kunden des Otto Maier Verlages über die Gründung der C + R informiert, die ab sofort das gesamte Ravensburger Programm sowie das Carlit-Sortiment ab ihrem Lager auslieferte.

Bereits nach Jahresfrist zeigte sich, daß die Ravensburger Vertriebsphilosophie mit ihrer intensiven Produktpflege, Neuheiten-Schulung, Handelsinformation, Multiplikatoren-Motivation, Propaganden-Verkauf, Werbung und PR eine strukturierte Verkaufsorganisation mit mehreren Gebietsvertretern verlangte.

Kurz vor der auch die Schweiz empfindlich treffenden Rezession 1974/1976 konnte das im geographischen Schnittpunkt liegende moderne Lagerhaus Rupperswil gemietet werden. Es wird mittels EDV vom Züricher Büro aus gesteuert.

Heute ist die Marke Ravensburger in der Schweiz gut verankert, vom Schwäbischen Meer bis zum Genfer See, vom Rheinfall bis zum Lago Maggiore."

11.3 Frankreich
Editions Ravensburger, Attenschwiller/France 1974–1983

Frankreich, neben der Bundesrepublik Deutschland wichtigster Markt auf dem westeuropäischen Kontinent, wurde vom Otto Maier Verlag bis weit in die 60er Jahre hinein als Interessengebiet des Verlages Fernand Nathan, Paris, betrachtet. In ihm sah man einen Partner für den Austausch von Lizenzen und von Know-how. Es stellte sich jedoch im Laufe der Jahre und im Zuge der wirtschaftlichen Weiterentwicklung der EG heraus, daß es auf dem Wege einer solchen Partnerschaft nicht möglich war, die sich auf dem Markt Frankreich bietenden Chancen in ausreichendem Maße wahrzunehmen.

Bei der Entscheidung zur Gründung der gemeinsamen Vertriebsfirma für die Schweiz, der Carlit + Ravensburger Spielevertriebs AG in Zürich (C + R), war das Ziel nicht nur die Stärkung der Position am Schweizer Markt, sondern auch die Aussicht darauf, über diese Verbindung einen Zugang zum französischen Markt zu bekommen. Schon 1963 hatte Herbert Pinthus nämlich den aus dem elsässischen Attenschwiller stammenden Joseph Bubendorff beauftragt, für Carlit eine französische Vertriebsgesellschaft aufzubauen. Im Februar 1964 stellte sich auf dem Salon International du Jouet in Lyon die „Editions Carlit France" zum erstenmal vor.

Ab 1.1. 1974 beteiligte sich der Otto Maier Verlag an den „Editions Carlit France", die auf dem „Salon International du Jouet" in Paris im Februar 1974 zum erstenmal Ravensburger Produkte mit einem eigenen Katalog anbot.

Die Jahre 1975 und 1976 standen im Zeichen intensiver Bemühungen um die Anpassung des Sortiments an die Bedürfnisse des französischen Marktes, verbunden mit der erklärten Absicht, ein eigenes typisches Markenprofil aufzubauen. Das führte dazu, daß ab 1977 das Sortiment stark bereinigt wurde bei gleichzeitiger Umstellung des gesamten verbleibenden Angebots auf die Marke „Ravensburger" mit ihrem einheitlichen Erscheinungsbild. Im gleichen Jahr trat der Verlag erstmals mit zwei Titeln im französischen Werbefernsehen auf: „Wild Life" und „Jockey".

Ab 1978 firmierte die nun vollständig durch den Otto Maier Verlag übernommene Gesellschaft unter der Bezeichnung „Editions Ravensburger" (ERF).

Im Rahmen des Gesamtangebotes hatte das Segment „Puzzles" in den Jahren des Aufbaues ganz besondere Bedeutung, was auch daraus abzulesen ist, daß der Umsatzanteil dieses Segments bei mehr als 50% lag. In den Folgejahren wurde das Spieleprogramm systematisch durch Titel ergänzt, die auf den französischen Markt abgestimmt waren. 1978 erschien „Voyage en France", 1979 „Memory France", 1980 als Reprint aus der Imprimerie Pellerin in Epinal das „Jeu de l'oie", dem 1981 das „Jeu de la marine" folgte.

11.4 Italien
Italotrade S.p.A. Milano 1973–1983

In den 60er Jahren begann der Spiele-Verlag auch mit Italien langsam Kontakte auf- und auszubauen. Zunächst bemühte sich ein Importeur für Kunstgewerbe, Dr. Adriano Totti/Milano um den Vertrieb von Ravensburger Spielen in Italien, die zu diesem Zweck im Rahmen mehrsprachiger Ausstattungen auch mit Spielregeln in italienischer Sprache versehen und auf den Frühjahrsmessen in Milano ausgestellt wurden. Die Zusammenarbeit mit der Firma Adriano Totti lief 1969 aus. Gleichzeitig wurde die Exklusiv-Vertretung der Ravensburger Spiele für Italien übertragen auf die Firma Italotrade S.p.A. Milano, deren Geschäftsführung und kaufmännische Leitung in den Händen von Enrico Attias lag und liegt. Italotrade, eine 1966 gegründete Spielwarengroßhandlung, vertrat damals außerdem verschiedene andere Spielwaren-Hersteller.

Der italienische Markt erwies sich als so aussichtsreich, daß sich der Otto Maier Verlag entschloß, sich zum 1.1. 1973 an der Firma Italotrade mit einem Anteil von 49% zu beteiligen.

Bekanntheit erzielte die Firma Italotrade am italienischen Markt zunächst einmal mit dem Ravensburger Puzzle-Angebot, für das man sich im Laufe der „Gründerjahre" eine Position unter den führenden Anbietern erringen konnte. Zug um Zug wurde gleichzeitig auf den systematischen Aufbau eines Spieleangebotes und dessen Durchsetzung geachtet. Das Qualitätsbewußtsein des italienischen Verbrauchers für Spielwaren im allgemeinen und für Spiele im besonderen war wenig ausgeprägt und mußte über die Jahre hinweg im italienischen Handel und beim Endverbraucher systematisch und schrittweise aufgebaut werden. Hier konnte die Firma Italotrade in beachtlichem Maße Pionierarbeit für die Produktgruppe Spiel leisten. Das Bewußtsein der Öffentlichkeit und die Kaufbereitschaft für das gute Unterhaltungsspiel ist damit über die Jahre von Italotrade wesentlich geprägt worden. Ebenso wie auf anderen Märkten wurden auch hier anstelle von mehrsprachigen Ausgaben immer mehr rein italienische Ausstattungen auf den Markt gebracht. Schwerpunkte waren u. a. Spezialausgaben wie „Viaggio in Italia" und „Memory Italia", die 1979 erschienen.

Italotrade ist nach vielen Jahren des zähen Aufbaus im Jahre 1981 deutlich der Durchbruch am italienischen Markt gelungen.

11.5 Österreich
Ravensburger Spiele Ges. m. b. H. Wien 1970–1983

Österreich ist dem Verlag als Markt für Spiele und Bücher seit eh und je verhältnismäßig eng verbunden. Bis zum Ende des Zweiten Weltkriegs waren dort jeweils die deutschen Verlagsvertreter tätig; Lieferungen erfolgten ab Ravensburg. Erwähnenswert ist noch, daß eine Lizenzausgabe des „Fang den Hut" von der Papierwarenfabrik Georg Obermüller in Linz bis etwa 1955, mit Drucken und Bestandteilen aus Ravensburg, konfektioniert und vertrieben wurde.

Nach 1955 mit dem Staatsvertrag und der dadurch erfolgten Neutralisierung für Österreich kam auch der Geschäftsverkehr mit Österreich langsam wieder in Gang. Vor allem die Buchgroßhandlung Lechner in Wien bemühte sich um Import und Vertrieb des Ravensburger Buchprogramms. Um die Spiele bemühten sich zunächst bis in die 70er Jahre hinein verschiedene Konzessionäre oder Grossisten, wie die Firmen Iris Scheidler, Eggeling und Kauffert in Wien, sowie die Firma Haas in Linz, die exklusiv für die Kunden des Schreibwarenhandels zuständig war.

Es stellte sich jedoch heraus, daß das Verlagsprogramm durch einen Generalrepräsentanten, der in der Regel vier oder fünf weitere Vertretungen hatte, nicht mit der notwendigen Intensität in diesem so wichtigen Markt mit der notwendigen Verkaufsunterstützung gepflegt werden konnte.

Man entschloß sich deshalb, im Januar 1977, die Ravensburger Spiele Ges. m. b. H. (RSG), gegründet schon 1970, ihre eigene vertriebliche Tätigkeit mit drei Außendienstmitarbeitern unter Führung von Jürgen Bahr, aufnehmen zu lassen.

An dieser Entscheidung war die Firma Lego nicht ganz unschuldig. Ihr Geschäftsführer Herr Liedtke, hatte bei Besuchen auf seinem nachbarschaftlichen Messestand in Wien immer wieder geraten, das Schicksal in Österreich doch in die eigene Hand zu nehmen.

Jürgen Bahr hatte das Spielwarengeschäft sowohl in Deutschland als auch in Österreich von der Pike auf bei der Firma Lego gelernt und bekleidete bei dieser Firma in Österreich die Position des Vertriebsleiters.

Die RSG hat ihr erstes Domizil, das Verwaltung und Auslieferungslager für Kleinsendungen einschließt, in der Dampfmühlgasse 5 bezogen. Das Geschäft nahm unter eigener Regie einen kräftigen Aufschwung und konnte sich im Verlauf von fünf Jahren verdoppeln. Die RSG vertreibt das Ravensburger Programm zur Zeit ausschließlich über den Fachhandel und über Warenhäuser.

Anmerkungen und Quellen-Nachweis

[1] Ansprache von Otto Maier am 1. September 1933, gehalten im „Schiff" in Kressbronn, an die Familie und alle Mitarbeiterinnen und Mitarbeiter anläßlich des 50jährigen Geschäftsjubiläums.

[2] „Erinnerungen …" von Karl Maier, niedergeschrieben am 7.1.1975.

[3] „Verlag Eugen Ulmer 1868–1968". Festschrift zum 100jährigen Bestehen. Eugen Ulmer Verlag, Stuttgart, 1968.

[4] Otto Robert Maier – Notiz ohne Datum, vermutlich 1923, im Zusammenhang des 75jährigen Bestehens des „Oberschwäbischen Anzeiger", Ravensburg.

[5] Dr. Ing. Oskar Alber, Asendorf. Briefe vom 10. und 25.10.1979 an Otto Julius Maier.

[6] Paschke, M., und Rath, Ph., „Lehrbuch des Deutschen Buchhandels", 2. Band, 7. Auflage. Verlag des Börsenvereins der Deutschen Buchhändler, Leipzig, 1935.

[7] Karl Maier – Notiz auf Fragen von Andreas Pollitz im Sommer 1979.

[8] Ploetz, „Deutsche Geschichte. Epochen und Daten." Ploetz-Verlag, Freiburg-Würzburg, 1979.

[9] Thies/von Daak, „Südwestdeutschland – Stunde Null. Geschichte der französischen Besatzungszone. 1945–1948." Droste-Verlag, Düsseldorf, 1979.

[10] Otto Maier (Zeichen OM/tn) Notiz vom 21.3.46 „über Besprechung vom 18. März 1946 mit Herrn Leutnant Ripault von der Direction d'Information ‚Bureau d'Edition Nr. 177' im Hotel Stephanie in Baden-Baden."

[11] Vetter, Dr., Ludwig: „Die Naturforschung war sein Lebenswerk. Professor Dr. Karl Bertsch: Großer Wissenschaftler, passionierter Lehrer, gütiger Mensch" in Schwäbische Zeitung vom 1.2.1978.

[12] „Buch- und Kunst-Katalog. Gesammt-Verlags-Katalog des Deutschen Buchhandels. Ein Bild deutscher Geistesarbeit und Cultur. Vollständig bis Ende 1880. IX. [Band] Oberglogen-Striegan. Münster i/W. 1881. Adolph Russel's Verlag. (Leipzig: E. F. Steinacker.)

[13] „Buch- und Kunst-Katalog. Gesamt-Verlags-Katalog des Deutschen Buchhandels und des mit ihm in direkten Verkehr stehenden Auslandes. XVI. Ergänzungs-Band. Dritte Abteilung. Münster in Westf. [o.J.] Adolph Russel's Verlag. (Leipzig E. F. Steinacker.) 1. Theil. Leisnig bis Rybnik. (Spalte 1–1768). [enthält unter Dorn'sche Buchhandlung in Ravensburg – mit Angaben über die Inhaberschaft – die Veröffentlichungen der Dorn'schen Buchhandlung und des Otto Maier Verlages bis einschl. 1892, sowie die Spiele Nr. 1–31.]

[14] „50 Jahre technischer Betrieb", Bericht von Hans Mezler jun. in „Ravensburger mobile" Nr. 7 vom Juni 1974.

[15] „Amtsblatt für den Kreis Ravensburg", 2. Jahrgang, Nr. 5 vom 1.2.1947.

[16] Verkaufsanleitung zum Reise-Musterband für Buchvertreter „Etwas Wissenswertes über ‚Wohnhausform. Wege zur Gestaltung' von Alfred Fischer-Essen." 1950.

[17] „Bericht über die Reise vom 11.6.–15.7. 1950. Besuchte Städte: Hamburg, Lübeck, Kiel, Flensburg, Bremen, Bremerhaven, Oldenburg, Hannover, Braunschweig, Hildesheim, Bielefeld, Osnabrück, Münster" von Erwin Glonnegger, 19.7.1950.

[18] „Geschichte der Reichsstadt Ravensburg und ihrer Landschaft" von Alfons Dreher, Band 1, S.184–188, Anton H. Konrad Verlag, Weißenborn, und Dorn'sche Buchhandlung, Ravensburg, 1972.

[19] „Das Fachbuch". Vortrag von Otto Maier, 5 Bl., gehalten in Bad Schachen im August 1946.

[20] „Neue Berufsausbildungsbücher. Voraussetzungen und Planung." von Andreas Pollitz, 12 Bl., vom 20.10.1958.

[21] Die Darstellungen dieses Abschnittes und der weiteren unter 8.1. stützen sich, wo nicht namentlich zitiert, vornehmlich auf schriftliche Berichte von Chr. Stottele.

[22] Die Darstellungen dieses Abschnittes und der weiteren unter 8.2. stützen sich auch, wo nicht namentlich zitiert, vielfach auf Notizen von D. Hess-Maier.

[23] Die Darstellungen dieses Abschnittes stützen sich, wo nicht namentlich zitiert, auch auf Notizen von D. Hess-Maier.

[24] Die Darstellungen dieses Abschnittes stützen sich auf schriftliche Berichte von E. Glonnegger und Fortsetzungen dazu von D. Breede.

[25] Die Darstellungen dieses Abschnittes stützen sich auf schriftliche Berichte von E. Glonnegger und Fortsetzungen sowie Ergänzungen dazu von A. Luis Ströbl und Joachim Rangnick.

[26] „Der Große Duden. Rechtschreibung der deutschen Sprache und der Fremdwörter", bearbeitet von Dr. Theodor Matthias. Leipzig, 1932. Bibliographisches Institut A. G.

[27] Die Texte unter 11.1. bis 11.5. fußen auf Kurzberichten der Verantwortlichen dieser Gesellschaften.

Die nachstehend genannten Mitarbeiter sind bzw.
waren 25 Jahre und mehr – teilweise mit Unterbrechungen –
im Unternehmen tätig (Zeitraum ab 1945)

Allmendinger, Hedwig (bis 1975)
Bayer, Hedwig
Betz, Lieselotte
Beuter, Kamilla (bis 1979)
Burggraf, Manfred
Danassy, Ladislaus (bis 1981)
Dettling, Rosa
Dieterle, Rita
Dorner, Anna (bis 1967)
Elmer, Ludwig (bis 1975)
Ermler, Helene
Ermler, Maria (bis 1972)
Frenzel, Helga
Fricker, Brigitte
Fuchs, Franz (bis 1968)
Gantert, Maria (bis 1963)
Geng, Heinz
Glonnegger, Erwin
Gölz, Berta (bis 1957)
Grubbe, Erna
Hau, Eleonore
Hegele, Eleonore
Hildebrand, Eugen
Hildebrand, Friedl (bis 1972)
Hirscher, Josef (bis 1976)
Ibele, Edeltraud
Jacob, Pia (bis 1976)
Jaschke, Gertrud
Kalbfell, Emil (bis 1959)
Kniesz, Frieda
Kohler, Oslinde
Leib, Maria (bis 1973)
Loitz, Hildegard (bis 1983)
Lutz, Roswitha
Mack, Fanny (bis 1958)
Maier, Karl-Friedrich
Mezler, Hans, sen. (bis 1956)
Mezler, Hans (bis 1983)
Metzler, Manfred
Miller, Carola (bis 1966)
Müller, Günter

Neumann, Paul
Noll, Valentin (bis 1947)
Pfänder, Kurt
Pfund, Hubert
Pollitz, Andreas (bis 1978)
Redolf, Karl (bis 1968)
Reich, Franz
Saile, Elisabeth
Schaab, Karl (bis 1970)
Scham, Anton (bis 1972)
Scheck, Sophie (bis 1957)
Schiessel, Frieda (bis 1970)
Schnebelt, Werner
Schnell, Anna (bis 1978)
Steinbach, Paula (bis 1982)
Steinmetz, Emil (bis 1958)
Stephan, Maria
Stottele, Christian
Weiss, Heinz
Weber, Manfred
Zahn, Eugen (bis 1971)
Zahn, Hans-Joachim

Frühere Prokuristen im Otto Maier Verlag

Jakob Dietler (1908–1928)
Valentin Noll (1908–1947)
Andreas Pollitz (1953–1978)
Willi Baumann (1964–1976)
Adolf Schädler (1964–1970)
Josef Auffinger (1970–1975)

Prokuristen im Otto Maier Verlag 1983

Marketing International: Erwin Glonnegger, seit 1963
Buchverlag: Claus Runge, seit 1978
Jugendbuchverlag: Christian Stottele, seit 1970
Sachbuchverlag: Walter Diem, seit 1980
Taschenbuchverlag: Wolfgang Hartmann, seit 1980
Buchherstellung: Rudolf Göggerle, seit 1980
Spieleverlag: Dieter Breede, seit 1971
Redaktion Spiele: Werner Schlegel, seit 1977
Redaktion Puzzle, Design: Alois Ströbl, seit 1977
Produktentwicklung Spieleverlag: Karl-Friedrich Maier, seit 1969
Werbung: Klaus Gröger, seit 1980
Personal/Ausland: Dr. Armin Boeckeler, seit 1972
Personalleitung: Rudolf Sprank, seit 1980
Kaufmännische Verwaltung: Dr. Anton Dressendörfer, seit 1970
Finanzwesen: Helmut Seifert, seit 1975
Technik: Bruno Müller, seit 1975
Materialwirtschaft: Dr. Albrecht Casper, seit 1970
Fertigung: Hans Walter Propach, seit 1980
Qualitätswesen: Eugen Hildebrand, seit 1970

Register I

Register II

Autoren des Verlages, soweit sie in den Darstellungen genannt werden konnten.

Register III

Künstler, Illustratoren, Designer u. a., soweit sie in den Darstellungen genannt werden konnten.